中国广播电视大学教育统计年鉴

EDUCATION STATISTICS YEARBOOK OF RADIO AND TV UNIVERSITIES IN CHINA

（2004）

中央广播电视大学出版社

Central Radio and TV University Press

图书在版编目（CIP）数据

中国广播电视大学教育统计年鉴. 2004/中央广播电视大学教育管理信息中心编. —北京：中央广播电视大学出版社，2005.6

ISBN 7-304-03239-1

Ⅰ. 中… Ⅱ. 中… Ⅲ. 电视大学-教育统计-统计资料-中国-2004-年鉴 Ⅳ. G728.8-66

中国版本图书馆 CIP 数据核字(2005)第 057457 号

中国广播电视大学教育统计年鉴
EDUCATION STATISTICS YEARBOOK
OF RADIO & TV UNIVERSITIES IN CHINA
(2004)

出版·发行：中央广播电视大学出版社
电话：发行部：010-68519502　总编室：010-68182524
网址：http://www.crtvup.com.cn
地址：北京市海淀区西四环中路 45 号
邮编：100039
经销：新华书店北京发行所

印刷：北京云浩印刷有限责任公司　印数：0001—2000
版本：2005 年 6 月第 1 版　2005 年 6 月第 1 次印刷
开本：850×1168　1/16　印张：19.25　字数：505 千字

书号：ISBN 7-304-03239-1/G·1151
定价：55.00 元

(如有缺页或倒装，本社负责退换)

编者说明

《中国广播电视大学教育统计年鉴（2004）》是一部反映全国广播电视大学教育发展情况的资料性工具书。本年鉴由中央广播电视大学教育管理信息中心，根据全国各省、自治区、直辖市、计划单列市和独立设置的广播电视大学及其下属分校（工作站）填报的基层统计报表的统计数据和资料汇总、编辑而成。采用的统计报表是教育部颁发的“2004/2005学年初《高等教育基层统计报表》”。

2004/2005学年初《高等教育基层统计报表》的统计时点为2004年9月1日，统计时期为2003年9月1日至2004年8月31日。2004年全国广播电视大学教育统计数据汇总的时间为10月30日。

为反映全国广播电视大学教育改革和发展的面貌，全面引用统计报表的数据和资料，并便于读者的查阅，我们从2002年开始对已出版了13年的《中国广播电视大学教育统计年鉴》进行版本改革。新版年鉴为大16开，由7部分组成。在保留原统计年鉴基本内容的基础上，增加了中国电大系统综述；开放教育试点专业分布；高等学历教育在校生年龄情况；专任教师与聘请校外教师岗位分类情况、学科分类情况；非学校产权的资产与校舍情况等。另外在“发展情况与比较”一章中增加了全国高等学历教育本、专科网络教育学生情况，当年全国电大学生数比较以及与普通高校、普通高校举办的成人教育和其他成人高校相应学生数的对照等内容。

各部分数据的统计指标、变动情况等都附有解释和说明。

本年鉴力求内容详实，形式简洁，易读易查，能够较好地为电大教育工作者和决策者，为远程教育研究者提供参考和服务。由于数据编辑量大，且时间紧人员少，难免舛误之处，敬请读者及时指正。

中央广播电视大学教育管理信息中心

二OO五年五月

主　编： 孙绿怡　**副主编：** 侯建峰

编　委： 崔克励　韩伟国

《中国广播电视大学教育统计年鉴2004》主要工作人员名单

序号	学校名称	校领导	信息部门负责人	填表人
1	中央广播电视大学	于云秀	侯建峰	李红文
2	北京广播电视大学	赵国森	张　红	胡少燕
3	天津广播电视大学	史学忠	张传林	刘　澎
4	河北广播电视大学	曹树珍	柳　桢	柳　桢
5	山西广播电视大学	杨怀恩	李雅玲	李雅玲
6	内蒙古广播电视大学	孟　和	焦淑敏	吕淑琴
7	辽宁广播电视大学	李树森	刘　卓	刘　卓
8	沈阳广播电视大学	冯双鹏	王　威	王学峰
9	大连广播电视大学	靳雁涛	景金祥	张怡玲
10	吉林广播电视大学	王乃成	单一力	单一力
11	长春市广播电视大学	张宪琪	刘　薇	刘　薇
12	黑龙江广播电视大学	宋　有	金时穆	许　波
13	哈尔滨广播电视大学	王景春	黄　岩	刘　彬
14	上海电视大学	张德明	杨伟忠	陆　星
15	江苏广播电视大学	常　征	王爱国	游　惠
16	南京市广播电视大学	沈雅芬	金　燕	谢　倩
17	浙江广播电视大学	张金山	王友宝	顾建华
18	宁波广播电视大学	毕祗源	陈晓红	卢慧军
19	安徽广播电视大学	方向明	张　勇	丁　中
20	福建广播电视大学	李　红	叶必锋	叶必锋
21	厦门市广播电视大学	潘世平	李文刚	林龙禾
22	江西广播电视大学	王占铭	鄢　滔	鄢　滔
23	山东广播电视大学	王秀娟	王泺民	刘　珺
24	青岛广播电视大学	李天明	纪援朝	王永艳
25	河南广播电视大学	温海昌	杨大伟	杨大伟
26	湖北广播电视大学	李怀忠	朱永念	朱永念
27	武汉市广播电视大学	陈恕恺	杨玉尧	夏利红
28	湖南广播电视大学	张孝国	刘育奇	戴　茎
29	广东广播电视大学	陈绍奇	余嘉强	龚　昇
30	广州市广播电视大学	吕荣泉	陈舟俐	陈舟俐
31	深圳广播电视大学	曾仲培	艾岁翰	艾岁翰
32	广西广播电视大学	车芳仁	黄全胜	黄全胜
33	海南广播电视大学	曾宪勇	潘正昌	王丹萍
34	四川广播电视大学	杜幼文	李建川	陶　军
35	成都广播电视大学	黄世宪	张熠策	张天才
36	重庆广播电视大学	刘建生	石伯坚	袁颂峰
37	贵州广播电视大学	李近华	王永峰	王永峰
38	云南广播电视大学	和福生	李跃昆	唐晓敏
39	陕西广播电视大学	冀鼎全	汪海运	何党谋
40	西安市广播电视大学	李慧琳	赵　原	赖小艳
41	甘肃广播电视大学	刘建邦	尉治文	尉治文
42	青海广播电视大学	陈永贵	付学彬	郑亚萍
43	宁夏广播电视大学	张怀斌	沈玉洁	沈玉洁
44	新疆广播电视大学	尹勇胜	赵　霞	赵　霞
45	新疆兵团广播电视大学	吕　雄	任建军	程　莉

目　录

编者说明

Ⅰ **基本情况** …… 1
1.1 电大系统
1.1.1 中国广播电视大学系统综述 …… 2
1.1.2 全国电大各级学校设置情况 …… 4
1.2 学生情况
1.2.1 中央电大开放教育试点学生 …… 5
1.2.2 全国电大统招高等学历教育学生 …… 6
1.2.3 高等学历教育在校学生年龄情况 …… 7
1.2.4 高等学历教育在校学生其他情况 …… 12
1.2.5 全国电大非学历教育结业生 …… 13
1.3 全国电大教职工情况 …… 14
1.4 全国电大学校资产及校舍情况 …… 15

Ⅱ **学历教育** …… 16
2.1 开放教育试点
2.1.1 中央电大开放教育试点学校与学生情况 …… 17
2.1.2 中央电大开放教育试点本科专业分布 …… 36
2.1.3 中央电大开放教育试点专科专业分布 …… 42
2.1.4 全国电大2004学年注册视听生专业与学生情况 …… 49
2.2 统招高等学历教育
2.2.1 全国电大统招高等专科学生情况 …… 51
2.2.2 全国电大统招高等专科学科分布 …… 67
2.2.3 全国电大统招高等专科学科与专业 …… 75
2.2.4 全国电大统招高等专科专业分布 …… 85
2.2.5 全国电大专科升本科专业与学生情况 …… 108
2.3 全国电大中等专业学历教育学生情况 …… 109

Ⅲ **非学历教育** …… 112
3.1 全国电大非学历教育 …… 113

Ⅳ **教师与职工** …… 126
4.1 全国电大教职工及职称情况 …… 127
4.2 全国电大专任教师与聘请校外教师岗位分类 …… 147
4.3 全国电大专任教师学科分类 …… 154

4.4 全国电大专任教师学历与年龄 ……160
4.5 全国电大教职工其他情况 ……166

V 资产及校舍 ……167

5.1 全国电大学校产权资产情况 ……168
5.2 全国电大非学校产权资产情况 ……186
5.3 全国电大校舍情况 ……192

VI 发展情况与比较 ……231

6.1 1979年至2004年全国高等院校学生和教职工发展情况比较
6.1.1 全国普通高校、成人高校、广播电视大学学生数和教职工数的比较表 ……232
6.1.2 全国普通高校、成人高校与电大毕业生发展情况比较图 ……234
6.1.3 电大毕业生在全国普通高校、成人高校毕业生中所占比例 ……234
6.1.4 全国普通高校、成人高校与电大招生发展情况比较图 ……235
6.1.5 电大招生在全国普通高校、成人高校招生中所占比例 ……235
6.1.6 全国普通高校、成人高校与电大在校生发展情况比较图 ……236
6.1.7 电大在校生在全国普通高校、成人高校在校生中所占比例 ……236
6.1.8 全国普通高校、成人高校与电大教职工发展情况比较图 ……237
6.1.9 全国普通高校、成人高校与电大专任教师发展情况比较图 ……237
6.1.10 电大毕业生在同期全国高校毕业生中所占比例 ……238
6.1.11 电大教职工和专任教师在全国普通高校、成人高校中所占比例 ……238
6.2 全国省级电大教职工数比较 ……239
6.3 全国高等学历本、专科网络教育学生情况 ……240
6.4 全国省级电大高等学历教育学生数比较 ……243
6.5 全国省级电大非学历教育结业生数比较 ……244
6.6 全国各地区电大高等学历教育学生数占当地人口数的比例 ……245

VII 附录 ……246

7.1 广播电视大学信息代码（2005版）
7.1.1 全国广播电视大学学校名称代码 ……247
7.1.2 全国广播电视大学专业分类目录代码 ……277
7.2 通讯录
7.2.1 全国省级以上电大学校通讯录 ……294
7.2.2 全国省级以上电大校领导及有关部门负责人情况 ……295

I 基本情况

SUMMARY

本章反映全国广播电视大学办学的基本情况。

主要内容包括：

中国广播电视大学系统综合介绍和各级广播电视大学学校设置；

全国广播电视大学开放教育试点本科(专科起点)和专科的学生情况；

全国广播电视大学普招专科、成招专科以及专升本教育的学生情况；

全国广播电视大学非学历教育的学生情况；

全国广播电视大学教师、职工和聘请校外教师情况；

全国广播电视大学学校固定资产、图书资料、课件资料、计算机等教学设备以及学校占地面积和校舍建筑的基本情况。

指标解释

· 省级电大：指各省、自治区、直辖市、计划单列市及独立设置的广播电视大学。

· 独立设置的广播电视大学：指沈阳、长春、哈尔滨、南京、武汉、广州、成都、西安 8 所省会城市和新疆生产建设兵团广播电视大学。

· 计划单列市广播电视大学：指大连、青岛、宁波、深圳、厦门 5 所城市设置的广播电视大学。

· 地（市）级分校：指各地教育行政部门批准建立的广播电视大学分校。

· 开放教育：即 1999 年 4 月教育部批准实施的"中央广播电视大学人才培养模式改革和开放教育试点"项目。开放教育实施本科（专科起点）和专科教育，实行学分制，课程成绩及获得的相应学分在学籍注册后 8 年内有效。学生报名并参加电大统一组织的入学水平测试，合格者正式注册学习。

· 开放教育本科：注册对象为具有国民教育系列高等专科毕业及以上学历者（相同或相近专业，法学专业可招收从事本专业岗位工作者）。

· 开放教育专科：注册对象为普通高中、职业高中、技工学校和中等专业学校毕业者。

· 普招专科：即"电大普通专科班"，指广播电视大学通过全国普通高等教育统一招生考试，招收高中毕业生为主要培养对象，实施高等专科学历教育。

· 成招专科：即"成人专科"，指广播电视大学通过全国成人高等教育统一招生考试，招收具有高中毕业或同等学历的人员为主要培养对象，利用业余或脱产等形式实施的高等专科学历教育。

· 第二专科学历教育：指已修完一个专科专业后，不需要参加全国成人高等教育统一招生考试，攻读第二专科专业的教育。

简要说明

1. 在全国电大"成招专科教育"中含第二专科学历教育的学生。

2. 表 1.2.3"全国电大高等学历教育在校生年龄情况"内，统招成人专科中含专升本教育的学生数。

3. 表1.4"全国电大学校资产及校舍情况"的数据为"学校产权"和"非学校产权"两项数据的合计。

4. 本年鉴数据中"成招专科"和"成招专升本"教育的"招生数"为 2003 学年度计划的招生数。因受 2003 年"非典"疫情的影响，全国成人高考推迟至 11 月进行，新生 2004 学春季入学，教育部规定"使用 2003 年招生计划的 2004 年春季入学的学生为 2004 级。所以在填报 2004/2005 年初的成人高等教育报表时，计入当年招生数。"

1.1.1 中国广播电视大学系统综述

中国广播电视大学是采用广播、电视、文字教材、音像教材、计算机网络和课件等多种媒体进行远程教育的开放性高等学校。它是由中央广播电视大学、省级广播电视大学和地、县级广播电视大学分校和工作站组成的覆盖中国大陆的远程教育系统。

中国广播电视大学（以下简称电大）是邓小平同志在1978年亲自倡导并批准创办的。1979年2月6日，中央电大与全国28所省级电大同时开学，2月8日由中央电视台首次向全国播出课程。经过26年的发展，目前已有1所中央电大和44所省级电大、1010所地市级电大分校（工作站）、1942个县级电大工作站、33608个基层电大教学班（点），由此组成了统筹规划、分级办学、分级管理、分工协作的远程开放教育教学和教学管理系统。

电大教育努力适应我国改革开放和社会主义现代化建设的需要，适应广大求学者的需要，坚持面向地方、面向基层、面向农村、面向边远和民族地区办学，充分应用现代化教学手段，多层次、多规格、多功能、多种形式办学，发挥投资少、见效快、覆盖面广的优势，开展以高等教育为基础的学历教育和各种非学历教育，培养适应社会和经济发展需要的、重点面向基层的应用型各类专门人才，为提高我国从业人员和国民素质提供各种教育服务。

26年来，电大开办了高等本科、专科和中等专业等学历教育，高等学历教育累计毕业生425.45万人；开展了岗位培训、证书教育、继续教育，包括大规模社会化培训和再就业培训，从1990年至今累计结业生1648万人次；举办了师范教育和中小学教师继续教育，以及面向农业、农村和农民的实用技术培训等。中央电大近年来还与部队合作办学，面向在职士官开展高等专科、中等专业教育；与中国残疾人联合会合作，面向我国残疾人开展远程教育等。

2004年由中央广播电视大学组织实施的教育部“一村一名大学生计划”，是贯彻党的十六大和中央农村工作会议精神，落实《国务院关于进一步加强农村教育工作的决定》的重要教育服务项目。“一村一名大学生计划”依托全国广播电视大学的网络教育系统，通过现代远程开放教育的方式，将高等教育延伸到农村。学生根据自己构建知识、能力、素质结构的目标要求，在专业规则框架下，从相应的课程模块中自主选学一定数量的课程，课程考核合格并达到相应的专业实践技能要求，可获得课程学分或相应的培训证书（岗位资格证书）。累计达到规定学分、符合要求者，可获得中央电大颁发的高等教育专科学历毕业证书。“一村一名大学生计划”将为农村第一线培养一大批“留得住、用得上”的具有高等学历的农业科技人才和农村、农业管理人才，使他们成为发展农村经济、农业生产、农业科技进步和发展农村先进文化的带头人。

在现代远程开放教育的实践中，中国广播电视大学逐步形成了自己的办学特色和优势。中国电大充分利用国家提供的规模宏大、工作可靠的地球卫星、广播电视和计算机网络系统等宽带多媒体信息传输平台开展远程教学；综合利用和优化配置国内外优秀的教育资源，自主研究、开发、建设了一大批适应远程教学需要的多种媒体教学资源，并建立了远程教学资源建设的规范制度，积累了丰富的经验；形成了一支熟悉远程教育、具有较高业务水平的教学、管理、技术和研究的专职队伍，还聘请了数万名教授、专家担任兼职教师，仅中央电大已先后选聘了1000多位著名学者担任教材主编和课程主讲；建立了较为完善的远程学习支持服务系统和教学质量保证体系，为学生提供学习过程的各种服务和指导，注重教学全过程的管理和检查，严格考核、考试和教学评价，确保教学质量；为适应社会经济发展和各类人员的不同学习需求，为基层和地方，特别是边远和民族地区培养了大批“下得去、留得住、用得上”的各类应用型专门人才。

自1999年4月，教育部批准实施“中央广播电视大学人才培养模式改革和开放教育试点”项目以来，全国电大的改革和建设又出现了全新的局面。

中国广播电视大学远程教育现代化基础设施建设和信息化建设有了突破性的进展。实现了与国家现代远程教育卫星和教科网宽带多媒体传输平台的对接，利用计算机网络和IP数据广播传输教学资源和信息，通过电视和网上直播课堂以及双向视频会议系统开展双向交互式教学与管理活动。全国电大建成了以卫星电视、计算机网络和教学管理网络“天地网结合，三级平台互动”的现代远程开放教育系统，基于计算机网络环境的现代远程教学与管理的能力有了明显的提高。

全国电大教育工作者的教育观念发生了明显转变，自觉探索现代远程开放教育条件下的人才培养模式和现代远程开放教育的教学规律。全国各级电大皆“以学生为中心”，深化人才培养模式的改革，以多种形式创建了网络学习环境下以学生自主学习为主、教师指导为辅的教学模式；加强了教学全过程的设计、指导、管理和监控，并在教学管理模式和运行机制改革以及与高校、部委、行业、企业合作等方面进行了有益的探索，取得了显著的成果。

近6年来，多种媒体教学资源建设也取得了明显成绩，尤其是建成了一批适应计算机网络学习环境下学生自主、交互式学习的多媒体教学资源，使学生不受时间、空间的限制，自主选择课程内容，确定适合自己的学习方式和进度，做到随时随地方便地进行学习。同时，以教学资源、教学过程控制、学习支持服务、教学管理、系统运作五要素为核心内容的远程开放教育教学质量保证体系也逐步得以完善。

随着现代教育技术和信息技术的发展以及我国现代远程教育工程的实施，中国广播电视大学已经进入了一个新的发展阶段。与时俱进，开拓进取，中国广播电视大学必将在构建我国终身教育体系和学习型社会中，发挥更大的作用。

1.1.2 全国电大各级学校设置情况

	学校简码	省级学校数	省级学校下设		分校下设工作站数	教学班(点)数
			分校数	工作站数		
总　计	–	45	772	238	1942	33608
中央电大	01000	1	100	–	–	649
北　京	11000	1	17	18	–	958
天　津	12000	1	22	24	–	1201
河　北	13000	1	15	–	150	983
山　西	14000	1	14	–	104	332
内蒙古	15000	1	17	–	57	620
辽　宁	21000	1	14	2	46	1286
沈　阳	21100	1	8	–	–	346
大　连	21200	1	8	–	–	158
吉　林	22000	1	8	–	31	337
长　春	22100	1	7	3	–	152
黑龙江	23000	1	17	–	78	786
哈尔滨	23100	1	13	2	–	39
上　海	31000	1	24	2	–	1401
江　苏	32000	1	17	–	63	2027
南　京	32100	1	18	–	–	261
浙　江	33000	1	16	–	62	2340
宁　波	33100	1	6	5	–	270
安　徽	34000	1	19	–	82	1118
福　建	35000	1	16	–	58	651
厦　门	35100	1	–	5	–	61
江　西	36000	1	14	–	85	543
山　东	37000	1	22	–	65	965
青　岛	37100	1	9	–	1	330
河　南	41000	1	22	–	134	767
湖　北	42000	1	19	4	48	479
武　汉	42100	1	17	–	–	206
湖　南	43000	1	21	–	139	949
广　东	44000	1	25	–	82	1267
广　州	44100	1	22	8	4	1037
深　圳	44200	1	7	–	1	654
广　西	45000	1	18	7	84	617
海　南	46000	1	1	–	–	51
四　川	51000	1	23	–	123	2474
成　都	51100	1	20	–	–	408
重　庆	51200	1	17	25	5	1024
贵　州	52000	1	23	–	81	538
云　南	53000	1	30	2	104	935
陕　西	61000	1	11	56	105	1029
西　安	61100	1	8	20	1	79
甘　肃	62000	1	25	12	73	1975
青　海	63000	1	6	19	14	298
宁　夏	64000	1	8	16	–	510
新　疆	65000	1	16	8	57	309
新疆兵团	65100	1	12	–	5	188

1.2.1 中央电大开放教育试点学生

单位：人

	合计			本科(专科起点)			专科		
	毕业生	招生	在校生	毕业生	招生	在校生	毕业生	招生	在校生
总计	**262909**	**604241**	**1603671**	**111923**	**247067**	**644503**	**150986**	**357174**	**959168**
中央电大直属部	10398	13964	31332	711	2509	6498	9687	11455	24834
北京	6762	22119	58119	4186	8616	23637	2576	13503	34482
天津	6652	19482	48790	3603	11921	28078	3049	7561	20712
河北	6477	9556	23769	2528	3741	7853	3949	5815	15916
山西	3622	5522	15479	2622	3217	9257	1000	2305	6222
内蒙古	5579	15289	31270	1465	4352	8820	4114	10937	22450
辽宁	11874	14231	49744	4811	5911	22226	7063	8320	27518
沈阳	3670	8777	28195	2196	4311	14620	1474	4466	13575
大连	4872	10027	24186	3219	4449	12319	1653	5578	11867
吉林	2454	5385	15739	1574	2614	6951	880	2771	8788
长春	876	1237	5429	691	542	2846	185	695	2583
黑龙江	7261	11090	41465	1877	3735	12360	5384	7355	29105
哈尔滨	4304	6035	24203	1936	2579	9568	2368	3456	14635
上海	3121	8300	20562	3121	8300	20562			
江苏	5450	21200	45821	3045	12902	30292	2405	8298	15529
南京	1275	3690	9677	1232	1853	7490	43	1837	2187
浙江	20916	36640	86195	5461	11882	24837	15455	24758	61358
宁波	7831	11204	27916	1274	4540	9891	6557	6664	18025
安徽	8354	26595	72277	3365	11168	21648	4989	15427	50629
福建	10409	21354	70451	2339	7828	19125	8070	13526	51326
厦门	856	1738	4968	599	706	2355	257	1032	2613
江西	5648	16124	46223	1422	6850	17422	4226	9274	28801
山东	8027	15277	34261	3281	7270	14958	4746	8007	19303
青岛	687	4666	14778	479	2051	7573	208	2615	7205
河南	8301	24417	42004	4538	4600	14923	3763	19817	27081
湖北	3162	13567	35773	2065	10210	23786	1097	3357	11987
武汉	2335	4283	15356	1172	1516	6056	1163	2767	9300
湖南	9916	23650	60323	5706	13594	35091	4210	10056	25232
广东	9909	52446	118945	4314	11781	27442	5595	40665	91503
广州	5208	19703	51438	3608	7881	20323	1600	11822	31115
深圳	2304	8444	22991	1762	2799	8795	542	5645	14196
广西	4668	6535	15461	3162	2930	8254	1506	3605	7207
海南	387	1064	2696	387	827	2111		237	585
四川	8109	22525	67910	2775	10604	27563	5334	11921	40347
成都	4119	6067	14494	2113	2818	6219	2006	3249	8275
重庆	3556	13343	26366	1821	3868	9940	1735	9475	16426
贵州	7243	12299	30353	2461	5429	10838	4782	6870	19515
云南	6532	14647	47273	1579	3370	14495	4953	11277	32778
陕西	8787	21967	68410	3977	9186	24088	4810	12781	44322
西安	2508	7463	20401	826	3185	7219	1682	4278	13182
甘肃	14995	19116	69046	5412	6854	23107	9583	12262	45939
青海	2425	1239	4699	832	937	2974	1593	302	1725
宁夏	3403	7646	26281	1386	3663	11964	2017	3983	14317
新疆	5666	11975	25031	3354	5864	12794	2312	6111	12237
新疆兵团	2001	2343	7571	1636	1304	5335	365	1039	2236

1.2.2 全国电大统招高等学历教育学生

单位：人

	合计			普招专科			成招专科			成招专升本		
	毕业生	招　生	在校生	毕业生	招　生	在校生	毕业生	招　生	在校生	毕业生	招　生	在校生
总　计	**188099**	**155897**	**331949**	**48052**	**60893**	**159650**	**139620**	**94395**	**171503**	**427**	**609**	**796**
北　京	1061	855	2227				1061	855	2227			
天　津	4326	3803	9450	476	559	1783	3850	3244	7667			
河　北	9985	7608	20224	2434	3774	7000	7551	3834	13224			
山　西	1869	1326	2234	257			1612	1326	2234			
内蒙古	3031	2148	3451	200	460	847	2831	1688	2604			
辽　宁	802	545	1397	197		516	605	545	881			
沈　阳	462	281	1845				462	281	1845			
大　连	1740	1280	2585	267	254	829	1473	1026	1756			
吉　林	4721	5627	6236	20	152	166	4701	5475	6070			
长　春	1216	1693	1762	37	40	69	1179	1653	1693			
黑龙江	3799	1888	2794	967	13	450	2832	1875	2344			
哈尔滨	1879	721	803				1879	721	803			
上　海	429	152	562				429	152	562			
江　苏	8252	8959	28060	7200	8700	27200	932	259	834	120		26
南　京	1099	1489	4673	823	1273	4247	276	216	426			
浙　江	7988	6535	15167	3647	3782	9554	4341	2753	5613			
宁　波	1071	984	2576	583	743	1955	488	241	621			
安　徽	1803	982	4438	1299	849	4011	504	133	427			
福　建	2795	2473	9097	1851	2112	6651	944	361	2446			
厦　门	443	1244	2167	153	668	1130	290	576	1037			
江　西	9398	3547	9440	816	348	1071	8582	3199	8369			
山　东	7792	10430	31056	4479	8530	26239	3313	1900	4817			
青　岛	758	2093	5869	591	1999	5646	167	94	223			
河　南	4490	4034	9986	2268	3058	8384	2222	976	1602			
湖　北	10427	7368	12188	2215	1136	2680	7929	5933	9187	283	299	321
武　汉	738	468	883	153		145	585	468	738			
湖　南	13389	2811	10046	3009	476	3050	10380	2335	6996			
广　东	5378	5997	12954	1648	1683	4247	3730	4314	8707			
广　州	2138	3134	7157	1474	1823	4193	664	1311	2964			
深　圳	664	284	1281	37		3	627	284	1278			
广　西	3647	2887	6714	912	1403	3571	2735	1484	3143			
海　南	1205	2406	2743	181	163	433	1024	2243	2310			
四　川	16104	15553	20745	588	1262	2946	15516	14291	17799			
成　都	4401	2618	3465	321	532	1089	4080	2086	2376			
重　庆	8810	11035	18811	1291	1848	3855	7495	8877	14507	24	310	449
贵　州	7076	5796	9638	1017	1699	3990	6059	4097	5648			
云　南	3097	7393	14279	1373	5760	9972	1724	1633	4307			
陕　西	11223	6527	11364	2484	2673	5475	8739	3854	5889			
西　安	1795	1880	3550	105	212	608	1690	1668	2942			
甘　肃	4458	4609	7168	666	1821	2686	3792	2788	4482			
青　海	817	142	572	95	106	239	722	36	333			
宁　夏	4863	2306	5939	100	120	324	4763	2186	5615			
新　疆	5771	1768	3844	1652	772	2200	4119	996	1644			
新疆兵团	889	218	509	166	90	196	723	128	313			

1.2.3 全国电大高等学历教育在校生年龄情况

单位：人

	总　计	≤20 岁		21 岁～25 岁		26 岁～30 岁		≥31 岁	
		学生数	%	学生数	%	学生数	%	学生数	%
总　计	**2006710**	**269026**	**13.41**	**709734**	**35.37**	**613807**	**30.59**	**414143**	**20.64**
统招普通专科	159650	106375	66.63	52256	32.73	656	0.41	363	0.23
统招成人专科	172299	29830	17.31	77426	44.94	43516	25.26	21527	12.49
开放本、专科	1603671	130252	8.12	563443	35.13	542351	33.82	367625	22.92
注册视听生	71090	2569	3.61	16609	23.36	27284	38.38	24628	34.64
中央电大直属部	**31332**	**2642**	**8.43**	**19747**	**63.03**	**6185**	**19.74**	**2758**	**8.80**
统招普通专科									
统招成人专科									
开放本、专科	31332	2642	8.43	19747	63.03	6185	19.74	2758	8.80
注册视听生									
北　京	**62140**	**4799**	**7.72**	**21915**	**35.27**	**16829**	**27.08**	**18597**	**29.93**
统招普通专科									
统招成人专科	2227	227	10.19	1239	55.64	508	22.81	253	11.36
开放本、专科	58119	4572	7.87	20474	35.23	15908	27.37	17165	29.53
注册视听生	1794			202	11.26	413	23.02	1179	65.72
天　津	**58240**	**9174**	**15.75**	**21996**	**37.77**	**14962**	**25.69**	**12108**	**20.79**
统招普通专科	1783	1168	65.51	615	34.49				
统招成人专科	7667	3168	41.32	2379	31.03	1165	15.19	955	12.46
开放本、专科	48790	4838	9.92	19002	38.95	13797	28.28	11153	22.86
注册视听生									
河　北	**43993**	**7925**	**18.01**	**18730**	**42.57**	**13653**	**31.03**	**3685**	**8.38**
统招普通专科	7000	4185	59.79	2395	34.21	376	5.37	44	0.63
统招成人专科	13224	1551	11.73	6970	52.71	3677	27.81	1026	7.76
开放本、专科	23769	2189	9.21	9365	39.40	9600	40.39	2615	11.00
注册视听生									
山　西	**17713**	**786**	**4.44**	**4178**	**23.59**	**6303**	**35.58**	**6446**	**36.39**
统招普通专科									
统招成人专科	2234	202	9.04	923	41.32	723	32.36	386	17.28
开放本、专科	15479	584	3.77	3255	21.03	5580	36.05	6060	39.15
注册视听生									
内蒙古	**36116**	**1694**	**4.69**	**8145**	**22.55**	**13189**	**36.52**	**13088**	**36.24**
统招普通专科	847	597	70.48	250	29.52				
统招成人专科	2604	376	14.44	1210	46.47	764	29.34	254	9.75
开放本、专科	31270	721	2.31	6660	21.30	11971	38.28	11918	38.11
注册视听生	1395			25	1.79	454	32.54	916	65.66
辽　宁	**56385**	**1569**	**2.78**	**22491**	**39.89**	**19213**	**34.07**	**13112**	**23.25**
统招普通专科	516	191	37.02	325	62.98				
统招成人专科	881	36	4.09	353	40.07	387	43.93	105	11.92
开放本、专科	49744	1285	2.58	18133	36.45	17786	35.76	12540	25.21
注册视听生	5244	57	1.09	3680	70.18	1040	19.83	467	8.91
沈　阳	**30678**	**4476**	**14.59**	**13537**	**44.13**	**5873**	**19.14**	**6792**	**22.14**
统招普通专科									
统招成人专科	1845	263	14.25	1291	69.97	286	15.50	5	0.27
开放本、专科	28195	4212	14.94	12039	42.70	5543	19.66	6401	22.70
注册视听生	638	1	0.16	207	32.45	44	6.90	386	60.50
大　连	**26771**	**4450**	**16.62**	**12359**	**46.17**	**7054**	**26.35**	**2908**	**10.86**
统招普通专科	829	434	52.35	395	47.65				
统招成人专科	1756	787	44.82	932	53.08	34	1.94	3	0.17
开放本、专科	24186	3229	13.35	11032	45.61	7020	29.03	2905	12.01
注册视听生									

1.2.3 全国电大高等学历教育在校生年龄情况（续表 1）

单位：人

	总 计	≤20 岁		21 岁～25 岁		26 岁～30 岁		≥31 岁	
		学生数	%	学生数	%	学生数	%	学生数	%
吉 林	**21975**	**4009**	**18.24**	**8757**	**39.85**	**6439**	**29.30**	**2770**	**12.61**
统招普通专科	166	166	100.00						
统招成人专科	6070	2234	36.80	2465	40.61	939	15.47	432	7.12
开放本、专科	15739	1609	10.22	6292	39.98	5500	34.95	2338	14.85
注册视听生									
长 春	**8254**	**707**	**8.57**	**4253**	**51.53**	**2837**	**34.37**	**457**	**5.54**
统招普通专科	69	56	81.16	13	18.84				
统招成人专科	1693	307	18.13	624	36.86	579	34.20	183	10.81
开放本、专科	5429	176	3.24	2763	50.89	2216	40.82	274	5.05
注册视听生	1063	168	15.80	853	80.24	42	3.95		
黑龙江	**45977**	**3329**	**7.24**	**16815**	**36.57**	**12845**	**27.94**	**12988**	**28.25**
统招普通专科	450	122	27.11	328	72.89				
统招成人专科	2344	163	6.95	1204	51.37	816	34.81	161	6.87
开放本、专科	41465	3043	7.34	14683	35.41	11258	27.15	12481	30.10
注册视听生	1718	1	0.06	600	34.92	771	44.88	346	20.14
哈尔滨	**25006**	**4115**	**16.46**	**11155**	**44.61**	**5573**	**22.29**	**4163**	**16.65**
统招普通专科									
统招成人专科	803	161	20.05	364	45.33	195	24.28	83	10.34
开放本、专科	24203	3954	16.34	10791	44.59	5378	22.22	4080	16.86
注册视听生									
上 海	**21124**	**136**	**0.64**	**6899**	**32.66**	**7932**	**37.55**	**6157**	**29.15**
统招普通专科									
统招成人专科	562	5	0.89	249	44.31	217	38.61	91	16.19
开放本、专科	20562	131	0.64	6650	32.34	7715	37.52	6066	29.50
注册视听生									
江 苏	**76637**	**16401**	**21.40**	**29054**	**37.91**	**19001**	**24.79**	**12181**	**15.89**
统招普通专科	27200	15647	57.53	11550	42.46	3	0.01		
统招成人专科	860	66	7.67	560	65.12	177	20.58	57	6.63
开放本、专科	45821	688	1.50	16573	36.17	17863	38.98	10697	23.35
注册视听生	2756			371	13.46	958	34.76	1427	51.78
南 京	**14350**	**3914**	**27.28**	**4416**	**30.77**	**3508**	**24.45**	**2512**	**17.51**
统招普通专科	4247	3586	84.44	661	15.56				
统招成人专科	426	132	30.99	253	59.39	37	8.69	4	0.94
开放本、专科	9677	196	2.03	3502	36.19	3471	35.87	2508	25.92
注册视听生									
浙 江	**106557**	**10983**	**10.31**	**35900**	**34.63**	**34572**	**32.44**	**24102**	**22.62**
统招普通专科	9554	5098	53.36	4455	46.63	1	0.01		
统招成人专科	5613	1062	18.92	3216	57.30	1047	18.65	288	5.13
开放本、专科	86195	4819	5.59	27738	32.18	30626	35.53	23012	26.70
注册视听生	5195	4	0.08	1491	28.70	2898	55.78	802	15.44
宁 波	**31453**	**3181**	**10.11**	**13464**	**42.81**	**8255**	**26.25**	**6553**	**20.83**
统招普通专科	1955	1070	54.73	885	45.27				
统招成人专科	621	26	4.19	324	52.17	233	37.52	38	6.12
开放本、专科	27916	2085	7.47	12235	43.83	8022	28.74	5574	19.97
注册视听生	961			20	2.08			941	97.92
安 徽	**76715**	**9300**	**12.12**	**25830**	**33.67**	**21218**	**27.66**	**20367**	**26.55**
统招普通专科	4011	3307	82.45	703	17.53	1	0.02		
统招成人专科	427	84	19.67	296	69.32	41	9.60	6	1.41
开放本、专科	72277	5909	8.18	24831	34.36	21176	29.30	20361	28.17
注册视听生									

1.2.3 全国电大高等学历教育在校生年龄情况（续表 2）

单位：人

	总 计	≤20 岁		21 岁～25 岁		26 岁～30 岁		≥31 岁	
		学生数	%	学生数	%	学生数	%	学生数	%
福 建	**84142**	**11283**	**13.41**	**25362**	**30.14**	**32801**	**38.98**	**14696**	**17.47**
统招普通专科	6651	5543	83.34	1108	16.66				
统招成人专科	2446	254	10.38	1402	57.32	655	26.78	135	5.52
开放本、专科	70451	5447	7.73	21962	31.17	29230	41.49	13812	19.61
注册视听生	4594	39	0.85	890	19.37	2916	63.47	749	16.30
厦 门	**7318**	**1596**	**21.81**	**2422**	**33.10**	**2015**	**27.53**	**1285**	**17.56**
统招普通专科	1130	1114	98.58	16	1.42				
统招成人专科	1037	44	4.24	435	41.95	360	34.72	198	19.09
开放本、专科	4968	438	8.82	1930	38.85	1538	30.96	1062	21.38
注册视听生	183			41	22.40	117	63.93	25	13.66
江 西	**58037**	**7732**	**13.32**	**20954**	**36.10**	**16066**	**27.68**	**13285**	**22.89**
统招普通专科	1071	825	77.03	246	22.97				
统招成人专科	8369	2018	24.11	3678	43.95	1750	20.91	923	11.03
开放本、专科	46223	4469	9.67	16098	34.83	13564	29.34	12092	26.16
注册视听生	2374	420	17.69	932	39.26	752	31.68	270	11.37
山 东	**65987**	**21675**	**32.85**	**23137**	**35.06**	**13352**	**20.23**	**7823**	**11.86**
统招普通专科	26239	16911	64.45	9061	34.53	19	0.07	248	0.95
统招成人专科	4817	489	10.15	2818	58.50	1117	23.19	393	8.16
开放本、专科	34261	3975	11.60	10889	31.78	12215	35.65	7182	20.96
注册视听生	670	300	44.78	369	55.07	1	0.15		
青 岛	**20647**	**4999**	**24.21**	**6489**	**31.43**	**6043**	**29.27**	**3116**	**15.09**
统招普通专科	5646	4035	71.47	1608	28.48	2	0.04	1	0.02
统招成人专科	223	111	49.78	59	26.46	40	17.94	13	5.83
开放本、专科	14778	853	5.77	4822	32.63	6001	40.61	3102	20.99
注册视听生									
河 南	**60309**	**13150**	**21.80**	**26378**	**43.74**	**16438**	**27.26**	**4343**	**7.20**
统招普通专科	8384	7246	86.43	1126	13.43	7	0.08	5	0.06
统招成人专科	1602	534	33.33	776	48.44	223	13.92	69	4.31
开放本、专科	42004	4493	10.70	21627	51.49	13124	31.24	2760	6.57
注册视听生	8319	877	10.54	2849	34.25	3084	37.07	1509	18.14
湖 北	**47961**	**10661**	**22.23**	**14662**	**30.57**	**14812**	**30.88**	**7826**	**16.32**
统招普通专科	2680	2409	89.89	271	10.11				
统招成人专科	9508	1695	17.83	3839	40.38	2580	27.14	1394	14.66
开放本、专科	35773	6557	18.33	10552	29.50	12232	34.19	6432	17.98
注册视听生									
武 汉	**16239**	**1457**	**8.97**	**8777**	**54.05**	**3887**	**23.94**	**2118**	**13.04**
统招普通专科	145	145	100.00						
统招成人专科	738	346	46.88	297	40.24	89	12.06	6	0.81
开放本、专科	15356	966	6.29	8480	55.22	3798	24.73	2112	13.75
注册视听生									
湖 南	**72047**	**8115**	**11.26**	**27660**	**38.39**	**22001**	**30.54**	**14271**	**19.81**
统招普通专科	3050	2315	75.90	735	24.10				
统招成人专科	6996	567	8.10	4115	58.82	1945	27.80	369	5.27
开放本、专科	60323	4829	8.01	22000	36.47	19679	32.62	13815	22.90
注册视听生	1678	404	24.08	810	48.27	377	22.47	87	5.18
广 东	**131899**	**15621**	**11.84**	**53174**	**40.31**	**40420**	**30.64**	**22684**	**17.20**
统招普通专科	4247	2667	62.80	1575	37.09	3	0.07	2	0.05
统招成人专科	8707	1635	18.78	4545	52.20	1622	18.63	905	10.39
开放本、专科	118945	11319	9.52	47054	39.56	38795	32.62	21777	18.31
注册视听生									

1.2.3 全国电大高等学历教育在校生年龄情况（续表 3）

单位：人

	总 计	≤20 岁		21 岁～25 岁		26 岁～30 岁		≥31 岁	
		学生数	%	学生数	%	学生数	%	学生数	%
广　州	**58595**	**12210**	**20.84**	**22010**	**37.56**	**14047**	**23.97**	**10328**	**17.63**
统招普通专科	4193	3522	84.00	671	16.00				
统招成人专科	2964	888	29.96	1268	42.78	522	17.61	286	9.65
开放本、专科	51438	7800	15.16	20071	39.02	13525	26.29	10042	19.52
注 册 视 听 生									
深　圳	**24272**	**1823**	**7.51**	**9917**	**40.86**	**7170**	**29.54**	**5362**	**22.09**
统招普通专科	3			3	100.00				
统招成人专科	1278	123	9.62	773	60.49	298	23.32	84	6.57
开放本、专科	22991	1700	7.39	9141	39.76	6872	29.89	5278	22.96
注 册 视 听 生									
广　西	**22245**	**3112**	**13.99**	**7561**	**33.99**	**8506**	**38.24**	**3066**	**13.78**
统招普通专科	3571	2032	56.90	1452	40.66	66	1.85	21	0.59
统招成人专科	3143	359	11.42	1560	49.63	889	28.29	335	10.66
开放本、专科	15461	710	4.59	4498	29.09	7543	48.79	2710	17.53
注 册 视 听 生	70	11	15.71	51	72.86	8	11.43		
海　南	**5439**	**259**	**4.76**	**937**	**17.23**	**3258**	**59.90**	**985**	**18.11**
统招普通专科	433	244	56.35	189	43.65				
统招成人专科	2310	15	0.65	350	15.15	1454	62.94	491	21.26
开放本、专科	2696			398	14.76	1804	66.91	494	18.32
注 册 视 听 生									
四　川	**102696**	**9217**	**8.98**	**34504**	**33.60**	**34295**	**33.39**	**24680**	**24.03**
统招普通专科	2946	1717	58.28	1084	36.80	111	3.77	34	1.15
统招成人专科	17799	1972	11.08	7795	43.79	4799	26.96	3233	18.16
开放本、专科	67910	5476	8.06	24565	36.17	23846	35.11	14023	20.65
注 册 视 听 生	14041	52	0.37	1060	7.55	5539	39.45	7390	52.63
成　都	**18096**	**1852**	**10.23**	**6300**	**34.81**	**5668**	**31.32**	**4276**	**23.63**
统招普通专科	1089	517	47.47	572	52.53				
统招成人专科	2376	313	13.17	996	41.92	832	35.02	235	9.89
开放本、专科	14494	1022	7.05	4691	32.37	4758	32.83	4023	27.76
注 册 视 听 生	137			41	29.93	78	56.93	18	13.14
重　庆	**45177**	**8052**	**17.82**	**15192**	**33.63**	**13035**	**28.85**	**8898**	**19.70**
统招普通专科	3855	2608	67.65	1247	32.35				
统招成人专科	14956	2876	19.23	5100	34.10	4671	31.23	2309	15.44
开放本、专科	26366	2568	9.74	8845	33.55	8364	31.72	6589	24.99
注 册 视 听 生									
贵　州	**40013**	**5518**	**13.79**	**13075**	**32.68**	**13153**	**32.87**	**8267**	**20.66**
统招普通专科	3990	1861	46.64	2069	51.85	59	1.48	1	0.03
统招成人专科	5648	1315	23.28	2556	45.25	1135	20.10	642	11.37
开放本、专科	30353	2342	7.72	8450	27.84	11947	39.36	7614	25.08
注 册 视 听 生	22					12	54.55	10	45.45
云　南	**67078**	**9327**	**13.90**	**13084**	**19.51**	**22135**	**33.00**	**22532**	**33.59**
统招普通专科	9972	7374	73.95	2597	26.04	1	0.01		
统招成人专科	4307	155	3.60	401	9.31	1112	25.82	2639	61.27
开放本、专科	47273	1798	3.80	9546	20.19	18515	39.17	17414	36.84
注 册 视 听 生	5526			540	9.77	2507	45.37	2479	44.86
陕　西	**80878**	**11491**	**14.21**	**22666**	**28.02**	**28966**	**35.81**	**17755**	**21.95**
统招普通专科	5475	4056	74.08	1419	25.92				
统招成人专科	5889	276	4.69	1851	31.43	2503	42.50	1259	21.38
开放本、专科	68410	7134	10.43	19120	27.95	25922	37.89	16234	23.73
注 册 视 听 生	1104	25	2.26	276	25.00	541	49.00	262	23.73

1.2.3 全国电大高等学历教育在校生年龄情况（续表 4）

单位：人

	总 计	≤20 岁		21 岁～25 岁		26 岁～30 岁		≥31 岁	
		学生数	%	学生数	%	学生数	%	学生数	%
西 安	**23951**	**3329**	**13.90**	**10116**	**42.24**	**7735**	**32.30**	**2771**	**11.57**
统招普通专科	608	384	63.16	224	36.84				
统招成人专科	2942	594	20.19	1723	58.57	440	14.96	185	6.29
开放本、专科	20401	2351	11.52	8169	40.04	7295	35.76	2586	12.68
注册视听生									
甘 肃	**79841**	**5250**	**6.58**	**21727**	**27.21**	**33614**	**42.10**	**19250**	**24.11**
统招普通专科	2686	1170	43.56	1509	56.18	4	0.15	3	0.11
统招成人专科	4482	410	9.15	2313	51.61	1149	25.64	610	13.61
开放本、专科	69046	3460	5.01	16605	24.05	31727	45.95	17254	24.99
注册视听生	3627	210	5.79	1300	35.84	734	20.24	1383	38.13
青 海	**5271**	**432**	**8.20**	**1319**	**25.02**	**1685**	**31.97**	**1835**	**34.81**
统招普通专科	239	178	74.48	60	25.10	1	0.42		
统招成人专科	333	49	14.71	102	30.63	124	37.24	58	17.42
开放本、专科	4699	205	4.36	1157	24.62	1560	33.20	1777	37.82
注册视听生									
宁 夏	**32220**	**4722**	**14.66**	**13435**	**41.70**	**8988**	**27.90**	**5075**	**15.75**
统招普通专科	324	237	73.15	87	26.85				
统招成人专科	5615	1723	30.69	3095	55.12	726	12.93	71	1.26
开放本、专科	26281	2762	10.51	10253	39.01	8262	31.44	5004	19.04
注册视听生									
新 疆	**36791**	**2286**	**6.21**	**7247**	**19.70**	**15198**	**41.31**	**12060**	**32.78**
统招普通专科	2200	1520	69.09	674	30.64	2	0.09	4	0.18
统招成人专科	1644	207	12.59	635	38.63	535	32.54	267	16.24
开放本、专科	25031	559	2.23	5938	23.72	10703	42.76	7831	31.29
注册视听生	7916					3958	50.00	3958	50.00
新疆兵团	**8145**	**267**	**3.28**	**988**	**12.13**	**3078**	**37.79**	**3812**	**46.80**
统招普通专科	196	118	60.20	78	39.80				
统招成人专科	313	12	3.83	92	29.39	121	38.66	88	28.12
开放本、专科	7571	137	1.81	817	10.79	2917	38.53	3700	48.87
注册视听生	65			1	1.54	40	61.54	24	36.92

1.2.4 全国电大高等学历教育在校生其他情况

单位：人

	中央电大开放教育试点在校生中(含注册视听生)						统招高等学历教育在校生中					
	共产党员	共青团员	民主党派	华侨	港澳台	少数民族	共产党员	共青团员	民主党派	华侨	港澳台	少数民族
总计	**243698**	**482059**	**2518**	**156**	**156**	**72029**	**24438**	**197050**	**235**	**37**	**10**	**18428**
中央电大直属部	11577	13983	9			1450						
北京	7444	24601	21			2363	236	1398	1			149
天津	6573	22550	200			1069	754	5930	10			287
河北	2360	4558	41			448	2418	9818	33			526
山西	3455	4419	3			200	504	2254				4
内蒙古	4518	6921	1			5054	137	1591				632
辽宁	5690	19636	57			3074	67	614				43
沈阳	4047	14921	2			2353	12	1009				56
大连	2841	11560	167			1304	38	2100		1		67
吉林	2338	1981	25	12		2102	909	2893		1		577
长春	1125	2638	12		3	111	614	857	12			36
黑龙江	4155	12115	62			672	212	1369	1			110
哈尔滨	730	2010				192	314	1318				44
上海	3853	7119	71		1	71	68	344				
江苏	4241	6108	204			39	236	21856				15
南京	2505	4462	8			320	30	4044				45
浙江	10615	28924	102	14	1	170	672	11070		11	2	30
宁波	5748	12604	73	3	1	13	283	2170				1
安徽	9203	20112	91	4		740	39	1207				6
福建	9971	26821	220	96	35	494	314	6525	8	3		95
厦门	634	1942		9			52	1493				
江西	8735	14691	71	5		66	606	5696	5			109
山东	5340	10546	21			431	1460	22115	2			402
青岛	3142	4800				30	39	5705	3	4	2	14
河南	9953	20033				833	446	7518				146
湖北	4587	4598	33			1828	1663	5202	21			734
武汉	5516	4586	1				358	417				
湖南	10209	13941	123			4456	880	3883	26	2		1481
广东	18240	33598	186	10	108	577	941	7728	19	8	6	30
广州	6154	23119	18	3	7	177	91	4965		1		7
深圳	1173	7686	23			229	130	816				15
广西	2964	3123	34			4109	345	3272	1			2428
海南	72	143				62	199	361				948
四川	10845	17943	126			2971	2042	10529	20			385
成都	2011	5673	12			116	273	1797	2			61
重庆	3274	8325	72			2193	2771	7879	50			821
贵州	5516	5357	100			6444	416	4112	5			1704
云南	9942	6515	16			11130	651	8567		6		3201
陕西	7668	14297	2			286	900	6836				32
西安	1930	5165	192			42	156	2599	2			13
甘肃	9856	10291	113			3224	765	2229	14			256
青海	1130	743	2			1070	109	341				309
宁夏	4426	5976	4			4855	424	2005				739
新疆	4885	10455				4432	717	2425				1858
新疆兵团	2507	470				229	147	193				12

1.2.5 全国电大非学历教育结业生

单位：人次

	进修及培训											
	合计	一月以内	一月至半年内	半年至一年内	一年以上	在合计中			在合计中			
						计	资格证书培训	岗位证书培训	计	外语	会计	计算机
总　计	**1015305**	**620573**	**278806**	**94163**	**21763**	**432848**	**192600**	**240248**	**234205**	**55744**	**44885**	**133576**
北　京	12571	8588	2830	487	666	8410	1014	7396	7620	995	5398	1227
天　津												
河　北	34929	23	2721	31712	473	575	150	425	31712	31712		
山　西	14290	14290				4414	3493	921	1112	138	60	914
内蒙古	16292	15030	769	239	254	13258	10037	3221	1294	10	65	1219
辽　宁	2448		1697		751	2447	800	1647	81			81
沈　阳	6772	6314	438	20		6319	2992	3327	3864	1598	805	1461
大　连	80		80			80	80		80		80	
吉　林	230	230				115	115					
长　春	1967	1967				1967	1720	247	1720			1720
黑龙江	1236	1021	215			1080	213	867	436			436
哈尔滨	173		69	104		173	173					
上　海	304911	152104	117671	34461	675	83921	9894	74027	82110	4140	14676	63294
江　苏	19061	6159	10919	628	1355	7223	5061	2162	11383	1079	3546	6758
南　京	19097	11729	5659	1210	499	13014	4644	8370	7714	939	3939	2836
浙　江	50499	23210	23793	2545	951	31769	5903	25866	10297	4463	975	4859
宁　波	3173	2123	745	97	208	1600	1190	410	1530	906	271	353
安　徽	23626	22314	1312			18691	16321	2370	4341	731		3610
福　建	10941	6449	3695	581	216	4262	1932	2330	3926	2047		1879
厦　门	5380	560	3600	1200	20	4140	3600	540				
江　西	4136	2374	1762			523	259	264	2192	1779	23	390
山　东	110265	79684	23281		7300	97031	56796	40235	19361	1250		18111
青　岛	2186	992	1194			1048	412	636	961	48	828	85
河　南	138977	124269	9012	4820	876	5411	4631	780	549		93	456
湖　北	3034	3034				2050	480	1570	67		67	
武　汉	6041	1954	4062	25		5345	2224	3121	3764		314	3450
湖　南	9558	7726	1641	191		5605	3153	2452	2047	506	139	1402
广　东	13129	7647	5260		222	11223	2524	8699	4566	416	2544	1606
广　州	14347	6178	7472	177	520	10984	2424	8560	3559	377	1280	1902
深　圳	8932	8932				296	176	120	2900			2900
广　西	4560	4560				4480		4480	80	80		
海　南	352		352			352	352		352		352	
四　川	18229	17711	208	110	200	12368	10032	2336	3645	429	475	2741
成　都	4200	3111	962	127		2320	400	1920	2320	20	1700	600
重　庆	1410	900	450		60	1410	930	480	30	30		
贵　州	33755	14280	10475	3120	5880	4395	3509	886	3603		1975	1628
云　南												
陕　西	29330	22630	6700			26900	13500	13400				
西　安	2012		1898	67	47	120	60	60	1243	111		1132
甘　肃	29276	9020	20231	25		18810	7443	11367	2735	109	1408	1218
青　海	256	256				256	256		256			256
宁　夏	5667	5667				5667	3848	1819				
新　疆	45076	26016	6397	12217	446	9895	8614	1281	9299	1831	3872	3596
新疆兵团	2901	1521	1236		144	2901	1245	1656	1456			1456

1.3 全国电大教职工情况

单位：人

	教职工数								聘请校外教师
	计	校本部教职工						校办企业等人员	
		计	专任教师	行政人员	科研人员	教辅人员	工勤人员		
总　计	**79491**	**78582**	**43770**	**16629**	**1153**	**9737**	**7293**	**909**	**35794**
中央电大	432	432	125	140	7	105	55		41
中央电大直属部	402	402	169	173	1	37	22		2147
北　京	1624	1581	635	521	28	243	154	43	1440
天　津	2686	2618	1310	595	60	401	252	68	1191
河　北	2142	2140	1083	473	29	327	228	2	630
山　西	771	771	326	223	14	126	82		328
内蒙古	1308	1304	607	340	12	190	155	4	379
辽　宁	2485	2483	1304	614	38	289	238	2	625
沈　阳	666	666	359	134	3	112	58		155
大　连	518	518	295	120	10	36	57		352
吉　林	1312	1312	685	299	17	242	69		289
长　春	580	543	326	111	15	66	25	37	56
黑龙江	2861	2782	1484	562	9	371	356	79	719
哈尔滨	400	400	182	94	8	82	34		315
上　海	1967	1891	1055	328	16	294	198	76	1241
江　苏	7310	7288	4541	1019	62	950	716	22	1087
南　京	755	754	456	162	7	84	45	1	679
浙　江	3736	3718	2306	556	72	506	278	18	1383
宁　波	508	504	366	72	3	38	25	4	430
安　徽	1495	1495	851	356	7	188	93		1361
福　建	1309	1309	669	444	8	99	89		1159
厦　门	129	127	58	38	6	16	9	2	148
江　西	1651	1647	840	345	8	235	219	4	1380
山　东	6237	6017	3375	1362	77	619	584	220	346
青　岛	792	766	501	103	11	73	78	26	116
河　南	2842	2828	1799	570	55	268	136	14	508
湖　北	3100	3090	1921	569	17	360	223	10	375
武　汉	1282	1267	749	263	32	101	122	15	150
湖　南	1401	1397	620	482	15	153	127	4	1253
广　东	3979	3972	2404	714	38	369	447	7	2149
广　州	2040	2040	1146	455	9	279	151		1161
深　圳	570	510	250	57	23	122	58	60	242
广　西	1566	1529	792	392	22	148	175	37	700
海　南	108	108	66	28		7	7		67
四　川	2060	2043	1180	478	8	203	174	17	2630
成　都	722	720	432	113	20	92	63	2	598
重　庆	1570	1570	899	331	21	164	155		1325
贵　州	1300	1300	713	344	38	131	74		688
云　南	3471	3438	1969	656	46	405	362	33	705
陕　西	2412	2386	1239	489	125	357	176	26	1667
西　安	616	612	281	138	26	138	29	4	852
甘　肃	1839	1811	986	448	24	154	199	28	902
青　海	742	740	480	94	36	62	68	2	172
宁　夏	730	725	424	185	3	69	44	5	477
新　疆	2403	2371	1196	524	36	300	315	32	867
新疆兵团	662	657	316	115	31	126	69	5	309

1.4 全国电大学校资产及校舍情况

	固定资产总值(万元)		图书、资料		拥有教学用计算机(台)	语音实验室座位数(个)	多媒体教室座位数(个)	网上教学课程数(种)	占地面积(万平方米)	建筑面积(万平方米)
	计	其中:教学科研仪器设备	一般图书(万册)	电子图书(万册)						
总计	**1880576.2**	**486406.9**	**6303.3**	**10629.9**	**246086**	**76034**	**359701**	**36307**	**4801.5**	**2012.3**
中央电大	2921.0	182.0	7.2	4.4	445					
中央电大直属部	44582.0	14184.0	217.6	2827.5	5232	1993	10992	28	81.6	31.8
北京	59427.2	19296.5	179.6	36.7	8562	2416	18008	324	52.5	35.4
天津	71398.3	22732.3	900.9	33.9	11574	2954	12553	270	154.7	74.0
河北	39051.0	10188.6	138.3	600.1	4552	2577	5364	1014	67.9	49.8
山西	10232.6	4042.5	40.8	8.0	2234	395	1546	613	21.3	13.8
内蒙古	16968.9	4362.5	86.6	3.2	2582	852	1831	975	106.5	21.4
辽宁	46808.1	13757.2	190.3	12.2	4505	1999	5643	1618	95.0	44.4
沈阳	13920.3	2505.0	41.2	6.8	2045	521	2542	507	38.0	14.0
大连	9371.2	3332.0	27.1	0.5	2285	674	4963	657	18.9	8.7
吉林	10872.4	3783.3	48.9	83.8	2033	795	1435	139	25.7	13.3
长春	6254.5	3640.5	48.6		1081	154	740	319	13.3	7.6
黑龙江	45827.3	12997.7	207.5	15.7	6263	2868	7531	107	165.9	62.9
哈尔滨	20691.2	2643.9	29.5	5.1	1531	534	1788	322	19.8	4.9
上海	76699.4	24032.3	176.9	139.8	11588	2836	22359	1875	68.0	61.0
江苏	175497.5	36865.0	315.1	3778.0	18786	4730	22642	949	348.2	175.0
南京	19081.2	4848.2	41.3	28.2	3803	954	4011	145	37.7	20.3
浙江	97021.6	29201.9	302.4	7.7	14100	3318	39694	3759	203.0	89.8
宁波	39741.5	9046.1	28.3	4.7	3285	868	6597	2364	63.2	17.3
安徽	34990.4	8899.5	107.8	419.6	5799	1889	8602	1182	138.0	41.1
福建	34271.1	7993.2	67.3	9.6	5721	1191	6539	551	57.0	30.8
厦门	2668.5	1104.6	7.6	0.1	666	160	1010	18	6.5	4.3
江西	16285.5	4657.3	60.3	7.7	2941	1031	3698	1248	28.0	22.9
山东	117014.4	25572.6	288.0	315.2	12492	3555	17043	515	504.0	167.4
青岛	17402.8	7110.0	27.9	2.1	2335	651	1839	886	47.2	18.2
河南	85813.2	16458.6	216.1	37.8	9430	6638	11822	1278	190.5	94.5
湖北	48715.6	12062.4	217.8	18.6	5421	2171	6465	1093	147.6	79.8
武汉	15603.2	4717.1	62.7	34.5	2652	777	3769	485	27.0	21.2
湖南	32594.2	9991.4	67.4	3.7	4657	1027	8995	1011	60.4	36.3
广东	158051.7	35483.5	293.1	131.7	18643	5432	29366	781	322.3	122.2
广州	62146.2	24100.5	149.8	249.0	11687	3131	23693	695	103.4	78.2
深圳	40082.3	9611.0	42.5	3.5	2936	715	9183	1267	13.5	19.3
广西	71172.4	12591.5	196.0	22.8	5442	1802	5629	367	227.8	74.7
海南	1428.2	806.1	7.8		430	48	575		9.2	2.3
四川	30139.6	9102.8	94.0	28.6	6079	1907	5945	1813	120.0	51.4
成都	6481.1	2418.8	41.2	9.2	2455	524	1912	534	16.4	13.1
重庆	31376.0	7916.6	142.2	25.1	4936	1224	4993	142	72.4	49.9
贵州	14719.8	4228.7	121.1	193.5	2654	821	4063	453	58.2	23.8
云南	93065.3	17272.8	341.7	143.7	6721	2302	9259	374	302.7	95.9
陕西	43175.4	9674.2	216.0	18.2	5861	1866	4065	480	342.5	68.5
西安	7484.8	2735.1	49.2	293.1	2036	488	2332	434	14.8	12.6
甘肃	42783.1	7800.1	172.6	33.8	5742	1523	5809	1512	153.0	53.1
青海	9024.1	2019.3	46.8	689.1	1618	473	1963	91	60.4	13.2
宁夏	14246.0	6177.9	54.1	108.0	2905	1324	3584	497	66.9	17.6
新疆	28756.9	8312.4	145.6	208.7	5722	1450	4840	1871	98.8	40.4
新疆兵团	14717.4	5947.5	38.7	26.7	1619	476	2469	744	31.8	14.4

II 学历教育

DIPLOMA EDUCATION

本章反映全国电大高等学历教育中开放教育试点本科(专科起点)和专科，统招高等专科，专升本教育，“注册视听生”教育以及中等专业学历教育的情况。

主要内容包括：

中央电大开放教育试点本科(专科起点)和专科学生数与专业开设情况；

全国电大统招专科毕业生数、招生数、在校生数以及预计毕业生数，普招专科和成招专科的办学情况分类分别按以下 4 项目录列出：（1）各级办学学校与学生，（2）地区与学科，（3）学科与专业，（4）地区与专业；

全国电大 2004 学年“注册视听生”教育专业与学生情况；

全国电大专升本教育专业与学生情况；

全国电大中等专业学历教育毕业生、招生、在校生情况。

指标解释

· 学年：指教育年度，即从当年的 9 月 1 日到第二年的 8 月 31 日。每学年分为两个学期。

· 统招高等专科：指通过全国普通高等教育统一招生考试和通过全国成人高等教育统一招生考试，招收的实施高等专科学历教育的学生，为“普招专科”和“成招专科”的合称。

· 毕业生数：指上学年具有学籍的学生，学完教学计划规定的全部课程，考试及格，取得毕业证书，实际毕业的学生数。

· 招生数：指通过国家统一招生考试，按照国家招生计划实际招收入学的新生数。包括春、秋两季招收的学生。

· 在校学生数：指本学年初，具有学籍的注册学生数。

· 预计毕业生数：指本学年末将毕业的学生数。

简要说明

1. 中央广播电视大学开放教育试点本科（专科起点）和专科实行学分制，本科（专科起点）各专业最低毕业学分为 71 学分，专科各专业最低毕业学分不等，为 76－114 学分。学生注册后学籍 8 年内有效。中央电大根据开放教育试点本科（专科起点）和专科各专业课程设置的不同，按二年制、三年制、业余或脱产等学习形式安排教学计划。

2. “成招专科”学生数中包含“第二专科学历”教育的学生数。

3. 2004 年全国广播电视大学，高等学历教育共开设 393 个专业，涉及 10 个学科的 51 个二级类。其中，中央电大在全国统设 75 个专业（42 个方向），涉及 10 个学科的 24 个二级类。

4. 全国电大中等专业学历教育由“成人中专”和“电视中专”等办学形式组成。

2.1.1 中央电大开放教育试点学校与学生情况

单位：人

	本科(专科起点)				专科			
	毕业生	招生		在校生	毕业生	招生		在校生
		计	其中春季			计	其中春季	
总　计	**111923**	**247067**	**107826**	**644503**	**150986**	**357174**	**155601**	**959168**
中央电大直属部	**711**	**2509**	**1343**	**6498**	**9687**	**11455**	**7499**	**24834**
中央电大西藏学院	72	399	376	529	175	171		791
中央电大八一学院					5702	3785		9649
中央电大总参学院		467	467	467	3810	7388	7388	14283
中央电大北京学习中心	83	370	185	767				
中央电大太原学习中心		280	66	1201				
中央电大南海学习中心	81	615	172	1950				
中央电大 TCL 学习中心		53	17	132		111	111	111
中央电大东北财大学习中心	475	183	46	1140				
中央电大北大医学部教学点		86		216				
中央电大中国政法大学教学点		56	14	96				
北　京	**4186**	**8616**	**3280**	**23637**	**2576**	**13503**	**5951**	**34482**
北京广播电视大学	425	682	271	2453	230	1816	907	4314
东城分校	148	518	138	978	301	865	403	2106
西城分校	211	435	173	910	128	358	110	917
崇文分校	93	202	44	525	114	235	94	651
宣武分校	305	305	124	650	175	367	160	1004
朝阳分校	12	540	232	1505	72	712	353	1649
海淀区工作站	129	307	178	710	34	332	168	740
丰台区分校	48	222	59	555	40	267	128	835
石景山分校	137	346	71	704	46	752	351	1260
通州区分校	104	264	85	604	59	714	355	1757
房山分校	171	246	86	965	94	304	132	976
昌平县工作站	124	132	83	500	101	497	278	1106
平谷分校	206	426	306	1100	256	258	104	1227
怀柔县分校	181	343	166	920	32	288	163	708
密云分校	216	459	182	1042	74	246	103	787
延庆分校	145	262	86	882	126	239	88	491
大兴分校	259	297	81	832	48	538	230	1400
顺义分校	228	461	141	1294	144	417	191	972
门头沟分校	133	325	119	973	59	327	60	1095
航天部二院工作站								198
航天部三院工作站	106	71		107	11	202		511
统计局工作站	123	108	62	641		171	78	500
首钢工作站	27	70		206	78	65		183
金融分校	50	63		340	13			18
房山区燕山工作站	12	157	49	349	112	198	96	493
文化局工作站	33	130	79	287		75	45	90
水利局工作站		122		277	44	178		756
北京市财政局工作站	42			32				
北京市园林局工作站					54	309	96	1188
医药集团工作站					97	475	133	1473
供销合作总社工作站					34	409	178	722
首钢矿山职工学校		53		120		81		134
国家统计局办学点	498	374	157	1134		426	226	1418
人民银行电化教育中心		549	241	1794		270	139	633
北京卫生学校						257	144	506

2.1.1 中央电大开放教育试点学校与学生情况（续表 1）

单位：人

	本　科(专科起点)				专　科			
	毕业生	招　生		在校生	毕业生	招　生		在校生
		计	其中春季			计	其中春季	
崇文卫校工作站						199	85	483
北京海淀卫校工作站						51	51	304
联大商务学院办学点	20	44		69		105		105
市公务员培训中心工作站		48	22	48		186	100	297
电子科技电大工作站		20	20	94		109	59	177
纺织工作站						205	143	298
北京电大国培中心办学点		35	25	37				
天　　津	**3603**	**11921**	**3625**	**28078**	**3049**	**7561**	**3112**	**20712**
直属学院	534	831	251	2377	112	404	132	1189
新华分校	96	470	170	1027	14	295	145	540
南开分校	120	604	233	903	47	317	180	618
河东区工作站	35	207	70	435	30	120	42	242
河西区工作站	88	661	292	1245		322	160	532
河北区工作站	70	583	210	1149		296	105	530
红桥区工作站	89	354	88	561	123	234	80	393
塘沽分校	194	223	109	635	63	277	92	821
汉沽分校	164	230		769	76	376	168	775
大港分校	120	329	173	917	248	267	165	869
东丽分校	182	478	157	1570	173	499	206	1647
津南区分校	35	315	141	815	265	523	334	1490
西青区工作站	57	357	98	728	54	281	128	934
北辰分校	76	159		467	246	168		622
武清分校	110	403	155	1204	105	263	116	910
静海分校	39	319	143	1036	262	202	121	806
宝坻分校	100	740	226	2413	75	206		536
宁河县工作站	1	782	184	1294	130	254	37	597
化工局工作站		68	22	98		105	39	212
纺织局工作站		7		18		83	33	191
机械工业局工作站	43	103	13	222	25	31	10	116
渤海化工集团公司工作站	22	46		140				
大港石油管理局工作站	53	47		168	210	117		502
计委工作站	28	71		159	10			54
财政局工作站		74		125		40		148
工商银行工作站	53	84		201				34
房管局工作站	37	52		234	44	29		204
建工局工作站	143	589		1510		68		68
一商集团有限公司工作站	23	18		71	30	197	133	473
公用局工作站	38	160		293	28	79	31	224
铁路分局工作站	40	43		204	62	130	72	440
天港务局工作站	35	18		173	18	35	19	146
财贸管理干部学院工作站	74	361	117	684	63	164	84	475
政法管理干部学院工作站	648	923	372	1250	60	315	109	711
经委直属工作站	42	46		194	12	23		109
蓟县分校	125	689	311	1498	360	463	259	1236
开发区工作站		82		82				
旅游分校	10	77		382	24	71		274
天津铁路工程分校		73		147				
市政分校								20

2.1.1 中央电大开放教育试点学校与学生情况（续表 2）

单位：人

	本科(专科起点)				专科			
	毕业生	招生		在校生	毕业生	招生		在校生
		计	其中春季			计	其中春季	
河北校区	79	245	90	680	80	307	112	1024
河　北	**2528**	**3741**	**1101**	**7853**	**3949**	**5815**	**1354**	**15916**
河北广播电视大学	118	338		1976	890	821		4650
石家庄广播电视大学		268		268		553		553
唐山广播电视大学	248	1096	352	1728	830	1256	480	3295
秦皇岛广播电视大学	230	168	48	599	194	152	51	924
邯郸广播电视大学	284	132	31	173	100	451	45	621
承德广播电视大学	185			61	22			100
邢台广播电视大学	55	195		245	55	237		311
保定广播电视大学	533	368	112	653	491	738	298	1096
张家口广播电视大学	44	6	6	66	40	18	18	193
沧州广播电视大学	259	632	336	1071	201	893	305	1750
廊坊广播电视大学	189	298	123	375	109	43	14	409
衡水广播电视大学	383	240	93	638	1017	438	143	1799
省直分校						215		215
山　西	**2622**	**3217**	**1661**	**9257**	**1000**	**2305**	**1229**	**6222**
山西广播电视大学	600	1144	641	1985	6	160	89	332
大同分校	87	155	85	771		46		97
阳泉分校	179	108	70	577	10	144	106	269
长治分校	295	203	97	761	711	477	237	1440
晋城分校	106	174	92	634	40	176	81	732
忻州分校	29			29				
晋中分校	146	268	105	641	36	216	55	676
吕梁分校	91	198	198	944	69	131	131	434
运城分校	363	377	155	1215	44	208	146	564
朔州分校	504	205	111	412	54	484	221	742
中条山有色分校		53	14	727		125	55	418
长北铁路分校	34			53				111
公路系统分校	188	332	93	508	30	138	108	407
内蒙古	**1465**	**4352**	**1818**	**8820**	**4114**	**10937**	**5073**	**22450**
内蒙古广播电视大学	260	451	110	1723	274	1488	817	2837
呼和浩特市分校	92	753	273	979	335	1884	798	3110
包头分校	223	221	149	470	437	542	226	1230
赤峰市分校	18	367	228	979	451	534	302	2549
呼伦贝尔盟分校	70	16		136	319	19		155
兴安盟分校	68	361	197	612	49	796	435	1468
哲里木盟分校	37	275	94	514		221	54	497
锡林郭勒盟分校	85	119	47	246	155	145	89	361
乌兰察布盟分校	116	372	146	705	1566	2323	1043	4613
鄂尔多斯市分校	107	393	166	600	174	473	112	893
巴盟广播电视大学	107	291	129	603	100	966	530	1643
乌海市分校	17	310	123	347	12	651	317	732
内蒙古阿拉善盟广播电视大学	107	138	69	361	45	238	143	450
大兴安岭林业广播电视大学	96	54	21	260	130	224	88	1064
呼和浩特铁路局分校	62	149	43	203	61	171	24	190
哲盟霍林河矿区电大		31	23	31		57	36	137
扎矿电大		51		51	6	151	59	396
大雁电大分校						54		125

2.1.1 中央电大开放教育试点学校与学生情况（续表 3）

单位：人

	本科(专科起点)				专科			
	毕业生	招生		在校生	毕业生	招生		在校生
		计	其中春季			计	其中春季	
辽　宁	**4811**	**5911**	**2833**	**22226**	**7063**	**8320**	**4204**	**27518**
辽宁广播电视大学	1511	1160	648	4487	2518	3540	1862	11153
鞍山广播电视大学	323	429	189	1105	878	653	300	1906
抚顺广播电视大学	106	309	124	1645	195	394	187	1246
本溪广播电视大学	232	374	170	1982	123	476	214	2113
锦州分校	118	323	199	1316	361	465	239	1850
丹东分校	267	969	498	3515	155	535	220	1861
营口分校	448	495	265	1865	1034	337	128	1585
辽阳分校	210	653	207	2162	124	358	178	1430
朝阳广播电视大学	36	93	52	431	10	202	202	481
阜新分校	490	39		39	394	38		73
铁岭广播电视大学	468	290	129	730	528	431	231	894
盘锦分校	178	113	113	968	175	224	224	656
辽河石油勘探局广播电视大学	135	78	38	206		211	105	499
鞍钢广播电视大学				116				20
沈阳铁路局电大					15			29
葫芦岛市电大分校	289	482	201	1307	425	379	114	1506
辽宁省水利厅工作站		104		352	128	77		216
沈　阳	**2196**	**4311**	**2265**	**14620**	**1474**	**4466**	**1991**	**13575**
沈阳广播电视大学	1566	3474	1770	11664	1276	3399	1473	10512
新城子分校	17	92	47	278		91	40	123
康平分校	129	78	46	187	5	49	24	170
法库分校	184	114	97	314	3	81	59	226
苏家屯分校	204	197	86	470	40	380	109	715
东陵分校		56	14	143	16	122	54	191
新民分校	54	53	53	477	54	57	57	514
于洪分校		161	83	850	71	270	164	1074
辽中分校	42	86	69	237	9	17	11	50
大　连	**3219**	**4449**	**1895**	**12319**	**1653**	**5578**	**2256**	**11867**
大连广播电视大学	2144	2513	983	6857	276	3407	1472	6897
庄河分校	136	239	154	572	322	158	62	377
普兰店分校	185	128	53	292	115	73	16	191
瓦房店分校	81	234	119	856	162	220	95	808
金州分校	356	494	205	1014	356	787	211	1581
旅顺分校	63	257	112	822	59	163	80	432
长海分校	101	38	19	172	100	113	93	263
甘井子分校	26	366	186	1148	203	543	227	969
大连开发区分校	127	180	64	586	60	114		349
吉　林	**1574**	**2614**	**450**	**6951**	**880**	**2771**	**561**	**8788**
吉林广播电视大学	500	1341	64	2212	130	930	52	1989
吉林市分校	383	375	46	1337	94	420	62	1330
四平分校	155	50	50	365	133	66	66	424
延边分校	141	227	78	559		89	67	467
通化分校		236	57	886		207	85	1221
辽源分校	74	53	19	334	170	126	47	522
白山分校	27	48	13	48	38	128	23	128
白城分校	140	274	121	1078	315	805	159	2604
松原分校	23	10	2	99				103

2.1.1 中央电大开放教育试点学校与学生情况（续表 4）

单位：人

	本科(专科起点)				专科			
	毕业生	招生		在校生	毕业生	招生		在校生
		计	其中春季			计	其中春季	
农行电大	131			33				
长　　春	**691**	**542**	**186**	**2846**	**185**	**695**	**166**	**2583**
长春市广播电视大学	505	463	155	2384	151	695	166	2400
榆树市分校				74				4
九台市分校	55	54	31	260	12			78
农安县工作站	84			12	22			15
双阳区工作站	47	25		116				86
黑 龙 江	**1877**	**3735**	**1757**	**12360**	**5384**	**7355**	**3708**	**29105**
黑龙江广播电视大学	57	956	547	3113		1297	534	5078
齐齐哈尔市广播电视大学	388	653	374	1670	879	1463	750	4029
牡丹江市广播电视大学	137	31	31	527	314	139	139	1670
佳木斯广播电视大学	54	46	27	297	102	57	44	885
绥化地区广播电视大学	354	539	145	1347	1820	1246	550	4011
黑河市广播电视大学	43	92	18	424	181	254	109	1606
大兴安岭广播电视大学		75	49	298	215	275	128	588
伊春市广播电视大学	165	80	25	282	138	130	75	404
大庆广播电视大学	152	344	183	995	472	735	449	3454
鸡西广播电视大学	129	179	60	852	332	273	131	1566
鹤岗广播电视大学	103	71	24	258	277	203	74	551
双鸭山市广播电视大学	44	158	49	265	76	148	100	464
七台河广播电视大学	32	89	44	321		309	176	717
省农垦广播电视大学	17	63	29	252	40	61	41	408
牡丹江林区广播电视大学	137	118	40	820	386	263	143	1899
松花江林区广播电视大学	65	233	112	609	152	440	235	1539
铁力市分校		8		30		62	30	236
哈 尔 滨	**1936**	**2579**	**1776**	**9568**	**2368**	**3456**	**2232**	**14635**
哈尔滨广播电视大学	1222	1179	808	5592	640	2009	1248	7991
阿城电大分校	118	210	117	413	459	245	157	1149
呼兰分校		223	154	290		238	157	323
宾县分校	244	191	127	970	419	98	67	823
方正分校		67	37	121		50	31	447
依兰分校		79	53	181	100	207	141	767
市轻工分校	22				21			
双城分校		30	30	108	82	21	21	246
通河分校	24	16	11	142	168	28	17	261
木兰分校	80	81	22	193	175	59	40	460
延寿分校						16		63
巴彦分校		52	42	127		179	142	442
五常分校	73	373	331	1163	46	204	158	980
尚志分校	153	78	44	268	258	102	53	683
上　　海	**3121**	**8300**	**1279**	**20562**				
上海电视大学	661	1354	159	3717				
虹口区分校	67	192	55	535				
闵行二分校	34	64	64	314				
宝山分校	154	544	166	1106				
浦东新区分校	163	514		1340				
闵行一分校	164	378	37	974				
金山分校	82	221	48	412				

2.1.1 中央电大开放教育试点学校与学生情况（续表5）

单位：人

	本科(专科起点)				专科			
	毕业生	招生		在校生	毕业生	招生		在校生
		计	其中春季			计	其中春季	
松江分校	113	312		643				
南汇分校	55	366		907				
奉贤分校	68	372	63	777				
青浦分校	60	237	16	517				
崇明分校	88	417	41	895				
嘉定分校	78	364	63	888				
黄浦区经贸委分校	33	150		344				
长宁区分校	111	261		649				
闸北区分校	133	210	28	492				
卢湾区分校	152	256	49	623				
杨浦区工作站	19	61		183				
黄浦分校	205	523	183	1337				
普陀区工作站	68	299		713				
静安区分校	125	261		691				
西区分部	155	235	98	746				
工程大中山分校	8			41				
石化分校	36	35		97				
徐汇财贸分校	168	453	128	1076				
徐汇分校	121	221	81	545				
江　苏	**3045**	**12902**	**7475**	**30292**	**2405**	**8298**	**1495**	**15529**
江苏广播电视大学	731	707	482	3560	135	495		510
镇江市广播电视大学	129	102	102	255	72	296	144	2137
常州市广播电视大学	315	1527	946	3353	6	391		552
无锡市广播电视大学	69	2564	1696	4619		1019	35	1019
苏州市广播电视大学	370	1999	1045	4069	114	1402	52	1726
南通市广播电视大学	262	1258	730	3330	170	595		642
扬州市广播电视大学	188	525	254	1238	153	455	265	587
徐州市广播电视大学	90	642	370	1580		924		1525
淮安市广播电视大学	311	550	300	1274		393		393
盐城市广播电视大学	332	1042	513	2040	1755	1333	826	5438
连云港广播电视大学	71	480	159	1297		529		529
泰州市广播电视大学	99	944	437	1533		114	26	114
宿迁市广播电视大学	32	267	267	754				
化工分校		56	20	170		58		58
江苏电大武进学院				832				
江苏电大张家港学院	46	239	154	388		294	147	299
南　京	**1232**	**1853**	**716**	**7490**	**43**	**1837**	**89**	**2187**
南京市广播电视大学	660	875	391	4810		930	30	1061
江宁区分校	132	131	29	405		165		165
六合县分校	46			133				26
高淳县分校	80	171	29	448				
溧水县分校	126	112	59	324		77		77
南京钢铁厂分校						10		10
大厂分校		16		16		82		122
浦口分校	13					50		50
玄武区分校	23					70		70
白下区分校	23	165	85	343		98		98
秦淮区分校	22	49		49		128		128

2.1.1 中央电大开放教育试点学校与学生情况（续表 6）

单位：人

	本科(专科起点)				专科			
	毕业生	招生		在校生	毕业生	招生		在校生
		计	其中春季			计	其中春季	
建邺区分校	83	143	56	479		87		87
鼓楼区分校	24	165	67	457	43	140	59	293
栖霞区分校		26		26				
浙　江	**5461**	**11882**	**4440**	**24837**	**15455**	**24758**	**7589**	**61358**
浙江广播电视大学	969	1185	549	3974		1313	310	3995
杭州广播电视大学	408	1391	548	3489	876	3790	1872	11309
嘉兴广播电视大学	498	898		1720	3098	2147		7714
湖州广播电视大学	235	1155	430	2103	97	1610	501	3370
绍兴分校	211	563	265	1470	1477	1582	756	4045
舟山广播电视大学	150	145	79	330	641	576	209	1319
金华广播电视大学	726	939	386	2318	3604	2755	730	6401
衢州广播电视大学	296	1271	358	1705	1521	2619	965	3547
台州广播电视大学	764	2081	896	3643	1952	2880	512	8194
丽水广播电视大学	387	907	425	1354	77	1992	884	1998
温州广播电视大学	465	816	295	1721	1889	2328	660	6207
检察分校		154		367				46
衢化公司直属分校				2		527	65	527
浙江电大经贸分校	34	18	11	66	124	57	14	735
警察分校					99	26		111
浙江电大工商学院	318	359	198	575		556	111	1840
宁　波	**1274**	**4540**	**2101**	**9891**	**6557**	**6664**	**3591**	**18025**
宁波广播电视大学	524	2131	1010	4354	2135	3231	1829	8974
鄞县分校	55	357	178	1078	284	411	252	1589
余姚学院	71	302	158	805	18	506	269	906
慈溪学院	218	404	166	773	1692	505	246	950
宁海学院	52	300	115	566	11	423	198	800
象山分校	159	236	104	559	166	459	223	1496
奉化分校	139	204	99	711	613	302	138	900
镇海工作站	41	162	70	249	322	153	118	628
镇海炼油化工公司工作站	15			1	62			279
江北工作站		48		62	223	174	51	362
北仑工作站		341	146	656	908	417	267	1010
宁波东钱湖旅游度假区电大工作站		55	55	77	123	83		131
安　徽	**3365**	**11168**	**4673**	**21648**	**4989**	**15427**	**6554**	**50629**
安徽广播电视大学	742	1365	399	3618	321	1279	488	3598
合肥分校	194	673	212	1146	435	1049	571	2748
蚌埠分校	126	595	355	1093	246	1120	595	3039
芜湖市分校	267	676	339	1451	290	832	452	2062
淮南分校	166	536	191	849	278	414	253	1250
淮北分校	57	474	217	923	95	831	365	1066
马鞍山分校	305	571	244	1141	221	1018	513	2622
铜陵分校	98	483	110	893	128	427	46	1597
黄山市分校	47	413	173	718	305	619	271	1475
安庆市分校	267	629	309	1163	529	721	54	4092
六安分校	89	732	313	883	492	710		2501
阜阳分校	130	622	250	1306	353	858	71	5583
宣城分校	139	744	333	1245	264	1424	849	2837
巢湖分校	36	321	138	821	113	534	272	2043

2.1.1 中央电大开放教育试点学校与学生情况（续表 7）

单位：人

	本　科(专科起点)				专　科			
	毕业生	招　生		在校生	毕业生	招　生		在校生
		计	其中春季			计	其中春季	
滁州市分校	169	540	263	998	258	707	376	2618
池州分校	55	226	121	416	134	538	383	1246
宿州分校	140	468	229	776	140	933	424	2871
省直分校	142	314	120	682	80	571	251	1420
纺织分校	36				9			4
亳州分校	160	786	357	1526	298	842	320	5957
福　　建	**2339**	**7828**	**3868**	**19125**	**8070**	**13526**	**6469**	**51326**
福州分校	351	1087	518	3156	1022	1816	645	6930
三明分校	49	712	433	1212	1268	1047	515	4211
宁德分校	35	567	282	1426	392	1572	767	5979
南平分校	345	739	373	1911	988	1268	655	4659
漳州分校	318	871	295	2094	1093	1374	547	5830
泉州分校	471	1212	641	3153	970	1754	919	9012
龙岩分校	206	388	190	675	1503	833	448	3586
莆田分校		264	164	697		708	279	1618
农业银行分校		73		73	44	38	38	111
永安分校	47	249	116	491	265	455	211	976
邵武分校		149	69	384	110	233	136	922
漳浦分校		36	23	110	76	217	100	736
继续教育学院		370	187	589	171	1020	580	3424
开放教育学院	517	1111	577	3154	168	1191	629	3332
厦　　门	**599**	**706**	**237**	**2355**	**257**	**1032**	**356**	**2613**
厦门市广播电视大学	298	379	80	1240	4	484	67	907
厦门电大同安区工作站	104	47	3	297	6	67	65	214
厦门市杏林区电大工作站	23	57	40	152	21	201	117	257
厦门市湖里区电大工作站		142	63	142	95			
厦门市司法局电大工作站	74	51	51	471	31	180	107	726
厦门市思明区电大工作站	100	30		53	100	100		509
江　　西	**1422**	**6850**	**4296**	**17422**	**4226**	**9274**	**5413**	**28801**
江西广播电视大学	405	798	325	1764	210	773	354	2349
南昌市分校		1031	612	2074		823	372	2498
景德镇市分校	107	123	55	339	209	312	147	837
九江市分校	125	861	505	1976	516	1096	596	3099
萍乡市分校	161	427	262	814	283	1031	647	2181
新余市分校	17	471	334	932	73	697	429	1559
鹰潭市分校	118	368	368	963	342	561	561	1944
赣州广播电视大学		344	344	2390	195	579	579	3503
宜春广播电视大学	61	227	227	859	424	426	426	2186
吉安地区分校	178	764	338	1107	473	1168	252	2153
上饶地区分校	123	750	479	1991	838	1115	682	4237
抚州地区分校	60	575	337	1946	446	610	333	2010
九江船舶工业公司分校	67	20	19	176	42	40	35	120
省科学院工作站					20			20
省人事厅工作站		66	66	66				
江西医药培训中心					155			62
南昌消防电大工作站		25	25	25		43		43
山　　东	**3281**	**7270**	**4049**	**14958**	**4746**	**8007**	**4392**	**19303**
济南广播电视大学	295	612	612	1015	412	389	389	2484

2.1.1 中央电大开放教育试点学校与学生情况（续表 8）

单位：人

	本科(专科起点)				专科			
	毕业生	招生		在校生	毕业生	招生		在校生
		计	其中春季			计	其中春季	
烟台广播电视大学	89	370	199	677	48	112	44	278
潍坊广播电视大学	134	1826	890	4146	318	2586	1320	6261
淄博广播电视大学	389	499	279	855	1055	388	175	1009
威海市广播电视大学	171	138	138	438		293	293	459
临沂广播电视大学	37	371	135	739	79	734	389	944
德州广播电视大学	227	35	35	76	741	134	134	246
滨州广播电视大学	233	307	307	527	173	189	189	610
菏泽广播电视大学	500	300	300	300	270	170	170	339
聊城广播电视大学	32	159	99	431	178	90	29	330
泰安广播电视大学	325	687	299	1084	720	253	112	820
枣庄广播电视大学	84	236	111	515	328	190	94	758
济宁广播电视大学	140	447	212	1053	99	584	244	1249
东营广播电视大学	149	244	151	449		207	125	413
济南铁路局广播电视大学	49	18		33	48	83	38	137
莱芜钢铁总厂广播电视大学		137	15	282	64	330	120	588
省直工作处	407	502	108	1640	195	679	296	1352
日照广播电视大学	20	382	159	698	18	596	231	1026
青　　岛	**479**	**2051**	**1064**	**7573**	**208**	**2615**	**1313**	**7205**
青岛广播电视大学	166	1013	518	3600	4	1470	680	3109
莱西分校	65	145	68	635		171	120	552
平度分校	176	61	61	283	177	103	103	324
胶州分校	29	74	29	386	27	120	56	393
胶南分校		184	119	994		102	50	561
即墨分校		172		504		186		526
黄岛分校	43	24	24	347		166	166	862
城阳分校		131	67	517		228	97	711
李沧区分校		247	178	307		69	41	167
河　　南	**4538**	**4600**	**1943**	**14923**	**3763**	**19817**	**9795**	**27081**
河南广播电视大学	373	830	123	1521	169	1628	762	2283
省直分校	181	382	139	1986	251	1587	682	3289
郑州广播电视大学	145	241	123	867	257	2145	1201	2384
开封市广播电视大学	364	272	101	739		1177	441	1227
洛阳市广播电视大学	181	277	277	1065	21	648	648	1135
新乡广播电视大学	248	230	96	957	111	846	253	1440
焦作广播电视大学	680	235	121	621	165	1178	533	1497
安阳广播电视大学	343	105	105	707	133	260	260	444
濮阳广播电视大学	197	211	98	647	129	882	431	882
鹤壁广播电视大学	35	41		41	80	252		252
商丘广播电视大学	36	34		179	410	1114		1340
三门峡广播电视大学	41	60	13	380	101	175	37	509
平顶山广播电视大学	224	129	56	384	37	632	632	697
驻马店广播电视大学	159	408	213	1003	33	1438	1017	1646
许昌广播电视大学	150	242	97	638	211	1727	842	1743
信阳广播电视大学	33	67	67	153	56	97	97	531
南阳广播电视大学	235	200	127	941	214	944	526	1764
周口广播电视大学	30	135		243		1658	800	2183
漯河广播电视大学	171	117	45	416	1094	665	450	665
郑州铁路局广播电视大学	28	40		40		113		402

2.1.1 中央电大开放教育试点学校与学生情况（续表 9）

单位：人

	本科(专科起点)				专科			
	毕业生	招生		在校生	毕业生	招生		在校生
		计	其中春季			计	其中春季	
中原油田广播电视大学	158	42	12	127		233	160	233
济源广播电视大学	40	171	60	488		214	23	264
河南省工商行政管理分校	486	131	70	780	291	204		271
湖　北	**2065**	**10210**	**2718**	**23786**	**1097**	**3357**	**765**	**11987**
湖北广播电视大学	4	434	434	2402		184	184	873
黄冈广播电视大学	300	1628		4392	98	606		1462
孝感市广播电视大学		399		1924		94		1591
咸宁地区广播电视大学	113	432		1304	54	103		1143
荆州地区广播电视大学	38	529	358	1657	57	184	56	1024
宜昌市广播电视大学	78	174		649	134	141		300
黄石广播电视大学		982	604	1698		236	72	459
十堰市广播电视大学	89	1728		3276	143	416		1630
襄樊广播电视大学	999	1539		2445	327	624		1258
恩施自治州广播电视大学	200	848	604	1300	168	168	156	599
农业银行分校	31			47	58			96
葛洲坝分校	47	74	37	211	25	122	63	357
大冶有色金属公司分校		71		71				
天门市广播电视大学	116	59		113	33	85		401
潜江市广播电视大学		95	95	114		189	189	282
仙桃广播电视大学		463	239	507		105	17	144
江汉油田分校		86	34	101		64	28	73
随州广播电视大学		304	132	602				
老河口广播电视大学	50	365	181	973		36		295
武　汉	**1172**	**1516**	**925**	**6056**	**1163**	**2767**	**1378**	**9300**
武汉市广播电视大学	576	511	275	2463	404	1244	506	4156
江岸区分校	221	242	155	749	88	287	174	843
武昌区分校						52	36	52
桥口区分校	36	17	14	154	38	55	35	158
汉阳区分校		29	19	185	116	130	52	468
青山区分校	84	131	80	395	54	220	116	667
洪山区工作站	8	62	38	292	53	136	69	525
东西湖区分校				89	45	36	19	155
汉南区分校		10	10	81		5	5	62
江夏区分校	52	102	57	297	128	110	67	405
蔡甸区分校	14	89	76	286	88	124	94	327
黄陂区分校		65	65	184		44	44	221
新洲区分校	83	142	90	429	62	143	81	621
武汉钢铁公司分校	16	51	25	139	87	62	32	215
江汉区电大分校		32	10	130		69	16	218
统计局分校	82	33	11	183		50	32	207
湖　南	**5706**	**13594**	**6552**	**35091**	**4210**	**10056**	**4763**	**25232**
直属分校	496	1479	950	4457	40	929	522	2235
长沙广播电视大学	517	833	249	1805	389	1266	457	2774
株洲广播电视大学	588	866	442	3014	133	168	114	854
湘潭广播电视大学	116	715	321	2481	173	427	184	1004
衡阳市广播电视大学	267	775	360	2307	269	982	437	2553
邵阳广播电视大学		862	215	1280	674	782	382	1028
岳阳广播电视大学	221	657	237	1294	131	366	161	925

2.1.1 中央电大开放教育试点学校与学生情况（续表 10）

单位：人

	本科(专科起点)				专科			
	毕业生	招生		在校生	毕业生	招生		在校生
		计	其中春季			计	其中春季	
娄底广播电视大学	191	1459	436	2952	138	520	217	1613
零陵分校	510	497	276	1811	144	321	134	1134
郴州广播电视大学	389	506	294	1629	26	699	309	2281
益阳广播电视大学	432	810	367	2415		598	241	2045
常德广播电视大学	519	1285	859	2982	498	474	269	889
怀化广播电视大学	633	1355	827	3057	169	571	241	1518
湘西民族广播电视大学	400	498	319	1767	200	313	207	1143
张家界市广播电视大学	155	517	117	780	248	434	138	884
津市分校		169	101	200				
岳阳石化总厂广播电视大学	61	56	41	88	33	96	59	96
省人民检察院分校	99	231	151	671	81			
卫生分校	24				780	1110	691	2173
涟钢分校	88	24		101	84			83
广　东	**4314**	**11781**	**3909**	**27442**	**5595**	**40665**	**16719**	**91503**
广东广播电视大学	448	942	340	2566	8	1083	316	1699
法律分校		238	60	425		210	91	538
省公路局分校		46		67		43		431
广东电大深圳拱北海关分校	62	61		179				
珠海市广播电视大学	249	151	22	569	13	1209	251	2255
汕头广播电视大学	478	562	184	1645		1530	1530	3399
韶关市广播电视大学	207	389	170	1133	272	1755	617	5345
汕尾市广播电视大学	106	335		943	335	1660	756	3561
梅州市广播电视大学	288	1248	464	1971	834	3400	1491	6729
惠州市广播电视大学	301	177	73	353	1224	2881	1140	6548
东莞市广播电视大学	118	272		720	473	1123	383	1834
中山市广播电视大学	59	363	46	662	16	1329	214	2615
江门市广播电视大学	393	1683	704	4048	192	3667	1097	8260
佛山广播电视大学	110	471	108	1350	49	1320	333	2625
阳江市广播电视大学	303	1044	365	2233		1547	605	3832
湛江市广播电视大学	301	638	266	1426	41	3516	1666	8387
茂名广播电视大学	97	702	351	1367	34	2401	1116	5776
肇庆广播电视大学	211	464	168	1064		2805	1305	6478
清远市广播电视大学	289	531	159	1074	54	2306	706	3989
潮州广播电视大学	15	200		749	800			900
揭阳广播电视大学	44	471	134	723	11	2277	980	5435
河源广播电视大学	91	441	184	1138	1016	2559	1239	5948
云浮市广播电视大学	63	292	111	652	30	1175	478	2713
南海广播电视大学	30			164	193	694	405	1541
顺德广播电视大学	51	60		221		175		665
广　州	**3608**	**7881**	**2898**	**20323**	**1600**	**11822**	**4479**	**31115**
广州市广播电视大学	1618	2214	690	6224	273	1894	677	4875
东山区分校		132	31	362	180	274	146	614
海珠区分校	62	623	361	1198	339	573	307	1480
芳村区分校		167	94	167		165	75	388
荔湾分校		204	85	316		300	126	592
越秀区分校		109	46	408	170	226	158	499
天河区分校					286	34		196
开发区分校		70	70	70		144	144	284

2.1.1 中央电大开放教育试点学校与学生情况（续表11）

单位：人

	本科(专科起点)				专科			
	毕业生	招生		在校生	毕业生	招生		在校生
		计	其中春季			计	其中春季	
纺织分校						16	16	119
广州造船厂分校						33		88
市轻工业局分校						27		368
侨光分校	228	791	252	1556		1780	659	4678
机电局分校						223	133	621
法律专业工作站	48	99		297		773		1526
电器分校								128
市二轻局工作站						94	94	185
番禺区广播电视大学	200	305	133	1416		1265	556	2989
从化市分校	40	294	53	923		484	238	1517
花都区广播电视大学	167	373	193	1042		943	289	2177
增城市广播电视大学	210	1131	573	2765		821	351	3184
白云区分校	35	4	4	30		117	10	453
珠江电大					31			55
市银行学校电大工作站	176	264	134	904		40	28	135
东方教学点		200	48	278		1330	406	3094
广师电大						96	57	294
广州市港务局工作站		52		77		19		151
维城电大					107	9	9	63
金融分校	500	828	110	2024	214	98		251
统计工作站	324	21	21	266				
贸易学校工作站						44		80
理工学校工作站								31
深　圳	**1762**	**2799**	**903**	**8795**	**542**	**5645**	**1953**	**14196**
深圳市广播电视大学	1762	2593	903	8589		3410	1414	8384
蛇口分校					111	382	130	871
宝安分校						268		799
沙头角分校		206		206	192	234		413
南山分校					239	485	211	1287
龙岗分校						662	198	1943
罗湖分校						46		201
福田分校						158		298
广　西	**3162**	**2930**	**1462**	**8254**	**1506**	**3605**	**1095**	**7207**
广西广播电视大学	310	177	177	845		53	53	53
区直分校	168			87		354	134	503
南宁广播电视大学	214	330	131	591		459	164	747
柳州市广播电视大学	109	150	50	550		113	29	220
桂林市分校	471	165	165	564		6	6	6
梧州市分校	205	23		471		53	8	53
南宁地区分校	63	48	30	309		176	76	332
柳州地区分校	93	224	80	267		245	112	438
梧州地区分校	59	8		8		62	22	62
玉林师范学院分校		539	315	1396				
百色民族分校	263	149	79	465		429	91	429
河池地区民族分校	46			71		21	21	21
钦州市分校	115	13		252		286	118	601
北海市分校	380	228	134	442		284	172	839
检察分校	51	388	209	611				

2.1.1 中央电大开放教育试点学校与学生情况（续表 12）

单位：人

	本科(专科起点)				专科			
	毕业生	招生		在校生	毕业生	招生		在校生
		计	其中春季			计	其中春季	
贵港市电大分校	250	187		653	845	292		1881
防城港市工作站						111		171
玉林商校工作站	126					245	61	245
广西电大工商分校	239	92	92	398		108	28	108
水利工作站		209		274	661	145		210
广西银行学校电大工作站						163		288
海　南	**387**	**827**	**544**	**2111**		**237**	**76**	**585**
海南广播电视大学	387	827	544	2111		237	76	585
四　川	**2775**	**10604**	**4768**	**27563**	**5334**	**11921**	**5520**	**40347**
四川广播电视大学	608	1963	395	6368	328	2625	1150	8399
省建委分校		58		85				
省级机关分校	645	534	196	1561	561	566	221	1531
成都铁路局分校					118	99	41	249
德阳广播电视大学	44	204	62	664	117	313	179	1309
绵阳广播电视大学	120	668	319	1446	322	720	366	1692
广元广播电视大学	16	261	148	709	28	505	218	1776
遂宁广播电视大学	226	1278	769	2645	371	698	330	2021
雅安分校		39	39	149	169	48	48	649
乐山广播电视大学	81	412	212	1396	120	459	198	2609
内江广播电视大学		483	317	980		358	210	820
自贡广播电视大学	340	657	307	1988	263	721	389	2969
宜宾广播电视大学	176	632	301	1646	38	1018	388	3373
泸州广播电视大学	23	431	148	924	177	425	161	962
南充广播电视大学	96	473	171	1468	76	410	152	1293
达川广播电视大学		334	152	661	179	393	224	2042
甘孜分校		54	12	116		116	64	158
凉山广播电视大学		245	147	453		143	44	751
攀枝花广播电视大学	108	303	80	705	83	467	259	1091
巴中广播电视大学		241	185	241	5	254	58	594
广安广播电视大学		471	334	864	1021	312	174	1135
眉山广播电视大学	292	438	230	1276	1013	552	322	1831
资阳广播电视大学		255	163	857	320	355	234	1439
阿坝广播电视大学		170	81	361	25	364	90	1654
成　都	**2113**	**2818**	**978**	**6219**	**2006**	**3249**	**1231**	**8275**
成都广播电视大学	819	1082	389	2225	244	1389	594	3655
龙泉分校	141	192	84	480	668	249	119	770
彭州分校	53	119	76	364	206	133	73	375
新都分校	73	79		222	70	162		323
双流分校	222	319		586	99	382		896
崇州分校	22	122	35	178	108	99	45	315
邛崃分校	89	193	94	328	78	72	34	165
郫县分校	153	197	47	394	165	119	58	284
温江分校	150	82	82	254	107	161	86	324
大邑分校	19	4	4	16		15	5	38
金堂分校	54	51	51	116	87	55	55	319
五冶分校	67	58	31	226		67	58	132
蒲江分校	45	67		191		45		45
都江堰分校		19	19	77				

2.1.1 中央电大开放教育试点学校与学生情况（续表 13）

单位：人

	本　科(专科起点)				专　科			
	毕业生	招　生		在校生	毕业生	招　生		在校生
		计	其中春季			计	其中春季	
电子工业分校	5	132	35	247	12	148	43	261
新津分校	142	42		98	75	73	36	141
青羊分校	43	54	31	171	38	61	25	163
旅游分校	16	6		46	49	19		69
重　　庆	**1821**	**3868**	**1766**	**9940**	**1735**	**9475**	**4159**	**16426**
重庆广播电视大学	176	286	109	806	154	1035	468	2466
渝中区分校	61	87	31	416	55	395	182	461
重庆钢铁公司分校		29	14	66		114	44	241
南岸分校	172	94	58	281		302	44	902
九龙坡区工作站						569	130	569
江北区工作站	14	49	29	49	230	422	214	422
沙坪坝区电大分校	16	69	34	135		242	1	788
永川市广播电视大学	158	216	99	929		124	7	393
荣昌县工作站						87	69	87
合川电大分校	113	213	62	403	65	185	59	421
长寿县工作站		204	96	435		288		288
渝北区工作站	21	94	49	195		129	129	129
潼南县工作站						267		267
大足县工作站		29	29	29	197	199	59	464
巴南分校	141	270	141	400		910	445	910
江津分校	81	175	44	395		84		315
大渡口分校	21	123	66	332		489	222	489
璧山县电大工作站		50	23	201	84	91	32	185
万州广播电视大学	289	393	168	1259		820	552	1842
涪陵广播电视大学	173	531	270	1028	467	825	434	1368
黔江广播电视大学	45	130	82	449		362	167	645
南川分校	65	116	59	264		80	40	97
垫江分校	68	81	42	300				
丰都县电大工作站	31					127	84	127
武隆电大工作站		98	57	226	43	255	158	358
供销总社分校	43	87	54	321		38	18	45
物资贸易工作站						35		35
建工集团工作站		36		120	49	119	103	442
酉阳电大工作站		104	51	172		269	207	349
石柱电大工作站	108	80	33	226	99	142	100	359
彭水电大工作站		75	19	85		57		157
云阳县电大工作站					98	108	74	108
巫山分校	25	149	47	360	194	196	111	402
巫溪电大工作站						19		19
城口电大工作站						35		60
铜梁分校				20				31
重庆电大乡企工作站						56	6	185
市统计局电大工作站				38				
贵　　州	**2461**	**5429**	**2472**	**10838**	**4782**	**6870**	**2906**	**19515**
省直分校	706	1074	446	3022	344	1402	528	5201
贵阳市分校	424	409	27	753	615	304	41	697
遵义地区分校	519	1277	583	1651	1632	1437	811	2632
安顺地区分校	127	422	189	833	7	524	210	956

2.1.1 中央电大开放教育试点学校与学生情况（续表 14）

单位：人

	本　科(专科起点)				专　科			
	毕业生	招　生		在校生	毕业生	招　生		在校生
		计	其中春季			计	其中春季	
黔南州分校	12	369	165	897	420	433	11	1882
黔东南州分校	33	262	234	303	151	865	455	3082
黔西南州分校	258	434	236	774	329	326	110	746
毕节地区分校	34	156	156	545	142	574	294	1719
六盘水市分校	149	113	7	360	1020	180	38	733
铜仁分校	11	114	79	374		497	271	1206
贵州建设广播电视大学	34							
贵州水晶集团电大工作站				23		27		37
水城钢铁公司分校	79	225	108	248	122	241	116	528
省检察院分校		409	114	781				
航天管理局工作站	27	109	82	109				
黎阳机械公司工作站		32	32	92				
贵州省劳动和社会保障厅电大工作站	48	24	14	73		60	21	96
云　　南	**1579**	**3370**	**1882**	**14495**	**4953**	**11277**	**4438**	**32778**
云南广播电视大学	823	257	96	2603	1239	2271	866	11177
昆明广播电视大学		34	21	492	159	141	49	871
玉溪广播电视大学	272	128	79	556	438	56	22	244
思茅广播电视大学	32	237	138	694	260	615	221	1782
西双版纳广播电视大学	41	137	61	657	97	227	71	905
红河分校		169	126	915	267	850	205	1190
文山分校	17	1	1	81	228	727	291	1824
曲靖分校	95	512	212	2130	416	2173	941	4264
昭通分校		117	117	263	88	611	485	1165
楚雄广播电视大学	98	354	134	987	297	816	293	1656
大理分校	15	123	68	545	249	580	281	1671
保山分校	103	225	128	1063	438	705	202	1719
临沧分校	79	394	190	826	269	763	279	2666
德宏广播电视大学		32	32	314	290	52	52	476
文山州民族干部学校					4	212		278
个旧分校					122			21
煤炭分校						98		137
省检察分校		349	349	866	92	1		148
昆明市总工会分校						138	100	289
昆钢分校	4			172				54
云南省电大政法分校		301	130	1331		241	80	241
陕　　西	**3977**	**9186**	**4704**	**24088**	**4810**	**12781**	**6196**	**44322**
陕西省广播电视大学	264	1721	809	6083		1904	817	10561
延安分校	551	473	315	991	513	894	536	1826
榆林地区分校	627	1005	741	3656	455	2003	1161	7379
咸阳市分校	695	626	319	1039	845	1358	670	2811
宝鸡市分校	356	919	484	1800	386	608	177	1994
安康分校	289	868	446	1511	666	743	342	2194
汉中分校	118	712	447	1581	123	1211	614	4114
渭南分校	330	278	71	561	210	251	117	608
商洛地区分校	89	840	458	2148	737	648	391	1406
铜川市分校	329	182	27	726	331	155	61	791
航空工业局工作站	56			243	14	84	31	300
省电子工业局工作站		5	5	21		23	18	51

2.1.1 中央电大开放教育试点学校与学生情况（续表 15）

单位：人

	本科(专科起点)				专科			
	毕业生	招生		在校生	毕业生	招生		在校生
		计	其中春季			计	其中春季	
兵器工业管理局工作站	115	20	20	202	39	201	140	770
西安铁路分校	11	32	27	60		22	12	22
省冶金局工作站						80	55	80
民盟省委会工作站								41
陕西省城市经济学校					14	20	20	103
西安有色工作站				61		53		53
省水利厅工作站		29		227		23		420
省府干部学校工作站		10		10				
省煤碳厅工作站		32		41		28	9	40
省农业厅工作站		21		21	111	153	132	953
省警官职业学校工作站		146	118	215				15
高新分校		5		9		9		10
省电大直属教学部		240		240				
新城分校	115	541	237	1379	61	1637	579	4910
工运学院电大		213	54	723		175	44	933
陕西经贸培训学院	32	25	5	116	278	135	72	423
陕西省中医学校								136
陕西电大长安工作站		238	116	388		165	73	638
省计生协工作站						29	15	127
陕西电大宝鸡农校教育中心					27	102	60	262
陕西银行学校		5	5	36		67	50	116
陕西电大西安市卫校电大教学中心								235
西　安	**826**	**3185**	**1509**	**7219**	**1682**	**4278**	**1738**	**13182**
西安市广播电视大学	276	323	166	825	434	513	263	2100
西安电大开放教育学院	24	649	291	1930	99	1251	337	3226
长安分校	81	257	126	569	82	232	133	530
临潼分校	131	412	234	1013	278	346	161	1123
户县分校	23	117	115	352	41	98	98	333
西电公司工作站		115	49	265		210	137	548
西安电大北洋教学班		3	3	41		39	19	134
翠华培训学院工作站	89	174	84	340	87	349	95	1020
蓝田分校	26	51	43	65	161	75	33	311
韩城进校工作站		198	61	286	212	158	69	511
西安教育学院工作站						45	45	136
高陵分校	35	126	26	186	18	89		221
西安电大现代职校						12		104
中交一公院工作站						23	5	36
西安电大直属分校	141	429	164	853	45	651	211	2138
华阴工作站		236	147	276	70	72	72	243
铜川矿务局教学班		7		15		115	60	366
宜川工作站		88		203				36
潼关工作站					155			66
甘　肃	**5412**	**6854**	**4280**	**23107**	**9583**	**12262**	**6265**	**45939**
兰州市分校	1080	958	636	3393	1097	1281	794	4396
天水市分校	209	419	320	1384	648	525	340	2537
白银市分校	231	383	262	1061	158	340	258	810
金昌分校	130	280	108	679	216	2034	375	2754
嘉峪关市分校	37	184	62	450	47	272	113	837

2.1.1 中央电大开放教育试点学校与学生情况（续表 16）

单位：人

	本科(专科起点)				专科			
	毕业生	招生		在校生	毕业生	招生		在校生
		计	其中春季			计	其中春季	
庆阳地区分校	153	433	286	1115	335	581	315	2181
平凉地区分校	324	607	365	1220	756	944	423	2256
陇南地区分校	56	172	76	720	335	971	511	4741
定西地区分校	175	687	419	2073	576	628	332	2906
武威地区分校	213	370	200	1090	439	344	213	1430
张掖市分校	228	182	138	464	140	300	158	1532
酒泉地区分校	113	348	247	700	318	250	145	941
甘南分校	35	47	23	176	712	226	117	1209
临夏分校	75	178	105	604	308	610	358	4050
兰州铁路局分校				23				60
四 O 四厂分校	25	15		64				21
省检察院分校		103	103	455	107			
省农垦分校	692	390	283	1973	883	604	408	2815
亚盛集团公司分校	274	250	169	1313	747	835	582	3307
玉门石油管理局分校	28	89	40	492	75	110	52	534
滨河集团分校	167	69	36	524	267	136	77	1210
开放教育学院	850	347	194	1367	328	666	419	1917
兰州铁路分局分校	19	24	6	100	49	46	36	322
省农业银行工作站	33	75	44	170				26
省人民银行工作站	102	25	9	325	263	92	52	366
甘肃省乡镇企业分校	23	57	57	132	145	47	47	410
水电部五局工作站	55	71	19	167	280	131		537
武威卫生学校电大工作站		7		7		59		59
陇南农校直属工作站		23	23	23	196	94	45	605
电大兰炼工作站		30	29	227		118	77	441
武威铁路分局电大工作站	12	3	3	236	158	18	18	729
五零四厂电大工作站	28	10		115				
省统计局电大工作站	45	18	18	265				
青　海	**832**	**937**	**426**	**2974**	**1593**	**302**	**108**	**1725**
海西州广播电视大学	134	167	12	347	276	21		118
海北州广播电视大学	23	104	73	294	368			252
海南州广播电视大学	133	88	54	335	19			
玉树州广播电视大学		40		75		26		36
果洛州广播电视大学				5				48
乐都广播电视大学	32	61	45	441				129
互助县广播电视大学	16	44	44	168	161			40
湟源县广播电视大学	92	20		183	78			
民和县广播电视大学	29	43	31	232	41			110
大通师范电大		52	30	90	78			
湟中县广播电视大学	37	37	16	213	110			
化隆县广播电视大学	56				67			
循化县广播电视大学		14	8	14	66			
省直属分校	181	138	55	354	329	79	28	527
统计局电大	99	129	58	223		176	80	465
宁　夏	**1386**	**3663**	**1745**	**11964**	**2017**	**3983**	**1673**	**14317**
宁夏广播电视大学	443	1498	598	5930	460	1686	677	7853
石嘴山分校	208	464	174	1640	46	223	109	581
银川市工作站					96	27		173

2.1.1 中央电大开放教育试点学校与学生情况（续表 17）

单位：人

	本　科(专科起点)				专　科			
	毕业生	招　生		在校生	毕业生	招　生		在校生
		计	其中春季			计	其中春季	
吴忠市分校	21	194	108	440		161	45	524
固原市工作站	97	62	60	184	306	27		481
石嘴山矿物局工作站	141	67	25	345	108	242	158	571
青铜峡市工作站	60	71		323		39		201
盐池县工作站				40				92
同心县工作站		84	46	205	74	117	64	245
中卫分校	74	216	104	447	59	395	207	668
永宁县工作站	39	406	259	846	123	186	68	458
贺兰县工作站					100	130	60	238
平罗电大工作站	146	196	139	441	197	148	76	220
陶乐县工作站					8	11	11	68
卫生系统分校						62	10	62
铁路分局分校	40	272	165	669	84	365	131	988
惠农县电大工作站	50			75	49	40	13	179
灵武县电大工作站	63			17	37			252
西吉电大工作站	4	53	22	110	97	49	25	193
隆德县电大工作站		80	45	252	52	26	19	103
海原县电大工作站					121	49		167
新　　疆	**3354**	**5864**	**2761**	**12794**	**2312**	**6111**	**3237**	**12237**
新疆广播电视大学	109	84	7	227				
乌鲁木齐广播电视大学	146	57		379				17
哈密广播电视大学	189	246	108	559	212	300	137	737
昌吉广播电视大学	344	1040	1040	1561	365	1101	1101	2242
克拉玛依广播电视大学	52	39	39	168	172	21	21	172
阿勒泰广播电视大学	402	370	186	1243	61	409	199	950
塔城广播电视大学	287	290	135	775	307	311	156	843
巴音郭楞蒙古自治州电大		674	265	1714	34	478	182	1228
阿克苏分校	195	348	136	1017	376	883	512	1269
博尔塔拉蒙古自治州电大	708	506	202	1181	159	475	193	1109
奎屯市广播电视大学	194	150	32	415		183	78	449
克孜勒苏广播电视大学	31	153	101	216		183	122	753
喀什广播电视大学	102	191		191	178	249		282
和田广播电视大学	25	333	111	333	33	474	243	474
伊犁州广播电视大学	94	677	118	1053	270	562	73	785
石河子广播电视大学	153	401	124	1171	40	286	84	498
吐鲁番分校	201	223	142	272	105	196	136	315
铁路广播电视大学	33	15		121				20
乌石化广播电视大学		67	15	67				
哈煤集团广播电视大学	89			131				94
新疆兵团	**1636**	**1304**	**432**	**5335**	**365**	**1039**	**510**	**2236**
新疆兵团广播电视大学	285	332	93	1776	66	229	101	698
农一师分校	220	112	51	332	48	153	46	181
农二师分校	145	53	14	250	68	119	42	193
农三师分校		80	64	186		51	30	154
农四师分校	53	25	12	300	22	5	1	25
农五师分校	84	172	103	385		17	9	102
农六师分校	178	64	20	271	44	48	17	48
农七师分校	165	86	36	207	46	27	22	106

2.1.1 中央电大开放教育试点学校与学生情况（续表 18）

单位：人

	本科(专科起点)				专科			
	毕业生	招生		在校生	毕业生	招生		在校生
		计	其中春季			计	其中春季	
农八师分校	177	103		509		98	39	98
农九师分校	180	77	31	234	71	72	41	206
农十师分校	118	96		512		86	86	152
农十三师分校		38	25	117		38	23	177
农十二师分校	31	66	33	256		96	53	96

2.1.2 中央电大开放教育试点本科(专科起点)专业分布

单位：人

专业与学校	毕业生	招生		在校生
		计	其中:春季	
总计	**111923**	**247067**	**107826**	**644503**
金融学	**17648**	**12399**	**5120**	**51435**
中央电大直属部		94	42	374
北京	202	976	390	3131
天津	493	912	161	2199
河北		1	1	3
山西	401	159	95	725
内蒙古	323	261	103	830
辽宁	1117	301	163	2000
沈阳	377	338	151	1271
大连	430	250	100	821
吉林	8	1		41
长春	135	40	23	212
黑龙江	205	146	66	499
哈尔滨	445	130	97	1517
上海	900	568	141	1858
江苏	410	480	252	1709
南京	165	67		748
浙江	595	316	113	1547
宁波	215	260	95	879
安徽	547	499	235	1551
福建	517	524	210	1706
厦门	288	192		422
江西	65	230	129	767
山东		18	1	18
青岛	126	46	24	317
河南	1087	136	27	1659
湖北	233	860	475	4425
武汉	472	125	66	1151
湖南	994	736	412	2589
广东	935	128	58	1807
广州	1340	1024	319	3348
深圳	419	176	80	1135
广西	273	92	43	220
四川	567	307	125	1572
成都	229	188	114	333
重庆	274	77	45	531
贵州	299	273	91	468
云南	179	62	33	457
陕西	542	667	276	2635
西安		88	69	212
甘肃	1196	369	208	2219
宁夏	63	139	33	854
新疆	551	140	54	599
新疆兵团	31	3		76
法学	**30179**	**57688**	**25023**	**155590**
中央电大直属部	52	1060	835	1808
北京	482	907	380	2444
天津	744	1881	636	3866
河北	1469	1345	413	3297
山西	796	931	519	3114
内蒙古	612	1742	762	3644
辽宁	1559	1387	698	5205
沈阳	570	1024	560	3477
大连	716	688	388	2416
吉林	766	1223	180	3504
长春	182	157	49	862
黑龙江	543	971	394	3278
哈尔滨	364	542	370	1904
上海	401	782		2336
江苏	1050	2228	1321	6625
南京	298	395	253	1391
浙江	1576	2846	906	5912
宁波	277	840	419	2016
安徽	1378	2440	835	5456
福建	545	3066	1542	6478
厦门	74	124	51	823
江西	471	1488	939	3662
山东	835	863	387	2466
青岛	165	261	120	1334
河南	1485	1298	662	4164
湖北	691	1628	392	4311
武汉	356	142	73	722
湖南	1258	3245	1412	8950
广东	777	3552	1180	7446
广州	477	1213	305	3195
深圳	305	525	168	1613
广西	1075	980	580	2810
海南	149	353	247	871
四川	534	2486	1013	7163
成都	721	812	218	1737
重庆	470	1270	625	3276
贵州	1174	2714	1267	5363
云南	973	1187	677	4965
陕西	1099	1683	764	4801
西安		276	86	667
甘肃	1184	988	596	4620
青海	100	208	78	749
宁夏		799	404	2656
新疆	1038	2561	1114	5785
新疆兵团	388	577	205	2408
小学教育	**553**	**8267**	**4503**	**16459**
北京	44	714	323	1386
天津	11	882	378	1807
山西	31	18	18	27
内蒙古		46	12	128
辽宁	142	89	29	310
沈阳		12		28
大连		63	46	63
吉林	102	152	43	417

2.1.2 中央电大开放教育试点本科(专科起点)专业分布（续表 1）

单位：人

专业与学校	毕业生	招生		在校生
		计	其中:春季	
长　　春				2
黑 龙 江		150	127	280
上　　海		235	106	559
江　　苏		2510	1596	3350
浙　　江		821	306	1315
宁　　波	14	323	219	885
安　　徽		515	334	991
福　　建		71	41	123
江　　西				52
山　　东	78	108	101	476
河　　南		309	191	762
湖　　北		170	26	529
武　　汉		168	112	527
湖　　南	49	110	44	277
广　　东				297
广　　州		51	51	51
四　　川	20	62	39	243
成　　都				55
重　　庆		20	13	53
贵　　州		15		15
云　　南				312
陕　　西		102	102	283
西　　安		21	1	68
甘　　肃	19	105	56	214
青　　海	14			7
宁　　夏		161	139	189
新　　疆	29	264	50	328
新疆兵团				50
汉语言文学	**10245**	**41743**	**21316**	**97381**
中央电大直属部	51	168	30	797
北　　京	554	1260	643	3386
天　　津	461	1707	740	3836
河　　北	96	57		128
山　　西	83	455	242	983
内 蒙 古	149	657	352	1162
辽　　宁	121	778	417	2905
沈　　阳	19	755	520	2569
大　　连	597	351	219	1533
吉　　林	72	319	57	751
长　　春		52	5	295
黑 龙 江	319	945	564	2457
哈 尔 滨	355	749	528	2086
上　　海		101		435
江　　苏	45	1767	1265	4379
南　　京		301	91	708
浙　　江	323	1923	738	3245
宁　　波	245	171	113	760
安　　徽	120	2351	969	3572
福　　建	84	1034	480	2336
厦　　门	102	40	40	434
江　　西		1253	784	3044
山　　东	370	2098	1235	3340
青　　岛		437	219	1485
河　　南	156	1003	438	2222
湖　　北	369	2940	832	4259
武　　汉	56	430	315	1450
湖　　南	640	2765	1629	6133
广　　东	383	1282	383	3003
广　　州	35	323	195	952
深　　圳		40	15	205
广　　西	605	684	347	1833
海　　南		84	76	253
四　　川	493	2333	1241	4888
成　　都	303	200	60	453
重　　庆	97	483	184	1145
贵　　州	95	460	105	1234
云　　南		613	338	2378
陕　　西	568	2690	1574	5652
西　　安	272	1173	612	2475
甘　　肃	669	1947	1379	5471
青　　海	141	369	175	1312
宁　　夏	20	788	417	1978
新　　疆	414	1132	654	2257
新疆兵团	763	275	96	1202
英语	**7030**	**11191**	**4763**	**35416**
中央电大直属部		23		23
北　　京	637	611	290	2196
天　　津	217	269	36	1029
河　　北	125	282	88	856
山　　西		33	33	33
内 蒙 古	88	129	44	570
辽　　宁	85	84	37	883
沈　　阳	128	90	41	588
大　　连	22	136	47	403
吉　　林	20	60	33	61
长　　春	57	17	5	215
黑 龙 江	127	146	58	1030
哈 尔 滨	7	171	133	593
上　　海	114	372		850
江　　苏	38	335	132	947
浙　　江	308	204	46	789
宁　　波	59	411	183	713
安　　徽	283	651	259	1375
福　　建	252	104	78	953
厦　　门		37		232
江　　西		445	303	1035
山　　东	572	251	125	807
青　　岛	80	82	29	736
河　　南		29	7	89
湖　　北	164	715	276	1591

2.1.2 中央电大开放教育试点本科(专科起点)专业分布（续表 2）

单位：人

专业与学校	毕业生	招生 计	招生 其中:春季	在校生
武　　汉		76	36	343
湖　　南	570	849	406	2365
广　　东	273	1033	276	2467
广　　州	299	549	269	1509
深　　圳	77	305	159	996
广　　西	154	99	39	618
海　　南	10	48	48	106
四　　川		689	335	2123
成　　都	47	102	33	296
重　　庆	52	73	34	245
贵　　州		18		94
云　　南	250	72	14	713
陕　　西	322	458	216	1217
西　　安	175	164	83	615
甘　　肃	695	777	428	2043
青　　海	81	8		118
宁　　夏	183	6		430
新　　疆	266	170	97	412
新疆兵团	193	8	7	109
数学与应用数学	**538**	**4064**	**2092**	**10258**
北　　京				198
辽　　宁		109		226
吉　　林		77		82
黑 龙 江		182	104	882
哈 尔 滨		124	112	556
江　　苏		51		51
安　　徽		187	60	317
福　　建		84	81	209
江　　西		305	166	754
山　　东	204	147	71	361
青　　岛		17	15	115
河　　南		105	88	105
湖　　北		601	116	1207
湖　　南	10	363	176	1006
广　　州				73
广　　西		27		27
海　　南		38	38	38
四　　川		658	437	1308
成　　都		4		4
重　　庆				2
贵　　州		45	32	124
云　　南		7	7	192
陕　　西	165	350	203	750
西　　安		56	16	120
甘　　肃	159	493	336	1517
青　　海		25	25	25
新　　疆		9	9	9
机械制造及其自动化	**158**	**697**	**24**	**1829**
北　　京	20			
天　　津		52		96
辽　　宁		25		45
沈　　阳		25		83
大　　连		56		56
黑 龙 江	28	3		19
上　　海		21		65
浙　　江	25	34		87
山　　东		51		128
河　　南	44			123
湖　　北		291	1	482
湖　　南				77
广　　州				25
四　　川				88
贵　　州				60
陕　　西	41	42	23	77
西　　安		25		25
甘　　肃		20		82
宁　　夏		52		211
计算机科学与技术	**5475**	**9179**	**3727**	**28454**
中央电大直属部				70
北　　京	195	508	155	1440
天　　津	192	441	106	1073
山　　西	15	73	19	212
内 蒙 古	105	285	110	552
辽　　宁	500	203	124	1634
沈　　阳	298	221	104	897
大　　连	32	131	60	408
吉　　林	104	161	40	410
长　　春	169	39	14	227
黑 龙 江	111	163	77	890
哈 尔 滨	27	138	87	686
上　　海	63	155		389
江　　苏		386	199	1056
南　　京	199	50		1089
浙　　江	182	178	75	704
宁　　波	14	177	67	345
安　　徽	242	523	283	1290
福　　建	23	39	8	155
江　　西	165	207	117	388
山　　东	163	255	95	604
青　　岛		35	15	138
河　　南	307	333	84	1315
湖　　北		458	67	818
武　　汉		45	18	161
湖　　南	712	1020	440	2749
广　　东	214	366	42	1058
广　　州	94	124	45	330
深　　圳	67	114	50	713
广　　西	33	55	45	308
海　　南	46			76
四　　川	50	359	171	929

2.1.2 中央电大开放教育试点本科(专科起点)专业分布（续表3）

单位：人

专业与学校	毕业生	招生 计	招生 其中:春季	在校生
成　都	38	7		22
重　庆	51	253	107	466
贵　州	51	73	30	275
云　南	42	35	12	139
陕　西	105	707	420	1354
西　安	39	46	18	111
甘　肃	306	308	182	1256
宁　夏	281	208	93	915
新　疆	184	300	148	660
新疆兵团	56			142
土木工程	**188**	**2702**	**77**	**6102**
北　京		62		209
天　津	143	647		1795
河　北		128		128
山　西		163		204
辽　宁		126		618
沈　阳		34		72
大　连		41		41
吉　林		71		168
黑龙江		86	18	222
上　海				56
江　苏		129		129
浙　江		178		375
宁　波		56		88
安　徽		243		243
山　东	27	27	27	27
青　岛		10	3	49
河　南		142	2	307
湖　北		93		134
湖　南		61	1	192
广　东				25
深　圳		45		78
四　川		100		197
重　庆	18	130		311
贵　州				22
云　南				95
陕　西		41	26	80
甘　肃		21		103
宁　夏		24		88
新　疆		44		46
水利水电工程	**145**	**1294**	**109**	**2823**
北　京		60		138
辽　宁		143		307
吉　林	40	52		133
长　春				3
黑龙江		178		224
浙　江		83		274
安　徽		27		100
河　南		257		289
湖　北	50	20	7	58
湖　南		119	102	299
广　东				70
广　西		209		274
海　南		4		67
四　川		1		1
陕　西		59		335
西　安				21
甘　肃	55	32		122
宁　夏		50		108
工商管理	**9927**	**23305**	**8360**	**57760**
中央电大直属部	475	361	74	1480
北　京	383	826	182	1709
天　津	211	1624	408	3292
河　北	4	473	167	555
山　西	675	360	167	1245
内蒙古	40	46		66
辽　宁	518	1009	486	2595
沈　阳	200	756	313	1892
大　连	603	1178	331	2651
吉　林	45	83	16	113
长　春		99	29	244
黑龙江		155	76	302
哈尔滨		248	172	505
上　海	324	1232	262	3065
江　苏	71	1195	531	2786
南　京	255	330	128	1562
浙　江	426	960	330	1831
宁　波		333	159	460
安　徽	81	816	308	1587
福　建	49	238	89	422
厦　门		101	70	101
江　西	187	553	288	1336
山　东	76	240	101	397
青　岛		93	37	353
河　南	430	286	57	978
湖　北	95	445	99	1231
武　汉		259	142	746
湖　南	312	1179	472	3147
广　东	863	827	226	2295
广　州	600	1347	409	3373
深　圳	334	352	80	1394
广　西	256	116	52	271
海　南		70	32	186
四　川	760	1110	341	3247
成　都	197	579	177	1325
重　庆	402	734	346	2046
贵　州	440	700	369	1241
云　南	110	206	84	1009
陕　西	297	585	192	1749
西　安	92	229	80	533

2.1.2 中央电大开放教育试点本科(专科起点)专业分布（续表 4）

单位：人

专业与学校	毕业生	招生		在校生
		计	其中:春季	
甘　肃	86	365	195	1118
宁　夏		377	168	912
新　疆	30	187	102	367
新疆兵团		43	13	43
会计学	**28328**	**40269**	**16119**	**115969**
中央电大直属部	133	421	129	1349
北　京	1669	2438	774	7037
天　津	1131	2351	752	6303
河　北	819	985	292	2217
山　西	581	462	236	1852
内蒙古	125	747	328	1403
辽　宁	769	790	384	3699
沈　阳	604	740	346	2637
大　连	819	601	221	1941
吉　林	417	394	67	1181
长　春	148	112	50	638
黑龙江	544	489	225	1975
哈尔滨	738	261	159	1452
上　海	1319	2440	425	6320
江　苏	1242	2305	1042	6426
南　京	315	610	244	1892
浙　江	1713	3120	1398	6815
宁　波	450	1244	567	2754
安　徽	714	1708	623	3702
福　建	869	1157	587	3175
厦　门	135	212	76	343
江　西	534	776	388	2540
山　东	560	1056	547	2823
青　岛	108	222	84	1125
河　南	1029	551	318	2547
湖　北	463	846	133	2710
武　汉	288	174	105	768
湖　南	1137	2170	990	5585
广　东	869	1854	707	4578
广　州	763	1354	418	4019
深　圳	560	577	187	1831
广　西	766	332	192	1142
海　南	182	167	40	451
四　川	261	795	285	2465
成　都	505	235	88	691
重　庆	457	563	291	1561
贵　州	402	540	260	1130
云　南	25	131	81	746
陕　西	820	1066	492	3392
西　安	248	404	157	1081
甘　肃	803	546	344	2480
青　海	458	260	122	670
宁　夏	839	862	419	3242
新　疆	792	886	435	2119
新疆兵团	205	315	111	1162
行政管理	**671**	**12772**	**4515**	**16521**
中央电大直属部		194	194	194
北　京		254	143	363
天　津		260	53	356
河　北		218	82	218
山　西		299	186	313
内蒙古	23	217	74	234
辽　宁		24	14	24
大　连		164	63	219
吉　林		21	14	65
黑龙江		99	30	189
哈尔滨		216	118	269
上　海		1288	176	1799
江　苏	189	149	71	189
南　京		100		100
浙　江	313	822	373	955
宁　波		675	245	784
安　徽		210	87	253
福　建		216	43	267
江　西		110	94	140
山　东	18	58	43	58
青　岛		88	48	167
河　南		102	35	102
湖　北		422	139	550
武　汉		97	59	156
湖　南		505	176	684
广　东		2376	774	3201
广　州		928	231	1353
深　圳		665	164	830
广　西		34	11	34
海　南		63	63	63
四　川	60	475	116	711
成　都		61	3	61
重　庆		177	64	185
贵　州		294	135	354
云　南		165	86	191
陕　西		144	60	153
西　安		39		39
甘　肃		215	121	265
青　海	38	67	26	71
宁　夏		94	17	94
新　疆	30	144	71	185
新疆兵团		23	13	83
公共事业管理(卫生事业管理方向)	**75**	**1205**	**724**	**3216**
中央电大直属部		188	39	403
天　津		85	49	112
河　北	1	2	2	4
辽　宁		161	20	161
大　连		58	58	170
吉　林				4

2.1.2 中央电大开放教育试点本科(专科起点)专业分布 (续表 5)

单位：人

专业与学校	毕业生	招生		在校生
		计	其中:春季	
黑龙江		9	8	92
江苏		101	101	101
浙江				31
江西		15	15	381
山东		36	36	84
河南		34	34	246
湖北		21	13	118
湖南	24	67	67	67
广东		37		110
广州		137	111	137
四川		25	23	268
重庆		9	6	21
贵州				47
云南		5	5	229
陕西	10	17	17	82
西安		3	3	41
甘肃	40	132	77	222
青海				22
新疆		3	3	3
新疆兵团		60	37	60
公共事业管理(教育管理方向)	**763**	**20292**	**11354**	**45290**
天津		810	306	2314
河北	14	250	56	447
山西	40	264	146	549
内蒙古		222	33	231
辽宁		682	461	1614
沈阳		316	230	1106
大连		732	362	1597
吉林				21
长春		26	11	148
黑龙江		13	10	21
上海		1106	169	2830
江苏		1266	965	2544
浙江		397	155	957
宁波		50	34	207
安徽		998	680	1211
福建		1295	709	3301
江西		1468	1073	3323
山东	378	2062	1280	3369
青岛		760	470	1754
河南		15		15
湖北		700	142	1363
武汉				32
湖南		405	235	971
广东		326	263	1085
广州		831	545	1958
广西		302	153	717
四川	30	1204	642	2360
成都	73	630	285	1242
重庆		79	51	98
贵州		297	183	411
云南		887	545	3069
陕西	8	575	339	1528
西安		661	384	1211
甘肃	200	536	358	1375
宁夏		103	55	287
新疆	20	24	24	24

2.1.3 中央电大开放教育试点专科专业分布

单位：人

专业与学校	毕业生	招生		在校生
		计	其中:春季	
总　计	**150986**	**357174**	**155601**	**959168**
金融	**24544**	**10794**	**4859**	**61149**
北　京	1094	1067	520	4894
天　津	1178	267	93	2001
河　北	1046	885	288	2511
山　西				106
内蒙古	285	333	129	1525
辽　宁	2151	260	134	4101
沈　阳	1252	488	278	3297
大　连	531	143	64	869
吉　林	74	260	35	664
长　春	123	19	15	297
黑龙江	598	205	99	1905
哈尔滨	957	142	112	2128
江　苏	181	25		153
浙　江	589	418	158	1148
宁　波	511	75	26	680
安　徽	1114	139	64	1166
福　建	1399	251	145	3191
厦　门	121	227	67	717
江　西	486	291	152	2329
山　东	201	28	16	705
青　岛		83	66	276
河　南	1316	674	143	1238
湖　北	317	547	285	2401
武　汉	596	488	287	2377
湖　南	740	318	168	1123
广　东	406	48	22	1018
广　州	100	120	71	427
深　圳		91	47	337
广　西		78	13	78
四　川	1158	305	129	1891
成　都	718	158	98	1124
重　庆	45	147	79	393
贵　州	207	223	32	956
云　南	384	329	166	1854
陕　西	919	884	458	4759
西　安	262	256	94	1735
甘　肃	2434	324	201	3245
青　海	284			
宁　夏	241	110	49	938
新　疆	482	87	56	586
新疆兵团	44	1		6
法学	**21290**	**71615**	**33838**	**175566**
中央电大直属部	7805	7083	4976	16482
北　京	39	1090	594	2715
天　津	60	963	317	2140
河　北	126	619	2	831
山　西	99	481	254	1300
内蒙古	241	4637	2113	8486
辽　宁	1603	1997	1140	5475
沈　阳	31	1012	450	2075
大　连	34	573	303	1466
吉　林	135	567	224	2717
长　春		74	35	381
黑龙江	225	1805	865	5014
哈尔滨	66	477	317	2271
江　苏	348	1045	205	1974
南　京		110		110
浙　江	3748	3027	90	9617
宁　波	629	464	282	1111
安　徽	110	2987	1323	8933
福　建	142	3902	1808	11636
厦　门	31	210	107	784
江　西		2420	1478	4644
山　东	127	990	530	1973
青　岛		417	244	1062
河　南	455	5629	3124	6243
湖　北	33	481	67	1729
武　汉		118	67	331
湖　南	871	1913	1000	4807
广　东	1419	6669	3226	17462
广　州	43	1485	383	3826
深　圳		425	180	1355
广　西	425	1005	283	1877
海　南		45	13	45
四　川	189	3190	1529	11786
成　都	346	649	222	1664
重　庆	275	1102	529	1987
贵　州	98	2082	853	4146
云　南	92	1935	662	3646
陕　西	603	1901	900	5660
西　安		378	144	971
甘　肃	533	2058	1052	7046
青　海	33			
宁　夏		996	500	2952
新　疆	265	2209	1219	4349
新疆兵团	11	395	228	487
小学教育	**40507**	**31304**	**15423**	**114138**
北　京	467	41		695
天　津	1363	205		2034
山　西	69	59	27	186
内蒙古	2981	1306	596	3491
辽　宁	2791	281	129	2819
沈　阳		53	38	280
大　连	1016			181
吉　林	290	634	61	1891
黑龙江	2653	1346	830	6518
哈尔滨	1142	582	451	2906
江　苏	747	861	147	1249
浙　江	1022	850	386	1968
宁　波	354	176	128	677

2.1.3 中央电大开放教育试点专科专业分布（续表 1）

单位：人

专业与学校	毕业生	招生 计	招生 其中:春季	在校生
安　徽	1773	2851	1086	16699
福　建	2814	998	472	6241
江　西	1199	750	255	4703
山　东	1557	670	300	2696
河　南	1263	5523	2988	7339
湖　北	447	489	140	1864
武　汉	313	345	246	1659
湖　南	340	345	159	1309
广　东	46	2629	1362	6752
广　州				98
深　圳				74
广　西	180	665	216	1406
四　川	2153	1348	827	5891
成　都	368	133	48	531
重　庆	135	408	268	937
贵　州	3448	1091	687	4661
云　南	1629	1320	518	3988
陕　西	1748	1322	899	8205
西　安	1118	726	365	3170
甘　肃	1245	1347	833	5594
青　海	931			267
宁　夏	1466	350	123	1743
新　疆	1165	1421	750	2922
新疆兵团	274	179	88	494
现代文员	**1978**	**3416**	**386**	**15744**
北　京		119		312
天　津		137		908
辽　宁		154		591
沈　阳		135		335
大　连		24		120
吉　林		42	24	306
黑龙江		18		200
哈尔滨		43		656
江　苏	14	120	41	238
南　京		58		58
浙　江	967	189		1566
宁　波	200	49		202
安　徽		629	171	1434
福　建		49		540
厦　门		77		238
山　东	21	21	21	41
青　岛		20	4	115
河　南		670		841
湖　北	30	147	6	587
武　汉		47		310
湖　南	51	65		221
广　东	160	144		3431
广　州	57	19		125
深　圳		36		59
广　西		22		22
海　南		13		38
四　川	1	35		185
重　庆	150	155	111	545
云　南	159			495
陕　西		42		312
西　安	155			40
甘　肃	13	137	8	553
宁　夏				120
英语	**2280**	**9781**	**3971**	**27304**
北　京	246	1048	622	2695
天　津	4	95		261
内蒙古		53	21	461
辽　宁		51	18	273
沈　阳		74	30	247
大　连		268	104	457
吉　林	15	73	18	116
长　春		11	5	57
黑龙江	10	110	60	529
哈尔滨	13	98	67	387
江　苏		184	52	582
南　京		71		71
浙　江	770	776	187	2287
宁　波	566	714	421	1841
安　徽	30	632	256	1545
福　建		88	46	411
厦　门		43		115
江　西		139	65	188
山　东		91	18	127
青　岛		187	53	382
河　南		54	20	196
湖　北		23	8	343
武　汉		97	38	97
湖　南	113	320	95	893
广　东	226	1948	685	4090
广　州	112	1032	373	2662
深　圳	51	618	211	1731
广　西		34	12	34
四　川	21	218	132	765
成　都	24	24	8	62
重　庆	1	21	6	28
贵　州		16		34
云　南				253
陕　西	19	238	128	1306
西　安		58	26	257
甘　肃	35	157	121	1172
青　海	14			
宁　夏		3	3	129
新　疆	10	113	61	123
新疆兵团		1	1	97
广告学	**41**	**1971**	**690**	**3364**
北　京		116	46	213
天　津		172	61	317

2.1.3 中央电大开放教育试点专科专业分布（续表 2）

单位：人

专业与学校	毕业生	招生		在校生
		计	其中:春季	
沈　　阳		46		46
大　　连		186	53	186
吉　　林	3	42		42
长　　春		243	19	272
哈 尔 滨		158	103	313
南　　京		40	13	98
浙　　江		17		38
宁　　波		169	100	218
福　　建		78	28	220
山　　东		2		2
河　　南		113	52	172
湖　　南		1		1
广　　东		71	7	71
广　　州	26	240	90	468
深　　圳		83	50	166
四　　川	1	24	3	28
成　　都		9		19
重　　庆	11	70	16	109
贵　　州				271
西　　安		39	11	39
甘　　肃		52	38	55
电子信息技术	**170**	**46**	**12**	**1074**
北　　京				364
山　　西				15
沈　　阳				21
大　　连				24
吉　　林	10			
黑 龙 江				32
浙　　江	104			
厦　　门				48
江　　西	24			
青　　岛				5
河　　南				56
湖　　北		37	3	37
湖　　南				79
广　　州				208
深　　圳				56
四　　川	32			1
成　　都				2
重　　庆		9	9	66
云　　南				54
甘　　肃				6
计算机应用	**8952**	**13339**	**5799**	**55306**
中央电大直属部				1020
北　　京	167	201	157	1886
天　　津	426	79	14	905
河　　北	232	343	118	1063
山　　西	74	11	3	472
内 蒙 古	303	677	284	2253
辽　　宁	245	240	110	1344
沈　　阳	172	167	70	1459
大　　连	16	170	95	736
吉　　林	141	455	53	729
长　　春	62	59	23	1010
黑 龙 江	914	568	289	2969
哈 尔 滨	142	127	91	1341
江　　苏	230	523	138	1723
南　　京		137		149
浙　　江	796	787	208	2733
宁　　波	97			193
安　　徽	756	1467	660	4096
福　　建	208	304	150	1148
厦　　门	10	26		262
江　　西	312	318	226	1940
山　　东	198	271	151	930
青　　岛	26	51	23	156
河　　南	449	495	257	1004
湖　　北	141	123	24	803
武　　汉	197	190	108	1043
湖　　南	425	636	316	2197
广　　东	86	908	325	2629
广　　州		252	44	985
深　　圳		117	55	393
广　　西		90	15	170
海　　南		25	11	54
四　　川	28	162	72	580
成　　都	63	3		121
重　　庆	156	616	372	1619
贵　　州	127	143	26	1027
云　　南		582	215	1720
陕　　西	172	499	222	2804
西　　安	68	118	81	489
甘　　肃	758	914	564	4424
青　　海	208			64
宁　　夏	310	76	10	1347
新　　疆	224	405	218	1046
新疆兵团	13	4	1	270
软件开发与应用	**59**	**1943**	**637**	**3109**
北　　京		421		500
天　　津		156	76	314
辽　　宁		311	141	460
沈　　阳		74	36	130
大　　连		229	62	295
黑 龙 江		33	7	33
江　　苏		7		7
浙　　江		72	55	98
宁　　波		74	49	95
河　　南		75		75
武　　汉		9	9	34
湖　　南	59	75	43	160
广　　东		91		215
广　　州		81	22	134

2.1.3 中央电大开放教育试点专科专业分布（续表 3）

单位：人

专业与学校	毕业生	招生		在校生
		计	其中:春季	
深　圳		70	32	124
四　川		84	48	232
成　都		20		36
重　庆		47	47	67
贵　州				21
甘　肃		2	1	2
宁　夏		12	9	53
新疆兵团				24
数字媒体设计与制作	**2**	**342**	**89**	**561**
辽　宁				20
南　京		26		26
江　西		27	5	87
湖　南		57	40	57
广　东				30
深　圳		150		150
四　川		17		17
重　庆		3	3	14
西　安	2	62	41	130
青　海				30
水利水电工程	**2568**	**2156**	**539**	**12712**
北　京	44	136		476
内蒙古		1		57
辽　宁	128	291	103	1278
吉　林	87	192		709
黑龙江		11		170
江　苏	107	85	85	312
浙　江		50		1552
宁　波				50
安　徽	129	333	214	1456
福　建	104	19		504
江　西				6
山　东	194			197
河　南	52	123	20	465
湖　北	87	28	16	340
湖　南		20		157
广　东	42			251
广　西	661	145		210
海　南				131
四　川				31
重　庆	37	96	96	408
贵　州	11	94		286
云　南	185	136		1183
陕　西	73	94		844
甘　肃	572	286		1382
宁　夏		4		159
新　疆	55	12	5	98
园艺	**5447**	**4990**	**2126**	**22641**
北　京	64	309	96	1194
河　北	838	860	70	4797
山　西	106	7	5	145
内蒙古	42	161	83	620

专业与学校	毕业生	招生		在校生
		计	其中:春季	
辽　宁	145	136	61	677
黑龙江	179	133	89	2030
江　苏		22		22
浙　江		57	57	57
安　徽		33	33	101
福　建	555	162	126	1169
山　东	107	14	13	159
河　南	18	110	102	224
湖　北	6	7		112
武　汉	30	15		142
四　川		1	1	1
重　庆				9
贵　州	3	39	11	149
云　南	1166	1158	409	4212
陕　西	128	202	106	794
西　安				66
甘　肃	2060	1561	864	5850
青　海				15
宁　夏		3		96
动物生产	**5**	**382**	**158**	**1504**
河　北		57		394
黑龙江		2	1	72
山　东		1		1
湖　北		2		119
湖　南		4	4	4
四　川		46	5	92
贵　州		1		26
云　南	5	100	35	568
陕　西		150	100	197
甘　肃		19	13	31
护理学	**2572**	**10100**	**4587**	**32568**
中央电大直属部				37
北　京		1247	627	2782
天　津				596
河　北	152	415	104	992
山　西	9	4		240
内蒙古	121			179
辽　宁		184	87	350
沈　阳				38
长　春		99		99
黑龙江	42	502	214	1911
宁　波		354	186	1033
安　徽		415	149	840
江　西		527	304	1060
山　东	140	813	457	1310
青　岛		196	114	488
河　南	5	212	84	1636
武　汉		54		54
湖　南	680	1060	691	2180
广　东	149			226
广　州				143

2.1.3 中央电大开放教育试点专科专业分布（续表 4）

单位：人

专业与学校	毕业生	招生		在校生
		计	其中:春季	
四　川		139	60	489
重　庆	17	439	53	605
贵　州		118	82	487
云　南		197	140	3590
陕　西	292	1352	547	4014
西　安		113	42	589
甘　肃	904	907	436	3910
青　海	47	56		674
宁　夏		551	182	1460
新　疆		72	7	135
新疆兵团	14	74	21	421
药学	**1390**	**4367**	**1863**	**14630**
北　京	152	453	107	1722
河　北	359	288	78	682
山　西	96	56	46	148
内蒙古		81	57	81
辽　宁		116	23	277
沈　阳		50	10	338
黑龙江	49	291	175	844
江　苏				290
浙　江		192	115	1239
宁　波		125	75	326
江　西	155	191	133	987
山　东	30	104	30	141
青　岛		44	32	51
河　南	57	607	246	607
湖　北				96
武　汉				99
湖　南	176	98		520
广　东	4	16		464
广　州				118
四　川		199	100	637
重　庆	2	417	148	550
贵　州	35	104	96	247
云　南				394
陕　西	31	224	70	471
西　安	28	31	20	352
甘　肃	216	399	184	2311
宁　夏		264	118	538
新　疆				83
新疆兵团		17		17
工商管理	**4931**	**40649**	**15835**	**80261**
中央电大直属部	976	1066	111	1978
北　京	5	1558	676	2734
天　津	6	1509	691	3215
河　北	111	20	7	86
山　西		229	142	268
内蒙古		647	332	1033
辽　宁		2358	1166	4349
沈　阳		1266	557	2340
大　连	26	1350	447	2665
吉　林	65	124	42	411
长　春		97	46	211
黑龙江	68	465	282	903
哈尔滨		485	273	940
江　苏	155	2077	330	3831
南　京		367		381
浙　江	782	2475	748	5088
宁　波	906	393	251	1788
安　徽	15	1898	767	3760
福　建		271	110	589
厦　门		281	56	281
江　西		1114	663	2067
山　东	42	921	350	2089
青　岛		355	155	560
河　南		1825	851	3083
湖　北		252	46	318
武　汉		62		62
湖　南	300	1395	544	3519
广　东	236	2072	684	4419
广　州	259	1736	642	4154
深　圳	91	1008	218	2197
广　西		251	98	352
海　南		71	26	152
四　川	356	1822	758	4844
成　都	53	843	317	1640
重　庆	340	2641	1050	4187
贵　州	76	347	108	774
云　南		1481	722	1801
陕　西	17	1342	598	3079
西　安		348	148	667
甘　肃	19	1220	516	2076
青　海	27			
宁　夏		330	141	1093
新　疆		277	166	277
会计学	**11031**	**66300**	**26997**	**153344**
中央电大直属部	28			198
北　京	298	3070	1461	7033
天　津	12	1753	704	4475
河　北		491		670
山　西	69	300	97	674
内蒙古	141	1563	827	2616
辽　宁		1549	863	4146
沈　阳	19	646	277	1851
大　连	7	638	297	1510
吉　林	15	359	104	1173
长　春		64	23	227
黑龙江	70	875	422	3208
哈尔滨	35	421	243	1430
江　苏	352	2553	423	4230
南　京	43	479	38	599
浙　江	5029	9226	2880	21507

2.1.3 中央电大开放教育试点专科专业分布（续表5）

单位：人

专业与学校	毕业生	招生		在校生
		计	其中:春季	
宁波	1686	2145	1097	4833
安徽	126	3298	1332	8883
福建	149	3032	1471	8737
厦门	95	168	126	168
江西		1709	927	3494
山东	124	2746	1684	4761
青岛		690	313	1871
河南	148	2548	1376	2590
湖北		376	38	864
武汉		448	195	1438
湖南	390	1980	881	4576
广东	989	8068	2668	16958
广州	95	2367	867	6169
深圳	132	1232	424	3021
广西	150	721	228	1730
海南		83	26	165
四川	102	1300	541	4654
成都	189	549	206	1341
重庆	142	1181	487	1790
贵州	21	401	96	1007
云南		985	446	2664
陕西	180	2184	1044	6348
西安		911	289	1935
甘肃	62	971	537	3057
青海	23	103	46	364
宁夏		560	173	1720
新疆	101	1210	649	2260
新疆兵团	9	347	171	399
电子商务	**708**	**7665**	**3305**	**17110**
北京		772	344	1959
天津		1098	626	2024
河北		34		34
内蒙古		142	13	196
辽宁		309	229	1215
沈阳		224	120	636
大连		146	61	195
吉林		4		4
长春		29		29
黑龙江		107	57	152
哈尔滨	13	167	113	404
江苏		87	35	87
南京		209		209
浙江		444	208	976
宁波		262	139	640
福建		321	156	835
山东		4	4	4
青岛		43	34	268
河南		26		33
湖北		74	12	242
湖南	16	131	60	278
广东	338	1506	521	2803

专业与学校	毕业生	招生		在校生
		计	其中:春季	
广州	227	663	249	1628
深圳	22	96	54	543
四川	21	131	58	202
成都		16	12	28
重庆	57	146	41	283
陕西		203	108	684
西安		70	23	163
甘肃	14	178	26	234
宁夏		2	2	101
新疆兵团		21		21
物业管理	**145**	**4595**	**2011**	**8306**
北京		268		268
天津		29		107
辽宁		72		91
沈阳		231	125	363
大连		45		45
吉林		9		9
黑龙江		73	36	148
哈尔滨		88	39	204
南京		28	11	70
浙江	27	130	48	332
安徽		314	288	414
福建		115	69	318
江西		62	12	193
山东		20	6	20
青岛		24	2	32
河南		67	35	155
湖南		114	48	212
广东	30	166	3	456
广州	31	617	250	1289
深圳	17	439	203	707
四川	4	358	157	620
成都		154	65	306
重庆	32	353	197	465
贵州		31		31
陕西		201	91	435
西安		285	131	411
甘肃	4	186	134	462
宁夏		116	61	143
行政管理	**6712**	**59799**	**26407**	**111529**
中央电大直属部	878	3306	2412	5119
北京		1587	701	2040
天津		1098	530	1415
河北		805	343	1730
山西		1012	586	1533
内蒙古		1336	618	1380
辽宁		11		34
沈阳				119
大连	23	1586	696	2383
吉林	45	10		17
黑龙江		618	237	1565

2.1.3 中央电大开放教育试点专科专业分布（续表 6）

单位：人

专业与学校	毕业生	招生		在校生
		计	其中:春季	
哈尔滨		668	423	1655
江苏		583		583
南京		312	27	416
浙江	1514	5771	2335	10875
宁波	1343	1644	825	3668
安徽		194		194
福建		2646	1183	5925
江西		164	88	164
山东	30	577	334	1032
青岛		286	129	764
河南		1065	497	1108
湖北		585	32	660
武汉		894	428	1648
湖南	49	1443	668	2609
广东	1364	15198	6609	27314
广州	540	2726	1246	7014
深圳	229	1280	479	3283
广西		469	196	734
四川	197	2184	943	5777
成都		584	173	992
重庆	335	1390	522	2053
贵州	91	1924	726	4301
云南		1289	438	2465
陕西		1649	766	3283
西安		662	215	1233
甘肃	38	1267	573	2197
青海	26	94	34	193
宁夏		592	302	1711
新疆	10	290	93	343
公共事业管理(教育管理方向)	**15654**	**10772**	**5748**	**45602**
河北	1085	998	344	2126
山西	478	136	69	1125
内蒙古				72
辽宁				18
大连		157	74	672
黑龙江	576	190	45	899
江苏	271	18		110
浙江	107	135	73	135
宁波	265	20	12	670
安徽	936	86	60	732
福建	2699	1290	705	9844
江西	2050	1562	1105	6939
山东	1975	732	478	3113
青岛	182	219	144	1175
河南		1		1
湖北	36	186	88	1472
武汉	27			6
湖南		81	46	311
广东	100	1131	607	2760
广州	110	484	242	1667
广西	90	125	34	594
四川	1071	358	157	1624
成都	245	107	82	409
重庆		149	125	226
贵州	665	256	189	1091
云南	1333	1536	631	3662
陕西	628	294	159	1123
西安	49	221	108	935
甘肃	676	277	164	2068
宁夏		14		14
新疆		9	7	9
乡镇管理		**848**	**321**	**1646**
山西		10		10
大连		63		63
黑龙江		3		3
江苏		108	39	138
浙江		142	41	142
安徽		151	151	376
福建				18
山东		2		2
河南				15
湖南				19
广东				154
重庆		85		85
云南		229	56	229
陕西				4
甘肃				264
青海		49	28	118
新疆		6	6	6

2.1.4 全国电大2004学年注册视听生专业与学生情况

单位：人

	专业									
	计	财务会计	市场营销	会计与统计核算	法律	英语	小学师资教育理科	小学师资教育文科	应用电子技术	乡镇管理
总计										
毕业生	59673	15883	1332	813	18163	2344	776	19253	426	683
在册生	71090	20721	3229	2405	24855	2440	581	14461	483	1915
北京										
毕业生	173	57	31	28	30	26			1	
在册生	1794	918	323	172	49	329			3	
河北										
毕业生	2				2					
内蒙古										
毕业生	2348	570	26	80	1215	8		364	60	25
在册生	1395	585	12	12	622	51		96	16	1
辽宁										
毕业生	5465	2025	501	17	1994	168	81	512	166	1
在册生	5244	584	1119	62	2686	394		312	87	
沈阳										
毕业生	484	226	5	1	134	15	5	98		
在册生	638	288	7	1	273	27		42		
吉林										
毕业生	248	149			88			11		
长春										
毕业生	244	161		3	29	22			29	
在册生	1063	637		47	339	19			21	
黑龙江										
毕业生	669	156	2		208	8	7	256	32	
在册生	1718	312	16	20	233	131		823	49	134
哈尔滨										
毕业生	1650	110			194	49		1297		
在册生										
上海										
毕业生	5561	4041	232	10	600	666			12	
江苏										
毕业生	504	258	16	18	84	10	8	94		16
在册生	2756	1298	311	132	732	60		123		100
浙江										
毕业生	2787	390	35	369	1779	75	14	90	5	30
在册生	5195	1429	197	1231	1607	457	46	144	29	55
宁波										
毕业生	734	150	14	38	124	387		6	15	
在册生	961	595	17	50	174	117		3	5	
安徽										
毕业生	3415	769	73		1174	99	54	1246		
在册生										
福建										
毕业生	1910	531	5		1104	5		240		25
在册生	4594	1475	41		2774	84		170		50
厦门										
毕业生	2			1	1					
在册生	183	52		60	71					
江西										

2.1.4 全国电大 2004 学年注册视听生专业与学生情况（续表 1）

单位：人

	专业									
	计	财务会计	市场营销	会计与统计核算	法律	英语	小学师资教育理科	小学师资教育文科	应用电子技术	乡镇管理
毕业生	2763	690	26		581	22	30	1411		3
在册生	2374	781	136		558	143	261	476	5	14
山东										
毕业生	333	45	33	14				204		37
在册生	670	86	79	3				446		56
河南										
毕业生	6342	835	142	9	1639	614	366	2735		2
在册生	8319	2205	228		3380	80		2322		104
湖南										
毕业生	2780	837	32	40	541	85		1144	83	18
在册生	1678	617	51	44	468	1		472	6	19
广西										
毕业生	62							62		
在册生	70							70		
四川										
毕业生	8642	1581	52		2537	33	6	4207	2	224
在册生	14041	2846	378	163	4828	180	91	4848	126	581
成都										
毕业生	868	79	82		478			204		25
在册生	137	44	17		40	1		12		23
重庆										
毕业生	12	9			3					
贵州										
毕业生	405	59	6		100			239		1
在册生	22				1			21		
云南										
毕业生	1565	193		27	613			537		195
在册生	5526	875	32	309	1674		125	1810	36	665
陕西										
毕业生	1393	260	6	138	168	52	93	656	20	
在册生	1104	377	55	45	268	32	31	256	40	
甘肃										
毕业生	838	246		6	295		23	256		12
在册生	3627	690		40	2103	126		639		29
青海										
毕业生	431	107			239			85		
新疆										
毕业生	6879	1287	13	14	2162		89	3262	1	51
在册生	7916	4022	210	14	1943	208	27	1348	60	84
新疆兵团										
毕业生	164	62			47			37		18
在册生	65	5			32			28		

2.2.1 全国电大统招高等专科学生情况

单位：人

	毕业生数			招生数			在校生数		
	计	普招专科	成招专科	计	普招专科	成招专科	计	普招专科	成招专科
总　　计	**187672**	**48052**	**139620**	**155288**	**60893**	**94395**	**331153**	**159650**	**171503**
其中:女	91840	23428	68412	78944	30977	47967	166338	80762	85576
北　　京	**1061**		**1061**	**855**		**855**	**2227**		**2227**
北京广播电视大学	18		18	17		17	34		34
东城分校				3		3	3		3
西城分校	80		80	82		82	189		189
崇文分校	51		51				20		20
宣武分校	114		114	80		80	183		183
丰台区分校	11		11						
石景山分校	25		25	58		58	58		58
通州区分校	66		66	99		99	212		212
房山分校	120		120	7		7	150		150
昌平县工作站	20		20	48		48	72		72
平谷分校	139		139	66		66	142		142
怀柔县分校	41		41	65		65	188		188
密云分校	56		56	37		37	57		57
延庆分校	43		43				130		130
大兴分校	73		73	63		63	101		101
顺义分校	59		59	89		89	248		248
门头沟分校	92		92	40		40	257		257
房山区燕山工作站	18		18				11		11
文化局工作站	35		35	64		64	135		135
纺织工作站				37		37	37		37
天　　津	**4326**	**476**	**3850**	**3803**	**559**	**3244**	**9450**	**1783**	**7667**
天津广播电视大学									
直属学院	819	476	343	947	559	388	2864	1783	1081
南开分校	1		1	7		7	12		12
河东区工作站	162		162				71		71
河西区工作站	1		1						
河北区工作站	61		61				8		8
红桥区工作站	15		15	9		9	14		14
塘沽分校	16		16	25		25	58		58
汉沽分校	195		195	145		145	439		439
大港分校	32		32	35		35	197		197
东丽分校	512		512	201		201	457		457
津南区分校	86		86	15		15	107		107
西青区工作站	134		134	68		68	206		206
北辰分校	20		20	44		44	148		148
武清分校	192		192	7		7	158		158
静海分校	150		150	60		60	166		166
宝坻分校	287		287	98		98	400		400
宁河县工作站	416		416	183		183	509		509
天津铁厂工作站	14		14				49		49
财政局工作站	147		147	20		20	20		20
劳动局工作站	25		25				43		43
工商银行工作站	2		2				3		3
物资集团公司工作站							20		20
房管局工作站	105		105				94		94
建工局工作站	10		10	52		52	91		91

2.2.1 全国电大统招高等专科学生情况（续表1）

单位：人

	毕业生数			招生数			在校生数		
	计	普招专科	成招专科	计	普招专科	成招专科	计	普招专科	成招专科
一商集团有限公司工作站	47		47	153		153	340		340
公用局工作站				317		317	317		317
铁路分局工作站	79		79	16		16	115		115
天港务局工作站				14		14	18		18
政法管理干部学院工作站	84		84	24		24	76		76
公安局工作站	53		53				16		16
台盟工作站	11		11				80		80
蓟县分校	217		217	123		123	455		455
开发区工作站	322		322	256		256	602		602
旅游分校	46		46	208		208	396		396
天津铁路工程分校				39		39	39		39
市政分校				737		737	737		737
河北校区	65		65				125		125
河　北	**9985**	**2434**	**7551**	**7608**	**3774**	**3834**	**20224**	**7000**	**13224**
河北广播电视大学	113	50	63	703	464	239	1129	873	256
石家庄广播电视大学	1237	175	1062	829	425	404	1642	425	1217
唐山广播电视大学	2039	244	1795	1188	484	704	4511	781	3730
秦皇岛广播电视大学	544	313	231	781	633	148	1599	1128	471
邯郸广播电视大学	883	158	725	203	105	98	760	267	493
承德广播电视大学	358	88	270	209	158	51	339	288	51
邢台广播电视大学	702	204	498	267	267		1156	653	503
保定广播电视大学	644	80	564	216	124	92	1217	278	939
张家口广播电视大学	173	63	110	731	88	643	1644	259	1385
沧州广播电视大学	1180	432	748	482	271	211	1335	592	743
廊坊广播电视大学	520	408	112	613	593	20	1374	1155	219
衡水广播电视大学	384	33	351	534	162	372	1001	266	735
省直分校	1208	186	1022	852		852	2517	35	2482
山　西	**1869**	**257**	**1612**	**1326**		**1326**	**2234**		**2234**
山西广播电视大学	154	154		60		60	60		60
太原广播电视大学	396	30	366	71		71	327		327
大同分校	35	23	12						
长治分校	106	21	85	20		20	52		52
晋城分校	96		96	105		105	247		247
晋中分校	25		25				51		51
吕梁分校	494		494	195		195	547		547
临汾分校				25		25	25		25
运城分校	177	15	162	215		215	227		227
朔州分校	39	14	25				17		17
中条山有色分校	236		236	215		215	215		215
公路系统分校	111		111	420		420	466		466
内蒙古	**3031**	**200**	**2831**	**2148**	**460**	**1688**	**3451**	**847**	**2604**
内蒙古广播电视大学	181	127	54	698	222	476	1039	445	594
呼和浩特市分校	18		18						
包头分校	303		303	150		150	480		480
赤峰市分校	608		608	351		351	620		620
兴安盟分校	36		36	38		38	47		47
哲里木盟分校	536	61	475	306	38	268	460	138	322
锡林郭勒盟分校	149		149	102		102	131		131
乌兰察布盟分校	452		452	154		154	167		167

2.2.1 全国电大统招高等专科学生情况（续表 2）

单位：人

	毕业生数			招生数			在校生数		
	计	普招专科	成招专科	计	普招专科	成招专科	计	普招专科	成招专科
鄂尔多斯市分校	121	10	111	15		15	27	12	15
巴盟广播电视大学	277	2	275	281	200	81	336	252	84
乌海市分校	192		192	30		30	33		33
内蒙古阿拉善盟广播电视大学	99		99	23		23	108		108
呼和浩特铁路局分校	59		59				3		3
辽　宁	**802**	**197**	**605**	**545**		**545**	**1397**	**516**	**881**
辽宁广播电视大学				107		107	523	416	107
本溪广播电视大学	161		161	126		126	126		126
锦州分校							52	52	
丹东分校	17		17	13		13	41	7	34
营口分校							41	41	
朝阳广播电视大学	295	150	145	69		69	90		90
铁岭广播电视大学	50		50	47		47	291		291
辽河石油勘探局广播电视大学	160		160						
沈阳铁路局电大	4		4	162		162	212		212
葫芦岛市电大分校	115	47	68	21		21	21		21
沈　阳	**462**		**462**	**281**		**281**	**1845**		**1845**
沈阳广播电视大学	454		454	281		281	1845		1845
辽中分校	8		8						
大　连	**1740**	**267**	**1473**	**1280**	**254**	**1026**	**2585**	**829**	**1756**
大连广播电视大学	993	248	745	779	254	525	1759	798	961
普兰店分校	16		16						
金州分校	123		123	25		25	67		67
旅顺分校	161		161	100		100	143		143
长海分校	14		14	21		21	58		58
甘井子分校	174	19	155	114		114	145	31	114
大连开发区分校	259		259	241		241	413		413
吉　林	**4721**	**20**	**4701**	**5627**	**152**	**5475**	**6236**	**166**	**6070**
吉林广播电视大学	1279	9	1270	1732	152	1580	1732	152	1580
中国科学院长春分校电大工作站	291	11	280	829		829	843	14	829
法律分校	95		95	66		66	66		66
吉林市分校	743		743	385		385	540		540
四平分校	80		80	239		239	239		239
延边分校	375		375	477		477	540		540
通化分校	1112		1112	649		649	717		717
辽源分校	27		27	155		155	181		181
白城分校				238		238	451		451
松原分校	613		613	850		850	920		920
艺术分校	71		71	7		7	7		7
农行电大	35		35						
长　春	**1216**	**37**	**1179**	**1693**	**40**	**1653**	**1762**	**69**	**1693**
长春市广播电视大学	403	23	380	637		637	640		640
榆树市分校	94		94	225		225	225		225
九台市分校	173		173	159		159	162		162
德惠市工作站	72		72	38		38	38		38
农安县工作站	104		104	81		81	81		81
双阳区工作站	200		200	235		235	235		235
长春市人才中心电大站	64	4	60	120		120	154	4	150
长春电大特教部	27		27	74		74	74		74

2.2.1 全国电大统招高等专科学生情况（续表 3）

单位：人

	毕业生数			招生数			在校生数		
	计	普招专科	成招专科	计	普招专科	成招专科	计	普招专科	成招专科
长影影视艺术学校	25		25	33		33	33		33
长春电大交通学校工作站	24		24	22		22	26		26
长春电大民进分校	30	10	20	69	40	29	94	65	29
黑 龙 江	**3799**	**967**	**2832**	**1888**	**13**	**1875**	**2794**	**450**	**2344**
黑龙江广播电视大学	1131	210	921	151	13	138	795	257	538
齐齐哈尔市广播电视大学	167	134	33				75	75	
牡丹江市广播电视大学	232	100	132	89		89	89		89
佳木斯广播电视大学	560	37	523	413		413	441		441
绥化地区广播电视大学	324	32	292	161		161	193	32	161
黑河市广播电视大学	5	5							
伊春市广播电视大学	24	5	19	168		168	168		168
大庆广播电视大学	48	39	9	211		211	248	23	225
鸡西广播电视大学	8	4	4				5		5
鹤岗广播电视大学	155	60	95				15		15
双鸭山市广播电视大学	12		12	23		23	23		23
七台河广播电视大学	359	40	319	133		133	140		140
省农垦广播电视大学	526	140	386	522		522	574	52	522
牡丹江林区广播电视大学	118	31	87	17		17	17		17
松花江林区广播电视大学	130	130					11	11	
哈 尔 滨	**1879**		**1879**	**721**		**721**	**803**		**803**
哈尔滨广播电视大学	1807		1807	685		685	732		732
阿城电大分校	8		8				10		10
呼兰分校	22		22						
市轻工分校	11		11						
哈尔滨文艺干校电大站	23		23	7		7	7		7
哈工大工会电视大学	8		8	29		29	54		54
上　　海	**429**		**429**	**152**		**152**	**562**		**562**
上海电视大学	49		49				20		20
虹口区分校	8		8				18		18
闵行二分校	62		62	21		21	82		82
宝山分校	46		46	7		7	118		118
浦东新区分校	16		16						
闵行一分校	11		11	13		13	13		13
金山分校	5		5						
松江分校	39		39	30		30	58		58
南汇分校	8		8						
奉贤分校	2		2	17		17	17		17
青浦分校	11		11	28		28	46		46
崇明分校	1		1						
嘉定分校	24		24				16		16
黄浦区经贸委分校	44		44	36		36	146		146
闸北区分校	7		7						
卢湾区分校	13		13						
黄浦分校	16		16				12		12
石化分校	67		67				16		16
江　　苏	**8132**	**7200**	**932**	**8959**	**8700**	**259**	**28034**	**27200**	**834**
江苏广播电视大学	1079	982	97	1796	1796		6604	6550	54
镇江市广播电视大学	277	277		171	171		645	645	
常州市广播电视大学	258	206	52	313	313		879	855	24

2.2.1 全国电大统招高等专科学生情况（续表 4）

单位：人

	毕业生数			招生数			在校生数		
	计	普招专科	成招专科	计	普招专科	成招专科	计	普招专科	成招专科
无锡市广播电视大学	678	614	64	674	674		2420	2403	17
苏州市广播电视大学	952	628	324	1321	1112	209	3930	3408	522
南通市广播电视大学	696	670	26	516	516		1563	1563	
扬州市广播电视大学	599	480	119	450	450		1771	1712	59
徐州市广播电视大学	1042	870	172	615	615		1976	1976	
淮安市广播电视大学	194	193	1	208	208		702	702	
盐城市广播电视大学	794	794		346	346		1223	1223	
连云港广播电视大学	330	278	52	548	540	8	1088	1080	8
泰州市广播电视大学	479	479		369	369		947	947	
宿迁市广播电视大学	193	193		80	80		173	173	
农垦分校	46	46					82	82	
化工分校	138	113	25	242	242		921	893	28
江苏电大武进学院	257	257		437	437		1063	1063	
江苏电大宜兴学院	88	88		455	455		1256	1256	
江苏电大张家港学院	32	32		418	376	42	791	669	122
南　　京	**1099**	**823**	**276**	**1489**	**1273**	**216**	**4673**	**4247**	**426**
南京市广播电视大学	563	512	51	897	897		2662	2662	
江宁区分校	136	39	97	181	28	153	428	152	276
江浦县分校	10		10				29	29	
六合县分校	6		6				38	38	
高淳县分校	5		5						
溧水县分校	11	11					17	17	
南京钢铁厂分校	18		18						
金陵石化公司电大	39	39					22	22	
大厂分校	16		16				79	66	13
浦口分校	21		21	99	68	31	250	145	105
玄武区分校							111	111	
秦淮区分校				53	53		53	53	
建邺区分校	13		13	32		32	32		32
鼓楼区分校	39		39						
下关区分校	197	197		227	227		768	768	
雨花台区分校							93	93	
栖霞区分校	25	25					91	91	
浙　　江	**7988**	**3647**	**4341**	**6535**	**3782**	**2753**	**15167**	**9554**	**5613**
浙江广播电视大学	346	346		347	347		768	768	
杭州广播电视大学	1761	913	848	3216	1330	1886	6150	3259	2891
嘉兴广播电视大学	470	131	339	110	79	31	341	193	148
湖州广播电视大学	600	230	370	153	94	59	389	232	157
绍兴分校	447	171	276	107		107	532	202	330
舟山广播电视大学	112	22	90	70	46	24	217	123	94
金华广播电视大学	758	406	352	391	378	13	1103	1016	87
衢州广播电视大学	325	95	230	102	86	16	422	241	181
台州广播电视大学	769	319	450	486	381	105	1274	876	398
丽水广播电视大学	658	43	615	83	67	16	305	203	102
温州广播电视大学	1170	478	692	795	320	475	2028	842	1186
浙江电大经贸分校	144	144		156	156		417	417	
浙江电大工商学院	376	297	79	439	418	21	1056	1025	31
浙江电大特殊教育学院	52	52		80	80		165	157	8
宁　　波	**1071**	**583**	**488**	**984**	**743**	**241**	**2576**	**1955**	**621**

2.2.1 全国电大统招高等专科学生情况（续表 5）

单位：人

	毕业生数			招生数			在校生数		
	计	普招专科	成招专科	计	普招专科	成招专科	计	普招专科	成招专科
宁波广播电视大学	640	466	174	614	472	142	1645	1280	365
鄞县分校	99	62	37	271	271		680	675	5
余姚学院	58		58	13		13	20		20
慈溪学院	98		98	14		14	56		56
宁海学院	18		18				8		8
象山分校	9		9				22		22
奉化分校	103	55	48	27		27	42		42
镇海工作站	26		26	3		3	23		23
宁波东钱湖旅游度假区电大工作站	20		20	42		42	80		80
安　徽	**1803**	**1299**	**504**	**982**	**849**	**133**	**4438**	**4011**	**427**
安徽广播电视大学	392	370	22	634	591	43	2730	2670	60
合肥分校	170	94	76	128	68	60	335	196	139
蚌埠分校	72	72		15	15		15	15	
芜湖市分校	103	86	17	45	45		241	240	1
马鞍山分校	91	59	32	78	69	9	277	230	47
铜陵分校	156	22	134				53	20	33
黄山市分校	11	11							
安庆市分校	124	90	34	31	31		253	244	9
六安分校	58	36	22				18		18
阜阳分校	69	69					90	90	
巢湖分校	253	160	93	30	30		190	190	
滁州市分校	16	16					27	27	
池州分校	47	36	11				14	14	
宿州分校	60	60					33	33	
省直分校	112	49	63	21		21	120		120
亳州分校	69	69					42	42	
福　建	**2795**	**1851**	**944**	**2473**	**2112**	**361**	**9097**	**6651**	**2446**
福建广播电视大学									
福州分校	270	158	112	182	89	93	913	325	588
三明分校	116	116		103	103		485	238	247
宁德分校	298	95	203	22	22		290	146	144
南平分校	126	19	107	119	82	37	312	151	161
漳州分校	265	170	95	118	118		503	419	84
泉州分校	112	112		168	123	45	787	378	409
龙岩分校	197	13	184	11	11		168	117	51
莆田分校	205	23	182	71	52	19	384	171	213
高等职业技术学院	1145	1145		1512	1512		4706	4706	
永安分校	25		25	14		14	137		137
邵武分校							58		58
漳浦分校	1		1				1		1
继续教育学院	35		35	153		153	353		353
厦　门	**443**	**153**	**290**	**1244**	**668**	**576**	**2167**	**1130**	**1037**
厦门市广播电视大学	153	153		840	668	172	1310	1130	180
厦门电大同安区工作站	29		29	28		28	116		116
厦门市杏林区电大工作站	13		13	11		11	21		21
厦门市湖里区电大工作站	20		20	46		46	76		76
厦门市司法局电大工作站	61		61				70		70
厦门市思明区电大工作站	167		167	319		319	574		574
江　西	**9398**	**816**	**8582**	**3547**	**348**	**3199**	**9440**	**1071**	**8369**

2.2.1 全国电大统招高等专科学生情况（续表 6）

单位：人

	毕业生数			招生数			在校生数		
	计	普招专科	成招专科	计	普招专科	成招专科	计	普招专科	成招专科
江西广播电视大学	4250	410	3840	1771	285	1486	3791	702	3089
南昌市分校	1069	102	967	1054	14	1040	3119	107	3012
景德镇市分校	191		191	8		8	62		62
九江市分校	499	37	462	121	11	110	493	42	451
萍乡市分校	436	17	419	102		102	194	8	186
新余市分校	602		602	161		161	204		204
鹰潭市分校	36		36				9		9
赣州广播电视大学	660	103	557	20	10	10	279	66	213
宜春广播电视大学	434	27	407	91		91	180		180
吉安地区分校	66		66	7	7		66	7	59
上饶地区分校	775	91	684	119	21	98	639	66	573
抚州地区分校	328		328	93		93	277		277
九江船舶工业公司分校	52	29	23				107	73	34
南昌铁路工作站							20		20
山　东	**7792**	**4479**	**3313**	**10430**	**8530**	**1900**	**31056**	**26239**	**4817**
山东广播电视大学				951	951		951	951	
济南广播电视大学	384	353	31	1432	1348	84	3744	3354	390
烟台广播电视大学	470	470		682	682		2208	2208	
潍坊广播电视大学	670	313	357	371	148	223	1223	708	515
淄博广播电视大学	443	255	188	416	416		1783	1771	12
威海市广播电视大学	90	90		6	6		44	44	
临沂广播电视大学	836	280	556	744	424	320	3022	2406	616
德州广播电视大学	207	137	70	176	111	65	764	568	196
滨州广播电视大学	90	90		120	120		460	460	
菏泽广播电视大学	660	135	525	413	70	343	1036	205	831
聊城广播电视大学	589	468	121	576	576		2110	2005	105
泰安广播电视大学	438	347	91	416	400	16	1311	1277	34
枣庄广播电视大学	236	74	162	125	125		672	634	38
济宁广播电视大学	891	437	454	931	702	229	3159	2501	658
东营广播电视大学	181	181		18	18		154	154	
胜利油田广播电视大学	66	66		11	11		54	54	
齐鲁石化公司广播电视大学							22	22	
济南铁路局广播电视大学	228		228	283		283	475		475
莱芜钢铁总厂广播电视大学	30	30							
鲁中冶金矿山公司广播电视大学	14		14				3		3
省直工作处	514	514		1242	1242		4130	4130	
日照广播电视大学	649	159	490	1507	1170	337	3644	2743	901
莱芜市广播电视大学	106	80	26	10	10		87	44	43
青　岛	**758**	**591**	**167**	**2093**	**1999**	**94**	**5869**	**5646**	**223**
青岛广播电视大学	386	298	88	1170	1078	92	3560	3386	174
莱西分校	42	42		104	104		317	317	
平度分校	77	77		98	96	2	191	187	4
胶州分校	65	36	29	79	79		216	214	2
胶南分校	108	77	31	160	160		445	402	43
即墨分校	16	16		30	30		52	52	
黄岛分校				81	81		171	171	
崂山分校				120	120		193	193	
城阳分校	64	45	19	251	251		724	724	
河　南	**4490**	**2268**	**2222**	**4034**	**3058**	**976**	**9986**	**8384**	**1602**

2.2.1 全国电大统招高等专科学生情况（续表 7）

单位：人

	毕业生数			招生数			在校生数		
	计	普招专科	成招专科	计	普招专科	成招专科	计	普招专科	成招专科
河南广播电视大学	106	106		561	561		1891	1891	
省直分校	201	198	3	712	712		1739	1739	
郑州广播电视大学	348	286	62	546	546		1042	996	46
开封市广播电视大学				63	63		155	155	
洛阳市广播电视大学	262	156	106	132	132		369	342	27
新乡广播电视大学	318	35	283	336	336		609	609	
焦作广播电视大学	171	78	93				243	81	162
安阳广播电视大学	105	79	26	70	70		213	195	18
濮阳广播电视大学	182	76	106	60		60	185	119	66
鹤壁广播电视大学	44	33	11	17		17	35	18	17
商丘广播电视大学	275	212	63	166		166	316	150	166
三门峡广播电视大学	142		142	30		30	49	19	30
平顶山广播电视大学	155	106	49	166		166	323	37	286
驻马店广播电视大学	555	194	361	388	155	233	690	406	284
许昌广播电视大学	48	36	12	25	25		64	64	
信阳广播电视大学	699	156	543	124	86	38	429	318	111
南阳广播电视大学	412	317	95	260	260		763	763	
周口广播电视大学	79	79					136	136	
漯河广播电视大学							83	83	
中原油田广播电视大学	153		153	60		60	98		98
济源广播电视大学	136	22	114	206		206	311	20	291
河南省工商行政管理分校	99	99		112	112		243	243	
湖　北	**10144**	**2215**	**7929**	**7069**	**1136**	**5933**	**11867**	**2680**	**9187**
湖北广播电视大学	1375	1375		685	685		1187	1187	
黄冈广播电视大学	1486	156	1330	1746	145	1601	3083	244	2839
孝感市广播电视大学	25	25		175	2	173	202	29	173
咸宁地区广播电视大学	586	9	577	537		537	1503	16	1487
荆州地区广播电视大学	1910	99	1811	20	20		280	280	
宜昌市广播电视大学	1471	294	1177	916	119	797	1230	433	797
黄石广播电视大学	64	43	21	250	19	231	312	81	231
十堰市广播电视大学	122		122	390		390	994		994
襄樊广播电视大学	1051	110	941	469	56	413	586	173	413
恩施自治州广播电视大学	279	73	206	272	88	184	502	235	267
葛洲坝分校	52		52						
大冶有色金属公司分校	111		111	25		25	71		71
天门市广播电视大学	49		49				156		156
仙桃广播电视大学	514		514	611		611	611		611
江汉油田分校	230	6	224	159		159	181		181
随州广播电视大学	813	19	794	87		87	242		242
老河口广播电视大学	6	6		727	2	725	727	2	725
武　汉	**738**	**153**	**585**	**468**		**468**	**883**	**145**	**738**
武汉市广播电视大学	611	153	458	345		345	688	145	543
江岸区分校	101		101	123		123	151		151
武昌区分校							22		22
青山区分校	24		24						
汉南区分校	2		2						
3303 分校							22		22
湖　南	**13389**	**3009**	**10380**	**2811**	**476**	**2335**	**10046**	**3050**	**6996**
湖南广播电视大学									

2.2.1 全国电大统招高等专科学生情况（续表 8）

单位：人

	毕业生数			招生数			在校生数		
	计	普招专科	成招专科	计	普招专科	成招专科	计	普招专科	成招专科
直属分校	2703	2254	449	573	353	220	2630	2314	316
长沙广播电视大学	347	48	299				136		136
株洲广播电视大学	909		909	173		173	268		268
湘潭广播电视大学	667	32	635	529		529	687	95	592
衡阳市广播电视大学	861	27	834	211	14	197	357	40	317
邵阳广播电视大学	298		298	51	6	45	189	8	181
岳阳广播电视大学	425	99	326	106	15	91	235	144	91
娄底广播电视大学	792	17	775				119	29	90
零陵分校	557		557	82		82	405		405
郴州广播电视大学	855	24	831	126		126	1063	16	1047
益阳广播电视大学	124	23	101	24		24	37	1	36
常德广播电视大学	532	103	429	161	29	132	382	69	313
怀化广播电视大学	93	51	42	54		54	117	63	54
湘西民族广播电视大学	725	49	676	77	8	69	856	45	811
张家界市广播电视大学	115		115	25		25	25		25
津市分校	495	19	476	74	44	30	199	169	30
岳阳石化总厂广播电视大学	47		47	57		57	57		57
省人民检察院分校	39	39							
省司法厅法律分校	431	28	403	60		60	60		60
卫生分校	2302	196	2106	382	7	375	2128	57	2071
涟钢分校	72		72	46		46	96		96
广　东	**5378**	**1648**	**3730**	**5997**	**1683**	**4314**	**12954**	**4247**	**8707**
广东广播电视大学	643	585	58	1316	1111	205	3147	2642	505
省电力局分校				100		100	119		119
省公路局分校	227	227		71	71		401	401	
广东电大深圳拱北海关分校							71		71
珠海市广播电视大学	228	19	209	460	53	407	830	53	777
汕头广播电视大学	1388	105	1283	1205	42	1163	2472	186	2286
韶关市广播电视大学	9	9		41		41	41		41
汕尾市广播电视大学	109		109	11		11	162		162
梅州市广播电视大学				92		92	115		115
惠州市广播电视大学	65	65							
东莞市广播电视大学	181		181	334		334	745		745
中山市广播电视大学	20		20	310	52	258	460	112	348
江门市广播电视大学	657	190	467	663	167	496	1487	396	1091
佛山广播电视大学	456	71	385	471	35	436	811	63	748
阳江市广播电视大学	412		412	148		148	477	7	470
湛江市广播电视大学	42	39	3	13	9	4	44	40	4
茂名广播电视大学	69	69		75	75		176	176	
肇庆广播电视大学	87	76	11	62	14	48	98	50	48
清远市广播电视大学				14		14	14		14
潮州广播电视大学	227		227	77		77	419		419
揭阳广播电视大学	214		214	143		143	345		345
河源广播电视大学	71	71		175	54	121	242	121	121
云浮市广播电视大学				183		183	183		183
南海广播电视大学	252	122	130	33		33	95		95
顺德广播电视大学	21		21						
广　州	**2138**	**1474**	**664**	**3134**	**1823**	**1311**	**7157**	**4193**	**2964**
广州市广播电视大学	1553	986	567	1399	890	509	3937	2293	1644

2.2.1 全国电大统招高等专科学生情况（续表 9）

单位：人

	毕业生数			招生数			在校生数		
	计	普招专科	成招专科	计	普招专科	成招专科	计	普招专科	成招专科
东山区分校	27	27		35		35	88	25	63
海珠区分校	46	46		130	116	14	334	320	14
越秀区分校	46	46		47	47		115	115	
侨光分校	257	160	97	981	496	485	1712	827	885
从化市分校				186		186	186		186
花都区广播电视大学	53	53		75	75		179	179	
增城市广播电视大学	86	86		63	63		195	195	
白云区分校	19	19							
珠江电大	51	51		56	48	8	138	113	25
东方教学点				162	88	74	273	126	147
深　圳	**664**	**37**	**627**	**284**		**284**	**1281**	**3**	**1278**
深圳市广播电视大学	249	37	212	130		130	856	3	853
蛇口分校	31		31	8		8	36		36
宝安分校	191		191	87		87	233		233
沙头角分校	48		48	36		36	52		52
南山分校	19		19				26		26
龙岗分校	126		126	23		23	78		78
广　西	**3647**	**912**	**2735**	**2887**	**1403**	**1484**	**6714**	**3571**	**3143**
广西广播电视大学	415	174	241	636	406	230	1311	840	471
区直分校	341	155	186	1021	706	315	1887	1310	577
南宁广播电视大学	279	58	221	189		189	656	190	466
柳州市广播电视大学	326	39	287	302	34	268	790	101	689
桂林市分校	175	71	104	39	39		157	131	26
梧州市分校	54	54					113	113	
柳州铁路局分校	10	10							
南宁地区分校	196	34	162				258	122	136
柳州地区分校	126	26	100	32	20	12	182	123	59
梧州地区分校	34	18	16						
玉林师范学院分校	35	20	15						
百色民族分校	242	43	199	23		23	152	55	97
河池地区民族分校	241	32	209	85		85	197		197
钦州市分校	136	136		128	44	84	331	247	84
北海市分校	311		311	278		278	294		294
检察分校	25		25				5		5
农业银行工作站	543		543						
贵港市电大分校	116		116	51	51		129	87	42
广西电大工商分校	42	42		103	103		252	252	
海　南	**1205**	**181**	**1024**	**2406**	**163**	**2243**	**2743**	**433**	**2310**
海南广播电视大学	1000	181	819	1694	163	1531	2031	433	1598
海南电大五指山分校	205		205	712		712	712		712
四　川	**16104**	**588**	**15516**	**15553**	**1262**	**14291**	**20745**	**2946**	**17799**
四川广播电视大学	3839	263	3576	4831	720	4111	6582	1781	4801
省建委分校	274		274	1105	9	1096	1175	9	1166
省级机关分校	535		535	586	233	353	795	335	460
成都铁路局分校	375		375	265		265	320	26	294
德阳广播电视大学	1616		1616	1457		1457	1467		1467
绵阳广播电视大学	913		913	882	24	858	1132	100	1032
广元广播电视大学	894	14	880	431	72	359	657	153	504
遂宁广播电视大学	395	86	309	489	204	285	729	429	300

2.2.1 全国电大统招高等专科学生情况（续表 10）

单位：人

	毕业生数			招生数			在校生数		
	计	普招专科	成招专科	计	普招专科	成招专科	计	普招专科	成招专科
雅安分校	428		428	336		336	434		434
乐山广播电视大学	800	10	790	660		660	1115		1115
内江广播电视大学	244	56	188	60		60	111		111
自贡广播电视大学	573	112	461	416		416	504		504
宜宾广播电视大学	274	14	260	517		517	863	42	821
泸州广播电视大学	588		588	518		518	559		559
南充广播电视大学	345		345	201		201	231		231
达川广播电视大学	1383	3	1380	860		860	980		980
甘孜分校	271		271	346		346	604		604
凉山广播电视大学	167		167	90		90	90		90
攀枝花广播电视大学	323		323	233		233	253		253
巴中广播电视大学	396		396	301		301	602		602
广安广播电视大学	480		480	214		214	226		226
眉山广播电视大学	502		502	249		249	289		289
资阳广播电视大学	286		286	450		450	841	71	770
阿坝广播电视大学	203	30	173	56		56	186		186
成　都	**4401**	**321**	**4080**	**2618**	**532**	**2086**	**3465**	**1089**	**2376**
成都广播电视大学	2731	220	2511	1763	417	1346	2312	827	1485
龙泉分校	15		15	52		52	52		52
彭州分校	176		176	66		66	96		96
新都分校	239		239	55		55	119		119
崇州分校	3		3						
邛崃分校	146		146	127		127	152		152
郫县分校	113		113	5		5	5		5
温江分校	10		10	21		21	21		21
大邑分校	33		33				2		2
金堂分校	35	35		74	74		178	178	
五冶分校	206	34	172	160	41	119	203	84	119
蒲江分校	126		126	111		111	111		111
电子工业分校	185		185	123		123	123		123
青白江分校	47		47	40		40	41		41
新津分校	287		287	21		21	50		50
青羊分校	17		17						
旅游分校	32	32							
重　庆	**8786**	**1291**	**7495**	**10725**	**1848**	**8877**	**18362**	**3855**	**14507**
重庆广播电视大学	2906	1291	1615	3559	1848	1711	6488	3855	2633
渝中区分校	256		256	516		516	774		774
重庆铁路分校							28		28
南岸分校	501		501	488		488	738		738
九龙坡区工作站	60		60	91		91	146		146
江北区工作站	93		93	157		157	685		685
沙坪坝区电大分校	340		340	307		307	663		663
永川市广播电视大学	792		792	623		623	882		882
北碚区工作站	440		440	549		549	877		877
万盛区工作站	130		130	85		85	160		160
荣昌县工作站	75		75	162		162	162		162
綦江县工作站	69		69	38		38	145		145
合川电大分校	238		238	480		480	608		608
长寿县工作站	111		111	333		333	628		628

2.2.1 全国电大统招高等专科学生情况（续表 11）

单位：人

	毕业生数			招生数			在校生数		
	计	普招专科	成招专科	计	普招专科	成招专科	计	普招专科	成招专科
渝北区工作站	34		34	66		66	126		126
潼南县工作站	177		177	139		139	244		244
大足县工作站	10		10	7		7	28		28
巴南分校	246		246	46		46	46		46
江津分校	102		102	234		234	682		682
大渡口分校	39		39	157		157	345		345
万州广播电视大学	813		813	656		656	840		840
涪陵广播电视大学	207		207	177		177	237		237
黔江广播电视大学	48		48	5		5	10		10
南川分校	235		235	305		305	370		370
垫江分校	60		60	226		226	374		374
丰都县电大工作站	39		39	12		12	51		51
武隆电大工作站	84		84	138		138	221		221
供销总社分校	138		138	477		477	542		542
物资贸易工作站				65		65	65		65
酉阳电大工作站	12		12	3		3	23		23
石柱电大工作站	13		13	68		68	120		120
彭水电大工作站	63		63	97		97	141		141
云阳县电大工作站	285		285	30		30	98		98
巫山分校	122		122	17		17	49		49
巫溪电大工作站	21		21	166		166	174		174
城口电大工作站	27		27	15		15	50		50
铜梁分校							114		114
市药监局电大工作站				231		231	428		428
贵　州	**7076**	**1017**	**6059**	**5796**	**1699**	**4097**	**9638**	**3990**	**5648**
贵州广播电视大学	566	566		1569	1569		3260	3260	
省直分校	1332		1332	1188		1188	1409		1409
贵阳市分校	353		353	116		116	195		195
遵义地区分校	1050		1050	1575		1575	1709		1709
安顺地区分校	410		410	290		290	550		550
黔南州分校	6		6				17	17	
黔东南州分校	419		419				48		48
黔西南州分校	484	44	440	98	7	91	859	138	721
毕节地区分校	111		111				34		34
六盘水市分校	61		61	8		8	103		103
铜仁分校	1369	311	1058	740	105	635	1084	426	658
贵州建设广播电视大学	42	29	13				61	53	8
贵阳铁路分局分校	16	16		18	18		66	66	
贵航集团分校	41	17	24				2		2
水城钢铁公司分校	82		82						
省监管局分校	688		688	194		194	212	18	194
黎阳机械公司工作站							7		7
贵阳冶金工作站	36	34	2						
贵航技校电大工作站	10		10				22	12	10
云　南	**3097**	**1373**	**1724**	**7393**	**5760**	**1633**	**14279**	**9972**	**4307**
云南广播电视大学	1724	682	1042	5686	4478	1208	10061	6892	3169
昆明广播电视大学	135	135		301	301		934	934	
玉溪广播电视大学				39	39		39	39	
思茅广播电视大学	16	16		18	18		92	92	

2.2.1 全国电大统招高等专科学生情况（续表 12）

单位：人

	毕业生数			招生数			在校生数		
	计	普招专科	成招专科	计	普招专科	成招专科	计	普招专科	成招专科
西双版纳广播电视大学	40	40							
红河分校	83	51	32	74	56	18	76	56	20
曲靖分校				57	57		99	99	
昭通分校	42		42				29		29
东川工作站	165		165				31		31
楚雄广播电视大学	14	14		43	42	1	160	159	1
大理分校	333	80	253	428	111	317	867	170	697
保山分校	146	105	41	80	70	10	227	169	58
临沧分校				46	46		46	46	
德宏广播电视大学	44	11	33	143	143		184	160	24
丽江分校	30	30		87	87		163	163	
怒江电大分校	45		45	45		45	170		170
云南省有色地质电大分校	47	47		55	55		154	154	
交通分校	17	17							
昆明陆军学院分校	55	55					190	190	
省检察分校							6		6
云锡分校				30	30		30	30	
昆明市总工会分校	54		54	84	52	32	309	234	75
昆钢分校	18	18							
烟草分校	17		17	2		2	27		27
云南省电大政法分校	72	72		175	175		385	385	
陕　西	**11223**	**2484**	**8739**	**6527**	**2673**	**3854**	**11364**	**5475**	**5889**
陕西省广播电视大学	157	157		796	500	296	2544	2248	296
延安分校	757	110	647	113	20	93	284	84	200
榆林地区分校	2892	153	2739	396		396	1018	69	949
咸阳市分校	1301		1301	750		750	840		840
宝鸡市分校	285		285	207		207	207		207
安康分校	1598	15	1583	423		423	836	5	831
汉中分校	1079	18	1061	514		514	775		775
渭南分校	400	96	304	290		290	368	12	356
商洛地区分校	355	18	337	76		76	168		168
铜川市分校	104		104	66		66	140		140
航空工业局工作站	99	55	44	167		167	262	26	236
省电子工业局工作站	150		150	105		105	105		105
兵器工业管理局工作站	36	21	15	22		22	22		22
核工业局工作站	27	27		11	11		32	32	
省冶金局工作站	25	25		145	45	100	237	137	100
省广播电视厅工作站	31		31				8		8
O 一二基地工作站	33		33	18		18	55		55
直属分校	84	84		102	102		181	181	
省警官职业学校工作站	209	209		65	65		144	144	
高新分校	164	164		82	82		203	203	
省电大直属教学部	1164	1164		1623	1623		1867	1867	
新城分校	219	114	105	416	203	213	681	380	301
陕西省中医学校				111		111	288		288
陕西电大长安工作站	42	42		22	22		64	64	
省计生协工作站	12	12		7		7	12		12
陕西电大西安市卫校电大教学中心							23	23	
西　安	**1795**	**105**	**1690**	**1880**	**212**	**1668**	**3550**	**608**	**2942**

2.2.1 全国电大统招高等专科学生情况（续表 13）

单位：人

	毕业生数			招生数			在校生数		
	计	普招专科	成招专科	计	普招专科	成招专科	计	普招专科	成招专科
西安市广播电视大学	171	56	115	214	36	178	696	269	427
西安电大开放教育学院	71	13	58	4		4	92	40	52
西安电大现代教育培训学院	158		158	152		152	219		219
长安分校	142		142	74	28	46	319	47	272
临潼分校	70		70	17		17	64		64
户县分校	11		11	7		7	14		14
西电公司工作站	3		3						
莲湖科技学校工作站	20		20	73		73	98		98
西安交通大学卫校教学班	44		44	16		16	127		127
西安电大北洋教学班	72		72	83		83	147		147
利君集团工作站	6		6	3		3	7		7
富士日本语专修学院工作站	10		10	28		28	30		30
蓝田分校	26		26	6		6	27		27
韩城进校工作站	112		112	38		38	50		50
市卫生职校工作站	22		22	4		4	24		24
涉外旅游专修学院工作站	5		5	26		26	63		63
西安培明进修学院教学班	50		50	78		78	85		85
西安教育学院工作站	32		32	89		89	91		91
高陵分校	27		27	37		37	64		64
大荔师范工作站	92		92	24		24	42		42
西安电大现代职校	13		13	1		1	12		12
成人教育培训学院工作站	93		93	20		20	20		20
中交一公院工作站	8		8	44		44	64		64
艺术学院	501		501	694		694	943		943
西安电大直属分校	36	36		148	148		252	252	
甘　肃	**4458**	**666**	**3792**	**4609**	**1821**	**2788**	**7168**	**2686**	**4482**
甘肃广播电视大学									
兰州市分校	119		119	143		143	143		143
天水市分校	367	168	199	127	77	50	301	138	163
白银市分校	340		340	285		285	541		541
金昌分校	406		406	406		406	406		406
嘉峪关市分校	68		68	24		24	73		73
庆阳地区分校	1	1		44		44	168	5	163
平凉地区分校	198	52	146	50	44	6	158	80	78
陇南地区分校	52		52	19		19	36		36
定西地区分校	673	211	462	1264	600	664	1741	868	873
武威地区分校	205	22	183	152		152	157	5	152
张掖市分校	133		133	6		6	12		12
酒泉地区分校	148	38	110	27		27	47		47
甘南分校	162		162	39		39	203		203
临夏分校	120		120	23		23	191		191
四O四厂分校	30		30						
省农垦分校	132	11	121	224	135	89	310	221	89
亚盛集团公司分校	191		191	69		69	133		133
玉门石油管理局分校	162		162	158		158	369		369
滨河集团分校							9		9
开放教育学院	406	163	243	1123	917	206	1594	1270	324
兰州铁路分局分校	75		75						
甘肃省乡镇企业分校	176		176	74		74	127		127

2.2.1 全国电大统招高等专科学生情况（续表 14）

单位：人

	毕业生数			招生数			在校生数		
	计	普招专科	成招专科	计	普招专科	成招专科	计	普招专科	成招专科
水电部五局工作站				48	48		99	99	
电大兰炼工作站	31		31				29		29
武威铁路分局电大工作站	80		80	80		80	97		97
省财贸学校电大工作站	183		183	224		224	224		224
青　海	**817**	**95**	**722**	**142**	**106**	**36**	**572**	**239**	**333**
青海广播电视大学									
海西州广播电视大学	120		120	31		31	177		177
海北州广播电视大学	182		182						
玉树州广播电视大学	101		101						
果洛州广播电视大学	74		74				145		145
乐都广播电视大学	11		11						
互助县广播电视大学	74		74						
化隆县广播电视大学	23		23						
循化县广播电视大学	35		35	5		5	6		6
省直属分校	197	95	102	106	106		244	239	5
宁　夏	**4863**	**100**	**4763**	**2306**	**120**	**2186**	**5939**	**324**	**5615**
宁夏广播电视大学	2874	100	2774	1405	120	1285	2161	324	1837
银川市工作站	17		17						
吴忠市分校	128		128	110		110	218		218
固原市工作站	102		102				569		569
电力系统分校	301		301	87		87	479		479
石嘴山矿物局工作站	8		8	42		42	42		42
青铜峡市工作站	138		138	20		20	139		139
盐池县工作站	45		45				55		55
同心县工作站	48		48				6		6
中卫分校	106		106	83		83	177		177
永宁县工作站	69		69	39		39	107		107
平罗电大工作站	79		79				33		33
陶乐县工作站	7		7				9		9
卫生系统分校	570		570	301		301	1503		1503
铁路分局分校	371		371	106		106	292		292
灵武县电大工作站				113		113	149		149
新　疆	**5771**	**1652**	**4119**	**1768**	**772**	**996**	**3844**	**2200**	**1644**
新疆广播电视大学	149	149							
乌鲁木齐广播电视大学	214	214		273	273		697	697	
哈密广播电视大学	42		42	42		42	42		42
昌吉广播电视大学	139	96	43	18	11	7	45	38	7
克拉玛依广播电视大学				32		32	39		39
阿勒泰广播电视大学	1050	33	1017	301	17	284	370	86	284
塔城广播电视大学	36	18	18				141	26	115
巴音郭楞蒙古自治州电大	419		419						
阿克苏分校	412	30	382				155	32	123
博尔塔拉蒙古自治州电大	463	49	414	86		86	135		135
奎屯市广播电视大学	58		58						
克孜勒苏广播电视大学	260	127	133				44	17	27
喀什广播电视大学	841	250	591	166		166	279	113	166
和田广播电视大学	349	121	228	92		92	99	7	92
伊犁州广播电视大学	299	118	181	63	23	40	212	62	150
石河子广播电视大学	301	144	157	201	133	68	468	300	168

2.2.1 全国电大统招高等专科学生情况（续表 15）

单位：人

	毕业生数			招生数			在校生数		
	计	普招专科	成招专科	计	普招专科	成招专科	计	普招专科	成招专科
吐鲁番分校	213	110	103				10	10	
铁路广播电视大学	25	13	12	14	6	8	60	52	8
钢铁公司工作站	19		19				29		29
劳改局工作站	247	104	143	32	32		252	252	
乌石化广播电视大学	12	12		46		46	108		108
广电厅广播电视大学	191	64	127	402	277	125	633	508	125
哈煤集团广播电视大学	32		32				26		26
新疆兵团	**889**	**166**	**723**	**218**	**90**	**128**	**509**	**196**	**313**
新疆兵团广播电视大学	146	146		90	90		196	196	
农一师分校	123		123	17		17	25		25
农二师分校	36		36						
农三师分校	37		37				73		73
农四师分校	83		83	3		3	36		36
农五师分校	31		31	33		33	33		33
农七师分校	88		88	28		28	28		28
农八师分校	121	20	101	13		13	84		84
农九师分校	79		79	34		34	34		34
农十师分校	145		145						

2.2.2 全国电大统招高等专科学科分布

单位：人

	毕业生数			招生数			在校生数			预计毕业生数		
	计	普招专科	成招专科	计	普招专科	成招专科	计	普招专科	成招专科	计	普招专科	成招专科
总　计	**187672**	**48052**	**139620**	**155288**	**60893**	**94395**	**331153**	**159650**	**171503**	**119269**	**49531**	**69738**
经济学	8500	3328	5172	7721	4465	3256	17077	11655	5422	5511	3336	2175
法　学	23180	4744	18436	16427	4544	11883	29713	11810	17903	9151	3640	5511
教育学	11051	782	10269	4645	918	3727	7383	1620	5763	2178	226	1952
文　学	37152	10978	26174	31380	15873	15507	67822	40499	27323	24134	13066	11068
历史学	469		469	45		45	112		112	67		67
理　学	1536	858	678	1221	900	321	3383	2803	580	1316	1055	261
工　学	25803	15311	10492	24892	16021	8871	69223	49082	20141	25538	16510	9028
农　学	680	1	679	625	108	517	828	139	689	172		172
医　学	20623	938	19685	7566	286	7280	23636	763	22873	14719	192	14527
管理学	58678	11112	47566	60766	17778	42988	111976	41279	70697	36483	11506	24977
北　京	**1061**		**1061**	**855**		**855**	**2227**		**2227**	**1239**		**1239**
经济学	6		6	24		24	24		24			
法　学	90		90	54		54	131		131	78		78
文　学	385		385	327		327	697		697	383		383
工　学	251		251	112		112	622		622	350		350
管理学	329		329	338		338	753		753	428		428
天　津	**4326**	**476**	**3850**	**3803**	**559**	**3244**	**9450**	**1783**	**7667**	**4786**	**586**	**4200**
经济学	142	91	51	604	200	404	974	548	426	169	148	21
法　学	448	27	421	302	43	259	694	142	552	278	33	245
教育学	184		184	18		18	122		122	46		46
文　学	1628	130	1498	486	69	417	1717	313	1404	1094	124	970
工　学	356	133	223	430	64	366	1581	319	1262	1003	133	870
医　学							2		2	2		2
管理学	1568	95	1473	1963	183	1780	4360	461	3899	2194	148	2046
河　北	**9985**	**2434**	**7551**	**7608**	**3774**	**3834**	**20224**	**7000**	**13224**	**8384**	**2418**	**5966**
经济学	441	145	296	403	23	380	831	67	764	408	44	364
法　学	1963	474	1489	1213	715	498	3426	1466	1960	1768	663	1105
教育学	435	47	388	313	146	167	702	213	489	299	45	254
文　学	1853	513	1340	1523	1129	394	4246	1980	2266	1915	748	1167
理　学	284		284	89	41	48	133	41	92	32		32
工　学	1652	578	1074	1179	453	726	3463	1118	2345	1056	277	779
医　学	665		665	44	38	6	565	38	527	482		482
管理学	2692	677	2015	2844	1229	1615	6858	2077	4781	2424	641	1783
山　西	**1869**	**257**	**1612**	**1326**		**1326**	**2234**		**2234**	**908**		**908**
法　学	144	4	140	224		224	388		388	164		164
文　学	418	5	413	114		114	317		317	203		203
理　学	47		47									
工　学	524	248	276	195		195	457		457	262		262
医　学	367		367				109		109	109		109
管理学	369		369	793		793	963		963	170		170
内蒙古	**3031**	**200**	**2831**	**2148**	**460**	**1688**	**3451**	**847**	**2604**	**1275**	**335**	**940**
经济学	103	10	93	53	18	35	73	27	46	20	9	11
法　学	565	26	539	337	63	274	406	107	299	69	44	25
教育学	42		42	19		19	19		19			
文　学	510	101	409	430	111	319	632	226	406	211	115	96
工　学	236	22	214	504	8	496	865	25	840	361	17	344
农　学	106		106	146		146	210		210	64		64
医　学	1099		1099	52		52	305		305	251		251

2.2.2 全国电大统招高等专科学科分布（续表 1）

单位：人

	毕业生数			招生数			在校生数			预计毕业生数		
	计	普招专科	成招专科	计	普招专科	成招专科	计	普招专科	成招专科	计	普招专科	成招专科
管理学	370	41	329	607	260	347	941	462	479	299	150	149
辽　宁	**802**	**197**	**605**	**545**		**545**	**1397**	**516**	**881**	**436**	**100**	**336**
经济学	87		87									
法　学	212	65	147	74		74	121	47	74			
文　学	50		50	135		135	330	46	284	149		149
理　学				15		15	15		15			
工　学	222	87	135	185		185	591	219	372	252	65	187
管理学	231	45	186	136		136	340	204	136	35	35	
沈　阳	**462**		**462**	**281**		**281**	**1845**		**1845**	**1564**		**1564**
经济学	16		16				81		81	81		81
法　学	13		13				137		137	137		137
文　学	49		49	41		41	89		89	48		48
工　学	41		41				22		22	22		22
管理学	343		343	240		240	1516		1516	1276		1276
大　连	**1740**	**267**	**1473**	**1280**	**254**	**1026**	**2585**	**829**	**1756**	**1118**	**396**	**722**
经济学	23		23				41	23	18	41	23	18
法　学	77	23	54	31	17	14	105	52	53	59	20	39
文　学	63		63	43	22	21	93	22	71	50		50
工　学	125	48	77	103	70	33	362	256	106	180	121	59
管理学	1452	196	1256	1103	145	958	1984	476	1508	788	232	556
吉　林	**4721**	**20**	**4701**	**5627**	**152**	**5475**	**6236**	**166**	**6070**	**532**		**532**
经济学	140		140	108		108	109		109	1		1
法　学	1902		1902	1360	18	1342	1440	18	1422	78		78
文　学	480		480	614	74	540	678	74	604	64		64
理　学	9	9		17	17		17	17				
工　学	327	11	316	495	19	476	784	33	751	275		275
农　学	4		4	26		26	34		34	8		8
管理学	1859		1859	3007	24	2983	3174	24	3150	106		106
长　春	**1216**	**37**	**1179**	**1693**	**40**	**1653**	**1762**	**69**	**1693**	**116**	**4**	**112**
经济学	9		9	23		23	23		23			
法　学	274	6	268	223		223	223		223	34		34
文　学	364	18	346	376	34	342	401	59	342			
理　学	2		2									
工　学	56	7	49	59	6	53	99	9	90	40	3	37
管理学	511	6	505	1012		1012	1016	1	1015	42	1	41
黑龙江	**3799**	**967**	**2832**	**1888**	**13**	**1875**	**2794**	**450**	**2344**	**719**	**250**	**469**
经济学	167	88	79	62		62	92		92	30		30
法　学	538	142	396	413		413	467	19	448	45	10	35
教育学	9		9									
文　学	1274	326	948	276		276	483	103	380	180	76	104
理　学	135	50	85				20		20	20		20
工　学	627	202	425	264		264	488	125	363	195	96	99
农　学				75		75	75		75			
医　学	26	26		13	13		51	51				
管理学	1023	133	890	785		785	1118	152	966	249	68	181
哈尔滨	**1879**		**1879**	**721**		**721**	**803**		**803**	**82**		**82**
经济学	99		99	16		16	16		16			
法　学	86		86	39		39	39		39			
文　学	373		373	103		103	150		150	47		47

2.2.2 全国电大统招高等专科学科分布（续表 2）

单位：人

	毕业生数			招生数			在校生数			预计毕业生数		
	计	普招专科	成招专科	计	普招专科	成招专科	计	普招专科	成招专科	计	普招专科	成招专科
工　学	397		397	77		77	90		90	13		13
管理学	924		924	486		486	508		508	22		22
上　海	**429**		**429**	**152**		**152**	**562**		**562**	**375**		**375**
经济学	21		21				18		18	18		18
法　学	23		23				39		39	39		39
文　学	2		2									
工　学	2		2									
管理学	381		381	152		152	505		505	318		318
江　苏	**8132**	**7200**	**932**	**8959**	**8700**	**259**	**28034**	**27200**	**834**	**8884**	**8340**	**544**
经济学	833	825	8	752	732	20	2564	2517	47	664	637	27
法　学	712	712		115	115		983	983		444	444	
教育学	91	91					34	34		34	34	
文　学	1354	1335	19	978	925	53	4795	4742	53	2066	2066	
理　学	26	26		80	80		230	230		41	41	
工　学	2226	2090	136	4330	4321	9	12431	12314	117	3551	3474	77
医　学	48	48		23	23		101	101		32	32	
管理学	2842	2073	769	2681	2504	177	6896	6279	617	2052	1612	440
南　京	**1099**	**823**	**276**	**1489**	**1273**	**216**	**4673**	**4247**	**426**	**1561**	**1354**	**207**
经济学				65	65		353	353		100	100	
法　学	95	95		31	31		173	173		27	27	
文　学	222	187	35	284	284		949	949		294	294	
工　学	186	186		376	376		905	905		288	288	
管理学	596	355	241	733	517	216	2293	1867	426	852	645	207
浙　江	**7988**	**3647**	**4341**	**6535**	**3782**	**2753**	**15167**	**9554**	**5613**	**4508**	**1840**	**2668**
经济学	885	610	275	387	374	13	1018	862	156	178	35	143
法　学	1078	355	723	230		230	626		626	396		396
教育学	6		6	48	48		89	87	2	2		2
文　学	1875	847	1028	1472	1216	256	3748	3039	709	1118	671	447
工　学	1107	770	337	702	669	33	2655	2444	211	1164	991	173
农　学				43	43		74	74				
医　学							8		8	8		8
管理学	3037	1065	1972	3653	1432	2221	6949	3048	3901	1642	143	1499
宁　波	**1071**	**583**	**488**	**984**	**743**	**241**	**2576**	**1955**	**621**	**885**	**506**	**379**
经济学	4		4	175	175		286	285	1	1		1
法　学	69		69	8		8	29		29	21		21
文　学	216	207	9	292	236	56	643	573	70	162	148	14
工　学	188	188		94	94		290	290		102	102	
管理学	594	188	406	415	238	177	1328	807	521	599	256	343
安　徽	**1803**	**1299**	**504**	**982**	**849**	**133**	**4438**	**4011**	**427**	**2014**	**1720**	**294**
经济学	119	84	35	32	32		319	302	17	211	194	17
法　学	204	136	68	81	68	13	540	470	70	331	274	57
教育学	12	12										
文　学	375	314	61	225	217	8	911	891	20	404	392	12
工　学	676	534	142	248	235	13	1450	1342	108	633	538	95
管理学	417	219	198	396	297	99	1218	1006	212	435	322	113
福　建	**2795**	**1851**	**944**	**2473**	**2112**	**361**	**9097**	**6651**	**2446**	**3819**	**2709**	**1110**
经济学	251	232	19	262	262		682	642	40	412	380	32
法　学	449	257	192	140	97	43	592	212	380	270	115	155
教育学	28		28				2		2	2		2

2.2.2 全国电大统招高等专科学科分布（续表3）

单位：人

	毕业生数			招生数			在校生数			预计毕业生数		
	计	普招专科	成招专科	计	普招专科	成招专科	计	普招专科	成招专科	计	普招专科	成招专科
文学	891	616	275	469	414	55	1632	1119	513	910	599	311
历史学	1		1									
工学	546	525	21	676	674	2	2954	2854	100	890	822	68
管理学	629	221	408	926	665	261	3235	1824	1411	1335	793	542
厦门	**443**	**153**	**290**	**1244**	**668**	**576**	**2167**	**1130**	**1037**	**716**	**299**	**417**
经济学	73	73		217	117	100	286	186	100	69	69	
法学	92	31	61	61	32	29	154	55	99	93	23	70
文学	23	23		123	123		247	245	2	67	67	
理学				60	60		94	94				
工学	26	26		150	137	13	271	250	21	47	39	8
管理学	229		229	633	199	434	1115	300	815	440	101	339
江西	**9398**	**816**	**8582**	**3547**	**348**	**3199**	**9440**	**1071**	**8369**	**2856**	**407**	**2449**
经济学	345	52	293	49		49	145	28	117	67	28	39
法学	722	20	702	222		222	488		488	150		150
教育学	707		707	41		41	153		153	108		108
文学	1489	162	1327	489	145	344	1358	237	1121	421	34	387
工学	570	338	232	377	80	297	1543	520	1023	478	245	233
医学	1961		1961	43		43	1374		1374	655		655
管理学	3604	244	3360	2326	123	2203	4379	286	4093	977	100	877
山东	**7792**	**4479**	**3313**	**10430**	**8530**	**1900**	**31056**	**26239**	**4817**	**13211**	**10293**	**2918**
经济学	8		8	1216	1216		2836	2807	29	763	734	29
法学	281	54	227	1089	862	227	2667	2232	435	903	679	224
教育学	106		106	80		80	183	23	160	103	23	80
文学	851	124	727	2414	1994	420	8422	7138	1284	3851	3077	774
历史学	26		26									
理学	184	90	94	267	196	71	982	810	172	447	346	101
工学	4215	3380	835	2507	2119	388	8927	8170	757	4256	3887	369
医学	824	356	468	304	25	279	878	55	823	574	30	544
管理学	1297	475	822	2553	2118	435	6161	5004	1157	2314	1517	797
青岛	**758**	**591**	**167**	**2093**	**1999**	**94**	**5869**	**5646**	**223**	**1544**	**1417**	**127**
经济学	35		35	450	383	67	1054	958	96	243	214	29
法学	15		15	45	42	3	190	186	4	35	34	1
文学	3		3	206	206		500	500		103	103	
理学	16	16										
工学	469	469		480	477	3	1611	1572	39	560	526	34
医学	119	64	55	180	180		381	338	43	43		43
管理学	101	42	59	732	711	21	2133	2092	41	560	540	20
河南	**4490**	**2268**	**2222**	**4034**	**3058**	**976**	**9986**	**8384**	**1602**	**2948**	**2472**	**476**
经济学	51		51	49		49	69		69	13		13
法学	594	247	347	327	279	48	702	627	75	178	151	27
文学	1786	729	1057	1422	1007	415	3446	2873	573	946	803	143
理学	7	7					38	38		28	28	
工学	1028	774	254	770	645	125	2935	2602	333	1083	933	150
医学	197	71	126				75	50	25	62	50	12
管理学	827	440	387	1466	1127	339	2721	2194	527	638	507	131
湖北	**10144**	**2215**	**7929**	**7069**	**1136**	**5933**	**11867**	**2680**	**9187**	**4944**	**1048**	**3896**
经济学	689	258	431	391	50	341	724	165	559	398	85	313
法学	1897	67	1830	1702	55	1647	2332	107	2225	626	32	594
教育学	77	15	62	7	2	5	66	61	5			

2.2.2 全国电大统招高等专科学科分布（续表4）

单位：人

	毕业生数			招生数			在校生数			预计毕业生数		
	计	普招专科	成招专科	计	普招专科	成招专科	计	普招专科	成招专科	计	普招专科	成招专科
文　学	2207	754	1453	1824	468	1356	3074	983	2091	1380	368	1012
理　学	59	57	2	14	10	4	48	44	4	11	11	
工　学	978	313	665	547	265	282	1442	699	743	726	231	495
医　学	282	99	183	85		85	243		243	37		37
管理学	3955	652	3303	2499	286	2213	3938	621	3317	1766	321	1445
武　汉	**738**	**153**	**585**	**468**		**468**	**883**	**145**	**738**	**313**	**65**	**248**
经济学	31	15	16	3		3	33	3	30	11	6	5
法　学	16	2	14	3		3	13		13	12	2	10
文　学	69	15	54	40		40	83	26	57	21	4	17
工　学	47	47		33		33	108	31	77	48	4	44
农　学	1	1										
管理学	574	73	501	389		389	646	85	561	221	49	172
湖　南	**13389**	**3009**	**10380**	**2811**	**476**	**2335**	**10046**	**3050**	**6996**	**6991**	**1847**	**5144**
经济学	268	145	123	105	72	33	416	267	149	199	106	93
法　学	1925	320	1605	443	71	372	1046	309	737	581	174	407
教育学	371	20	351	87		87	94		94	11		11
文　学	2758	352	2406	538	109	429	1720	510	1210	1213	267	946
工　学	1571	1047	524	252	125	127	1963	1002	961	1475	642	833
医　学	2855	242	2613	512	7	505	2387	107	2280	1855	80	1775
管理学	3641	883	2758	874	92	782	2420	855	1565	1657	578	1079
广　东	**5378**	**1648**	**3730**	**5997**	**1683**	**4314**	**12954**	**4247**	**8707**	**5898**	**1735**	**4163**
经济学	316	139	177	134	107	27	534	309	225	335	146	189
法　学	306	102	204	276	134	142	680	277	403	365	112	253
教育学	18	8	10	96	24	72	128	24	104	32		32
文　学	1230	246	984	1349	398	951	2660	738	1922	1209	245	964
理　学							10	10		10	10	
工　学	830	494	336	840	493	347	2352	1625	727	906	596	310
管理学	2678	659	2019	3302	527	2775	6590	1264	5326	3041	626	2415
广　州	**2138**	**1474**	**664**	**3134**	**1823**	**1311**	**7157**	**4193**	**2964**	**3235**	**1741**	**1494**
经济学	186	144	42	186	141	45	381	287	94	195	146	49
法　学	125	96	29	103	69	34	225	140	85	122	71	51
教育学	27		27	75		75	147		147	72		72
文　学	577	382	195	831	382	449	1697	787	910	816	375	441
工　学	437	405	32	570	449	121	1839	1502	337	577	454	123
管理学	786	447	339	1369	782	587	2868	1477	1391	1453	695	758
深　圳	**664**	**37**	**627**	**284**		**284**	**1281**	**3**	**1278**	**938**	**3**	**935**
经济学	64		64	6		6	96		96	99		99
法　学	43		43	10		10	49		49	38		38
文　学	69		69	25		25	148		148	111		111
工　学	33	16	17	8		8	40	1	39	25	1	24
管理学	455	21	434	235		235	948	2	946	665	2	663
广　西	**3647**	**912**	**2735**	**2887**	**1403**	**1484**	**6714**	**3571**	**3143**	**2596**	**935**	**1661**
经济学	560		560	30		30	62		62	32		32
法　学	191	73	118	178	113	65	337	214	123	113	55	58
教育学	465		465	164		164	501		501	339		339
文　学	856	222	634	589	243	346	1546	884	662	693	377	316
理　学	57	57		28	28		121	121		50	50	
工　学	455	355	100	439	351	88	1242	1094	148	406	346	60
管理学	1063	205	858	1459	668	791	2905	1258	1647	963	107	856

2.2.2 全国电大统招高等专科学科分布（续表 5）

单位：人

	毕业生数			招生数			在校生数			预计毕业生数		
	计	普招专科	成招专科	计	普招专科	成招专科	计	普招专科	成招专科	计	普招专科	成招专科
海　南	**1205**	**181**	**1024**	**2406**	**163**	**2243**	**2743**	**433**	**2310**	**186**	**119**	**67**
经济学	176		176									
法　学	182		182	268	10	258	281	23	258	13	13	
教育学				150		150	150		150			
文　学	135	19	116	369		369	369		369			
工　学	282	104	178	944	54	890	1063	152	911	63	42	21
管理学	430	58	372	675	99	576	880	258	622	110	64	46
四　川	**16104**	**588**	**15516**	**15553**	**1262**	**14291**	**20745**	**2946**	**17799**	**4443**	**894**	**3549**
经济学	739	56	683	464		464	580		580	170	56	114
法　学	1719	39	1680	2050	33	2017	2212	71	2141	182	12	170
教育学	816	30	786	695	35	660	1076	140	936	351	53	298
文　学	2433	296	2137	2176	420	1756	3093	1228	1865	450	346	104
历史学	79		79	35		35	66		66	31		31
理　学	21	19	2	17	17		53	50	3	36	33	3
工　学	812	106	706	702	202	500	1758	446	1312	625	176	449
农　学	14		14	42		42	57		57	15		15
医　学	3795		3795	2268		2268	3924		3924	1737		1737
管理学	5676	42	5634	7104	555	6549	7926	1011	6915	846	218	628
成　都	**4401**	**321**	**4080**	**2618**	**532**	**2086**	**3465**	**1089**	**2376**	**656**	**366**	**290**
经济学	202		202	12	2	10	12	2	10			
法　学	549		549	222		222	222		222			
教育学	223		223	55		55	55		55			
文　学	547	72	475	389	154	235	494	259	235	65	65	
工　学	197	83	114	116	80	36	475	360	115	208	129	79
医　学	476		476	80		80	291		291	211		211
管理学	2207	166	2041	1744	296	1448	1916	468	1448	172	172	
重　庆	**8786**	**1291**	**7495**	**10725**	**1848**	**8877**	**18362**	**3855**	**14507**	**6325**	**697**	**5628**
经济学	487	212	275	1020	253	767	1504	445	1059	391	75	316
法　学	425		425	751	59	692	998	114	884	172		172
教育学	509		509	234		234	581		581	379		379
文　学	1853	538	1315	1104	393	711	1916	705	1211	675	102	573
理　学	150		150	180		180	270		270	105		105
工　学	1168	462	706	1694	536	1158	3452	1516	1936	1097	363	734
农　学							7		7	7		7
医　学	1013		1013	795		795	2047		2047	1231		1231
管理学	3181	79	3102	4947	607	4340	7587	1075	6512	2268	157	2111
贵　州	**7076**	**1017**	**6059**	**5796**	**1699**	**4097**	**9638**	**3990**	**5648**	**1924**	**1082**	**842**
经济学	78	46	32	144	133	11	275	255	20	28	28	
法　学	1602	234	1368	922	253	669	1327	511	816	62	18	44
教育学	827		827	523	107	416	549	107	442			
文　学	1603	246	1357	1704	602	1102	2644	1471	1173	505	474	31
历史学	8		8	2		2	2		2			
理　学	119	108	11	129	128	1	521	520	1	222	222	
工　学	547	131	416	437	196	241	1163	549	614	445	154	291
医　学	488		488	127		127	798		798	421		421
管理学	1804	252	1552	1808	280	1528	2359	577	1782	241	186	55
云　南	**3097**	**1373**	**1724**	**7393**	**5760**	**1633**	**14279**	**9972**	**4307**	**3912**	**1238**	**2674**
经济学	34	34		90	90		278	276	2	54	52	2
法　学	350	350		1017	1017		2118	2112	6	371	365	6

2.2.2 全国电大统招高等专科学科分布（续表 6）

单位：人

	毕业生数			招生数			在校生数			预计毕业生数		
	计	普招专科	成招专科	计	普招专科	成招专科	计	普招专科	成招专科	计	普招专科	成招专科
教育学	166		166	424	421	3	475	421	54	51		51
文　学	460	351	109	1996	1813	183	3081	2861	220	310	273	37
理　学	25	25		95	95		171	171		20	20	
工　学	139	123	16	1318	1316	2	1852	1842	10	157	149	8
农　学	6		6	43	43		45	43	2	2		2
医　学	1314		1314	1378		1378	3799		3799	2421		2421
管理学	603	490	113	1032	965	67	2460	2246	214	526	379	147
陕　西	**11223**	**2484**	**8739**	**6527**	**2673**	**3854**	**11364**	**5475**	**5889**	**2641**	**606**	**2035**
经济学	348	7	341	113		113	140		140	27		27
法　学	984	429	555	464	253	211	794	529	265	54		54
教育学	4410	128	4282	1404	102	1302	1765	336	1429	171	44	127
文　学	2145	829	1316	1705	1077	628	2791	1995	796	223	55	168
历史学	355		355	8		8	44		44	36		36
理　学	203	203		61	61		237	237		51	51	
工　学	641	495	146	779	560	219	1685	1309	376	613	456	157
医　学	1138	12	1126	1042		1042	2273	23	2250	1208		1208
管理学	999	381	618	951	620	331	1635	1046	589	258		258
西　安	**1795**	**105**	**1690**	**1880**	**212**	**1668**	**3550**	**608**	**2942**	**1281**	**230**	**1051**
法　学	116		116	46	8	38	101	22	79	42	14	28
教育学	165		165	135		135	183		183	48		48
文　学	969	49	920	1104	83	1021	1700	180	1520	530	82	448
理　学	20	19	1				21	20	1	20	20	
工　学	14		14	86	42	44	239	169	70	42	34	8
医　学	277		277	131		131	653		653	439		439
管理学	234	37	197	378	79	299	653	217	436	160	80	80
甘　肃	**4458**	**666**	**3792**	**4609**	**1821**	**2788**	**7168**	**2686**	**4482**	**3111**	**652**	**2459**
经济学	117		117	37	20	17	66	35	31	40	15	25
法　学	639	38	601	403		403	440		440	263		263
教育学	10		10	34		34	84		84	62		62
文　学	954	458	496	1941	881	1060	2571	1355	1216	742	379	363
理　学	170	170		169	167	2	389	387	2	210	210	
工　学	179		179	954	659	295	1268	815	453	277	48	229
医　学	1209		1209				924		924	880		880
管理学	1180		1180	1071	94	977	1426	94	1332	637		637
青　海	**817**	**95**	**722**	**142**	**106**	**36**	**572**	**239**	**333**	**403**	**107**	**296**
法　学	58		58	31		31	111		111	80		80
教育学	150		150				9		9	9		9
文　学	162	38	124	55	54	1	174	134	40	119	80	39
工　学	57	57		26	26		82	79	3	29	27	2
医　学	279		279				137		137	137		137
管理学	111		111	30	26	4	59	26	33	29		29
宁　夏	**4863**	**100**	**4763**	**2306**	**120**	**2186**	**5939**	**324**	**5615**	**3603**	**100**	**3503**
经济学	63		63	39		39	76		76	37		37
法　学	197		197	533		533	588		588	55		55
教育学	116		116				32		32	32		32
文　学	180	100	80	120	120		363	324	39	139	100	39
工　学	652		652	441		441	990		990	549		549
农　学	549		549	180		180	180		180			
医　学	1510		1510	415		415	2113		2113	1800		1800

2.2.2 全国电大统招高等专科学科分布（续表 7）

单位：人

	毕业生数			招生数			在校生数			预计毕业生数		
	计	普招专科	成招专科	计	普招专科	成招专科	计	普招专科	成招专科	计	普招专科	成招专科
管理学	1596		1596	578		578	1597		1597	991		991
新　疆	**5771**	**1652**	**4119**	**1768**	**772**	**996**	**3844**	**2200**	**1644**	**1170**	**586**	**584**
经济学	284	62	222				6	6		6	6	
法　学	1129	302	827	386	87	299	1067	592	475	391	255	136
教育学	982	405	577	43	33	10	184	174	10	27	27	
文　学	1376	339	1037	649	440	209	1109	829	280	209	123	86
理　学							13	13		13	13	
工　学	601	415	186	267	160	107	653	429	224	209	101	108
农　学				22	22		22	22				
医　学	195		195	74		74	127		127	53		53
管理学	1204	129	1075	327	30	297	663	135	528	262	61	201
新疆兵团	**889**	**166**	**723**	**218**	**90**	**128**	**509**	**196**	**313**	**219**	**34**	**185**
法　学	81	18	63				12		12	12		12
教育学	99	26	73									
文　学	35	35		30	30		105	101	4	38	34	4
理　学	2	2										
工　学	110	42	68	126	50	66	161	95	66			
农　学				48		48	124		124	76		76
医　学	486	20	466				71		71	71		71
管理学	76	23	53	14		14	36		36	22		22

2.2.3 全国电大统招高等专科学科与专业

单位：人

	毕业生数			招生数			在校生数			预计毕业生数		
	计	普招专科	成招专科	计	普招专科	成招专科	计	普招专科	成招专科	计	普招专科	成招专科
总　计	**187672**	**48052**	**139620**	**155288**	**60893**	**94395**	**331153**	**159650**	**171503**	**119269**	**49531**	**69738**
经济学	**8500**	**3328**	**5172**	**7721**	**4465**	**3256**	**17077**	**11655**	**5422**	**5511**	**3336**	**2175**
经济学类	8500	3328	5172	7721	4465	3256	17077	11655	5422	5511	3336	2175
经济学				42		42	42		42			
国际经济与贸易	165	155	10	500	409	91	1187	1067	120	263	234	29
财政学	39		39	48		48	103	55	48	25	25	
金融学	1242	212	1030	802	248	554	1466	500	966	548	133	415
世界经济学	42		42									
农业经济	20	20										
贸易经济	53	53					185	185		109	109	
市场经济	54		54									
国民经济管理	84	56	28	98		98	130		130	88	56	32
对外贸易经济	43	42	1				6		6	6	6	
国际贸易	1557	1438	119	3409	2874	535	7381	6699	682	1645	1498	147
国际商业贸易	84	84		136	136		219	219		57	57	
财政税收	914	180	734	464	231	233	1093	673	420	525	283	242
税务	30		30									
金融	2814	585	2229	1227	308	919	3200	1107	2093	1595	429	1166
金融与证券	700	106	594	317		317	465	26	439	117	26	91
金融与计算机	176	150	26	35		35	76	41	35	41	41	
金融与保险	190	135	55	158	107	51	256	205	51	98	98	
国际金融	94	86	8	76	76		558	558		154	154	
国际贸易与金融							28	28		28	28	
财政金融	14		14	6		6	17		17	11		11
证券投资				32	32		229	229		159	159	
保险	185	26	159	357	44	313	399	57	342	19		19
社会保险				14		14	37		37	23		23
法　学	**23180**	**4744**	**18436**	**16427**	**4544**	**11883**	**29713**	**11810**	**17903**	**9151**	**3640**	**5511**
法学类	22472	4650	17822	15296	4468	10828	28433	11653	16780	9040	3599	5441
法学	4177	877	3300	2571	830	1741	5333	2585	2748	2039	1108	931
法律	17496	3538	13958	12627	3595	9032	22878	8985	13893	6893	2451	4442
律师	44		44	10		10	52		52	42		42
经济法	671	152	519	88	43	45	130	43	87	26		26
国际经济法	32	31	1									
劳动改造学	52	52					40	40		40	40	
社会学类	1		1									
社会工作	1		1									
政治学类	126	28	98	5		5	12	7	5	7	7	
思想政治教育	93	28	65				7	7		7	7	
政治教育	7		7	5		5	5		5			
政治管理	26		26									
公安学类	581	66	515	1126	76	1050	1268	150	1118	104	34	70
公安	100		100									
公安保卫	67		67	480		480	480		480			
公安管理	396	57	339	132	65	67	254	126	128	69	21	48
警察管理	9	9		11	11		24	24		13	13	
劳改劳教管理	9		9	503		503	510		510	22		22
教育学	**11051**	**782**	**10269**	**4645**	**918**	**3727**	**7383**	**1620**	**5763**	**2178**	**226**	**1952**
教育学类	10583	696	9887	4281	755	3526	6601	1350	5251	1790	149	1641

2.2.3 全国电大统招高等专科学科与专业（续表 1）

单位：人

	毕业生数			招生数			在校生数			预计毕业生数		
	计	普招专科	成招专科	计	普招专科	成招专科	计	普招专科	成招专科	计	普招专科	成招专科
学前教育	906		906	887	55	832	1148	55	1093	279		279
特殊教育				48	48		87	87				
教育技术学	169	135	34	42	33	9	327	231	96	196	109	87
教育心理学	18		18									
幼儿教育	55		55	64		64	172		172	54		54
小学教育	5524	228	5296	1869	173	1696	2393	328	2065	299		299
小学师资(理科方向)	576	149	427	50		50	125	36	89	56	17	39
小学师资(文史方向)	2771	124	2647	1151	446	705	1760	531	1229	544		544
电化教育	93	60	33				82	82		23	23	
国防军事教育	6		6	6		6	6		6			
卫师中文	465		465	164		164	501		501	339		339
体育学类	157		157	147		147	207	10	197	60	10	50
体育教育	157		157	147		147	207	10	197	60	10	50
职业技术教育类	311	86	225	217	163	54	575	260	315	328	67	261
农业经济管理教育				15		15	15		15			
应用电子技术教育	112	44	68	54	54		304	151	153	220	67	153
化工工艺教育				2	2		2	2				
服装设计与工艺教育	8		8	26		26	32		32	6		6
旅游管理与服务教育	58		58	13		13	13		13			
财务会计教育	85		85				100		100	100		100
文秘教育	28	22	6	107	107		109	107	2	2		2
信息技术教育	20	20										
文　学	**37152**	**10978**	**26174**	**31380**	**15873**	**15507**	**67822**	**40499**	**27323**	**24134**	**13066**	**11068**
中国语言文学类	21032	2864	18168	14248	4788	9460	28253	10700	17553	10464	2836	7628
汉语言文学	14112	1479	12633	9127	2552	6475	17308	5228	12080	6319	1147	5172
汉语言	921	193	728	763	416	347	1255	702	553	264	82	182
对外汉语	152	78	74				27		27	27		27
中国少数民族语言文学	170		170	36		36	80		80	44		44
汉语言文学教育	1982	388	1594	2318	741	1577	4869	2786	2083	2019	1193	826
应用中文	121		121				42		42	42		42
现代文员	43		43	43	26	17	101	26	75	58		58
现代文秘	274	62	212	221	145	76	364	214	150	63	1	62
文秘	1558	434	1124	706	165	541	1658	580	1078	645	163	482
文秘与公关	230	64	166	284	150	134	486	279	207	93	32	61
文秘与行政管理	87		87	61		61	147		147	82		82
涉外企业事业秘书	54	54		89	89		145	142	3			
涉外经济管理与秘书	1		1									
涉外秘书及办公自动化	342	32	310	207	137	70	449	264	185	138	61	77
企管秘书	49		49				1		1	1		1
经济管理文秘	276		276	32		32	94	38	56	64	38	26
商务秘书	171	19	152	64	40	24	122	70	52	58	30	28
中英文秘书	39	2	37				38		38	38		38
办公自动化	450	59	391	297	227	70	1067	371	696	509	89	420
外国语言文学类	10043	6399	3644	10459	7839	2620	27714	22898	4816	10346	8328	2018
英语	6949	4123	2826	6732	4796	1936	16932	13677	3255	6079	4785	1294
俄语				29		29	29		29			
日语	16	1	15	126	82	44	225	146	79	61	27	34
商务英语	366	320	46	662	485	177	1692	1378	314	502	365	137
旅游英语	284	128	156	188	127	61	441	316	125	148	84	64

2.2.3 全国电大统招高等专科学科与专业（续表 2）

单位：人

	毕业生数			招生数			在校生数			预计毕业生数		
	计	普招专科	成招专科	计	普招专科	成招专科	计	普招专科	成招专科	计	普招专科	成招专科
外贸俄语	12	12										
外贸日语				36	36		105	105				
外贸英语	826	563	263	1469	1195	274	4304	3511	793	1614	1247	367
应用外语及外经贸	42	42		20	20		97	97		77	77	
英语兼泰语	44	44		94	94		283	283		108	108	
英语教育	1504	1166	338	1103	1004	99	3606	3385	221	1757	1635	122
新闻传播学类	666	428	238	1117	877	240	2128	1670	458	583	455	128
新闻学	116	34	82	345	250	95	552	423	129	76	49	27
广播电视新闻学	30	30		173	173		366	366		96	96	
广告学	346	194	152	384	241	143	796	478	318	273	180	93
新闻传播学	134	130	4	185	183	2	340	329	11	94	86	8
网络传播	40	40		30	30		74	74		44	44	
艺术类	5411	1287	4124	5556	2369	3187	9727	5231	4496	2741	1447	1294
音乐学	203	21	182	404	203	201	863	633	230	258	216	42
音乐表演	99		99	25		25	25		25			
美术学	159	31	128	6		6	63	51	12	32	26	6
艺术设计	130	48	82	208	169	39	385	299	86	123	76	47
舞蹈学	16		16	42		42	42		42			
表演	1		1									
戏剧影视美术设计	29	29		20	20		39	39		19	19	
摄影	7		7	20		20	34		34	14		14
动画				73	73		109	109				
播音与主持艺术	330		330	327	75	252	344	89	255	17	14	3
广播电视编导				42	42		42	42				
艺术学							17	17				
音乐教育	391	23	368	414	83	331	560	104	456	137	21	116
工艺美术学	250	35	215	99	36	63	266	51	215	153	1	152
美术教育	498	42	456	344	90	254	472	147	325	114	51	63
美术	104		104	91	48	43	114	48	66	23		23
商业美术	36	21	15	45	45		144	91	53	49	16	33
服装美术	13		13									
广告艺术设计	1177	279	898	1214	556	658	2341	1373	968	678	378	300
环境艺术设计	89	72	17	118	66	52	215	107	108	97	41	56
装潢艺术设计	455	267	188	316	278	38	775	718	57	284	267	17
装饰艺术设计	180	70	110	193	64	129	367	107	260	153	22	131
电脑美术设计	190	41	149	345	72	273	442	151	291	73	34	39
服装艺术设计	65	29	36	9	9		71	44	27	27		27
服装表演及设计	28	28					40	40		28	28	
装潢	49	11	38	51		51	77	25	52	8	7	1
包装装潢	20	20		48	48		105	105		28	28	
室内设计	98	83	15	101	29	72	165	84	81	49	40	9
舞蹈教育	8		8	6		6	6		6			
舞蹈	61		61	144		144	207		207	63		63
戏剧表演	23		23	7		7	7		7			
影视表演	98		98	99		99	131	4	127	32	4	28
电视导演	10		10	7		7	14		14	7		7
电视影片编辑	18		18	216	48	168	290	122	168			
舞台美术化妆	8		8	13		13	14		14	1		1
舞台灯光	17		17	30		30	73		73	43		43

2.2.3 全国电大统招高等专科学科与专业（续表3）

单位：人

	毕业生数			招生数			在校生数			预计毕业生数		
	计	普招专科	成招专科	计	普招专科	成招专科	计	普招专科	成招专科	计	普招专科	成招专科
电影摄影	16	16		6		6	9	3	6	3	3	
节目主持							13	13		13	13	
艺术教育	112	80	32	40	23	17	59	42	17	10	10	
电视艺术	18		18				2		2	2		2
广播电视节目制作	231	41	190	433	292	141	773	573	200	191	132	59
影视艺术技术	136		136									
影视美术	38		38				12		12	12		12
历史学	**469**		**469**	**45**		**45**	**112**		**112**	**67**		**67**
历史学类	469		469	45		45	112		112	67		67
政史	461		461	45		45	112		112	67		67
旅游史地	8		8									
理　学	**1536**	**858**	**678**	**1221**	**900**	**321**	**3383**	**2803**	**580**	**1316**	**1055**	**261**
数学类	902	643	259	901	643	258	2556	2102	454	1102	893	209
数学与应用数学	113	19	94	193	122	71	374	202	172	122	21	101
信息与计算科学	34	34		59	59		106	106		26	26	
计算技术	128	126	2				99	96	3	85	82	3
计算数学及其应用软件	230	80	150	251	71	180	444	174	270	147	42	105
数学教育	397	384	13	398	391	7	1533	1524	9	722	722	
化学类	2	2		33	33		46	46		13	13	
高分子化学	2	2		33	33		46	46		13	13	
生物科学类	24	24					46	46		24	24	
生物化学	24	24					46	46		24	24	
大气科学类	1		1									
大气物理学与大气环境	1		1									
信息与电子科学类	575	189	386	224	224		592	572	20	145	125	20
电子信息科学与技术	193	106	87	107	107		256	236	20	67	47	20
电子信息技术	188	26	162	107	107		241	241		16	16	
电子学与信息系统	90		90									
电子学	82	35	47				51	51		51	51	
光电子学	22	22		10	10		44	44		11	11	
环境科学类	32		32	63		63	143	37	106	32		32
环境科学	5		5	15		15	15		15			
环境保护与治理	27		27	48		48	128	37	91	32		32
工　学	**25803**	**15311**	**10492**	**24892**	**16021**	**8871**	**69223**	**49082**	**20141**	**25538**	**16510**	**9028**
地矿类				20		20	20		20			
采矿工程				20		20	20		20			
材料类	90		90	81	21	60	160	71	89	35	28	7
冶金工程				72	21	51	144	71	73	28	28	
有色金属冶金	33		33									
金属冶炼				9		9	9		9			
金属压力加工	57		57									
黄金珠宝鉴定							7		7	7		7
机械类	1742	917	825	4409	3354	1055	8914	6583	2331	2231	1122	1109
机械制造及其自动化	368	293	75	898	727	171	1656	1348	308	357	252	105
工业设计	25	25		52	52		130	130		30	30	
机械工程及自动化	13		13				15	15				
机械电子工程	63	63		136	136		309	308	1	76	75	1
机械							9	9		9	9	
机械设计				131	98	33	131	98	33			

2.2.3 全国电大统招高等专科学科与专业（续表 4）

单位：人

	毕业生数			招生数			在校生数			预计毕业生数		
	计	普招专科	成招专科	计	普招专科	成招专科	计	普招专科	成招专科	计	普招专科	成招专科
机械制造	33		33	194	118	76	420	170	250	194	20	174
模具设计与制造				206	145	61	206	145	61			
煤矿机械				32		32	32		32			
矿山机械				28		28	28		28			
冶金机械	41	22	19				20	20		20	20	
化工机械	27	27		20	11	9	41	32	9	9	9	
焊接工艺及设备	11		11									
压力容器焊接	42		42				45		45	45		45
锻压工艺及设备	17		17	50		50	78		78	28		28
机械加工工艺设备							27	27				
内燃机车	42		42									
电力机车	64		64	57		57	137		137	80		80
汽车工程				31	31		31	31				
汽车运用与维修	93	93		223	223		492	492		88	88	
机电工程	308	104	204	479	352	127	1278	785	493	486	159	327
机电设备	21		21									
电机与电器	98		98	37		37	86		86	49		49
机电工艺与设备							32	32		32	32	
机电一体化	476	290	186	1733	1359	374	3609	2839	770	728	428	300
汽车检测与维修技术				62	62		62	62				
汽车技术服务与营销				40	40		40	40				
仪器仪表类	68	60	8	23	23		84	71	13	46	33	13
工业自动化仪表	68	60	8	23	23		84	71	13	46	33	13
能源动力类	116		116	72	29	43	296	29	267	224		224
热能与动力工程	11		11	14		14	14		14			
化工热能工程				29	29		29	29				
电厂热能动力工程	105		105	29		29	253		253	224		224
电气信息类	21220	13640	7580	15638	10251	5387	49983	36601	13382	20090	13955	6135
电气工程及其自动化	215	78	137	394	227	167	875	617	258	292	203	89
自动化	64	33	31	97	91	6	233	186	47	73	33	40
电子信息工程	369	352	17	153	142	11	360	299	61	139	89	50
通信工程	766	631	135	797	672	125	2359	2164	195	924	837	87
计算机科学与技术	2944	2449	495	1712	1377	335	6910	5977	933	3119	2575	544
电子科学与技术				69	56	13	84	71	13	15	15	
发电厂及电力系统	900	1	899	922		922	1793	1	1792	512		512
电力系统	28		28	7		7	69		69	62		62
电力系统及自动化	362		362	594		594	1350	7	1343	724	7	717
电线电缆				8		8	16		16			
供用电技术				6		6	6		6			
发配电							105		105	105		105
用电管理	58		58	50		50	50		50	39		39
机床数控技术				99	99		165	165		36	36	
信息工程	41	41		31	31		155	155		93	93	
无线电技术	5		5				7		7	7		7
广播电视工程	49	49		75	46	29	210	181	29	35	35	
铁道信号	24		24									
铁路通信信号管理	82	55	27	6		6	66	37	29	51	28	23
程控交换	7		7									
实用电子技术	174	146	28	140	106	34	718	474	244	417	207	210

2.2.3 全国电大统招高等专科学科与专业（续表 5）

单位：人

	毕业生数			招生数			在校生数			预计毕业生数		
	计	普招专科	成招专科	计	普招专科	成招专科	计	普招专科	成招专科	计	普招专科	成招专科
办公自动化设备运用与维修	627	180	447	657	167	490	1593	338	1255	187	104	83
计算机辅助设计及管理	174	174		47	47		325	292	33	177	144	33
计算机应用	13282	8447	4835	8306	5978	2328	27562	21455	6107	11608	8211	3397
软件开发与应用	419	419		76	76		376	376		235	235	
数字媒体设计与制作				40	40		69	69		29	29	
多媒体技术				11	11		342	342		158	158	
应用电子技术	372	369	3	754	677	77	1798	1613	185	455	347	108
计算机网络技术	186	144	42	576	397	179	2227	1622	605	554	525	29
网络系统管理	72	72		11	11		160	160		44	44	
土建类	1846	576	1270	3439	1692	1747	7197	4209	2988	1974	929	1045
建筑学	19	19		50	50		289	289		200	200	
城市规划	54		54	35	4	31	35	4	31			
土木工程	68	55	13	341	316	25	1187	1129	58	193	155	38
建筑环境与设备工程				28	28		51	51				
给水排水工程	18		18				3		3			
建筑设计与装饰	1		1	185		185	216	31	185	31	31	
城镇规划				7		7	28		28			
工业与民用建筑	1185	397	788	1653	769	884	3226	1790	1436	856	423	433
化工、工民建	11		11	121	54	67	338	174	164	126	56	70
城镇建设	3		3	33	33		33	33				
建筑结构工程	4		4	17		17	19		19	2		2
地下建筑工程				77	77		103	103				
房屋建筑工程	29	29		24	24		27	24	3	3		3
市政工程	26	26		38	38		104	104		41	41	
公路与城市道路工程	4		4	27		27	45		45	18		18
道路与桥梁	228		228	394	184	210	739	249	490	280	18	262
建筑施工与管理	26		26	20		20	93		93	73		73
建筑装饰技术	32	32		40	40		73	73				
城市燃气工程	24		24				10		10	10		10
供热通风与空调工程	31		31	11		11	11		11			
道路试验与检测				1		1	3		3	2		2
工程预算	83	18	65	131	75	56	358	155	203	139	5	134
工程监理				206		206	206		206			
水利类	48		48	82		82	145	13	132	63	13	50
水利水电工程	40		40	82		82	145	13	132	63	13	50
水利工程	8		8									
环境与安全类	182	60	122	177	154	23	414	298	116	96		96
环境工程	48	2	46	23		23	59		59	36		36
安全工程	1		1				14		14	6		6
环境监测及保护	33	30	3	53	53		120	120				
环境监测	28	28		101	101		199	178	21	21		21
环境保护	72		72				22		22	33		33
化工与制药类	167	17	150	200	164	36	303	222	81	45		45
化学工程与工艺	132		132	112	99	13	112	99	13			
精细化工	10	10		33	33		56	56				
石油加工	1		1									
化学分析							35	35				
塑料	7	7										
生化制药工艺	17		17	55	32	23	100	32	68	45		45

2.2.3 全国电大统招高等专科学科与专业（续表 6）

单位：人

	毕业生数			招生数			在校生数			预计毕业生数		
	计	普招专科	成招专科	计	普招专科	成招专科	计	普招专科	成招专科	计	普招专科	成招专科
交通运输类	199		199	476	143	333	699	143	556	223		223
油气储运工程				30	30		30	30				
铁道运输	128		128	258		258	422		422	164		164
铁道工程	47		47	62		62	117		117	55		55
汽车运用技术	24		24	126	113	13	130	113	17	4		4
轻工纺织食品类	84		84	228	190	38	961	842	119	511	430	81
纺织工程	36		36									
食品加工				191	190	1	919	842	77	506	430	76
粮油储检	32		32									
烟草工艺	16		16				5		5	5		5
棉花加工与检验				37		37	37		37			
生物工程类	41	41										
生物工程	41	41										
农业工程类				47		47	47		47			
农田水利工程				47		47	47		47			
农　学	**680**	**1**	**679**	**625**	**108**	**517**	**828**	**139**	**689**	**172**		**172**
植物生产类	555		555	298	86	212	387	117	270	58		58
农学	5		5	24		24	58		58	34		34
园艺	26		26	86	86		117	117				
植物保护				8		8	32		32	24		24
种植	1		1									
农业推广	523		523	180		180	180		180			
草业科学类				61		61	61		61			
草原				61		61	61		61			
森林资源类	77		77	59		59	123		123	64		64
林学	77		77	59		59	123		123	64		64
环境生态类	1	1		15		15	15		15			
园林	1	1		15		15	15		15			
动物生产类	38		38	121		121	136		136	15		15
蚕学	14		14	27		27	42		42	15		15
畜牧	24		24	94		94	94		94			
动物医学类	9		9	71	22	49	106	22	84	35		35
动物医学	4		4	20		20	20		20			
畜牧兽医	5		5	51	22	29	86	22	64	35		35
医　学	**20623**	**938**	**19685**	**7566**	**286**	**7280**	**23636**	**763**	**22873**	**14719**	**192**	**14527**
基础医学类	76		76									
基础医学	76		76									
预防医学类	998		998	255		255	1069		1069	804		804
预防医学	23		23				11		11	11		11
卫生管理	300		300	195		195	212		212	17		17
医学基础理论	48		48				47		47	52		52
妇幼卫生	627		627	60		60	799		799	724		724
临床医学与医学技术类	4936	123	4813	1958	23	1935	7294	124	7170	5158	32	5126
临床医学	3678	53	3625	1469		1469	5754		5754	4307		4307
麻醉学	43		43				6		6	6		6
医学影像学	107	10	97	129		129	246		246	117		117
医学检验	246	12	234	255		255	425	23	402	147		147
医学美容	65	48	17	29	23	6	107	101	6	32	32	
医疗	688		688				652		652	521		521

2.2.3 全国电大统招高等专科学科与专业（续表 7）

单位：人

	毕业生数			招生数			在校生数			预计毕业生数		
	计	普招专科	成招专科	计	普招专科	成招专科	计	普招专科	成招专科	计	普招专科	成招专科
临床检验	17		17	76		76	104		104	28		28
计划生育管理	92		92									
口腔医学类	146	40	106	44		44	168		168	109		109
口腔医学	146	40	106	44		44	168		168	109		109
中医学类	73	71	2	6		6	107	50	57	101	50	51
中医学	73	71	2	6		6	87	50	37	81	50	31
藏医学							12		12	12		12
中医护理							8		8	8		8
护理学类	13258	617	12641	3607	205	3402	12215	393	11822	7524	30	7494
护理学	7053	410	6643	1978	25	1953	5704	101	5603	3328	30	3298
高护	6205	207	5998	1629	180	1449	6511	292	6219	4196		4196
药学类	1136	87	1049	1696	58	1638	2783	196	2587	1023	80	943
药学	611	61	550	681	7	674	1624	107	1517	923	80	843
中药学	2		2									
药物制剂	26	26		51	51		89	89				
药理学	22		22	20		20	60		60	40		40
药检	25		25	75		75	87		87	6		6
药品质量监督管理	354		354	848		848	900		900	52		52
中药商品管理	96		96	21		21	23		23	2		2
管理学	**58678**	**11112**	**47566**	**60766**	**17778**	**42988**	**111976**	**41279**	**70697**	**36483**	**11506**	**24977**
管理科学与工程类	4975	1356	3619	4836	1260	3576	9480	3670	5810	3424	1178	2246
管理科学	6		6									
信息管理与信息系统	219	61	158	225		225	337	56	281	69	13	56
工程管理				164	14	150	164	14	150			
经济信息学	429	185	244	60	44	16	212	196	16	115	115	
计算机管理	117	98	19	340	340		497	479	18	99	84	15
计算机信息管理	3355	962	2393	2601	704	1897	5823	2573	3250	2225	866	1359
工业企业管理	127		127	68		68	95		95	27		27
交通管理	46		46	378		378	389		389	11		11
交通运输管理	65		65	123		123	156		156	46		46
运输管理	65		65				125		125	125		125
公路运输管理	47		47	16		16	16		16			
铁道运输管理	103		103				139		139	139		139
邮电管理工程	82		82	40		40	89		89	49		49
房地产	83	48	35	128		128	251	25	226	119	25	94
市政工程预算管理	193		193	456		456	781		781	325		325
工程造价管理	38	2	36	237	158	79	406	327	79	75	75	
工商管理类	48848	9567	39281	51429	16375	35054	94876	37241	57635	30300	10149	20151
工商管理	2932	696	2236	4454	1757	2697	7622	3325	4297	2117	652	1465
市场营销	3115	360	2755	4067	1429	2638	7098	2890	4208	2340	849	1491
会计学	3345	774	2571	3595	984	2611	7809	2638	5171	2518	607	1911
财务管理	68	62	6	3		3	118	106	12	79	70	9
人力资源管理	6		6	19		19	20		20	1		1
旅游管理	370	173	197	565	522	43	1608	1390	218	492	325	167
审计学							30	30				
电子商务	3276	1735	1541	3878	2311	1567	7734	5094	2640	2332	1389	943
物流管理				859	706	153	1237	1084	153	143	143	
国际企业管理	2	2										
国际工商管理	33	33					53	53		30	30	

2.2.3 全国电大统招高等专科学科与专业（续表 8）

单位：人

	毕业生数			招生数			在校生数			预计毕业生数		
	计	普招专科	成招专科	计	普招专科	成招专科	计	普招专科	成招专科	计	普招专科	成招专科
企业管理	479		479	329		329	556	59	497	200		200
现代企业管理	143	122	21	28	25	3	92	30	62	64	5	59
工商企业管理	2451	207	2244	4162	337	3825	6108	1036	5072	1544	480	1064
商业企业管理	96	35	61	47	47		120	119	1	11	10	1
乡镇企业管理	42		42				229		229	187		187
商务管理	596	81	515	230	215	15	282	267	15	15	15	
经济管理	1392	87	1305	1437	118	1319	2197	277	1920	752	114	638
涉外经济管理							38		38			
城乡经济管理	1		1	11		11	11		11			
劳动经济管理	4		4				5		5	5		5
铁道运输经济管理	28		28	10		10	55		55	45		45
动力工业经济管理	12		12									
建筑工业经济管理	338	10	328	539	6	533	550	6	544	11		11
建筑经营管理	6		6	281		281	281		281			
经营与管理	28		28	12		12	50		50	38		38
房地产经营管理	314	103	211	374	115	259	578	273	305	110	64	46
物业管理	540	84	456	677	239	438	1253	414	839	517	116	401
经济信息管理	2467	619	1848	2142	520	1622	4005	1610	2395	1413	534	879
材料管理				35	35		35	35				
外贸营销							1		1			
现管与市场营销	199		199	420		420	665		665	190		190
市场营销与广告				77	77		77	77				
财务会计与审计	133	62	71	125	96	29	313	221	92	71	66	5
审计学	1	1										
现代会计及管理	585		585	158		158	348		348	154		154
财务会计	11209	2122	9087	9217	2933	6284	20213	6994	13219	7942	2050	5892
投资会计				29		29	29		29			
电算会计	4518	500	4018	2919	1102	1817	5992	2464	3528	2009	397	1612
国际会计	107	102	5	208	207	1	779	778	1	232	232	
涉外财务会计	20	20		46	46		46	46		1	1	
市场营销与会计	49		49	58		58	128		128	70		70
会计统计	27	27					24	24				
会计仓储	22	22		89	89		89	89				
会计电算化	4140	628	3512	5483	1502	3981	8841	3119	5722	2479	888	1591
会计与统计核算	83	6	77				174	159	15	150	124	26
财会与计算机	4686	372	4314	3444	149	3295	4487	782	3705	1064	468	596
金融财会	46		46	19		19	136		136	89		89
涉外财务管理	32	32										
房地产评估	8		8	22		22	26		26	4		4
饭店管理	134	53	81	260	59	201	393	68	325	133	9	124
旅游与酒店管理	586	349	237	959	647	312	2056	1487	569	645	473	172
旅游	179	88	91	142	102	40	282	194	88	100	35	65
导游							3	3		3	3	
公共管理类	4605	189	4416	4277	143	4134	7374	368	7006	2743	179	2564
行政管理	4055	95	3960	3669	113	3556	6273	214	6059	2380	55	2325
公共事业管理				30	30		143	62	81	85	32	53
土地资源管理	3		3									
公共关系学	7		7	2		2	2		2			
工商行政管理	157		157	323		323	466		466	120		120

2.2.3 全国电大统招高等专科学科与专业（续表 9）

单位：人

	毕业生数			招生数			在校生数			预计毕业生数		
	计	普招专科	成招专科	计	普招专科	成招专科	计	普招专科	成招专科	计	普招专科	成招专科
公共事业管理(卫生事业管理方向)	108		108	120		120	124		124	4		4
公共事业管理(教育管理方向)	133		133	24		24	58		58	34		34
人事管理	3		3									
土地管理	27		27	74		74	82		82			
文化艺术事业管理	18		18	34		34	62		62	28		28
群众文化				1		1	1		1			
海关管理							71		71			
报关与货运	94	94					92	92		92	92	
农业经济管理类	209		209	203		203	203		203			
农林经济管理	208		208	202		202	202		202			
现代农业技术与经营				1		1	1		1			
乡镇管理	1		1									
图书档案学类	41		41	21		21	43		43	16		16
图书馆学	41		41	21		21	43		43	16		16

2.2.4 全国电大统招高等专科专业分布

单位：人

专业／地区	毕业生数	招生数	在校生数
总　计	**187672**	**155288**	**331153**
经济学	**8500**	**7721**	**17077**
经济学类	8500	7721	17077
经济学		42	42
四　川		40	40
陕　西		2	2
国际经济与贸易	165	500	1187
北　京		24	24
浙　江		53	116
安　徽	13		
青　岛	10	413	1017
湖　北	114	10	30
广　东	28		
财政学	39	48	103
湖　北			55
四　川	39	48	48
金融学	1242	802	1466
河　北	157	265	448
吉　林	72	38	38
江　苏		33	33
浙　江	45		1
安　徽	3		
福　建	13		4
厦　门	34	34	67
江　西	87	18	65
山　东		80	128
湖　北	7	1	1
武　汉	17	3	11
湖　南	59	27	97
深　圳	12		
广　西	543		
四　川	7	27	78
成　都		2	2
重　庆	114	264	437
云　南			46
甘　肃	30	10	10
新　疆	42		
世界经济学	42		
湖　北	42		
农业经济	20		
新　疆	20		
贸易经济	53		185
安　徽	53		185
市场经济	54		
四　川	54		
国民经济管理	84	98	130
青　岛	25		
湖　北	3	68	68
广　西		30	62
四　川	56		
对外贸易经济	43		6
天　津	1		
新　疆	42		6
国际贸易	1557	3409	7381
天　津	92	335	552
河　北		15	15
吉　林	20	23	23
江　苏	458	635	1619
南　京		65	173
浙　江	436	296	631
宁　波		175	285
福　建	191	120	361
厦　门	39	183	219
山　东		1093	2564
湖　北	71	26	48
湖　南	43		67
广　东	111	134	348
四　川	2	2	2
成　都	3		
重　庆	45	154	212
贵　州	46	133	227
甘　肃		20	35
国际商业贸易	84	136	219
重　庆	84	136	219
财政税收	914	464	1093
天　津	14	22	24
河　北	15	14	28
内蒙古	63	33	42
江　苏			75
浙　江	47		42
江　西	138		39
山　东		43	115
河　南	4		
湖　北	72	123	172
湖　南	2		38
广　州	98	94	196
海　南	176		
四　川	34	24	69
成　都	2		
贵　州	3	1	1
云　南	25	90	232
陕　西	17	20	20
甘　肃	24		
新　疆	180		
税务	30		
内蒙古	7		
武　汉	14		
广　东	9		
金融	2814	1227	3200
北　京	6		
天　津	32	244	393
河　北	175	87	251
内蒙古	7	14	14
辽　宁	87		
沈　阳	16		81
大　连	23		41
吉　林	9	5	5
长　春		23	23

2.2.4 全国电大统招高等专科专业分布（续表 1）

单位：人

专业／地区	毕业生数	招生数	在校生数
黑龙江	79	4	34
上海	21		18
江苏	185	29	303
南京			42
浙江	357	38	228
宁波	4		1
福建	6	80	200
江西	88	31	31
山东	8		29
河南	35		20
湖北	364	163	350
武汉			22
湖南	164	78	214
广东	168		186
广州	42	45	94
深圳	47	6	68
广西	17		
四川	227	149	166
成都	111	10	10
重庆	183	148	267
贵州	29	10	19
陕西	322	56	83
甘肃	2	7	7
金融与证券	700	317	465
天津	3	3	5
吉林	11		
黑龙江	88	39	39
哈尔滨	99	16	16
安徽	50		43
深圳	5		28
四川	290	96	96
成都	86		
重庆	5	124	162
宁夏	63	39	76
金融与计算机	176	35	76
江苏	150		41
湖北	10		
四川	7		
陕西	9	35	35
金融与保险	190	158	256
河北	94	8	52
福建	41	62	116
青岛		37	37
湖北	6		
四川	11	34	34
重庆	38	17	17
国际金融	94	76	558
江苏	40	29	467
广州	46	47	91
甘肃	8		
国际贸易与金融			28
贵州			28
财政金融	14	6	17
内蒙古	14	6	17
证券投资		32	229
南京			138
安徽		32	91
保险	185	357	399
内蒙古	12		
吉林	28	42	43
长春	9		
黑龙江		19	19
江苏		26	26
福建			1
江西	32		10
河南	12	49	49
四川	12	44	47
重庆	18	177	190
云南	9		
甘肃	53		14
社会保险		14	37
河北		14	37
法学	**23180**	**16427**	**29713**
法学类	22472	15296	28433
法学	4177	2571	5333
北京	2		
天津	11	14	29
河北	452	211	580
山西	80	212	327
内蒙古	166	128	128
辽宁	174	26	73
吉林	16	20	20
长春	109	60	60
黑龙江	64	21	31
江苏	103		141
浙江	24		22
宁波	3		1
安徽	24		17
厦门	92	61	154
江西	406	178	390
山东	61	447	1356
青岛		12	43
河南	256		5
湖北	16	57	89
武汉	2		
湖南	1028	229	537
广东		41	74
广州	98	95	165
深圳	27		5
广西	18		
四川	480	330	380
重庆	27	127	194
贵州	9	45	74
陕西	13	162	177
西安			9
甘肃	280	76	110
青海	2		
新疆	134	19	142

2.2.4 全国电大统招高等专科专业分布（续表 2）

单位：人

专业／地区	毕业生数	招生数	在校生数
法律	17496	12627	22878
北京	88	54	131
天津	340	278	597
河北	1360	1002	2808
山西	43	12	61
内蒙古	324	171	227
辽宁	38	48	48
沈阳	13		137
大连	77	31	105
吉林	1879	1317	1397
长春	165	163	163
黑龙江	474	392	436
哈尔滨	86	39	39
上海	23		39
江苏	548	115	842
南京	95	31	173
浙江	1054	230	604
宁波	66	8	28
安徽	180	81	523
福建	371	133	559
江西	316	44	98
山东	220	642	1311
青岛	15	33	147
河南	338	327	676
湖北	1420	1620	2218
武汉	14	3	13
湖南	897	214	509
广东	306	235	606
广州	27	8	60
深圳	16	10	44
广西	173	178	337
海南	182	268	281
四川	1198	1179	1284
成都	548	222	222
重庆	398	624	804
贵州	1496	877	1253
云南	350	1017	2118
陕西	812	228	503
西安	5	15	38
甘肃	359	327	330
青海	56	31	111
宁夏	130	53	108
新疆	915	367	878
新疆兵团	81		12
律师	44	10	52
天津	44	10	52
经济法	671	88	130
天津	53		16
内蒙古	1		
吉林		18	18
江苏	61		
福建	78	7	33
湖北	455	25	25
四川	23	38	38
国际经济法	32		
贵州	32		
劳动改造学	52		40
新疆	52		40
社会学类	1		
社会工作	1		
成都	1		
政治学类	126	5	12
思想政治教育	93		7
山西	21		
贵州	44		
新疆	28		7
政治教育	7	5	5
吉林	7	5	5
政治管理	26		
四川	5		
贵州	21		
公安学类	581	1126	1268
公安	100		
陕西	100		
公安保卫	67	480	480
宁夏	67	480	480
公安管理	396	132	254
河北	151		38
内蒙古	65	27	27
河南			21
湖北	6		
四川	4		
陕西	59	74	114
西安	111	31	54
警察管理	9	11	24
内蒙古	9	11	24
劳改劳教管理	9	503	510
四川	9	503	510
教育学	**11051**	**4645**	**7383**
教育学类	10583	4281	6601
学前教育	906	887	1148
天津	16	1	2
河北		143	144
湖南	49	33	39
广东	8	56	88
广州	27	75	147
四川	293	225	252
成都	39	45	45
重庆	70	56	103
贵州	60	87	90
陕西	197	69	80
西安	50	97	133
甘肃	2		2
宁夏	48		23
新疆	47		
特殊教育		48	87
浙江		48	87
教育技术学	169	42	327

2.2.4 全国电大统招高等专科专业分布（续表 3）

单位：人

专业／地区	毕业生数	招生数	在校生数
江　苏	91		34
四　川	34	34	190
重　庆			6
陕　西	44		79
新　疆		8	18
教育心理学	18		
新　疆	18		
幼儿教育	55	64	172
河　北	45	50	158
四　川	3		
成　都	7		
贵　州		2	2
甘　肃		12	12
小学教育	5524	1869	2393
天　津	168	17	120
河　北	99	50	80
内蒙古		5	5
黑龙江	9		
福　建	28		2
江　西	9		22
山　东	106	80	160
湖　北	29	2	2
湖　南	244	54	55
广　东	8	40	40
海　南		150	150
四　川	51	121	121
成　都	81	10	10
重　庆	15	11	11
贵　州	63	66	89
云　南	51	3	29
陕　西	4054	1202	1423
西　安	115	38	50
甘　肃	5	20	24
青　海	128		
新　疆	199		
新疆兵团	62		
小学师资(理科方向)	576	50	125
江　西	82		
四　川	128	2	33
重　庆	3	1	1
贵　州	21	47	47
云　南	19		8
新　疆	286		36
新疆兵团	37		
小学师资(文史方向)	2771	1151	1760
河　北	244	26	209
江　西	616	41	131
广　东	2		
四　川	277	303	440
成　都	96		
重　庆	260	140	175
贵　州	677	193	193
云　南	96	421	438
甘　肃	3	2	46
青　海	22		9
宁　夏	68		9
新　疆	410	25	110
电化教育	93		82
河　北	15		
山　东			23
湖　北	48		59
四　川	30		
国防军事教育	6	6	6
贵　州	6	6	6
卫师中文	465	164	501
广　西	465	164	501
体育学类	157	147	207
体育教育	157	147	207
内蒙古	42	14	14
陕　西	115	133	183
新　疆			10
职业技术教育类	311	217	575
农业经济管理教育		15	15
贵　州		15	15
应用电子技术教育	112	54	304
河　北	32	44	111
安　徽	12		
四　川		10	40
重　庆	68		153
化工工艺教育		2	2
湖　北		2	2
服装设计与工艺教育	8	26	32
重　庆	8	26	32
旅游管理与服务教育	58	13	13
湖　北		3	3
湖　南	58		
新　疆		10	10
财务会计教育	85		100
重　庆	85		100
文秘教育	28	107	109
浙　江	6		2
贵　州		107	107
新　疆	22		
信息技术教育	20		
湖　南	20		
文学	**37152**	**31380**	**67822**
中国语言文学类	21032	14248	28253
汉语言文学	14112	9127	17308
天　津	936	198	895
河　北	564	68	639
山　西	231	97	228
内蒙古	269	116	193
辽　宁	50	47	196
吉　林	160	243	294
长　春	281	293	293
黑龙江	579	238	238
江　苏	18		29
浙　江	823	86	348

2.2.4 全国电大统招高等专科专业分布（续表 4）

单位：人

专业／地区	毕业生数	招生数	在校生数
宁波	2		
安徽	35		
福建	182	56	509
江西	658	179	727
山东	638	624	1432
青岛	3		
河南	941	646	1108
湖北	1231	1214	2013
湖南	1382	268	720
广东	308	222	510
广州	39	29	44
深圳	14		16
广西	346	111	658
海南	116	369	369
四川	871	574	724
成都	27	45	45
重庆	454	352	514
贵州	1013	885	991
云南	217	414	666
陕西	1001	793	1261
西安	199	170	348
甘肃	204	651	943
青海	64	28	74
宁夏	15	102	274
新疆	241	9	9
汉语言	921	763	1255
河北	2	56	133
沈阳	8		
吉林		41	41
浙江	49	2	66
福建	4	2	3
江西	20	2	2
河南	61		20
四川	343	256	256
重庆	18	77	194
贵州		300	397
新疆	416	27	143
对外汉语	152		27
新疆	152		27
中国少数民族语言文学	170	36	80
内蒙古	4	15	33
青海	19		26
新疆	147	21	21
汉语言文学教育	1982	2318	4869
河北		56	59
安徽	86		205
山东	22	492	1793
湖北			2
湖南	348	3	130
广东	318	290	552
广州		186	186
广西	403	275	570
重庆	70	82	142
贵州	132	59	339

专业／地区	毕业生数	招生数	在校生数
云南		8	8
陕西	211	75	75
甘肃	392	792	808
应用中文	121		42
北京	121		42
现代文员	43	43	101
山西	43	17	75
南京		26	26
现代文秘	274	221	364
北京	29		20
河北	1	11	25
沈阳	14	20	40
江苏	36	82	99
南京		21	21
浙江	26	21	49
河南	8		15
湖北	70	2	2
广西		13	13
贵州	29	51	51
云南			24
甘肃	20		5
新疆	41		
文秘	1558	706	1658
天津	143	74	74
河北	261	52	145
内蒙古	8		
辽宁			46
吉林		12	12
黑龙江	67	13	73
江苏		21	21
浙江	109	69	220
宁波	105		8
福建	28	29	85
厦门			2
山东		11	30
青岛		37	37
河南	71		106
湖北	48	33	39
湖南	47		41
广东	145	74	190
广州	28		45
深圳	16		14
四川	58	53	126
成都	5	10	10
重庆	242	187	202
陕西	149		38
西安	2		
甘肃	26	31	94
文秘与公关	230	284	486
河北	18		
山西	5		
安徽		35	48
四川	104	74	83
重庆	74	60	124

2.2.4 全国电大统招高等专科专业分布（续表5）

单位：人

专业／地区	毕业生数	招生数	在校生数
云　南	28	115	231
陕　西	1		
文秘与行政管理	87	61	147
内蒙古	35	26	60
广　西	52	35	87
涉外企业事业秘书	54	89	145
福　建	32		3
山　东	22	89	142
涉外经济管理与秘书	1		
四　川	1		
涉外秘书及办公自动化	342	207	449
河　北	86	16	81
大　连	63	21	71
哈尔滨	159	31	31
浙　江		30	30
宁　波		47	131
福　建	14		
湖　北	20	62	105
企管秘书	49		1
山　西	19		
福　建			1
湖　北	30		
经济管理文秘	276	32	94
山　西	94		
江　苏			38
湖　南	182	32	56
商务秘书	171	64	122
厦　门		40	70
江　西	152	24	52
海　南	19		
中英文秘书	39		38
山　西	26		14
南　京	2		
广　州	11		24
办公自动化	450	297	1067
北　京	14	15	15
河　北	244	228	993
黑龙江	38		5
浙　江		33	33
武　汉	1		
重　庆	112		
青　海	30		
新　疆	11	21	21
外国语言文学类	10043	10459	27714
英语	6949	6732	16932
北　京	16	57	118
天　津	198	19	114
河　北	374	174	677
内蒙古	188	119	192
沈　阳	9		28
吉　林	46	21	21
长　春	6	7	7
黑龙江	445	25	133
哈尔滨	94	35	35
上　海	2		
江　苏	338	29	1758
浙　江	486	605	1943
宁　波	109	154	413
安　徽	96	170	472
福　建	250	188	662
江　西	502	182	368
山　东	169	437	1790
青　岛		112	327
河　南	379	260	747
湖　北	333	258	431
武　汉	29		14
湖　南	419	106	424
广　东	160	357	675
广　州	138	186	421
广　西	38	67	89
四　川	428	629	1063
成　都	136	126	231
重　庆	648	231	435
贵　州	75	261	519
云　南	97	1149	1457
陕　西	295	213	445
西　安	29	50	118
甘　肃	87	314	420
青　海		27	52
宁　夏	100	18	50
新　疆	195	116	195
新疆兵团	35	30	88
俄语		29	29
吉　林		29	29
日语	16	126	225
河　北		48	48
内蒙古		13	13
吉　林		1	1
江　苏	1	21	85
西　安	15	43	78
商务英语	366	662	1692
江　苏	171	372	866
南　京	86	87	315
浙　江		16	16
安　徽	3	11	124
山　东			11
湖　北	65	20	36
广　东	18	34	85
广　州	23	95	181
广　西			16
四　川		1	1
贵　州		26	26
新　疆			15
旅游英语	284	188	441
天　津	145	45	109
河　北	3		
江　苏	98		19
南　京		27	77

2.2.4 全国电大统招高等专科专业分布（续表6）

单位：人

专业／地区	毕业生数	招生数	在校生数
青岛			27
湖北	27	60	92
四川	11	56	117
外贸俄语	12		
安徽	12		
外贸日语		36	105
江苏		36	105
外贸英语	826	1469	4304
天津	130	69	313
河北	39	67	75
吉林	15	17	17
黑龙江	27		10
福建	247	183	302
厦门	23	83	175
江西	36		48
山东		444	1939
青岛		57	109
河南	70	236	561
湖北	18	25	53
武汉	9	26	33
广东	33	109	213
深圳	30	19	89
四川	74	80	86
成都	41	29	29
贵州			79
云南	34		122
新疆		25	51
应用外语及外经贸	42	20	97
安徽	7	9	30
福建	13	11	48
河南	22		18
武汉			1
英语兼泰语	44	94	283
云南	44	94	283
英语教育	1504	1103	3606
河北	183	408	793
江苏	408	63	668
安徽	98		20
山东		317	1285
湖北	87	30	86
湖南	3		37
广东	139	63	144
广西	17	63	79
重庆	114	3	88
贵州	183	30	98
云南	40		
陕西	52	35	90
甘肃	180	91	218
新闻传播学类	666	1117	2128
新闻学	116	345	552
河北		36	85
内蒙古		43	43
吉林		7	12
长春	10	34	59

专业／地区	毕业生数	招生数	在校生数
江苏	1		
浙江	3		
江西	23		
武汉		1	1
广州	15	19	34
四川	16	11	15
重庆	15	10	10
贵州	16	4	11
陕西		142	241
新疆	17	38	38
新疆兵团			3
广播电视新闻学	30	173	366
广州	30	57	96
新疆		116	270
广告学	346	384	796
河北		12	53
大连		22	22
江苏		74	197
浙江	65	32	62
江西	98	102	144
广东		3	3
广州	164	139	293
青海	19		22
新闻传播学	134	185	340
吉林			8
江苏	1		
浙江	74	90	150
宁波		49	49
广州	58	44	130
贵州	1	2	3
网络传播	40	30	74
江苏	23		
湖北	17	30	30
贵州			44
艺术类	5411	5556	9727
音乐学	203	404	863
内蒙古	6	98	98
吉林		7	7
浙江		54	83
河南	114	155	565
湖南	12	19	39
四川	27	7	7
贵州	44	64	64
音乐表演	99	25	25
吉林	76	10	10
长春	23	15	15
美术学	159	6	63
福建	52		
河南	86		57
四川	19	6	6
甘肃	2		
艺术设计	130	208	385
河北		41	41
辽宁		26	26

2.2.4 全国电大统招高等专科专业分布（续表 7）

单位：人

专业／地区	毕业生数	招生数	在校生数
江苏		22	63
武汉	30	13	34
湖南	100	50	127
重庆		56	94
舞蹈学	16	42	42
长春	16		
湖南		42	42
表演	1		
长春	1		
戏剧影视美术设计	29	20	39
湖北	29	20	39
摄影	7	20	34
长春	1	1	1
贵州	1		
西安	5	19	33
动画		73	109
浙江		73	109
播音与主持艺术	330	327	344
沈阳	9		
吉林	180	124	124
贵州	3	6	6
陕西	34	44	44
西安	38	46	48
新疆	66	107	121
新疆兵团			1
广播电视编导		42	42
河北		42	42
艺术学			17
江西			17
音乐教育	391	414	560
湖北	16	5	5
湖南	7	3	4
广东	23	57	90
四川	13	21	21
贵州	11		
陕西	173	135	139
西安	137	193	301
青海	11		
工艺美术学	250	99	266
湖北			1
湖南	25		54
广东	46	51	72
重庆	95		67
西安	84	48	72
美术教育	498	344	472
河北		30	65
湖南	19		
广东	40	89	126
四川	11	4	4
贵州	23	15	15
陕西	140	65	66
西安	222	79	113
甘肃	43	62	83
美术	104	91	114
吉林		48	48
福建	69		19
湖南			4
四川	19	40	40
成都	2		
陕西		3	3
青海	14		
商业美术	36	45	144
广州	36	45	144
服装美术	13		
黑龙江	9		
四川	4		
广告艺术设计	1177	1214	2341
北京	170	208	383
河北		17	18
沈阳	3	21	21
黑龙江	48		14
哈尔滨	86	30	77
江苏		145	387
南京	63	67	349
浙江	120	250	433
湖北	33	20	36
深圳	9	6	29
四川	339	268	392
成都	267	66	66
重庆		35	35
贵州	16	1	1
西安	23	80	100
环境艺术设计	89	118	215
辽宁		52	52
江苏	54		29
河南		35	35
广州	35	31	99
装潢艺术设计	455	316	775
河北	41	45	93
辽宁		10	10
长春	6		
黑龙江	31		
哈尔滨	11		
江苏	105	94	250
南京	71	28	65
浙江	90	79	173
河南	34	49	173
湖南	55		
重庆	11	11	11
装饰艺术设计	180	193	367
天津	76	81	212
河北	9		
浙江	30	32	33
四川	58	80	122
贵州	7		
电脑美术设计	190	345	442
河北		25	43
吉林		51	51

2.2.4 全国电大统招高等专科专业分布（续表 8）

单位：人

专业／地区	毕业生数	招生数	在校生数
长　春	5	9	9
黑龙江	30		10
江　苏	37		45
宁　波		42	42
河　南		41	41
成　都	69	113	113
西　安	37	50	68
新　疆	12	14	20
服装艺术设计	65	9	71
河　北	6		4
长　春	8		
南　京			21
四　川	29	9	23
宁　夏	22		23
服装表演及设计	28		40
江　苏	28		40
装潢	49	51	77
河　北	22	44	45
沈　阳	6		
吉　林	2		
江　苏	11		7
南　京			18
四　川	8	7	7
包装装潢	20	48	105
南　京		28	57
湖　北	20	20	48
室内设计	98	101	165
江　苏		19	53
湖　北	83	10	31
西　安	15	72	81
舞蹈教育	8	6	6
陕　西	3	6	6
青　海	5		
舞蹈	61	144	207
吉　林	1	3	3
西　安	60	141	204
戏剧表演	23	7	7
哈尔滨	23	7	7
影视表演	98	99	131
长　春	7	17	17
湖　南	24	9	33
西　安	67	73	81
电视导演	10	7	14
西　安	10	7	14
电视影片编辑	18	216	290
云　南		216	290
宁　夏	18		
舞台美术化妆	8	13	14
西　安	8	13	14
舞台灯光	17	30	73
北　京	17	30	73
电影摄影	16	6	9
湖　南	16	6	9
节目主持			13

专业／地区	毕业生数	招生数	在校生数
新疆兵团			13
艺术教育	112	40	59
湖　北	80	15	25
广　西		25	34
贵　州	32		
电视艺术	18		2
西　安	18		2
广播电视节目制作	231	433	773
北　京	18	17	46
河　北		47	89
江　苏	24		36
陕　西	86	194	383
西　安		20	25
宁　夏	25		16
新　疆	78	155	178
影视艺术技术	136		
湖　南	119		
贵　州	17		
影视美术	38		12
安　徽	38		12
历史学	**469**	**45**	**112**
历史学类	469	45	112
政史	461	45	112
福　建	1		
山　东	26		
四　川	79	35	66
贵　州	8	2	2
陕　西	347	8	44
旅游史地	8		
陕　西	8		
理学	**1536**	**1221**	**3383**
数学类	902	901	2556
数学与应用数学	113	193	374
山　东	94	71	172
四　川	19	17	38
贵　州		105	164
信息与计算科学	34	59	106
青　岛	16		
广　西	18	28	75
云　南		31	31
计算技术	128		99
四　川	2		3
贵　州	53		31
陕　西	73		65
计算数学及其应用软件	230	251	444
黑龙江	50		
重　庆	150	180	270
贵　州	5	7	34
云　南	25	64	140
数学教育	397	398	1533
河　北			1
山　东		147	679
湖　北	2	4	4
广　西	15		

2.2.4 全国电大统招高等专科专业分布（续表 9）

单位：人

专业／地区	毕业生数	招生数	在校生数
四　川			12
贵　州	60	17	255
陕　西	130	61	172
西　安	20		21
甘　肃	170	169	389
化学类	2	33	46
高分子化学	2	33	46
江　苏		33	33
新　疆			13
新疆兵团	2		
生物科学类	24		46
生物化学	24		46
广　西	24		46
大气科学类	1		
大气物理学与大气环境	1		
贵　州	1		
信息与电子科学类	575	224	592
电子信息科学与技术	193	107	256
河　北		41	41
吉　林	9	17	17
长　春	2		
黑龙江	85		20
江　苏			25
山　东	90	49	131
河　南	7		22
电子信息技术	188	107	241
河　北	162		
江　苏	26	47	131
厦　门		60	94
河　南			16
电子学与信息系统	90		
河　北	90		
电子学	82		51
山　西	47		
江　苏			41
湖　北	35		
广　东			10
光电子学	22	10	44
湖　北	22	10	44
环境科学类	32	63	143
环境科学	5	15	15
河　北	5		
辽　宁		15	15
环境保护与治理	27	48	128
河　北	27	48	91
贵　州			37
工学	**25803**	**24892**	**69223**
地矿类		20	20
采矿工程		20	20
宁　夏		20	20
材料类	90	81	160
冶金工程		72	144
河　北		51	73
陕　西		21	71

专业／地区	毕业生数	招生数	在校生数
有色金属冶金	33		
宁　夏	33		
金属冶炼		9	9
广　西		9	9
金属压力加工	57		
吉　林	10		
甘　肃	47		
黄金珠宝鉴定			7
天　津			7
机械类	1742	4409	8914
机械制造及其自动化	368	898	1656
山　西	42		51
辽　宁	14		
江　苏		30	70
浙　江		39	70
山　东	228	337	758
湖　南			44
广　州		20	43
四　川		29	39
贵　州	10		22
陕　西	74	337	433
甘　肃		89	109
新疆兵团		17	17
工业设计	25	52	130
广　州	25	52	130
机械工程及自动化	13		15
江　苏			15
山　东	13		
机械电子工程	63	136	309
浙　江		25	26
福　建	30	74	197
江　西			20
湖　北	33	10	39
云　南		27	27
机械			9
山　东			9
机械设计		131	131
大　连		23	23
江　苏		75	75
武　汉		33	33
机械制造	33	194	420
江　苏		50	102
四　川	11		7
重　庆	12	48	147
贵　州	3		13
陕　西	1	9	35
甘　肃	6	87	116
模具设计与制造		206	206
南　京		87	87
广　东		58	58
海　南		61	61
煤矿机械		32	32
宁　夏		32	32
矿山机械		28	28

2.2.4 全国电大统招高等专科专业分布（续表 10）

单位：人

专业／地区	毕业生数	招生数	在校生数
宁　夏		28	28
冶金机械	41		20
安　徽	22		20
广　西	19		
化工机械	27	20	41
四　川		9	9
陕　西	27	11	32
焊接工艺及设备	11		
河　北	11		
压力容器焊接	42		45
四　川	42		45
锻压工艺及设备	17	50	78
陕　西	17	50	78
机械加工工艺设备			27
江　苏			27
内燃机车	42		
山　东	42		
电力机车	64	57	137
江　西			20
山　东	64	57	117
汽车工程		31	31
江　苏		31	31
汽车运用与维修	93	223	492
江　苏	13	174	259
山　东	56		104
广　州	24	34	114
四　川		15	15
机电工程	308	479	1278
山　西	2		
江　苏	6	92	92
南　京	17		82
浙　江	58	87	249
安　徽	93	39	189
江　西			4
山　东			11
河　南	46	85	223
湖　北	10		5
湖　南			27
广　东	28	52	86
广　州	3		
广　西			13
四　川	26		
成　都		3	3
重　庆		80	198
贵　州	1	41	56
云　南	18		
西　安			7
甘　肃			33
机电设备	21		
山　西	21		
电机与电器	98	37	86
宁　夏	98	37	86
机电工艺与设备			32
江　苏			32

专业／地区	毕业生数	招生数	在校生数
机电一体化	476	1733	3609
天　津	14		49
河　北	2	26	146
内蒙古	8		2
长　春	4	18	34
江　苏	192	1199	2507
浙　江	12		8
江　西	8	8	8
山　东	51	18	61
青　岛	64	138	321
河　南		26	61
湖　北	22	62	130
武　汉			44
湖　南	20	30	30
广　西		3	3
成　都	10		
贵　州	3		
西　安		13	13
甘　肃		48	48
宁　夏	66	144	144
汽车检测与维修技术		62	62
山　东		62	62
汽车技术服务与营销		40	40
江　苏		40	40
仪器仪表类	68	23	84
工业自动化仪表	68	23	84
江　苏	22	23	23
山　东	24		30
湖　北			4
四　川	8		9
新　疆	14		18
能源动力类	116	72	296
热能与动力工程	11	14	14
山　西		14	14
黑龙江	11		
化工热能工程		29	29
新　疆		29	29
电厂热能动力工程	105	29	253
辽　宁			95
广　东		17	17
宁　夏	105	12	141
电气信息类	21220	15638	49983
电气工程及其自动化	215	394	875
河　北	25		2
辽　宁	26		
吉　林		10	10
黑龙江		70	70
江　苏	1	179	470
山　东	17	1	92
河　南	10		
湖　南	85	13	89
广　东		73	73
重　庆	51	24	35
陕　西		24	24

2.2.4 全国电大统招高等专科专业分布（续表 11）

单位：人

专业／地区	毕业生数	招生数	在校生数	专业／地区	毕业生数	招生数	在校生数
新　疆			10	黑龙江			15
自动化	64	97	233	山　东		28	28
河　北		6	8	湖　北		13	13
山　东	63	91	186	广　州		28	28
四　川	1			发电厂及电力系统	900	922	1793
甘　肃			39	河　北	16	27	56
电子信息工程	369	153	360	吉　林	54	75	157
河　北		2	29	黑龙江	6	3	3
辽　宁	17		21	福　建			33
浙　江	54	98	233	湖　北	95	8	63
湖　北	21	19	43	海　南	64	542	542
武　汉	27			四　川	260	52	408
重　庆	250	34	34	重　庆	20	7	14
通信工程	766	797	2359	贵　州	231	131	345
内蒙古		1	1	陕　西	113	55	150
大　连			34	甘　肃	41	10	10
黑龙江	16	6	62	新疆兵团		12	12
江　苏	7	81	414	电力系统	28	7	69
厦　门		63	147	内蒙古		7	55
山　东	412	346	1105	大　连	12		
河　南			70	河　南	16		
湖　北	38	70	95	湖　南			14
广　东	19		39	电力系统及自动化	362	594	1350
四　川	2	10	13	河　北	21		33
重　庆	199	193	317	内蒙古	27	72	121
陕　西		26	50	河　南	24	49	81
甘　肃		1	1	湖　南	71	4	270
青　海	32		11	广　东	5	140	239
新　疆	41			海　南		205	205
计算机科学与技术	2944	1712	6910	重　庆	33	58	83
河　北	455	86	550	宁　夏	181	48	251
山　西	23			新　疆		18	67
内蒙古	38	9	30	电线电缆		8	16
辽　宁	68	162	428	河　北		8	16
长　春	10			供用电技术		6	6
黑龙江	41	38	66	贵　州		6	6
江　苏	392	262	1399	发配电			105
浙　江	50	34	59	四　川			105
安　徽			11	用电管理	58	50	50
江　西	92		76	湖　北	58	43	43
山　东	1171	265	1828	广　东		7	7
青　岛	169	51	171	机床数控技术		99	165
河　南	22	9	65	江　苏		99	99
湖　北	2		25	江　西			66
武　汉	20		31	信息工程	41	31	155
广　东	42	42	138	江　苏		31	62
广　州	16	31	196	湖　南	41		93
广　西	166	351	1018	无线电技术	5		7
海　南	103	54	173	广　州	5		7
四　川	18	50	95	广播电视工程	49	75	210
重　庆	22	249	532	江　苏	2	22	117
陕　西	24			新　疆	47	53	93
新　疆		19	19	铁道信号	24		
电子科学与技术		69	84	山　东	24		

2.2.4 全国电大统招高等专科专业分布（续表 12）

单位：人

专业／地区	毕业生数	招生数	在校生数
铁路通信信号管理	82	6	66
天　津	26	6	29
江　西	38		28
湖　北	1		
湖　南	17		9
程控交换	7		
四　川	7		
实用电子技术	174	140	718
天　津	2	10	142
河　北	3		
江　苏			128
南　京	20		22
安　徽		6	18
福　建		13	62
厦　门	26		
青　岛	36	87	207
河　南	61		57
湖　北	18	7	41
湖　南			8
四　川		16	16
重　庆	8	1	17
办公自动化设备运用与维修	627	657	1593
河　北	627	657	1593
计算机辅助设计及管理	174	47	325
河　北	36		33
江　苏	37	32	187
福　建			21
贵　州	85		59
陕　西	16	15	25
计算机应用	13282	8306	27562
北　京	251	112	615
天　津	142	40	388
河　北	330	174	662
山　西	305		36
内蒙古	29	282	424
辽　宁	82	7	31
沈　阳	17		12
大　连	87	76	267
吉　林	152	160	326
长　春	2	22	42
黑龙江	440	69	191
哈尔滨	397	77	90
上　海	2		
江　苏	1208	636	3562
南　京	122	155	421
浙　江	783	137	1269
宁　波	188	94	290
安　徽	429	128	817
福　建	449	298	1286
厦　门		47	84
江　西	415	103	526
山　东	1666	690	2798
青　岛	200	204	877
河　南	843	514	2167
湖　北	496	241	701
湖　南	898	205	1100
广　东	689	376	1555
广　州	325	354	1205
深　圳	33	8	40
广　西	267	76	199
海　南	90	41	41
四　川	324	199	546
成　都	64	53	232
重　庆	239	447	599
贵　州	130	209	504
云　南	79	1284	1810
陕　西	347	118	591
西　安	9		67
甘　肃	48	500	603
青　海	25	26	71
宁　夏	156	50	173
新　疆	482	64	279
新疆兵团	42	30	65
软件开发与应用	419	76	376
吉　林		19	19
江　苏	23		53
浙　江		41	85
湖　南	396		203
陕　西		16	16
数字媒体设计与制作		40	69
江　苏			29
厦　门		40	40
多媒体技术		11	342
江　苏			300
西　安		11	42
应用电子技术	372	754	1798
天　津	1	76	181
江　苏	130	441	928
南　京		64	99
浙　江	21		
福　建	67	65	275
山　东	47	29	82
湖　北	17	15	39
广　州	39	51	116
海　南	25		
成　都	25	13	78
计算机网络技术	186	576	2227
天　津	117	54	263
江　苏		31	69
南　京	27	70	159
福　建		224	1054
江　西		160	586
广　东	42	18	49
成　都		1	1
西　安		18	46
网络系统管理	72	11	160
浙　江		11	38
安　徽	72		122

2.2.4 全国电大统招高等专科专业分布（续表 13）

单位：人

专业／地区	毕业生数	招生数	在校生数
土建类	1846	3439	7197
建筑学	19	50	289
重　庆	19	50	289
城市规划	54	35	35
内蒙古		31	31
湖　北	49		
成　都	5	4	4
土木工程	68	341	1187
浙　江	68	157	477
成　都			2
重　庆		152	636
甘　肃		32	72
建筑环境与设备工程		28	51
江　苏		28	51
给水排水工程	18		3
吉　林	4		
贵　州	14		3
建筑设计与装饰	1	185	216
江　苏			31
重　庆	1	185	185
城镇规划		7	28
四　川		7	28
工业与民用建筑	1185	1653	3226
天　津	7		66
河　北		67	72
山　西		21	21
内蒙古	4	48	67
辽　宁	15	16	16
吉　林	76	185	226
长　春	17		
黑龙江	22	78	81
江　苏	135	238	450
南　京			35
浙　江		2	4
安　徽	60	75	273
福　建		2	26
江　西	17	27	41
山　东	159	144	391
河　南	6	87	168
湖　北	20	8	23
湖　南	3		16
广　东	5	57	91
广　西	3		
四　川	73	248	346
成　都	90	31	144
重　庆	314	157	303
贵　州	69	50	155
云　南		7	7
陕　西	22	97	180
甘　肃	36	8	24
新疆兵团	32		
化工、工民建	11	121	338
河　北		1	1
长　春	11	3	3
江　西		79	168
山　东		38	123
河　南			43
城镇建设	3	33	33
浙　江		33	33
四　川	3		
建筑结构工程	4	17	19
天　津	4	1	3
新　疆		16	16
地下建筑工程		77	103
江　苏		77	103
房屋建筑工程	29	24	27
江　苏		13	13
成　都	3	11	11
云　南	26		3
市政工程	26	38	104
浙　江	26	38	104
公路与城市道路工程	4	27	45
内蒙古	4	27	45
道路与桥梁	228	394	739
山　西	71	100	146
内蒙古	47	27	88
长　春	6	3	3
湖　北	98	38	165
四　川	5	2	10
重　庆		2	53
西　安	1	43	61
甘　肃		179	213
建筑施工与管理	26	20	93
北　京			7
天　津	14	6	72
四　川	12	13	13
重　庆		1	1
建筑装饰技术	32	40	73
江　苏		40	73
浙　江	32		
城市燃气工程	24		10
沈　阳	24		10
供热通风与空调工程	31	11	11
吉　林	31	11	11
道路试验与检测		1	3
西　安		1	3
工程预算	83	131	358
天　津	9	30	62
河　北	74	26	141
江　苏		21	47
新　疆		54	108
工程监理		206	206
天　津		206	206
水利类	48	82	145
水利水电工程	40	82	145
吉　林		35	35
湖　南	40		60
海　南		41	41

2.2.4 全国电大统招高等专科专业分布（续表 14）

单位：人

专业／地区	毕业生数	招生数	在校生数
重　庆		6	9
水利工程	8		
内蒙古	8		
环境与安全类	182	177	414
环境工程	48	23	59
河　北	2	16	16
大　连	26	4	38
四　川	20	3	5
安全工程	1		14
天　津	1		14
环境监测及保护	33	53	120
内蒙古	3		
江　苏	30	53	120
环境监测	28	101	199
江　苏	28	101	199
环境保护	72		22
天　津	19		22
河　北	50		
浙　江	3		
化工与制药类	167	200	303
化学工程与工艺	132	112	112
江　苏		85	85
山　东	131		
湖　北		13	13
贵　州	1		
新　疆		14	14
精细化工	10	33	56
江　苏		33	56
新　疆	10		
石油加工	1		
甘　肃	1		
化学分析			35
青　岛			35
塑料	7		
新　疆	7		
生化制药工艺	17	55	100
河　北		32	32
西　安	4		
宁　夏	13	23	68
交通运输类	199	476	699
油气储运工程		30	30
新疆兵团		30	30
铁道运输	128	258	422
山　西	60	60	189
内蒙古	68		1
山　东		198	232
铁道工程	47	62	117
山　东	47	13	68
四　川		49	49
汽车运用技术	24	126	130
长　春	6	13	17
黑龙江	18		
江　苏		113	113
轻工纺织食品类	84	228	961

专业／地区	毕业生数	招生数	在校生数
纺织工程	36		
新疆兵团	36		
食品加工		191	919
天　津		1	77
山　东		190	842
粮油储检	32		
黑龙江	32		
烟草工艺	16		5
云　南	16		5
棉花加工与检验		37	37
新疆兵团		37	37
生物工程类	41		
生物工程	41		
黑龙江	41		
农业工程类		47	47
农田水利工程		47	47
宁　夏		47	47
农学	**680**	**625**	**828**
植物生产类	555	298	387
农学	5	24	58
内蒙古	5	7	7
吉　林		6	14
重　庆			7
新疆兵团		11	30
园艺	26	86	117
浙　江		43	74
云　南		43	43
宁　夏	26		
植物保护		8	32
新疆兵团		8	32
种植	1		
云　南	1		
农业推广	523	180	180
宁　夏	523	180	180
草业科学类		61	61
草原		61	61
内蒙古		61	61
森林资源类	77	59	123
林学	77	59	123
内蒙古	77	59	123
环境生态类	1	15	15
园林	1	15	15
武　汉	1		
四　川		15	15
动物生产类	38	121	136
蚕学	14	27	42
四　川	14	27	42
畜牧	24	94	94
内蒙古	24	19	19
黑龙江		75	75
动物医学类	9	71	106
动物医学	4	20	20
吉　林	4	20	20
畜牧兽医	5	51	86

2.2.4 全国电大统招高等专科专业分布（续表 15）

单位：人

专业／地区	毕业生数	招生数	在校生数
云　南	5		2
新　疆		22	22
新疆兵团		29	62
医学	**20623**	**7566**	**23636**
基础医学类	76		
基础医学	76		
河　北	76		
预防医学类	998	255	1069
预防医学	23		11
四　川	23		7
陕　西			4
卫生管理	300	195	212
四　川	274	165	182
成　都	26		
重　庆		30	30
医学基础理论	48		47
河　北	48		47
妇幼卫生	627	60	799
山　西	141		40
湖　南	277	45	513
贵　州	70		47
宁　夏	139	15	199
临床医学与医学技术类	4936	1958	7294
临床医学	3678	1469	5754
河　北	38		
内蒙古	7		
青　岛	24		30
湖　北	135		
湖　南	710	107	675
四　川	50		
成　都	62		62
贵　州		42	42
云　南	970	847	2518
陕　西	495	401	877
西　安	179	72	373
甘　肃	354		397
青　海	93		76
宁　夏	351		704
新疆兵团	210		
麻醉学	43		6
湖　南	43		6
医学影像学	107	129	246
湖　南	16	28	46
云　南	51	56	128
陕　西	40	45	72
医学检验	246	255	425
湖　南	178	73	125
陕　西	23	112	149
宁　夏	45	70	151
医学美容	65	29	107
江　苏	48	23	101
四　川	17	6	6
医疗	688		652
青　岛	13		
贵　州	234		295
陕　西	30		26
甘　肃	411		331
临床检验	17	76	104
陕　西	17	76	104
计划生育管理	92		
河　南	50		
贵　州	27		
新　疆	15		
口腔医学类	146	44	168
口腔医学	146	44	168
湖　南	114	30	89
西　安	32	14	79
中医学类	73	6	107
中医学	73	6	87
河　南	71		50
西　安	2	6	37
藏医学			12
青　海			12
中医护理			8
浙　江			8
护理学类	13258	3607	12215
护理学	7053	1978	5704
河　北	34		10
山　西	12		5
内蒙古	24		
江　西	693	2	333
山　东	368	197	416
青　岛			46
河　南	74		25
湖　北	136	44	44
湖　南	1186	123	647
四　川	2620	1112	2495
成　都	226		29
重　庆	653	223	773
贵　州	50		28
云　南	70	104	207
陕　西	109	95	369
西　安		4	21
甘　肃	130		21
宁　夏	398		90
新　疆	126	74	74
新疆兵团	144		71
高护	6205	1629	6511
河　北	469	6	470
山　西	214		64
内蒙古	1068	52	305
江　西	1268	41	1041
山　东	456	107	462
青　岛	82	180	305
河　南	2		
湖　北			158
湖　南	19		
四　川	317	13	210

2.2.4 全国电大统招高等专科专业分布（续表 16）

单位：人

专业／地区	毕业生数	招生数	在校生数
成都	149	80	200
重庆	276	210	461
贵州	107	85	374
云南	223	371	946
陕西	424	313	666
西安	64	35	143
甘肃	314		175
青海	186		49
宁夏	381	136	429
新疆	54		53
新疆兵团	132		
药学类	1136	1696	2783
药学	611	681	1624
湖北	11	41	41
湖南	312	106	286
四川	30	28	28
重庆	62	312	723
陕西			6
宁夏	196	194	540
中药学	2		
成都	2		
药物制剂	26	51	89
河北		38	38
黑龙江	26	13	51
药理学	22	20	60
重庆	22	20	60
药检	25	75	87
四川	25	75	75
贵州			12
药品质量监督管理	354	848	900
四川	343	848	900
成都	11		
中药商品管理	96	21	23
天津			2
四川	96	21	21
管理学	**58678**	**60766**	**111976**
管理科学与工程类	4975	4836	9480
管理科学	6		
沈阳	6		
信息管理与信息系统	219	225	337
河北	18	1	11
黑龙江	19		24
江苏	53		
宁波	6		2
武汉	83		3
广西		28	28
四川			29
重庆	40	196	240
工程管理		164	164
天津		148	148
河北		16	16
经济信息学	429	60	212
江苏			36
河南			20
湖北	5		
湖南	207	53	149
四川	217	7	7
计算机管理	117	340	497
江苏		66	66
福建	6		5
河南	1		13
广西	12		
四川		29	49
贵州	17		
云南	81	245	364
计算机信息管理	3355	2601	5823
天津	43	55	169
河北	142	144	392
内蒙古	70	33	156
辽宁		77	77
吉林	15	48	48
上海	146		113
江苏	876	229	801
南京	176	77	562
浙江	143	608	1211
安徽		2	2
福建	65	67	300
江西	1020	150	394
青岛	42		50
湖北	33	134	147
武汉	67	91	175
广西	9	12	75
四川	103	137	137
成都	40	100	100
重庆	284	564	706
贵州	36		
云南	2	35	65
西安	35	38	134
新疆	8		9
工业企业管理	127	68	95
河北		31	31
吉林	19		
黑龙江		15	15
山东	4	16	34
湖北	92		
湖南	12		
四川		6	15
交通管理	46	378	389
天津		58	58
山西	40	320	320
甘肃	6		11
交通运输管理	65	123	156
湖北	15	13	13
四川	50	110	110
宁夏			33
运输管理	65		125
天津	65		125
公路运输管理	47	16	16

2.2.4 全国电大统招高等专科专业分布（续表 17）

单位：人

专业／地区	毕业生数	招生数	在校生数	专业／地区	毕业生数	招生数	在校生数
四　川	47	16	16	天　津	59	61	108
铁道运输管理	103		139	河　北	116	389	697
内蒙古	14		2	山　西		20	20
山　东	24			内蒙古	2		
宁　夏	65		137	辽　宁	48		
邮电管理工程	82	40	89	沈　阳	1	20	29
内蒙古	37			大　连	32	23	39
四　川		11	11	吉　林	57	39	54
宁　夏	45	29	78	长　春	7	29	29
房地产	83	128	251	黑龙江	50	57	84
浙　江	21			哈尔滨	167	38	38
福　建			17	上　海	4		56
厦　门	35	56	109	江　苏	76	171	333
广　州	27		53	南　京	28		49
成　都		72	72	浙　江	73	132	235
市政工程预算管理	193	456	781	宁　波	22		
天　津	192	454	767	安　徽	51	143	298
河　北	1	2	14	福　建	2	130	455
工程造价管理	38	237	406	厦　门	14	108	178
河　北		14	27	江　西	273	274	437
江　苏	2	135	291	山　东	4	177	368
四　川	36	88	88	青　岛		84	207
工商管理类	48848	51429	94876	河　南	59	173	277
工商管理	2932	4454	7622	湖　北	138	89	116
天　津	2	7	7	武　汉	3		
河　北	61	178	334	湖　南	217	126	173
山　西		27	27	广　东	87	183	362
辽　宁	40		60	广　州	70	103	209
沈　阳	10	77	77	广　西	64	74	117
大　连		40	88	四　川	305	321	346
吉　林	78			成　都	85	147	147
长　春	99	272	272	重　庆	317	463	877
江　苏		25	25	贵　州	72	159	191
浙　江	481	426	857	陕　西	12	58	58
福　建	142	248	542	西　安	4	10	14
厦　门	48	52	106	甘　肃	103	196	236
江　西	226	664	1176	宁　夏	459	49	201
山　东	194	243	502	新　疆	34	21	60
青　岛		83	259	会计学	3345	3595	7809
河　南	29	33	55	北　京	47	1	77
湖　北	81	42	145	天　津	378	163	572
武　汉	29	92	108	河　北	134	34	175
湖　南	142	14	36	内蒙古	14	16	16
广　东	310	402	815	辽　宁			109
深　圳	113	18	181	沈　阳			227
四　川	27	68	85	吉　林	92	79	150
成　都	355	325	325	黑龙江	21		15
重　庆	175	755	893	江　苏	61		33
贵　州	40			南　京	16	46	86
陕　西	178	246	433	浙　江	211	121	255
甘　肃	72			宁　波	8	142	436
青　海		26	37	安　徽	24	14	23
新　疆		91	177	福　建	6	8	43
市场营销	3115	4067	7098	厦　门	70	164	279

2.2.4 全国电大统招高等专科专业分布（续表 18）

单位：人

专业／地区	毕业生数	招生数	在校生数
江　西	665	913	1588
青　岛	13	172	613
河　南	63	25	25
湖　北	361	200	233
武　汉	51	27	44
湖　南	374	12	133
广　东	309	506	779
广　州	187	236	541
深　圳	63	79	231
广　西		314	580
四　川	2		
成　都		1	1
重　庆	7	210	375
贵　州	18		28
西　安		7	20
甘　肃	28	105	122
青　海	37		
新　疆	85		
财务管理	68	3	118
沈　阳	6		
吉　林		1	10
南　京	62		106
青　岛		2	2
人力资源管理	6	19	20
西　安	6	19	20
旅游管理	370	565	1608
河　北	128	42	197
江　苏	6	116	397
南　京	99	65	174
浙　江	30	24	70
安　徽		25	104
江　西	39		48
山　东			5
青　岛		61	142
湖　北		17	50
广　东		20	48
海　南	25	48	93
成　都		42	42
重　庆	13	57	134
贵　州	11		7
云　南	19	48	97
审计学			30
江　苏			30
电子商务	3276	3878	7734
河　北	191	237	423
山　西	73	12	39
大　连	479	263	472
吉　林	84	34	34
长　春		15	15
哈尔滨	81	35	35
江　苏	315	268	667
南　京	67	110	251
浙　江	58	174	326
安　徽			21
厦　门		96	123
山　东	74	415	610
青　岛		41	159
河　南	127	364	749
湖　北	117	123	208
武　汉	138	71	172
湖　南	109	93	308
广　东	499	562	1141
广　州		43	89
深　圳	41	7	104
广　西	240	404	826
海　南	33	29	87
四　川	73	198	257
重　庆	402	275	490
贵　州	75		119
西　安		9	9
物流管理		859	1237
天　津		82	82
江　苏		481	859
浙　江		34	34
青　岛		161	161
广　州		101	101
国际企业管理	2		
安　徽	2		
国际工商管理	33		53
南　京	33		53
企业管理	479	329	556
长　春	55	74	74
黑龙江		47	47
上　海	68	51	120
江　苏	2		59
南　京	13		13
山　东	26		
河　南	8	56	83
湖　北	45	21	21
湖　南	235	37	76
贵　州		10	10
甘　肃		33	53
新疆兵团	27		
现代企业管理	143	28	92
天　津	21	3	62
湖　北	122	25	30
工商企业管理	2451	4162	6108
天　津	98	140	280
河　北	7	34	140
辽　宁	19		
沈　阳	16		34
大　连	34	53	126
吉　林	208	1536	1575
黑龙江	224	68	108
哈尔滨	284	256	256
江　苏	57		89
浙　江	84	31	78
宁　波	10		25

2.2.4 全国电大统招高等专科专业分布（续表 19）

单位：人

专业／地区	毕业生数	招生数	在校生数
福　建	15	33	155
江　西	20	11	40
山　东	8	95	437
湖　北	93	188	240
湖　南	43		52
广　东	8		
广　州	166	303	663
广　西	24		
四　川	771	934	943
重　庆	115	289	368
贵　州	51	22	34
云　南		74	290
陕　西	19	64	105
宁　夏	64	24	63
新　疆	13	7	7
商业企业管理	96	47	120
湖　南	1		
四　川	60		
重　庆			1
云　南	35	47	119
乡镇企业管理	42		229
江　西	42		42
重　庆			187
商务管理	596	230	282
辽　宁	50		
江　苏	15	47	47
南　京		138	175
安　徽	51		
湖　北	480	30	45
重　庆		15	15
经济管理	1392	1437	2197
内蒙古	4	20	32
沈　阳	6		127
长　春	26	132	132
黑龙江	50	21	21
江　苏	21		109
浙　江		55	86
宁　波	20		38
河　南	65		27
湖　北	47	155	414
湖　南	267	100	111
广　东	91	106	161
广　西	56	51	90
海　南	31	162	162
四　川	26		
重　庆		36	36
贵　州	615	524	576
新　疆	67	75	75
涉外经济管理			38
江　西			38
城乡经济管理	1	11	11
四　川		11	11
贵　州	1		
劳动经济管理	4		5
天　津	4		5
铁道运输经济管理	28	10	55
天　津	28	10	55
动力工业经济管理	12		
山　西	12		
建筑工业经济管理	338	539	550
四　川	264	389	400
成　都	74	150	150
建筑经营管理	6	281	281
天　津	5		
湖　南		3	3
四　川	1	278	278
经营与管理	28	12	50
大　连	12		
南　京	16	12	50
房地产经营管理	314	374	578
大　连	28	3	3
吉　林	15	60	60
江　苏		26	69
浙　江	59	67	150
河　南	13		
湖　北	1		
湖　南	32		15
广　州	18		
四　川	99	143	143
重　庆	41	75	138
贵　州	8		
物业管理	540	677	1253
北　京	22	12	40
天　津	70		27
河　北		28	28
内蒙古	13	7	7
大　连		17	17
长　春		16	16
江　苏	22	15	15
江　西		17	17
河　南			21
湖　南		13	27
广　东	25	35	67
广　州	107	169	439
深　圳	72		72
广　西		9	18
四　川	27	160	160
成　都	121	37	62
重　庆		54	54
贵　州	31	12	13
陕　西		46	100
西　安	7	3	3
甘　肃	23	11	14
新　疆		2	16
新疆兵团		14	20
经济信息管理	2467	2142	4005
天　津	50	15	35
河　北			22

2.2.4 全国电大统招高等专科专业分布（续表 20）

单位：人

专业／地区	毕业生数	招生数	在校生数
大　连	393	349	556
上　海	27		
江　苏	273	35	365
南　京	47	81	129
宁　波	203	180	603
江　西	44	3	3
河　南		51	137
湖　北	103	81	81
湖　南	98	90	164
广　西	161	102	323
四　川	664	972	1195
成　都	99	137	197
贵　州		34	104
陕　西	26		21
甘　肃	2		9
新　疆	277	12	61
材料管理		35	35
河　南		35	35
外贸营销			1
西　安			1
现管与市场营销	199	420	665
广　西	27	35	35
重　庆	172	385	630
市场营销与广告		77	77
江　苏		17	17
贵　州		60	60
财务会计与审计	133	125	313
河　北		3	7
重　庆	71	2	61
云　南	62	120	245
审计学	1		
江　苏	1		
现代会计及管理	585	158	348
山　西	70		
内蒙古	5	51	82
湖　南	310		
重　庆	200	107	266
财务会计	11209	9217	20213
北　京	241	291	574
天　津	431	430	1158
河　北	1767	1263	3597
内蒙古	32	63	144
辽　宁	70		
沈　阳	1		
大　连	299	235	430
吉　林	485	432	438
黑龙江	255	295	348
上　海	121	101	196
江　苏	756	842	1814
南　京	14	108	179
浙　江	1723	1499	2874
宁　波	313	82	191
安　徽	257	212	704
福　建	172	158	714
江　西	19	25	46
山　东	847	1214	3148
河　南	182	241	430
湖　北	566	654	1018
湖　南	1385	265	883
广　西		18	18
海　南	308	270	307
四　川	138	110	180
成　都	169	42	42
重　庆	146	230	373
贵　州	181	80	125
云　南			6
陕　西	126		48
西　安	15	18	62
甘　肃	18	19	58
青　海	74	4	18
宁　夏	93	16	62
新　疆			28
新疆兵团	5		
投资会计		29	29
广　西		29	29
电算会计	4518	2919	5992
河　北	2	43	63
山　西	128	38	117
内蒙古	9		
吉　林	501	121	144
长　春	132	264	267
黑龙江	353	212	313
哈尔滨	392	157	179
江　苏	42		
安　徽	23		66
福　建	21	18	158
厦　门	29	28	114
江　西	1074	117	211
山　东		198	417
青　岛		31	87
河　南	3	268	455
湖　北	34	111	144
广　东	39	43	125
广　州	26	63	90
深　圳	137	8	60
广　西	300	226	536
四　川	13	10	40
重　庆	237	218	442
贵　州	43	42	42
云　南	351	420	1162
陕　西	14	12	20
西　安		61	61
甘　肃	33	59	119
宁　夏	582	151	542
新　疆			18
国际会计	107	208	779
天　津	82	158	380
南　京	25	50	399

2.2.4 全国电大统招高等专科专业分布（续表 21）

单位：人

专业／地区	毕业生数	招生数	在校生数
涉外财务会计	20	46	46
南　京		46	46
武　汉	20		
市场营销与会计	49	58	128
重　庆	49	58	128
会计统计	27		24
江　苏			24
新　疆	27		
会计仓储	22	89	89
贵　州	22	89	89
会计电算化	4140	5483	8841
天　津	2		
河　北	56	293	450
山　西	46	301	355
内蒙古	148	384	469
辽　宁	4		28
沈　阳	195	143	338
大　连	104	79	139
吉　林	273	628	628
长　春	192	210	211
安　徽	9		
福　建	171	258	782
厦　门	33	129	206
江　西	48	25	65
山　东			9
青　岛	44	96	451
河　南	201	108	216
湖　北	278	106	306
广　东	659	624	1389
广　州	66	101	218
深　圳	28	15	87
广　西	76		
海　南	33	43	108
重　庆	524	717	795
贵　州	334	351	386
云　南	14	43	101
陕　西	210	435	582
西　安	18	116	152
甘　肃	136	234	241
新　疆	217	44	113
新疆兵团	21		16
会计与统计核算	83		174
江　苏	2		35
南　京			21
浙　江	40		12
山　东	20		106
新　疆	19		
新疆兵团	2		
财会与计算机	4686	3444	4487
天　津	1		
内蒙古	1		
辽　宁		59	66
沈　阳	22		7
江　苏	258	105	547
青　岛	2		1
河　南	41	93	136
湖　北	99	74	158
四　川	2182	2146	2188
成　都	1040	430	517
重　庆	10		
陕　西	208	58	189
西　安	149	92	172
甘　肃	673	387	506
金融财会	46	19	136
宁　波	12		10
山　东	2		
重　庆	32	19	126
涉外财务管理	32		
贵　州	32		
房地产评估	8	22	26
吉　林	8	22	26
饭店管理	134	260	393
天　津	21	163	287
四　川		27	27
成　都	96	65	65
云　南	17		9
西　安		5	5
旅游与酒店管理	586	959	2056
河　北	64	89	215
内蒙古		1	1
大　连	71	41	114
吉　林	20		
黑龙江	50		73
江　苏		51	51
浙　江	2	138	192
福　建			44
江　西		15	15
山　东		135	371
河　南	23		23
湖　北	75	13	30
武　汉			13
湖　南	96	9	147
广　州	51	56	138
四　川	46	205	339
重　庆	18	3	6
贵　州		99	140
陕　西	40	24	41
甘　肃	7	6	12
宁　夏	23	74	91
旅游	179	142	282
内蒙古		29	29
江　苏		22	55
江　西	39		48
山　东		60	60
湖　北	19		
四　川		12	12
成　都	35		
重　庆	17	11	11

2.2.4 全国电大统招高等专科专业分布（续表 22）

单位：人

专业／地区	毕业生数	招生数	在校生数
贵　州	48		35
新　疆		8	32
新疆兵团	21		
导游			3
河　北			3
公共管理类	4605	4277	7374
行政管理	4055	3669	6273
天　津	7		11
河　北	3		13
山　西		75	85
内蒙古	21	3	3
沈　阳	80		677
黑龙江	1	70	70
上　海	15		20
江　苏	4		
浙　江	112	344	569
宁　波		11	23
福　建	20	1	9
江　西	95	100	176
山　东			2
青　岛		1	1
河　南	12	19	19
湖　北	1024	324	324
武　汉	183	108	131
湖　南	66	24	108
广　东	647	821	1632
广　州	67	182	315
深　圳	1	108	213
广　西	80	157	198
四　川	340	615	755
成　都	63	133	133
重　庆	311	207	234
贵　州	149	238	304
陕　西	166	7	37
甘　肃	75	21	45
宁　夏	56	33	99
新　疆	457	67	67
公共事业管理		30	143
江　苏		30	62
宁　夏			81
土地资源管理	3		
福　建	3		
公共关系学	7	2	2
四　川	3	2	2
甘　肃	4		
工商行政管理	157	323	466
河　北	2	3	3
吉　林	4	7	7
江　西			23
湖　北	121	95	211
湖　南	30	35	35
海　南		123	123
四　川		60	60
青　海			4
公共事业管理(卫生事业管理方向)	108	120	124
四　川	108	39	43
贵　州		81	81
公共事业管理(教育管理方向)	133	24	58
江　西		12	12
湖　南	17		
广　州	1	12	12
广　西	14		32
四　川	71		
成　都	30		
云　南			2
人事管理	3		
四　川	3		
土地管理	27	74	82
福　建	1		
湖　北	6	4	4
成　都		63	63
贵　州	20	7	15
文化艺术事业管理	18	34	62
北　京	18	34	62
群众文化		1	1
陕　西		1	1
海关管理			71
广　东			71
报关与货运	94		92
山　东	94		92
农业经济管理类	209	203	203
农林经济管理	208	202	202
云　南	22		
宁　夏	186	202	202
现代农业技术与经营		1	1
重　庆		1	1
乡镇管理	1		
北　京	1		
图书档案学类	41	21	43
图书馆学	41	21	43
天　津	9	16	24
福　建	5	5	11
广　东	4		
宁　夏	23		8

2.2.5 全国电大专科升本科专业与学生情况

单位：人

	毕业生	招　生	在校生	预计毕业生
总　计	427	609	796	320
经济学		**4**	**4**	
经济学类		4	4	
金融学		4	4	
重　庆		4	4	
法学	**273**	**402**	**456**	**104**
法学类	273	402	456	104
法学	273	401	455	104
湖　北	256	216	238	70
重　庆	17	185	217	34
法律		1	1	
重　庆		1	1	
文学	**154**	**151**	**227**	**135**
中国语言文学类	17	123	180	88
汉语言文学	17	119	176	88
湖　北	10	31	31	31
重　庆	7	88	145	57
汉语言文学教育		4	4	
重　庆		4	4	
外国语言文学类	137	28	34	34
英语	17	28	28	28
湖　北	17	28	28	28
英语教育	120		6	6
江　苏	120		6	6
艺术类			13	13
广播电视节目制作			13	13
江　苏			13	13
工学			**7**	**7**
环境与安全类			7	7
环境工程			7	7
江　苏			7	7
管理学		**52**	**102**	**74**
工商管理类		52	102	74
工商管理		24	24	24
湖　北		24	24	24
会计学		28	78	50
重　庆		28	78	50

2.3 全国电大中等专业学历教育学生情况

单位：人

学校	毕业生	招生	在校生
总计	**58514**	**70006**	**181682**
北京	**1189**	**753**	**4341**
北京广播电视大学	1189	705	4230
门头沟分校		28	62
首钢矿山职工学校		20	49
河北	**11261**	**10719**	**17019**
河北广播电视大学	7932	5562	9663
石家庄广播电视大学	670	1460	2525
唐山广播电视大学	105	96	222
秦皇岛广播电视大学		350	591
邯郸广播电视大学	276	355	630
承德广播电视大学			66
邢台广播电视大学	30	126	251
保定广播电视大学	1533	1937	1987
张家口广播电视大学	165	256	261
廊坊广播电视大学	336	193	340
衡水广播电视大学	115	84	183
省直分校	99	300	300
内蒙古	**556**	**1137**	**486**
内蒙古广播电视大学	115	70	130
包头分校	45	25	123
赤峰市分校	276	44	
兴安盟分校	56	41	41
哲里木盟分校	64		61
巴盟广播电视大学		3	38
乌海市分校			10
呼和浩特铁路局分校		888	
大雁电大分校		66	83
辽宁	**4111**	**4826**	**16201**
辽宁广播电视大学	203	1309	3287
鞍山广播电视大学	8	10	35
抚顺广播电视大学	215		67
本溪广播电视大学		16	28
锦州分校	44	80	249
丹东分校	158	290	471
营口分校	253	226	649
辽阳分校	81	249	561
朝阳广播电视大学	127	116	252
阜新分校	38		18
沈阳铁路局电大	2809	2530	10487
葫芦岛市电大分校	175		97
沈阳	**402**	**225**	**404**
沈阳广播电视大学	345	225	401
新城子分校	12		3
于洪分校	39		
辽中分校	6		
吉林	**17**		
吉林市分校	17		
长春	**74**	**105**	**209**
长春市广播电视大学	58	73	185
长影影视艺术学校	16	32	24
黑龙江	**2705**	**3997**	**6700**
黑龙江广播电视大学	2705	3480	6069
佳木斯广播电视大学		24	24
伊春市广播电视大学		482	482
牡丹江林区广播电视大学		1	57
松花江林区广播电视大学		10	68
哈尔滨	**56**		
哈尔滨广播电视大学	56		
上海	**2253**	**1741**	**6117**
上海电视大学	2253	1741	6117
江苏	**2709**	**11001**	**36897**
江苏广播电视大学	403	1090	4493
常州市广播电视大学	251	1358	5114
无锡市广播电视大学	115	1533	5269
苏州市广播电视大学	239	2354	6692
南通市广播电视大学	408	1488	3877
扬州市广播电视大学	272	1424	4115
淮安市广播电视大学		342	742
盐城市广播电视大学	485	450	1538
连云港广播电视大学	197	623	2106
泰州市广播电视大学	179	254	1248
宿迁市广播电视大学	84	85	432
江苏电大张家港学院	76		1271
南京	**330**	**989**	**2653**
南京市广播电视大学	200	296	1000
江宁区分校	49	182	506
六合县分校	19	198	356
高淳县分校		42	82
大厂分校		122	307
浦口分校	18	74	181
建邺区分校		25	
雨花台区分校	44	50	221
浙江	**3590**	**5685**	**12903**
浙江广播电视大学	841	1372	2648
杭州广播电视大学	947	1245	3700
嘉兴广播电视大学	278	463	1881
湖州广播电视大学	32	52	125
金华广播电视大学	202	60	105
衢州广播电视大学	36	168	168
台州广播电视大学		519	577
丽水广播电视大学	143	242	494
温州广播电视大学	1111	1564	3205
宁波	**591**	**1044**	**2582**
宁波广播电视大学	486	890	2215
奉化分校	62	87	238
江北工作站	43	67	129
安徽	**588**	**1160**	**3093**
安徽广播电视大学	451	1110	2961
马鞍山分校	67		
铜陵分校	70	50	126
阜阳分校			6

2.3 全国电大中等专业学历教育学生情况（续表 1）

单位：人

学　校	毕业生	招　生	在校生
福　建	**1295**	**1135**	**3438**
宁德分校	12		
南平分校	75	75	
漳州分校	485		26
龙岩分校	105		32
永安分校	49		49
继续教育学院	569	1060	3331
江　西	**291**	**49**	**1316**
江西广播电视大学	207		1192
九江市分校	22	25	80
萍乡市分校		24	24
赣州广播电视大学	62		20
山　东	**628**	**319**	**2543**
淄博广播电视大学	534	90	1023
济宁广播电视大学	94	39	690
莱芜钢铁总厂广播电视大学		190	830
青　岛	**2923**	**1513**	**1484**
青岛广播电视大学	2923	1478	1264
莱西分校			185
胶州分校		35	35
河　南	**776**	**2960**	**5448**
河南广播电视大学	531	2562	4295
郑州广播电视大学	116	46	458
洛阳市广播电视大学	84	300	311
安阳广播电视大学	45		332
南阳广播电视大学		52	52
湖　北	**171**	**313**	**511**
咸宁地区广播电视大学	21		18
宜昌市广播电视大学	150	195	375
黄石广播电视大学		118	118
武　汉	**20**	**172**	**357**
武汉市广播电视大学	20	172	357
湖　南	**253**	**541**	**1669**
衡阳市广播电视大学	116	361	633
益阳广播电视大学			12
常德广播电视大学	137	180	1024
广　东	**2228**	**3046**	**7601**
珠海市广播电视大学	43		
汕头广播电视大学	210	295	726
中山市广播电视大学	533	356	1692
江门市广播电视大学	741	1286	2745
阳江市广播电视大学	97	397	719
湛江市广播电视大学	16	66	153
茂名广播电视大学	138	544	1422
潮州广播电视大学	450		
云浮市广播电视大学		102	144
广　州	**188**	**102**	**257**
广州市广播电视大学	76	102	257
天河区分校	112		
深　圳	**161**	**421**	**597**
深圳市广播电视大学	161	421	597
广　西	**1710**	**1409**	**4832**
广西广播电视大学	1300	1100	3600
区直分校	245	250	661
柳州市广播电视大学	72	28	138
梧州市分校	93	31	208
北海市分校			225
海　南	**174**	**64**	**178**
海南广播电视大学	174	64	178
四　川	**7950**	**6611**	**14249**
四川广播电视大学	995	1554	3703
省建委分校	2223	535	1486
成都铁路局分校	271	206	845
德阳广播电视大学	524	610	135
绵阳广播电视大学	167	603	1603
广元广播电视大学	430	521	620
遂宁广播电视大学	17	280	587
雅安分校	48		20
乐山广播电视大学	470		
自贡广播电视大学	371	630	1557
宜宾广播电视大学	352	698	1370
泸州广播电视大学	524		507
南充广播电视大学	1062	580	1250
达川广播电视大学	14	71	71
攀枝花广播电视大学	311	25	117
巴中广播电视大学		68	68
眉山广播电视大学	171	230	310
成　都	**528**	**444**	**979**
成都广播电视大学	528	444	979
重　庆		**40**	**142**
涪陵广播电视大学			102
石柱电大工作站		40	40
贵　州	**154**	**62**	**310**
贵州广播电视大学	154	62	310
云　南	**2118**	**1242**	**10445**
云南广播电视大学	1266		
玉溪广播电视大学	376	412	1513
红河分校	53	81	187
曲靖分校			4150
昭通分校	69		294
楚雄广播电视大学		93	666
大理分校			1023
保山分校	78	176	767
临沧分校	41	197	860
丽江分校	217	79	551
怒江电大分校		204	383
云南省有色地质电大分校	18		51
陕　西	**3168**	**2035**	**4262**
陕西省广播电视大学	3149	2000	4227
宝鸡市分校	10	35	35
汉中分校	9		
西　安	**323**	**134**	**644**

2.3 全国电大中等专业学历教育学生情况（续表 2）

单位：人

学 校	毕业生	招 生	在校生	学 校	毕业生	招 生	在校生
西安市广播电视大学	146	120	577				
西安电大开放教育学院	135		25				
户县分校	42	14	42				
甘 肃	**2935**	**3475**	**9884**				
甘肃广播电视大学	1835	2366	7422				
天水市分校	347						
庆阳地区分校	61		98				
定西地区分校	348	70	88				
武威地区分校	11						
甘南分校	11						
亚盛集团公司分校	11						
玉门石油管理局分校		13	38				
滨河集团分校	7						
兰州铁路分局分校	137	426	1123				
甘肃省乡镇企业分校	17	15					
武威铁路分局电大工作站	150	600	1100				
新 疆	**23**	**88**	**170**				
昌吉广播电视大学	23	88	170				
新疆兵团	**65**	**449**	**761**				
新疆兵团广播电视大学	42	95	156				
农四师分校			44				
农九师分校	23	230	285				
农十二师分校		124	276				

III 非学历教育

NON-DIPLOMA EDUCATION

本章反映全国广播电视大学开展非学历教育的情况。

主要内容包括：

按地区和教育类别列出各学校非学历教育的结业生数和注册学生数（人次）。

指标解释

·进修及培训：是指在高等教育学校（机构）进行的各类非学历教育。

·资格证书：是指由各类高等教育机构举办的，招收具有高中毕业文化程度，从事专业技术工作或专业性较强的管理工作人员，经过学习及考试合格，取得达到岗位要求的专业知识水平的非学历教育。证书教育形式包括单科班和专业证书班。

·岗位证书：是指由各类高等教育机构举办的，以提高本职工作能力为目的的非学历教育和培训活动。接受培训的各类人员按要求经考核合格，颁发岗位合格证书和上岗任职聘任书。岗位培训形式包括资格性培训和适应性培训。

简要说明

1.“进修及培训”的统计形式由于教学时数的不同，本年鉴按四部分时段列出：（1）一月以内；（2）一月至半年内；（3）半年至一年内；（4）一年以上。

2．2004年全国广播电视大学非学历教育中“资格证书培训”和“岗位证书培训”结业生数为43.28万人次，占非学历教育结业生总数的42.63%。

3．2004年全国广播电视大学非学历教育中“外语”结业生数为5.57万人次，“会计”结业生数为4.49万人次，“计算机”结业生数为13.36万人次，占非学历教育结业生总数的23.06%。

4．2004年全国广播电视大学非学历教育规模较2003年有较大幅度的回升，结业生数达到了百万人次以上。全国广播电视大学非学历教育结业生数在3万人次以上的学校是：上海、河南、山东、浙江、新疆、河北、贵州7所广播电视大学，其中上海电视大学结业生数为30.49万人次，河南广播电视大学结业生数为13.90万人次，山东广播电视大学结业生数为11.03万人次，浙江广播电视大学结业生数为5.05万人次。

3.1 全国电大非学历教育

单位：人次

	进修及培训											
	合计	一月以内	一月至半年内	半年至一年内	一年以上	在合计中			在合计中			
						计	资格证书培训	岗位证书培训	计	外语	会计	计算机
总　计												
结业生	1015305	620573	278806	94163	21763	432848	192600	240248	234205	55744	44885	133576
注册生	554222	199266	272057	71997	10902	212930	37289	175641	193093	10621	20633	161839
北　京												
结业生	12571	8588	2830	487	666	8410	1014	7396	7620	995	5398	1227
注册生	5478	919	833	164	3562	1685	1360	325	1595	540		1055
北京广播电视大学												
结业生	7467	6163	1144	160		5571	185	5386	6035	65	5386	584
注册生	1760	919	653	164	24	774	774		1427	372		1055
崇文分校												
结业生	212				212	55	55					
注册生	937				937	325		325				
石景山分校												
结业生	121		121			12	12		109	109		
注册生	121		121			12	12		109	109		
平谷分校												
结业生	66			66		27	27					
怀柔县分校												
结业生	501		501			447	115	332	447	409		38
注册生	2027				2027							
延庆分校												
结业生	629	18	121	36	454	454	454		121	121		
注册生	633		59		574	574	574		59	59		
顺义分校												
结业生	1135	540	370	225		135	50	85	595	225		370
门头沟分校												
结业生	473		473			12	12		12		12	
金融分校												
结业生	1493	1493				1493		1493	301	66		235
房山区燕山工作站												
结业生	270	270										
文化局工作站												
结业生	204	104	100			204	104	100				
河　北												
结业生	34929	23	2721	31712	473	575	150	425	31712	31712		
注册生	1083	41	982		60	1038	1023	15				
河北广播电视大学												
结业生	34383		2671	31712		127	127		31712	31712		
注册生	982		982			982	982					
唐山广播电视大学												
结业生	23	23				23	23					
注册生	41	41				41	41					
保定广播电视大学												
结业生	425				425	425		425				
注册生	15				15	15		15				
省直分校												
结业生	98		50		48							
注册生	45				45							
山　西												

3.1 全国电大非学历教育（续表 1）

单位：人

	进修及培训											
	合计	一月以内	一月至半年内	半年至一年内	一年以上	在合计中			在合计中			
						计	资格证书培训	岗位证书培训	计	外语	会计	计算机
结业生	14290	14290				4414	3493	921	1112	138	60	914
山西广播电视大学												
结业生	9498	9498				160		160	338	138	60	140
阳泉分校												
结业生	538	538							538			538
长治分校												
结业生	1275	1275				1275	1250	25				
晋城分校												
结业生	953	953				953	953					
中条山有色分校												
结业生	2026	2026				2026	1290	736	236			236
内蒙古												
结业生	16292	15030	769	239	254	13258	10037	3221	1294	10	65	1219
注册生	76	76				76		76				
内蒙古广播电视大学												
结业生	2687	2687				525	86	439				
呼和浩特市分校												
结业生	106	106										
赤峰市分校												
结业生	1300	1300				1300	1300					
兴安盟分校												
结业生	300	300				300	300					
哲里木盟分校												
结业生	945	250	220	230	245	945	945					
锡林郭勒盟分校												
结业生	2126	1803	323			1360	1037	323	71			71
乌兰察布盟分校												
结业生	1523	1523				1523	1523					
鄂尔多斯市分校												
结业生	1300	1300				1300	1300					
巴盟广播电视大学												
结业生	1032	1032				1032	1032					
乌海市分校												
结业生	86	42	26	9	9	86	50	36	86	10	25	51
内蒙古阿拉善盟电大												
结业生	3821	3621	200			3821	1398	2423	1137		40	1097
注册生	76	76				76		76				
大兴安岭林业电大												
结业生	1066	1066				1066	1066					
辽宁												
结业生	2448		1697		751	2447	800	1647	81			81
辽宁广播电视大学												
结业生	1550		800		750	1550	800	750	80			80
本溪广播电视大学												
结业生	897		897			897		897				
辽河石油勘探局电大												
结业生	1				1				1			1
沈阳												
结业生	6772	6314	438	20		6319	2992	3327	3864	1598	805	1461

3.1 全国电大非学历教育（续表 2）

单位：人

	进修及培训											
	合计	一月以内	一月至半年内	半年至一年内	一年以上	在合计中			在合计中			
						计	资格证书培训	岗位证书培训	计	外语	会计	计算机
注册生	154		154									
沈阳广播电视大学												
结业生	5474	5234	240			5474	2936	2538	2936	1598		1338
苏家屯分校												
结业生	159		159									
注册生	154		154									
于洪分校												
结业生	1139	1080	39	20		845	56	789	928		805	123
大　连												
结业生	80		80			80	80		80		80	
大连广播电视大学												
结业生	80		80			80	80		80		80	
吉　林												
结业生	230	230				115	115					
辽源分校												
结业生	230	230				115	115					
长　春												
结业生	1967	1967				1967	1720	247	1720			1720
长春市广播电视大学												
结业生	1967	1967				1967	1720	247	1720			1720
黑 龙 江												
结业生	1236	1021	215			1080	213	867	436			436
注册生	1402	1096	306			1188	297	891	631			631
大庆广播电视大学												
结业生	1236	1021	215			1080	213	867	436			436
注册生	1402	1096	306			1188	297	891	631			631
哈 尔 滨												
结业生	173		69	104		173	173					
哈尔滨广播电视大学												
结业生	173		69	104		173	173					
上　海												
结业生	304911	152104	117671	34461	675	83921	9894	74027	82110	4140	14676	63294
注册生	446675	147770	231302	66962	641	145233	9819	135414	167022	6095	10667	150260
上海电视大学												
结业生	237780	124079	93960	19741		57303	1503	55800	57415	206		57209
注册生	393513	124079	213259	56175		122688	3296	119392	149417	3029		146388
虹口区分校												
结业生	9006	1747	2374	4885								
注册生	9114	1815	2374	4925								
闵行二分校												
结业生	365		197	168		168		168	197	89	67	41
注册生	214		102	112		112		112	102	51	19	32
宝山分校												
结业生	9582	2914	5538	1096	34	2905	2367	538	6814	833	4008	1973
注册生	595		595			289	289		428		125	303
浦东新区分校												
结业生	2900	2900				189	189					
注册生	2900	2900				180	180					
闵行一分校												

3.1 全国电大非学历教育（续表3）

单位：人

	进修及培训											
	合计	一月以内	一月至半年内	半年至一年内	一年以上	在合计中			在合计中			
						计	资格证书培训	岗位证书培训	计	外语	会计	计算机
结业生	2592	1505	867	220								
注册生	2726	1505	867	354		337	237	100	103	49		54
金山分校												
结业生	652	652										
注册生	717	652	65						65			65
松江分校												
结业生	4012	2206	1637	169		2346	140	2206	1497	143	185	1169
注册生	595		532	63					595	63	88	444
奉贤分校												
结业生	3760			3760		585	585					
注册生	910			910		460	460					
青浦分校												
结业生	1238	860	285	93		160	160		160	30		130
注册生	1247	865	288	94		161	161		162	30		132
崇明分校												
结业生	2050	1849	160		41	2029	783	1246	763	160		603
注册生	2050	1849	160		41	2029	783	1246	763	160		603
嘉定分校												
结业生	2674	868	1008	798		1008		1008	798	256		542
注册生	2674	868	1008	798		1008		1008	798	256		542
黄浦区经贸委分校												
结业生	438	438				438		438	438		438	
注册生	438	438				438		438	438		438	
长宁区分校												
结业生	1672	1047		625		41		41				
注册生	1672	1047		625		41		41				
闸北区分校												
结业生	71		71			71	71					
注册生	119		119			119	119					
卢湾区分校												
结业生	696	696				696		696				
注册生	950	950				950		950				
黄浦分校												
结业生	3600	2000		1000	600	200	200		450	450		
注册生	3600	2000		1000	600	200	200		450	450		
普陀区工作站												
结业生	6500	1500	3800	1200		5500	2700	3800	1200	80	1000	120
注册生	6500	1500	3800	1200		5500	2700	3800	1200	80	1000	120
静安区分校												
结业生	5850	4870	980			3539	158	3381	4462	498	3381	583
注册生	6446	5329	1117			3756	356	3400	4585	532	3400	653
西区分部												
结业生	5174		4468	706		5174	868	4306	4890	408	4428	54
注册生	5396		4690	706		5396	868	4528	4890	408	4428	54
徐汇财贸分校												
结业生	4299	1973	2326			569	170	399	3026	987	1169	870
注册生	4299	1973	2326			569	170	399	3026	987	1169	870
江　　苏												
结业生	19061	6159	10919	628	1355	7223	5061	2162	11383	1079	3546	6758

3.1 全国电大非学历教育（续表 4）

单位：人

	进修及培训											
	合计	一月以内	一月至半年内	半年至一年内	一年以上	在合计中			在合计中			
						计	资格证书培训	岗位证书培训	计	外语	会计	计算机
注册生	13884	3761	5169	1945	3009	3818	2624	1194	6249	956	1525	3768
常州市广播电视大学												
结业生	4925	1800	2887	186	52	3394	2558	836	3716	439	825	2452
注册生	1700	432	834	275	159	1359	767	592	1277	323	298	656
无锡市广播电视大学												
结业生	386		386						386		85	301
注册生	575		575						575		89	486
苏州市广播电视大学												
结业生	6371	2294	2659	442	976	677	484	193	4909	122	2604	2183
注册生	4816	96	759	1670	2291	568	504	64	2438	250	1017	1171
淮安市广播电视大学												
结业生	2180		2180			2010	1070	940	1180	420		760
连云港广播电视大学												
结业生	1128	1128				1128	935	193	935			935
注册生	1806	1806				1806	1268	538	1268			1268
江苏电大武进学院												
结业生	257	101	156						257	98	32	127
注册生	626	359	267						626	356	83	187
江苏电大张家港学院												
结业生	3814	836	2651		327	14	14					
注册生	4361	1068	2734		559	85	85		65	27	38	
南　京												
结业生	19097	11729	5659	1210	499	13014	4644	8370	7714	939	3939	2836
注册生	3055	313	2703		39	2165	102	2063	2361	105	2076	180
南京市广播电视大学												
结业生	4943	2380	1563	1000		2186	2186		569	299	120	150
注册生	840	300	540						235	105		130
江宁区分校												
结业生	1036		826	210		210	210		826	580		246
六合县分校												
结业生	8210	8000			210	5910	210	5700	2300			2300
高淳县分校												
结业生	289				289	289	289					
注册生	39				39	39	39					
南京钢铁厂分校												
结业生	800		800			600	400	200	200	60		140
注册生	100		100			50	50		50			50
鼓楼区分校												
结业生	3819	1349	2470			3819	1349	2470	3819		3819	
注册生	2076	13	2063			2076	13	2063	2076		2076	
浙　江												
结业生	50499	23210	23793	2545	951	31769	5903	25866	10297	4463	975	4859
注册生	31671	15777	13009	1951	934	20370	3914	16456	3257	1031	930	1296
浙江广播电视大学												
结业生	2242		1345	897		2242	2242		300	10		290
注册生	2986		1791	1195		2986	2986		600	11		589
杭州广播电视大学												
结业生	40165	20538	17593	1128	906	28999	3133	25866	5640	1009	930	3701
注册生	28685	15777	11218	756	934	17384	928	16456	2657	1020	930	707

3.1 全国电大非学历教育（续表5）

单位：人

	进修及培训											
	合计	一月以内	一月至半年内	半年至一年内	一年以上	在合计中			在合计中			
						计	资格证书培训	岗位证书培训	计	外语	会计	计算机
台州广播电视大学												
结业生	2665	1472	628	520	45	528	528		45		45	
温州广播电视大学												
结业生	5427	1200	4227						4312	3444		868
宁　波												
结业生	3173	2123	745	97	208	1600	1190	410	1530	906	271	353
注册生	1567	65	840	187	475	323	323		1380	475	266	639
宁波广播电视大学												
结业生	2080	2080				1136	1136		944	698	228	18
余姚学院												
注册生	201		201			201	201		201		201	
宁波东钱湖旅游度假区工作站												
结业生	1093	43	745	97	208	464	54	410	586	208	43	335
注册生	1366	65	639	187	475	122	122		1179	475	65	639
安　徽												
结业生	23626	22314	1312			18691	16321	2370	4341	731		3610
注册生	160		160						160	14		146
安徽广播电视大学												
结业生	14764	14764				13389	12669	720	1375	475		900
蚌埠分校												
结业生	922		922			922	922		922	210		712
芜湖市分校												
结业生	107	17	90						95	46		49
注册生	160		160						160	14		146
马鞍山分校												
结业生	1950	1650	300			1950	300	1650	300			300
巢湖分校												
结业生	1804	1804										
宿州分校												
结业生	4079	4079				2430	2430		1649			1649
福　建												
结业生	10941	6449	3695	581	216	4262	1932	2330	3926	2047		1879
注册生	394	300	94			91	91		60			60
三明分校												
注册生	13		13									
南平分校												
结业生	162			69	93	79	10	69	60			60
注册生	300	300				10	10		60			60
漳州分校												
结业生	4792	2958	1834			2195	1714	481				
龙岩分校												
结业生	1580		1580			1580		1580				
永安分校												
结业生	739	129		512	98	227	129	98	512			512
邵武分校												
结业生	586	461	100		25				272	21		251
漳浦分校												
结业生	181		181			181	79	102	181			181
继续教育学院												

3.1 全国电大非学历教育（续表 6）

单位：人

	进修及培训											
	合计	一月以内	一月至半年内	半年至一年内	一年以上	在合计中			在合计中			
						计	资格证书培训	岗位证书培训	计	外语	会计	计算机
结业生	2901	2901							2901	2026		875
注册生	81		81			81	81					
厦　门												
结业生	5380	560	3600	1200	20	4140	3600	540				
注册生	240			220	20							
厦门市广播电视大学												
结业生	4800		3600	1200		4140	3600	540				
注册生	220			220								
厦门电大同安区工作站												
结业生	560	560										
厦门市湖里区工作站												
结业生	20				20							
注册生	20				20							
江　西												
结业生	4136	2374	1762			523	259	264	2192	1779	23	390
注册生	120			42	78							
江西广播电视大学												
结业生	2189	2039	150			228	28	200	1961	1779		182
萍乡市分校												
结业生	152	88	64			64		64				
吉安地区分校												
结业生	1548		1548									
抚州地区分校												
结业生	247	247				231	231		231		23	208
注册生	120			42	78							
山　东												
结业生	110265	79684	23281		7300	97031	56796	40235	19361	1250		18111
注册生	25201	24601	600			22943	12016	10927	600			600
济南广播电视大学												
结业生	5700	5700				5700	2200	3500				
烟台广播电视大学												
结业生	16960	16960				16960	8400	8560				
注册生	22943	22943				22943	12016	10927				
潍坊广播电视大学												
结业生	15375		15375			15375	7987	7388				
淄博广播电视大学												
结业生	7300				7300	7300	3761	3539				
临沂广播电视大学												
结业生	12740	12740				12740	7580	5160	5160			5160
德州广播电视大学												
结业生	4625	4625				4625	4625		4625			4625
滨州广播电视大学												
结业生	2500	2500				2500	2500					
菏泽广播电视大学												
结业生	3658	3658										
注册生	1658	1658										
泰安广播电视大学												
结业生	12330	7500	4830			12330	7500	4830				
济宁广播电视大学												

3.1 全国电大非学历教育（续表 7）

单位：人

	进修及培训											
	合计	一月以内	一月至半年内	半年至一年内	一年以上	在合计中			在合计中			
						计	资格证书培训	岗位证书培训	计	外语	会计	计算机
结业生	15400	15400				9700	5700	4000	5700			5700
莱芜钢铁总厂电大												
结业生	1231	31	1200			31	31		1200			1200
注册生	600		600						600			600
日照广播电视大学												
结业生	12446	10570	1876			9770	6512	3258	2676	1250		1426
青　岛												
结业生	2186	992	1194			1048	412	636	961	48	828	85
青岛广播电视大学												
结业生	370		370			370		370	248		248	
莱西分校												
结业生	116	116							48	48		
胶南分校												
结业生	1700	876	824			678	412	266	665		580	85
河　南												
结业生	138977	124269	9012	4820	876	5411	4631	780	549		93	456
注册生	355	174	181						274		126	148
河南广播电视大学												
结业生	132483	121904	4883	4820	876							
省直分校												
结业生	2140	2140				2140	2140					
洛阳市广播电视大学												
结业生	904	96	808			836	56	780				
新乡广播电视大学												
结业生	621		621						420			420
注册生	181		181						100			100
焦作广播电视大学												
结业生	2700		2700			2435	2435					
安阳广播电视大学												
结业生	129	129							129		93	36
注册生	174	174							174		126	48
湖　北												
结业生	3034	3034				2050	480	1570	67		67	
咸宁地区电大												
结业生	232	232				232		232				
恩施自治州电大												
结业生	350	350				350	350					
大冶有色金属公司分校												
结业生	2452	2452				1468	130	1338	67		67	
武　汉												
结业生	6041	1954	4062	25		5345	2224	3121	3764		314	3450
注册生	221	105	60	56		51		51	170			170
武汉市广播电视大学												
结业生	3926		3926			3926	975	2951	3511		314	3197
东西湖区分校												
结业生	1400	1400				1249	1249		83			83
汉南区分校												
结业生	715	554	136	25		170		170	170			170
注册生	221	105	60	56		51		51	170			170

3.1 全国电大非学历教育（续表 8）

单位：人

	进修及培训											
	合计	一月以内	一月至半年内	半年至一年内	一年以上	在合计中			在合计中			
						计	资格证书培训	岗位证书培训	计	外语	会计	计算机
湖　南												
结业生	9558	7726	1641	191		5605	3153	2452	2047	506	139	1402
注册生	708		708			708	312	396	708	343	82	283
直属分校												
结业生	866		866			866	566	300	866	381	139	346
注册生	708		708			708	312	396	708	343	82	283
长沙广播电视大学												
结业生	1030	805	225			805	525	280	611	125		486
株洲广播电视大学												
结业生	940	749		191		455	455		485			485
湘潭广播电视大学												
结业生	3015	3015				3015	1251	1764				
岳阳广播电视大学												
结业生	1890	1720	170			206	98	108				
怀化广播电视大学												
结业生	1000	1000										
湘西民族广播电视大学												
结业生	209	209										
岳阳石化总厂电大												
结业生	608	228	380			258	258		85			85
广　东												
结业生	13129	7647	5260		222	11223	2524	8699	4566	416	2544	1606
注册生	1093	25	734		334	759	312	447	447	447		
珠海市广播电视大学												
结业生	1200		1200			1200	801	399	1093	202		891
汕头广播电视大学												
结业生	1324	442	882			1324	442	882	817		817	
韶关市广播电视大学												
结业生	1970	1970				1970		1970				
注册生	25	25				25	25					
中山市广播电视大学												
结业生	1131	686	445			1131	445	686				
注册生	107		107			107	107					
江门市广播电视大学												
结业生	2663	2274	389			1643	325	1318	1421	30	1387	4
注册生	180		180			180	180					
佛山广播电视大学												
结业生	3084	1264	1820			2510		2510				
湛江市广播电视大学												
结业生	1011	1011				1011	511	500	711			711
茂名广播电视大学												
结业生	222				222							
注册生	334				334							
肇庆广播电视大学												
结业生	90		90						90		90	
南海广播电视大学												
结业生	434		434			434		434	434	184	250	
注册生	447		447			447		447	447	447		
广　州												

3.1 全国电大非学历教育（续表 9）

单位：人

	进修及培训											
	合 计	一月以内	一月至半年内	半年至一年内	一年以上	在合计中			在合计中			
						计	资格证书培训	岗位证书培训	计	外语	会计	计算机
结业生	14347	6178	7472	177	520	10984	2424	8560	3559	377	1280	1902
注册生	10617	1443	8194		980	9279	2784	6495	7036	527	4526	1983
广州市广播电视大学												
注册生	1950		1950			1950	1050	900	1950	150	1600	200
海珠区分校												
结业生	2637	1443	1194			2479	374	2105	2476	377	576	1523
注册生	2637	1443	1194			2479	374	2105	2476	377	576	1523
市轻工业局分校												
结业生	5785		5785			5785		5785				
注册生	2040		2040			2040		2040				
侨光分校												
结业生	3120	2600			520							
注册生	3530		3010		520	2350	900	1450	2610		2350	260
机电局分校												
结业生	2543	2050	493			2543	2050	493	906		704	202
增城市广播电视大学												
结业生	262	85		177		177		177	177			177
白云区分校												
注册生	460				460	460	460					
深　圳												
结业生	8932	8932				296	176	120	2900			2900
深圳市广播电视大学												
结业生	8932	8932				296	176	120	2900			2900
广　西												
结业生	4560	4560				4480		4480	80	80		
广西广播电视大学												
结业生	4560	4560				4480		4480	80	80		
海　南												
结业生	352		352			352	352		352		352	
海南广播电视大学												
结业生	352		352			352	352		352		352	
四　川												
结业生	18229	17711	208	110	200	12368	10032	2336	3645	429	475	2741
注册生	780	520	260			720	460	260				
四川广播电视大学												
结业生	3973	3850	58	65		1800	1000	800	1730		230	1500
注册生	260		260			200	200					
绵阳广播电视大学												
结业生	5687	5687				5687	5687					
广元广播电视大学												
结业生	982	982				982	735	247	735	120	200	415
遂宁广播电视大学												
结业生	1200	1200				1200	1200		302	182		120
雅安分校												
结业生	1395	1000	150	45	200	200	120	80	195	50	45	100
乐山广播电视大学												
结业生	900	900				59		59	77	77		
自贡广播电视大学												
结业生	520	520				520	260	260				

3.1 全国电大非学历教育（续表 10）

单位：人

	进修及培训											
	合计	一月以内	一月至半年内	半年至一年内	一年以上	在合计中			在合计中			
						计	资格证书培训	岗位证书培训	计	外语	会计	计算机
注册生	520	520				520	260	260				
攀枝花广播电视大学												
结业生	2012	2012				1589	963	626	46			46
巴中广播电视大学												
结业生	210	210				210		210	210			210
广安广播电视大学												
结业生	350	350				121	67	54	350			350
阿坝广播电视大学												
结业生	1000	1000										
成　都												
结业生	4200	3111	962	127		2320	400	1920	2320	20	1700	600
注册生	526	251	215	60		150		150	150		150	
成都广播电视大学												
结业生	2320	1600	720			2320	400	1920	2320	20	1700	600
注册生	150	100	50			150		150	150		150	
青羊分校												
结业生	1880	1511	242	127								
注册生	376	151	165	60								
重　庆												
结业生	1410	900	450		60	1410	930	480	30	30		
注册生	1576	1000			576	1308	1248	60				
重庆广播电视大学												
结业生	930	450	450		30	930	480	450	30	30		
注册生	788	500			288	654	624	30				
石柱电大工作站												
注册生	174				174	174	174					
巫山分校												
结业生	480	450			30	480	450	30				
注册生	614	500			114	480	450	30				
贵　州												
结业生	33755	14280	10475	3120	5880	4395	3509	886	3603		1975	1628
注册生	500		302	198		500	302	198				
贵州广播电视大学												
结业生	29500	12000	8500	3120	5880	500	302	198				
注册生	500		302	198		500	302	198				
遵义地区分校												
结业生	1586		1586			1586	1051	535	1586			1586
贵航集团分校												
结业生	2309	2280	29			2309	2156	153	2017		1975	42
水城钢铁公司分校												
结业生	360		360									
陕　西												
结业生	29330	22630	6700			26900	13500	13400				
陕西省广播电视大学												
结业生	29000	22400	6600			26900	13500	13400				
新城分校												
结业生	330	230	100									
西　安												
结业生	2012		1898	67	47	120	60	60	1243	111		1132

3.1 全国电大非学历教育（续表 11）

单位：人

	进修及培训											
	合 计	一月以内	一月至半年内	半年至一年内	一年以上	在合计中			在合计中			
						计	资格证书培训	岗位证书培训	计	外语	会计	计算机
注册生	204	35	71		98							
西安市广播电视大学												
结业生	1645		1645						1145	89		1056
西安电大现代教育培训学院												
结业生	213		213			60	60					
莲湖科技学校工作站												
结业生	20				20							
注册生	98				98							
韩城进校工作站												
结业生	134		40	67	27	60		60	98	22		76
注册生	106	35	71									
甘　肃												
结业生	29276	9020	20231	25		18810	7443	11367	2735	109	1408	1218
注册生	5039	452	4580	7		333	202	131	643	88	185	370
甘肃广播电视大学												
结业生	15430		15430			15430	6830	8600				
兰州市分校												
结业生	173	150	23						23		23	
天水市分校												
结业生	656	656				429	200	229				
嘉峪关市分校												
结业生	4560		4560						263	78	185	
注册生	4560		4560						263	78	185	
定西地区分校												
结业生	1400	1400										
酒泉地区分校												
结业生	3174	3174				548	218	330	2315		1200	1115
注册生	402	402				321	190	131	315			315
省农垦分校												
结业生	1480	1400	80						134	31		103
亚盛集团公司分校												
结业生	195	110	60	25		195	195					
注册生	77	50	20	7		12	12		65	10		55
玉门石油管理局分校												
结业生	251	251				251		251				
滨河集团分校												
结业生	1957	1879	78			1957		1957				
青　海												
结业生	256	256				256	256		256			256
玉树州广播电视大学												
结业生	256	256				256	256		256			256
宁　夏												
结业生	5667	5667				5667	3848	1819				
宁夏广播电视大学												
结业生	5667	5667				5667	3848	1819				
新　疆												
结业生	45076	26016	6397	12217	446	9895	8614	1281	9299	1831	3872	3596
注册生	1443	542	600	205	96	192	100	92	350		100	250
新疆广播电视大学												

3.1 全国电大非学历教育（续表 12）

单位：人

	进修及培训											
	合计	一月以内	一月至半年内	半年至一年内	一年以上	在合计中			在合计中			
						计	资格证书培训	岗位证书培训	计	外语	会计	计算机
结业生	28878	17810		11068		7784	7744	40	6534	1610	3324	1600
哈密广播电视大学												
结业生	837	460	377			629	112	517	837		348	489
阿勒泰广播电视大学												
结业生	478	332			146	478	204	274	478	221		257
博尔塔拉蒙古自治州电大												
结业生	14734	7414	6020	1000	300	1004	554	450	1450		200	1250
注册生	1443	542	600	205	96	192	100	92	350		100	250
吐鲁番分校												
结业生	149			149								
新疆兵团												
结业生	2901	1521	1236		144	2901	1245	1656	1456			1456
新疆兵团广播电视大学												
结业生	2177	1021	1156			2177	1021	1156	1156			1156
农四师分校												
结业生	144				144	144	144					
农九师分校												
结业生	580	500	80			580	80	500	300			300

IV 教师与职工

TEACHERS AND STAFF

本章反映全国电大教师、职工以及聘请校外教师的基本情况。

主要内容包括：

全国电大教职工（为校本部教职工和校办企业职工以及其他附设机构人员）和聘请校外教师数及职称等情况；

全国电大专任教师和聘请校外教师的岗位分类情况；

全国电大专任教师学科分类、年龄、职称和学历情况；

全国电大教师、职工的政治情况及华侨、少数民族等情况。

指标解释

• 教职工数：指在学校（机构）工作并由学校（机构）支付工资的教职工人数，人员包括：

（1） 在编人员，即根据原人事管理制度，人事关系和档案均在学校的人员；

（2） 聘任制人员，即人事制度改革后，高校（机构）招聘录用的长期、全时工作人员。聘任制人员的人事关系在学校但档案不在学校。

• 校本部教职工：包括专任教师、行政人员、科研人员、教辅人员、工勤人员。

• 专任教师：指具有教师资格，专门从事教学工作的人员。

• 聘请校外教师：指学校聘请的国内外其他高校及科研机构的教师和退休教师（含本校退休教师）。聘期为一学期以上者。

• 教师职称：指按国家规定的审批程序聘任的教授、副教授、讲师和助教。

• 行政人员：指从事行政管理、教学管理、科研管理和政治工作的人员。

• 科研人员：指在校本部内设置的科研处、所或室中承担研究工作的专职研究人员和管理人员。

• 教辅人员：指从事教学辅助工作，为教学服务的人员。包括图书馆的管理员，资料室的资料员，电化教育馆人员，实验室实验员以及直接为教学服务的绘图、摄影、仪器修理、模型制作等专业技术人员。

• 工勤人员：指校本部的工人和勤杂人员，包括教学辅助单位的工人。

简要说明

1．表 4.2 教师岗位分类情况反映的是学校教务部门按当年教学计划，安排讲授公共课、基础课、专业课的教师人数。

2．专任教师的年龄以 9 月 1 日满周岁计算。

3．分学科专任教师数是根据专任教师所从事的专业按学科门类进行分类统计的专任教师数，学科门类有：哲学、经济学、法学、教育学、文学、历史学、理学、工学、农学、医学、管理学。

4.1 全国电大教职工职称情况

单位：人

	教职工数										聘请校外教师
	计	专业技术职称									
		高级	中级	初级	无职称	其中专任教师					
						计	高级	中级	初级	无职称	
总计	**79491**	**15030**	**29646**	**18645**	**16170**	**43770**	**10748**	**19206**	**11177**	**2639**	**35794**
中央电大	**432**	**117**	**133**	**87**	**95**	**125**	**75**	**40**	**10**		**41**
中央电大直属部	**402**	**94**	**93**	**79**	**136**	**169**	**67**	**56**	**27**	**19**	**2147**
北京	**1624**	**284**	**619**	**350**	**371**	**635**	**195**	**309**	**114**	**17**	**1440**
北京广播电视大学	275	50	95	47	83	62	29	30	3		152
东城分校	19		3	3	13	6		3	3		63
西城分校	27	5	17	3	2	16	4	11	1		85
崇文分校	17	1	7	5	4	4	1	3			39
宣武分校	23	1	8	4	10	10	1	3	1	5	75
朝阳分校	27	3	14	7	3	16	3	11	2		63
海淀区工作站	48	10	26	5	7	17	4	12	1		47
丰台区分校	13	1	4	3	5	4	1	3			27
石景山分校	39	7	10	14	8	21	7	8	6		46
通州区分校	27	2	9	8	8	9		4	5		60
房山分校	23	4	4	10	5	6	1	1	3	1	
昌平县工作站	23	6	14		3	20	6	14			80
平谷分校	21	3	12	6		10	1	4	5		2
怀柔县分校	32	4	12	11	5	12	2	3	7		43
密云分校	36		12	10	14	11		2	6	3	37
延庆分校	35	4	24	4	3	16	2	9	3	2	39
大兴分校	60	6	16	30	8	39	5	14	19	1	76
顺义分校	34	7	11	7	9	12	1	4	5	2	58
门头沟分校	35	6	14	7	8	11	2	5	3	1	54
航天部二院工作站											15
航天部三院工作站	25	8	16	1		15	6	8	1		6
统计局工作站	21	4	8	4	5	8	4	3	1		7
首钢工作站	44	1	27	7	9	11	1	9	1		17
金融分校	28	5	12	3	8	4	3	1			9
房山区燕山工作站	11	1	4	6		4	1	1	2		30
文化局工作站	9	2	5	2		5		4	1		34
水利局工作站	162	29	48	33	52	77	27	37	13		36
北京市财政局工作站	18	4	3	1	10						5
北京市园林局工作站	22	11	5		6	15	10	5			
医药集团工作站	30	6	13	7	4	20	5	13	2		9
供销合作总社工作站	37	8	11	11	7	21	6	10	5		15
首钢矿山职工学校	30	5	20	5		14	2	11	1		10
国家统计局办学点	49	8	27	6	8	20	7	13			25
人民银行电化教育中心	35	7	11	11	6	4	4				16
北京卫生学校	28	18	5	2	3	20	16	4			18
崇文卫校工作站	47	5	16	25	1	19	5	10	4		15
北京海淀卫校工作站	85	8	32	22	23	26	3	17	5	1	9
联大商务学院办学点	8	3	3	2		3	1	2			15
市公务员培训中心工作站	28	5	8	3	12	4	2	2			13
电子科技电大工作站	27	15	12			18	11	7			7
纺织工作站	49	8	13	12	16	21	8	7	5	1	66
北京电大国培中心办学点	17	3	8	3	3	4	3	1			17
天津	**2686**	**767**	**1069**	**425**	**425**	**1310**	**501**	**580**	**203**	**26**	**1191**
天津广播电视大学	159	35	55	43	26						

4.1 全国电大教职工职称情况（续表 1）

单位：人

	教职工数										聘请校外教师
	计	专业技术职称									
		高级	中级	初级	无职称	其中专任教师					
						计	高级	中级	初级	无职称	
直属学院	58	33	9	16		58	33	9	16		76
新华分校	140	34	60	19	27	64	28	32	4		36
南开分校	49	24	15	6	4	20	12	6	2		40
河东区工作站	83	24	33	14	12	40	10	16	10	4	
河西区工作站	99	26	33	19	21	83	26	30	17	10	35
河北区工作站	33	13	15	5		24	9	11	4		42
红桥区工作站	19	11	5	3		12	7	4	1		39
塘沽分校	14	1	5	6	2						56
汉沽分校	40	17	11	6	6	24	10	10	4		20
大港分校	123	32	63	21	7	60	17	38	5		18
东丽分校	73	27	35	7	4	42	13	24	5		73
津南区分校	37	3	34			29	3	26			41
西青区工作站	45	26	13		6	26	19	7			47
北辰分校	36	16	20			7	6	1			50
武清分校	58	29	27		2	21	16	5			55
静海分校	49	14	32	2	1	37	8	27	2		18
宝坻分校	41	24	15	2		32	17	13	2		55
宁河县工作站	36	17	16	3		25	10	15			40
化工局工作站	4	1	1	1	1						14
纺织局工作站	45	5	12	8	20	10	1	7	2		18
机械工业局工作站											10
渤海化工集团公司工作站											
大港石油管理局工作站	35	10	15	10		30	10	15	5		
天津铁厂工作站	61	15	29	9	8	43	12	25	6		
计委工作站	37	9	9	5	14	10	4	4	1	1	11
财政局工作站	6		6								
劳动局工作站	11	9	2			7	6	1			
工商银行工作站	29	2	13	3	11	6	1	5			14
物资集团公司工作站											2
房管局工作站	110	24	30	24	32	39	20	13	6		11
建工局工作站	23	11	8	2	2						15
一商集团有限公司工作站	37	14	14	4	5	15	11	4			23
公用局工作站	46	8	25	7	6	21	7	10	4		17
铁路分局工作站	83	6	39	10	28	27	6	18	2	1	9
天港务局工作站	48	10	27	9	2	13	3	9	1		39
财贸管理干部学院工作站	110	51	32	27		72	32	23	17		24
政法管理干部学院工作站	40	21	14	5		36	20	14	2		40
公安局工作站											
台盟工作站	7	5	2			3	3				
经委直属工作站	32	18	8	3	3	24	16	7	1		15
蓟县分校	195	20	86	65	24	120	7	58	51	4	43
开发区工作站	50	9	10	3	28	22	6	7	3	6	46
旅游分校	75	17	29	10	19	44	14	20	10		23
天津铁路工程分校	314	66	117	44	87	109	50	41	18		
市政分校	68	24	39	2	3	50	24	24	2		14
河北校区	28	6	6	2	14	5	4	1			62
河　北	**2142**	**645**	**747**	**403**	**347**	**1083**	**411**	**385**	**227**	**60**	**630**
河北广播电视大学	178	84	43	16	35	54	36	10	7	1	75

4.1 全国电大教职工职称情况（续表 2）

单位：人

	教职工数										聘请校外教师
	计	专业技术职称									
		高级	中级	初级	无职称	其中专任教师					
						计	高级	中级	初级	无职称	
石家庄广播电视大学	658	229	216	174	39	527	189	167	138	33	129
唐山广播电视大学	170	71	51	21	27	63	38	19	6		20
秦皇岛广播电视大学	123	30	44	30	19	40	18	17	5		44
邯郸广播电视大学	72	18	35	16	3	45	12	21	12		30
承德广播电视大学	146	38	69	8	31	74	32	36	3	3	1
邢台广播电视大学	96	24	44	12	16	20	6	11	3		45
保定广播电视大学	110	25	44	23	18	20	8	6	6		65
张家口广播电视大学	82	9	26	18	29	26	8	12	6		
沧州广播电视大学	74	19	29	9	17	38	12	17	6	3	
廊坊广播电视大学	145	21	60	34	30	74	11	30	26	7	87
衡水广播电视大学	95	8	27	15	45	35	5	12	5	13	28
省直分校	20	3	5	3	9	3	1	1	1		96
电力分校	148	46	50	23	29	61	35	24	2		
检察分校	25	20	4	1		3		2	1		10
山　　西	**771**	**156**	**281**	**121**	**213**	**326**	**127**	**143**	**49**	**7**	**328**
山西广播电视大学	214	58	63	10	83	91	46	40	3	2	34
太原广播电视大学	84	18	32	21	13	44	17	18	9		36
大同分校	58	8	29	4	17	20	7	11	2		18
阳泉分校	40	5	15	5	15	12	3	6	2	1	38
长治分校	36	8	13	6	9	10	4	4	2		40
晋城分校	75	11	34	20	10	37	11	17	9		10
忻州分校	9	3	5		1	3	3				
晋中分校	52	22	29	1		45	20	25			
吕梁分校	26	3	12	9	2						20
临汾分校	52	3	9	12	28	17	3	6	5	3	
运城分校	50	4	13	16	17	15	2	4	9		58
朔州分校	10	2	2		6	3	2	1			10
中条山有色分校	36	7	11	13	5	20	5	7	7	1	21
长北铁路分校	11		4		7	4		4			
公路系统分校	18	4	10	4		5	4		1		43
内蒙古	**1308**	**298**	**483**	**250**	**277**	**607**	**207**	**259**	**126**	**15**	**379**
内蒙古广播电视大学	235	54	72	28	81	72	32	26	9	5	5
呼和浩特市分校	33	6	19	5	3	10	3	6	1		28
包头分校	55	6	35	10	4	11	3	7	1		139
赤峰市分校	26	7	16	2	1	15	3	11	1		25
呼伦贝尔盟分校	38	5	14	10	9	21	3	13	5		10
兴安盟分校	39	6	17	15	1	25	5	9	11		10
哲里木盟分校	75	22	33	12	8	42	12	21	8	1	42
锡林郭勒盟分校	100	40	38	16	6	72	33	29	10		7
乌兰察布盟分校	102	16	34	24	28	59	15	24	15	5	30
鄂尔多斯市分校	56	25	18	8	5	40	20	14	6		10
巴盟广播电视大学	76	9	28	15	24	27	9	12	6		12
乌海市分校	66	14	25	14	13	15	2	6	5	2	6
内蒙古阿拉善盟广播电视大学	169	33	65	30	41	74	29	34	11		12
大兴安岭林业广播电视大学	48	23	12	9	4	36	18	10	6	2	
呼和浩特铁路局分校	36	10	14	6	6	13	6	6	1		21
哲盟霍林河矿区电大	52	5	19	10	18	18	3	13	2		6
扎矿电大	75	15	17	20	23	43	11	14	18		12

4.1 全国电大教职工职称情况（续表 3）

单位：人

	教职工数										聘请校外教师
	计	专业技术职称									
		高级	中级	初级	无职称	其中专任教师					
						计	高级	中级	初级	无职称	
大雁电大分校	27	2	7	16	2	14		4	10		4
辽　　宁	**2485**	**606**	**1041**	**426**	**412**	**1304**	**435**	**605**	**218**	**46**	**625**
辽宁广播电视大学	215	58	47	44	66	98	44	22	28	4	55
鞍山广播电视大学	85	25	37	9	14	42	16	18	5	3	12
抚顺广播电视大学	459	101	158	84	116	198	69	80	34	15	33
本溪广播电视大学	130	26	67	18	19	74	20	44	10		21
锦州分校	97	23	27	18	29	49	14	15	12	8	32
丹东分校	73	19	35	14	5	35	10	17	7	1	40
营口分校	301	65	127	70	39	197	50	92	47	8	51
辽阳分校	98	35	52	9	2	52	25	23	4		10
朝阳广播电视大学	89	22	29	21	17	56	21	18	13	4	20
阜新分校	80	27	29	9	15	31	17	9	3	2	
铁岭广播电视大学	57	9	25	10	13	17	6	7	3	1	16
盘锦分校	27	4	16	5	2	19	4	13	2		8
辽河石油勘探局广播电视大学	40	9	24	7		24	7	15	2		
鞍钢广播电视大学	529	163	282	64	20	340	124	188	28		
沈阳铁路局电大	62	6	38	17	1	56	5	34	17		180
葫芦岛市电大分校	44	9	23	12		16	3	10	3		7
辽宁省水利厅工作站	99	5	25	15	54						140
沈　　阳	**666**	**177**	**225**	**110**	**154**	**359**	**127**	**139**	**74**	**19**	**155**
沈阳广播电视大学	359	101	78	38	142	157	76	44	20	17	121
新城子分校	11		6	5		11		6	5		11
康平分校	12	3	7	2		6	1	4	1		9
法库分校	19	3	9	7		13	1	6	6		
苏家屯分校	54	13	20	12	9	44	13	18	12	1	
东陵分校	62	4	36	22		32	3	17	12		
新民分校	38	9	25	1	3	30	6	22	1	1	4
于洪分校	82	31	30	21		51	20	15	16		9
辽中分校	29	13	14	2		15	7	7	1		
大　　连	**518**	**193**	**181**	**66**	**78**	**295**	**138**	**111**	**30**	**16**	**352**
大连广播电视大学	173	67	37	20	49	57	43	11	2	1	147
庄河分校	41	12	21	7	1	34	12	16	6		15
普兰店分校	59	17	35	7		41	17	20	4		10
瓦房店分校	67	18	29	14	6	46	13	23	8	2	10
金州分校	46	25	20	1		26	15	11			20
旅顺分校	31	14	8		9	22	10	8		4	33
长海分校	21	3	2	7	9	17	3	2	3	9	10
甘井子分校	51	23	15	9	4	27	13	8	6		88
大连开发区分校	29	14	14	1		25	12	12	1		19
吉　　林	**1312**	**289**	**616**	**264**	**143**	**685**	**192**	**371**	**118**	**4**	**289**
吉林广播电视大学	164	64	38	22	40	54	32	20	2		
中国科学院长春分校电大工作站	6	1	3	2		2	1	1			13
法律分校	55	6	26	13	10	12	3	6	3		
吉林市分校	143	28	86	17	12	69	19	44	5	1	66
四平分校	129	25	59	39	6	98	20	50	28		31
延边分校	234	45	121	50	18	148	31	87	30		52
通化分校	167	28	87	35	17	80	22	48	10		
辽源分校	92	19	46	21	6	52	17	20	15		6

4.1 全国电大教职工职称情况（续表4）

单位：人

	教职工数										聘请校外教师
	计	专业技术职称									
		高级	中级	初级	无职称	其中专任教师					
						计	高级	中级	初级	无职称	
白山分校	43	12	19	12		21	5	8	8		14
白城分校	54	16	29	7	2	27	11	16			81
松原分校	163	18	91	42	12	97	15	64	15	3	
艺术分校	20	15	4	1		20	15	4	1		10
农行电大	42	12	7	3	20	5	1	3	1		16
长　春	**580**	**137**	**251**	**81**	**111**	**326**	**94**	**171**	**52**	**9**	**56**
长春市广播电视大学	144	44	40	23	37	81	36	20	19	6	
榆树市分校	35	2	32		1	23		23			8
九台市分校	54	15	33	4	2	26	4	22			1
德惠市工作站	9	2	4	3							
农安县工作站	13	2	11			6		6			8
双阳区工作站	93	7	51	27	8	59	4	40	15		
长春市人才中心电大站	36	8	22	4	2	24	2	18	4		9
长春电大特教部	33	3	19	10	1	33	3	19	10	1	
长影影视艺术学校	68	37	13	2	16	44	35	7		2	16
长春电大交通学校工作站	75	13	22	8	32	30	10	16	4		
长春电大民进分校	20	4	4		12						14
黑龙江	**2861**	**764**	**1005**	**513**	**579**	**1484**	**514**	**617**	**298**	**55**	**719**
黑龙江广播电视大学	165	74	44	21	26	41	28	5	8		114
齐齐哈尔市广播电视大学	198	79	80	19	20	89	32	47	10		121
牡丹江市广播电视大学	351	113	117	66	55	273	99	88	58	28	67
佳木斯广播电视大学	154	88	40	8	18	103	71	28	3	1	9
绥化地区广播电视大学	319	33	139	104	43	209	20	100	72	17	103
黑河市广播电视大学	51	13	23	2	13	26	8	16	1	1	13
大兴安岭广播电视大学	22	5	7	1	9	12	4	5	1	2	25
伊春市广播电视大学	55	17	20	4	14	25	15	4	1	5	40
大庆广播电视大学	312	70	80	84	78	131	59	47	24	1	49
鸡西广播电视大学	69	40	16	9	4	47	24	14	9		19
鹤岗广播电视大学	53	21	19	3	10	18	11	6	1		20
双鸭山市广播电视大学	32	12	10	6	4	8	4	1	3		40
七台河广播电视大学	53	28	15	7	3	22	19	1	2		18
省农垦广播电视大学	383	86	136	43	118	143	59	72	12		
牡丹江林区广播电视大学	320	13	102	99	106	171	13	78	80		73
松花江林区广播电视大学	195	47	105	23	20	109	35	68	6		
省工商银行分校	100	22	42	3	33	40	11	29			
铁力市分校	29	3	10	11	5	17	2	8	7		8
哈尔滨	**400**	**115**	**162**	**83**	**40**	**182**	**61**	**84**	**34**	**3**	**315**
哈尔滨广播电视大学	133	52	48	20	13	54	23	16	13	2	127
阿城电大分校	12	4	7		1	10	3	6		1	23
呼兰分校	19	2	12	4	1	4		3	1		5
宾县分校	22	6	4	10	2	10	2	2	6		24
方正分校	12	1	6	4	1	5	1	4			4
依兰分校	23	2	6	10	5	10	2	6	2		14
市轻工分校	13	5	6		2	9	3	6			
哈尔滨文艺干校电大站	28	3	12	6	7	16	2	9	5		2
哈工大工会电视大学	4		4								12
双城分校	19	5	8	5	1	8		4	4		7
通河分校	14	6	4	4		9	5	2	2		16

4.1 全国电大教职工职称情况（续表 5）

单位：人

	教职工数										聘请校外教师
	计	专业技术职称									
		高级	中级	初级	无职称	其中专任教师					
						计	高级	中级	初级	无职称	
木兰分校	9	2	6	1		6	2	4			22
延寿分校	14	1	6	3	4	3		2	1		5
巴彦分校	25	17	3	4	1	17	14	3			
五常分校	17	3	8	4	2	7	2	5			36
尚志分校	36	6	22	8		14	2	12			18
上　　海	**1967**	**281**	**849**	**410**	**427**	**1055**	**231**	**586**	**213**	**25**	**1241**
上海电视大学	355	64	140	55	96	124	48	64	12		123
虹口区分校	97	11	37	23	26	60	11	36	12	1	76
闵行二分校	48	9	18	13	8	30	8	17	5		21
宝山分校	116	9	57	27	23	71	6	50	15		53
浦东新区分校	41	3	22	4	12	25	2	22	1		92
闵行一分校	70	8	42	6	14	22	6	16			47
金山分校	58	9	26	7	16	35	6	20	4	5	8
松江分校	64	4	19	27	14	37	3	10	19	5	35
南汇分校	100	8	61	31		75	6	55	14		39
奉贤分校	69	13	22	16	18	49	13	22	14		12
青浦分校	65	8	32	13	12	47	7	30	10		24
崇明分校	29	2	14	6	7	16	1	12	2	1	34
嘉定分校	119	23	41	25	30	62	19	18	19	6	48
黄浦区经贸委分校	35	6	17	8	4	18	5	8	5		66
长宁区分校	46	15	25	5	1	32	13	19			48
闸北区分校	14	3	7	4		8	3	3	2		55
卢湾区分校	30	11	8	10	1	23	9	7	7		46
杨浦区工作站	31	9	12	8	2	25	8	9	8		16
黄浦分校	84	9	43	15	17	52	9	37	6		47
普陀区工作站	120	15	38	38	29	67	15	27	24	1	78
静安区分校	104	7	48	26	23	68	6	41	19	2	62
西区分部	132	9	48	25	50	40	6	24	9	1	30
工程大中山分校	26	4	17	5		16	4	9	3		41
石化分校	52	9	27	10	6	17	7	9	1		34
徐汇财贸分校	28	5	10	1	12	14	5	7		2	75
徐汇分校	34	8	18	2	6	22	5	14	2	1	31
江　　苏	**7310**	**1039**	**2613**	**2256**	**1402**	**4541**	**756**	**1812**	**1601**	**372**	**1087**
江苏广播电视大学	552	85	188	166	113	212	53	84	70	5	
镇江市广播电视大学	598	131	238	152	77	383	111	166	84	22	
常州市广播电视大学	365	79	139	103	44	220	41	92	82	5	63
无锡市广播电视大学	496	66	169	154	107	312	58	132	115	7	76
苏州市广播电视大学	661	107	229	182	143	475	84	184	155	52	376
南通市广播电视大学	992	136	286	314	256	641	113	227	223	78	84
扬州市广播电视大学	450	71	181	136	62	337	58	146	105	28	121
徐州市广播电视大学	453	70	138	86	159	253	52	88	54	59	71
淮安市广播电视大学	479	29	183	193	74	268	19	104	136	9	45
盐城市广播电视大学	493	64	236	134	59	307	47	160	79	21	20
连云港广播电视大学	273	28	128	77	40	146	20	74	45	7	41
泰州市广播电视大学	349	33	114	160	42	252	22	92	135	3	73
宿迁市广播电视大学	137	11	33	50	43	75	3	22	40	10	6
农垦分校	91	9	31	30	21	56	9	25	15	7	
化工分校	103	10	45	32	16	42	4	21	16	1	75

4.1 全国电大教职工职称情况（续表 6）

单位：人

	教职工数										聘请校外教师
	计	专业技术职称									
		高级	中级	初级	无职称	其中专任教师					
						计	高级	中级	初级	无职称	
江苏电大武进学院	200	19	75	88	18	152	10	53	73	16	31
江苏电大宜兴学院	429	78	132	134	85	303	50	104	125	24	
江苏电大张家港学院	189	13	68	65	43	107	2	38	49	18	5
南　京	**755**	**127**	**351**	**178**	**99**	**456**	**84**	**241**	**116**	**15**	**679**
南京市广播电视大学	217	28	81	84	24	125	18	41	62	4	176
江宁区分校	46	7	20	10	9	31	4	18	8	1	125
江浦县分校	33	7	17	9		22	4	15	3		
六合县分校	73	16	23	16	18	45	11	18	11	5	11
高淳县分校	20	3	14	1	2	13	3	10			25
溧水县分校	62	7	52	2	1	49	5	44			
南京钢铁厂分校	15	1	13	1		15	1	13	1		2
扬子石化公司分校	30	10	15	1	4	13	7	6			8
金陵石化公司电大	80	11	40	6	23	44	9	29	6		
大厂分校	51	7	24	15	5	37	6	17	9	5	44
浦口分校	25	4	8	9	4	12	1	5	6		60
玄武区分校	7	2	4	1		5	1	4			
白下区分校	7	1	2	2	2	4		2	2		
秦淮区分校	13	2	4	5	2	6	2	3	1		50
建邺区分校	7	1	4	1	1						46
鼓楼区分校	19	7	6	4	2	9	5	3	1		58
下关区分校	11	1	6	4							
雨花台区分校	14	6	5	1	2	1	1				28
栖霞区分校	25	6	13	6		25	6	13	6		46
浙　江	**3736**	**532**	**1411**	**1057**	**736**	**2306**	**416**	**1035**	**714**	**141**	**1383**
浙江广播电视大学	245	43	76	64	62	107	31	41	24	11	51
杭州广播电视大学	871	116	315	251	189	553	101	242	180	30	299
嘉兴广播电视大学	255	24	111	86	34	198	16	88	72	22	168
湖州广播电视大学	278	54	74	85	65	194	50	61	75	8	
绍兴分校	248	40	100	60	48	147	33	90	24		48
舟山广播电视大学	134	21	56	31	26	78	18	33	18	9	21
金华广播电视大学	413	71	165	88	89	270	58	128	70	14	73
衢州广播电视大学	89	5	75	4	5	76	5	68		3	84
台州广播电视大学	377	56	118	145	58	246	38	80	110	18	161
丽水广播电视大学	112	22	52	32	6	80	22	39	18	1	57
温州广播电视大学	422	53	178	127	64	212	26	96	75	15	283
检察分校	8		2	4	2	4		2	2		12
衢化公司直属分校	10	3	7			6	2	4			26
浙江电大经贸分校	27	2	4	15	6	10	2	3	5		72
警察分校	115	11	39	19	46	45	9	29	3	4	
浙江电大工商学院	80	9	29	24	18	44	3	21	17	3	15
浙江电大特殊教育学院	52	2	10	22	18	36	2	10	21	3	13
宁　波	**508**	**71**	**183**	**204**	**50**	**366**	**49**	**124**	**175**	**18**	**430**
宁波广播电视大学	136	15	53	47	21	84	11	35	34	4	127
鄞县分校	44	7	19	14	4	30	5	9	12	4	45
余姚学院	66	10	19	34	3	59	8	18	33		41
慈溪学院	26	6	7	13		14	1	2	11		34
宁海学院	26	2	5	16	3	22	2	3	14	3	22
象山分校	41	8	9	21	3	31	5	7	19		39

4.1 全国电大教职工职称情况（续表 7）

单位：人

	教职工数										聘请校外教师
	计	专业技术职称									
		高级	中级	初级	无职称	其中专任教师					
						计	高级	中级	初级	无职称	
奉化分校	30	4	16	9	1	28	4	15	9		46
镇海工作站	54	10	16	25	3	38	6	7	23	2	24
镇海炼油化工公司工作站	24	7	15	1	1	15	5	10			
江北工作站	15		6	9		12		4	8		10
北仑工作站	30	2	14	12	2	25	2	12	9	2	36
宁波东钱湖旅游度假区电大工作站	16		4	3	9	8		2	3	3	6
安　徽	**1495**	**217**	**485**	**369**	**424**	**851**	**184**	**306**	**241**	**120**	**1361**
安徽广播电视大学	174	25	60	37	52	75	18	29	20	8	123
合肥分校	92	12	22	17	41	63	12	18	14	19	139
蚌埠分校	99	26	37	13	23	65	25	21	6	13	30
芜湖市分校	44	5	18	16	5	21	2	8	11		87
淮南分校	205	39	56	50	60	148	32	35	44	37	50
淮北分校	30	4	12	2	12	10	3	7			36
马鞍山分校	57	5	31	17	4	25		12	13		82
铜陵分校	36	1	10	4	21	9		1	2	6	69
黄山市分校	36	6	4	8	18	14	5	4	1	4	92
安庆市分校	48	11	17	16	4	28	10	9	9		75
六安分校	29	1	15	7	6	10	1	7		2	70
阜阳分校	74	4	17	17	36	30	1	8	11	10	93
宣城分校	90	20	35	5	30	60	20	35	5		
巢湖分校	67	10	17	27	13	45	9	14	22		11
滁州市分校	54	2	12	6	34	24	2	10	2	10	56
池州分校	40	3	13	16	8	26	3	11	12		60
宿州分校	83	9	39	24	11	41	9	22	8	2	88
省直分校	34		13	17	4	13		7	6		128
纺织分校	168	30	51	53	34	111	28	44	38	1	50
亳州分校	35	4	6	17	8	33	4	4	17	8	22
福　建	**1309**	**198**	**436**	**381**	**294**	**669**	**155**	**285**	**167**	**62**	**1159**
福建广播电视大学	270	53	85	40	92	86	38	28	6	14	33
福州分校	299	39	56	150	54	154	31	37	64	22	
三明分校	51	11	19	9	12	28	9	16	3		26
宁德分校	89	4	26	25	34	30	4	18	8		32
南平分校	141	21	77	24	19	93	19	61	8	5	199
漳州分校	137	19	53	40	25	91	12	43	32	4	180
泉州分校	104	15	40	38	11	47	12	25	10		130
龙岩分校	61	13	20	21	7	39	12	11	15	1	252
莆田分校	35	5	7	4	19	28	5	7	1	15	58
高等职业技术学院											100
农业银行分校	36	4	17	7	8	14	4	10			10
永安分校	25	5	10	6	4	18	5	10	3		17
邵武分校	29	6	18	2	3	18	3	12	2	1	26
漳浦分校	32	3	8	15	6	23	1	7	15		18
继续教育学院											46
开放教育学院											32
厦　门	**129**	**19**	**48**	**36**	**26**	**58**	**14**	**22**	**21**	**1**	**148**
厦门市广播电视大学	89	15	24	30	20	44	12	15	17		60
厦门电大同安区工作站	5	1	1	2	1	3	1	1	1		21
厦门市杏林区电大工作站	10	1	9								34

4.1 全国电大教职工职称情况（续表 8）

单位：人

	教职工数										聘请校外教师
	计	专业技术职称									
		高级	中级	初级	无职称	其中专任教师					
						计	高级	中级	初级	无职称	
厦门市湖里区电大工作站	4	1	2	1							6
厦门市司法局电大工作站	10		6		4						17
厦门市思明区电大工作站	11	1	6	3	1	11	1	6	3	1	10
江　西	**1651**	**333**	**518**	**332**	**468**	**840**	**255**	**372**	**164**	**49**	**1380**
江西广播电视大学	910	186	301	188	235	469	133	209	93	34	753
南昌市分校	33	9	11	4	9	24	9	9	4	2	76
景德镇市分校	28	10	10	5	3	21	7	8	5	1	42
九江市分校	56	8	15	27	6	7	3	2	2		68
萍乡市分校	20	7	4	4	5	10	3	3	4		63
新余市分校	45	6	14	9	16	32	6	14	9	3	38
鹰潭市分校	45	10	15	14	6	36	10	15	11		14
赣州广播电视大学	30	4	13	12	1	21	4	9	8		102
宜春广播电视大学	35	7	9	4	15	20	7	9	4		22
吉安地区分校	42	8	12	12	10	17	8	8	1		68
上饶地区分校	30	8	9	8	5	25	7	9	8	1	38
抚州地区分校	45	11	14	5	15	30	11	14	5		39
九江船舶工业公司分校	37	14	10	6	7	20	13	6	1		24
省科学院工作站	21	3	7	2	9	12	3	7	2		11
省人事厅工作站	5	2			3	2	2				3
财税分校	61	13	19	5	24	34	13	14	3	4	
南昌铁路工作站	188	21	52	26	89	50	10	33	3	4	
江西医药培训中心	10	6	3	1		10	6	3	1		15
南昌消防电大工作站	10				10						4
山　东	**6237**	**1255**	**2095**	**1548**	**1339**	**3375**	**807**	**1296**	**992**	**280**	**346**
山东广播电视大学	224	65	65	39	55	55	31	7	9	8	26
济南广播电视大学	405	56	128	156	65	237	28	75	105	29	110
烟台广播电视大学	731	127	218	243	143	389	80	132	152	25	
潍坊广播电视大学	41	6	22	3	10	13	2	10	1		35
淄博广播电视大学	369	52	115	146	56	232	34	83	108	7	21
威海市广播电视大学	176	38	63	36	39	91	26	44	17	4	1
临沂广播电视大学	253	42	86	72	53	156	28	54	62	12	82
德州广播电视大学	87	15	48	7	17	39	9	26	1	3	
滨州广播电视大学	28	7	15	5	1	6	1	1	4		
菏泽广播电视大学	243	84	126	33		139	50	76	13		
聊城广播电视大学	462	90	135	89	148	224	57	62	63	42	27
泰安广播电视大学	39	7	21	11		28	7	14	7		15
枣庄广播电视大学	170	25	69	33	43	112	19	52	18	23	
济宁广播电视大学	635	159	212	175	89	432	120	174	138		
东营广播电视大学	755	152	239	213	151	499	110	176	176	37	
胜利油田广播电视大学	389	107	138	49	95	143	59	61	18	5	
齐鲁石化公司广播电视大学	302	61	110	44	87	159	37	76	8	38	
济南铁路局广播电视大学	605	99	156	155	195	214	66	87	61		
莱芜钢铁总厂广播电视大学	100	14	51	17	18	51	13	25	13		9
鲁中冶金矿山公司广播电视大学	35	5	19	4	7	25	5	17	3		
省直工作处											
日照广播电视大学	172	36	51	18	67	121	21	38	15	47	
莱芜市广播电视大学	16	8	8			10	4	6			20
青　岛	**792**	**140**	**223**	**243**	**186**	**501**	**104**	**157**	**152**	**88**	**116**

4.1 全国电大教职工职称情况（续表 9）

单位：人

	教职工数										聘请校外教师
	计	专业技术职称									
		高级	中级	初级	无职称	其中专任教师					
						计	高级	中级	初级	无职称	
青岛广播电视大学	107	24	34	24	25	52	19	12	12	9	54
莱西分校	98	18	28	29	23	81	17	27	23	14	1
平度分校	122	30	38	38	16	71	24	29	18		
胶州分校	61	13	24	22	2	52	11	22	17	2	10
胶南分校	80	9	15	48	8	59	9	13	37		
即墨分校	150	16	27	22	85	106	13	25	10	58	
黄岛分校	31	11	11	8	1	20	7	7	6		19
崂山分校	17	5	5	2	5	9	2	4	2	1	6
城阳分校	70	7	22	36	5	42	1	15	26		3
李沧区分校	56	7	19	14	16	9	1	3	1	4	23
河　南	**2842**	**475**	**1036**	**734**	**597**	**1799**	**396**	**701**	**510**	**192**	**508**
河南广播电视大学	208	45	67	25	71	81	40	22	19		
省直分校											
郑州广播电视大学	81	12	43	19	7	38	8	26	4		
开封市广播电视大学	53	6	31	16		23	4	16	3		
洛阳市广播电视大学	66	6	22	16	22	24	6	8	8	2	41
新乡广播电视大学	249	59	95	27	68	133	55	56	14	8	32
焦作广播电视大学	356	67	178	74	37	287	51	149	61	26	116
安阳广播电视大学	90	11	21	17	41	24	3	4	10	7	75
濮阳广播电视大学	32	13	14	4	1	17	9	4	4		
鹤壁广播电视大学	533	101	132	177	123	448	83	120	158	87	30
商丘广播电视大学	110	18	44	37	11	82	16	35	30	1	
三门峡广播电视大学	63	6	30	27		32	3	15	14		8
平顶山广播电视大学	369	47	132	114	76	235	45	102	50	38	22
驻马店广播电视大学	93	14	37	24	18	56	14	17	13	12	8
许昌广播电视大学	47	3	25	9	10	29	3	15	8	3	35
信阳广播电视大学	37	7	13	8	9	22	7	9	6		28
南阳广播电视大学	72	4	21	19	28	34	4	12	18		80
周口广播电视大学	55	2	25	15	13	35	2	22	11		
漯河广播电视大学	56	2	21	24	9	47	2	18	22	5	
郑州铁路局广播电视大学	27	8	16	3		16	6	8	2		7
中原油田广播电视大学	46	14	10	16	6	22	8	4	10		4
济源广播电视大学	64	7	20	33	4	44	5	17	22		22
河南省工商行政管理分校	135	23	39	30	43	70	22	22	23	3	
湖　北	**3100**	**565**	**1349**	**735**	**451**	**1921**	**432**	**906**	**438**	**145**	**375**
湖北广播电视大学	351	75	139	66	71	204	54	70	40	40	13
黄冈广播电视大学	437	92	153	145	47	243	68	98	47	30	45
孝感市广播电视大学	217	35	90	52	40	129	25	62	30	12	3
咸宁地区广播电视大学	130	31	54	37	8	85	22	35	28		
荆州地区广播电视大学	216	37	115	50	14	117	36	69	12		98
宜昌市广播电视大学	380	55	214	80	31	252	40	135	60	17	95
黄石广播电视大学	138	29	51	29	29	80	21	34	17	8	
十堰市广播电视大学	270	32	140	76	22	213	30	113	64	6	39
襄樊广播电视大学	324	47	115	73	89	168	29	75	42	22	
恩施自治州广播电视大学	44	5	14	10	15	24	5	11	8		22
农业银行分校	45	7	29	3	6	29	7	20	2		16
葛洲坝分校	62	16	27	14	5	41	12	18	9	2	17
大冶有色金属公司分校	132	29	50	18	35	78	24	42	12		3

4.1 全国电大教职工职称情况（续表 10）

单位：人

	教职工数										聘请校外教师
	计	专业技术职称									
		高级	中级	初级	无职称	其中专任教师					
						计	高级	中级	初级	无职称	
天门市广播电视大学	46	12	31	3		35	11	24			
潜江市广播电视大学	38	11	19	8		36	9	19	8		
仙桃广播电视大学	73	19	22	14	18	41	14	12	10	5	3
江汉油田分校	49	7	27	13	2	39	6	21	11	1	
随州广播电视大学	86	18	29	24	15	47	11	18	18		21
老河口广播电视大学	62	8	30	20	4	60	8	30	20	2	
武　　汉	**1282**	**335**	**461**	**270**	**216**	**749**	**260**	**303**	**166**	**20**	**150**
武汉市广播电视大学	217	68	70	47	32	109	53	31	25		35
江岸区分校	39	10	12	12	5	21	6	10	5		
武昌区分校	31	8	6	6	11	14	4	4	6		
桥口区分校	39	16	18	3	2	25	12	13			11
汉阳区分校	63	16	26	8	13	37	12	20	5		1
青山区分校	18	7	3	7	1	13	7	3	3		40
洪山区工作站	32	10	14	1	7	23	8	14	1		
东西湖区分校	41	13	14	8	6	31	10	13	8		1
汉南区分校	22	4	10	6	2	11	3	5	3		
江夏区分校	85	15	19	43	8	72	13	18	40	1	15
蔡甸区分校	26	6	11	7	2	24	6	11	7		20
黄陂区分校	36	15	14	3	4	23	10	13			8
新洲区分校	83	19	31	33		58	13	20	25		
机械工业局分校	21	8	13			16	5	11			
武汉钢铁公司分校	456	108	172	69	107	229	88	98	26	17	
3303 分校	21	2	8	9	2	15	1	7	7		
江汉区电大分校	38	7	15	6	10	22	6	12	3	1	3
统计局分校	14	3	5	2	4	6	3		2	1	16
湖　　南	**1401**	**262**	**507**	**286**	**346**	**620**	**157**	**263**	**146**	**54**	**1253**
湖南广播电视大学	383	76	104	88	115	192	48	53	52	39	287
直属分校											1
长沙广播电视大学	50	9	24	10	7	15	2	8	5		154
株洲广播电视大学	37	3	10	10	14	12	3	6	2	1	62
湘潭广播电视大学	56	11	21	11	13	24	6	10	8		152
衡阳市广播电视大学	63	16	20	10	17	21	9	8	4		77
邵阳广播电视大学	59	4	48	5	2	18	3	15			62
岳阳广播电视大学	72	18	28	19	7	37	13	15	9		60
娄底广播电视大学	53	12	18	10	13	25	9	12	4		20
零陵分校	37	6	15	3	13	13	3	8	2		26
郴州广播电视大学	71	14	17	10	30	28	10	10	6	2	73
益阳广播电视大学	53	8	25	12	8	20	3	11	5	1	45
常德广播电视大学	47	9	14	6	18	17	3	8	6		30
怀化广播电视大学	53	7	22	10	14	29	7	13	7	2	27
湘西民族广播电视大学	47	9	18	16	4	29	5	16	8		42
张家界市广播电视大学	16	4	8	4		7	1	6			17
津市分校	44	3	27	12	2	31	2	21	8		9
岳阳石化总厂广播电视大学	48	9	28	5	6	22	7	14	1		1
省人民检察院分校	69	13	19	28	9	23	7	5	11		
省司法厅法律分校	20				20	7				7	107
卫生分校	9	2	2		5						
涟钢分校	114	29	39	17	29	50	16	24	8	2	1

4.1 全国电大教职工职称情况（续表 11）

单位：人

	教职工数										聘请校外教师
	计	专业技术职称									
		高级	中级	初级	无职称	其中专任教师					
						计	高级	中级	初级	无职称	
广　　东	**3979**	**435**	**1562**	**1054**	**928**	**2404**	**357**	**1234**	**694**	**119**	**2149**
广东广播电视大学	212	46	70	37	59	89	42	31	16		139
法律分校	17	1	6	5	5	12	1	6	5		21
省电力局分校	33	21	11		1	21	16	5			
省公路局分校	55	6	13	14	22	20	6	9	5		16
广东电大深圳拱北海关分校	35	3	16	11	5	26	2	14	7	3	18
珠海市广播电视大学	70	9	30	12	19	37	5	25	7		56
汕头广播电视大学	256	21	86	51	98	146	18	80	34	14	177
韶关市广播电视大学	317	38	120	79	80	192	37	98	54	3	106
汕尾市广播电视大学	76	10	25	19	22	36	4	22	10		95
梅州市广播电视大学	147	21	47	49	30	90	13	36	37	4	268
惠州市广播电视大学	176	7	45	65	59	86	5	33	44	4	50
东莞市广播电视大学	38	6	7	11	14	23	5	6	10	2	25
中山市广播电视大学	32	7	15	4	6	24	7	13	4		40
江门市广播电视大学	217	14	96	69	38	156	14	89	49	4	163
佛山广播电视大学	129	21	52	29	27	69	19	34	16		49
阳江市广播电视大学	98	8	39	29	22	70	8	35	26	1	48
湛江市广播电视大学	247	27	115	60	45	127	15	85	27		109
茂名广播电视大学	290	14	124	79	73	202	12	117	60	13	183
肇庆广播电视大学	204	22	120	32	30	130	17	93	17	3	174
清远市广播电视大学	255	19	83	84	69	177	17	77	73	10	54
潮州广播电视大学	64	10	20	25	9	24	6	10	8		96
揭阳广播电视大学	109	5	53	34	17	62	5	39	18		94
河源广播电视大学	400	23	180	106	91	233	19	130	66	18	21
云浮市广播电视大学	107	9	46	25	27	63	6	34	19	4	81
南海广播电视大学	94	9	34	31	20	53	7	28	18		66
顺德广播电视大学	301	58	109	94	40	236	51	85	64	36	
广　　州	**2040**	**326**	**687**	**580**	**447**	**1146**	**273**	**491**	**303**	**79**	**1161**
广州市广播电视大学	199	39	55	49	56	84	31	29	22	2	320
东山区分校	62	8	22	30	2	43	8	20	13	2	24
海珠区分校	125	13	38	41	33	65	13	18	10	24	10
芳村区分校	33	9	14	9	1	25	9	11	5		4
荔湾分校	32	7	12	12	1	19	4	9	6		21
越秀区分校	18		4	10	4	14		4	10		36
天河区分校	20		13	1	6	6		4	1	1	51
开发区分校	12	3	8		1	10	3	7			15
纺织分校	128	19	53	29	27	98	17	44	27	10	11
广州造船厂分校	15		2	11	2	9			8	1	13
市轻工业局分校	63	10	23	30		49	8	19	22		
侨光分校	181	11	44	35	91	52	11	26	5	10	159
机电局分校	46	9	18	14	5	33	8	12	12	1	14
法律专业工作站	125	23	38	34	30	76	23	31	22		11
电器分校	28	8	13	4	3	13	5	6	2		
市二轻局工作站	22	7	8	3	4	22	7	8	3	4	
番禺区广播电视大学	42	4	12	21	5	35	4	11	19	1	83
从化市分校	55	3	29	9	14	37	3	25	9		16
花都区广播电视大学	49		19	23	7	28		14	14		53
增城市广播电视大学	84	5	27	32	20	66	5	25	25	11	68

4.1 全国电大教职工职称情况（续表12）

单位：人

	教职工数										聘请校外教师
	计	专业技术职称									
		高级	中级	初级	无职称	其中专任教师					
						计	高级	中级	初级	无职称	
白云区分校	53	10	20	13	10	28	5	14	9		33
珠江电大	59	12	19	16	12	25	7	13	5		31
市银行学校电大工作站	24	7	14		3	12	5	7			13
东方教学点	61	6	28	18	9	37	5	24	4	4	23
广师电大	20	12	1	2	5	15	12	1	2		54
广州市港务局工作站	32	7	13	9	3	14	5	9			17
维城电大	113	8	12	63	30	30	3	11	16		8
金融分校	119	48	53	11	7	86	41	41	4		
统计工作站	19	3	4	5	7	5	3		2		35
贸易学校工作站	83	14	33	13	23	51	14	27	7	3	13
理工学校工作站	118	21	38	33	26	59	14	21	19	5	25
深　圳	**570**	**128**	**182**	**55**	**205**	**250**	**106**	**121**	**21**	**2**	**242**
深圳市广播电视大学	201	59	85	11	46	99	40	59			86
蛇口分校	86	9	16	12	49	12	8	2	2		53
宝安分校	67	7	21	15	24	34	6	17	11		17
沙头角分校	40	19	13		8	34	19	13		2	8
南山分校	42	15	16	5	6	24	15	9			40
龙岗分校	62	10	18	9	25	27	9	12	6		18
罗湖分校	44	3	5	1	35	9	3	5	1		20
福田分校	28	6	8	2	12	11	6	4	1		
广　西	**1566**	**237**	**688**	**321**	**320**	**792**	**165**	**443**	**147**	**37**	**700**
广西广播电视大学	174	46	87	20	21	54	18	30	6		44
区直分校	52	7	19	8	18	22	6	12	2	2	77
南宁广播电视大学	64	13	21	20	10	40	10	17	11	2	43
柳州市广播电视大学	64	10	27	15	12	36	7	19	6	4	68
桂林市分校	63	12	37	7	7	38	12	24	2		51
梧州市分校	46	3	20	2	21	18	3	12	2	1	31
柳州铁路局分校	413	42	142	109	120	187	34	102	49	2	
南宁地区分校	185	20	123	36	6	95	18	64	11	2	1
柳州地区分校	18	1	5	3	9	9	1	5	3		27
梧州地区分校	12	1	5	2	4	6	1	4	1		20
玉林师范学院分校	50	4	30	12	4	30	3	21	6		7
百色民族分校	30		10	8	12	12		8	2	2	31
河池地区民族分校	40	5	15	12	8	22	3	12	7		8
钦州市分校	48	12	27	8	1	29	5	19	5		11
北海市分校	45	7	23	7	8	32	7	19	5	1	15
检察分校	17	2	5	1	9	12	2	5	1	4	6
农业银行工作站	17	2	12	1	2	12		11	1		45
贵港市电大分校	40	3	9	22	6	21		1	14	6	
防城港市工作站	10	5	3	2		6	3	3			12
玉林商校工作站	35	8	23	4		20	5	15			20
广西电大工商分校	104	17	31	20	36	67	16	27	13	11	28
水利工作站	13	5		2	6						155
广西银行学校电大工作站	26	12	14			24	11	13			
海　南	**108**	**14**	**30**	**20**	**44**	**66**	**14**	**26**	**16**	**10**	**67**
海南广播电视大学	99	14	27	19	39	62	14	23	16	9	44
海南电大五指山分校	9		3	1	5	4		3		1	23
四　川	**2060**	**371**	**783**	**407**	**499**	**1180**	**290**	**566**	**269**	**55**	**2630**

4.1 全国电大教职工职称情况 (续表 13)

单位：人

	教职工数										聘请校外教师
	计	专业技术职称									
		高级	中级	初级	无职称	其中专任教师					
						计	高级	中级	初级	无职称	
四川广播电视大学	309	72	91	41	105	146	58	47	28	13	700
省建委分校	23	2	15	4	2	8	2	6			49
省级机关分校	21	4	6	7	4	9	4	5			179
成都铁路局分校	62	6	30	1	25	37	6	30	1		21
德阳广播电视大学	215	32	81	60	42	125	22	55	40	8	180
绵阳广播电视大学	66	11	16	11	28	38	11	11	10	6	126
广元广播电视大学	165	32	84	34	15	114	27	66	20	1	118
遂宁广播电视大学	72	13	38	10	11	58	13	35	10		138
雅安分校	29	4	9	4	12	16	3	9	4		20
乐山广播电视大学	259	30	104	85	40	150	24	71	51	4	110
内江广播电视大学	83	39	36	5	3	31	10	16	5		89
自贡广播电视大学	44	7	14	4	19	17	7	6	4		52
宜宾广播电视大学	26	4	5	4	13	18	4	5	4	5	178
泸州广播电视大学	227	22	79	45	81	115	18	58	29	10	112
南充广播电视大学	29	5	15	1	8	14	5	8	1		87
达川广播电视大学	119	12	33	26	48	72	12	33	26	1	105
甘孜分校	8	1	1	6		5		1	4		87
凉山广播电视大学	64	32	25		7	55	31	24			
攀枝花广播电视大学	50	11	17	10	12	31	7	14	9	1	67
巴中广播电视大学	57	8	25	20	4	39	7	20	9	3	34
广安广播电视大学	20	6	6	2	6	12	6	2	2	2	80
眉山广播电视大学	27	8	16	3		19	4	14	1		21
资阳广播电视大学	49	4	22	22	1	28	3	15	9	1	61
阿坝广播电视大学	36	6	15	2	13	23	6	15	2		16
成　都	**722**	**140**	**290**	**186**	**106**	**432**	**93**	**188**	**120**	**31**	**598**
成都广播电视大学	114	22	28	42	22	73	18	22	33		118
龙泉分校	39	4	23	12		28	2	18	8		3
彭州分校	33	7	13	8	5	15	3	10	2		39
新都分校	13		5	3	5	5		3	1	1	98
双流分校	12		8	4		8		5	3		49
崇州分校	39	10	27	2		18	5	13			21
邛崃分校	13	4	6	2	1	10	4	6			30
郫县分校	25	3	9	5	8	14	1	8	5		36
温江分校	64	19	22	14	9	38	11	19	8		30
大邑分校	104	16	50	28	10	80	12	30	28	10	8
金堂分校	49	8	17	24		18	2	8	8		3
五冶分校	5		5			1		1			23
蒲江分校	28	4	19	4	1	20	4	13	3		8
都江堰分校	40	15	13	5	7	18	10	6	2		
电子工业分校	68	11	7	21	29	48	11	2	15	20	12
青白江分校	27	5	13	7	2	14	3	8	3		2
新津分校	18	3	10	4	1	9		8	1		34
青羊分校	15	3	11	1		5	1	4			27
旅游分校	16	6	4		6	10	6	4			57
重　庆	**1570**	**348**	**616**	**290**	**316**	**899**	**247**	**446**	**173**	**33**	**1325**
重庆广播电视大学	172	41	51	45	35	114	33	39	42		149
渝中区分校	16	4	6	6		9	2	4	3		62
重庆铁路分校	20	1	6	4	9	12	1	4	3	4	5

4.1 全国电大教职工职称情况（续表 14）

单位：人

	教职工数										聘请校外教师
	计	专业技术职称									
		高级	中级	初级	无职称	其中专任教师					
						计	高级	中级	初级	无职称	
重庆钢铁公司分校	33	6	16	5	6	12	4	8			2
南岸分校	9	1	7	1		7	1	6			40
九龙坡区工作站	26	9	16	1							32
江北区工作站	6	1	1	4							42
沙坪坝区电大分校	11	5	4		2	7	3	4			49
永川市广播电视大学	38	12	22		4	18	8	10			46
北碚区工作站	70	20	46		4	40	5	35			10
万盛区工作站	5		5			4		4			23
荣昌县工作站	67	24	41	2		33	11	21	1		3
綦江县工作站	29	8	16	2	3	18	6	11	1		
合川电大分校	56	16	25	4	11	22	10	11	1		22
长寿县工作站	25	6	14	3	2	18	3	13	2		28
渝北区工作站	42	2	2	6	32	6	1	1	4		30
潼南县工作站	35	12	18	3	2	25	10	12	3		20
大足县工作站	17	4	6	4	3	14	4	6	4		20
巴南分校	49	13	18	3	15	23	9	12	1	1	50
江津分校	45	14	15	8	8	32	10	13	4	5	10
大渡口分校	4	2	1	1		3	1	1	1		32
璧山县电大工作站	40	10	16	4	10	21	6	11	4		
万州广播电视大学	55	15	11		29	41	15	9		17	247
涪陵广播电视大学	49	5	18	12	14	23	5	11	7		50
黔江广播电视大学	92	9	12	46	25	18	7	11			36
南川分校	45	9	19	6	11	29	9	19	1		20
垫江分校	34	10	19	4	1	28	8	16	4		2
丰都县电大工作站	5	1	2	2		5	1	2	2		30
武隆电大工作站	13	5	5	3		12	5	4	3		20
供销总社分校	35	7	13	9	6	26	7	10	9		35
物资贸易工作站	8		8			8		8			
建工集团工作站	34	3	9	12	10	11	2	7	2		26
酉阳电大工作站	165	26	53	48	38	132	26	53	48	5	10
石柱电大工作站	34	5	24		5	27	5	22			20
彭水电大工作站	28	9	5	14		21	5	4	12		7
云阳县电大工作站	5		4		1	5		4		1	25
巫山分校	23	6	10	4	3	14	6	7	1		20
巫溪电大工作站	5	1	3		1	4	1	3			36
城口电大工作站	19	5	10	3	1	6	3	2	1		
铜梁分校	27	11	10	5	1	17	6	7	4		
重庆电大乡企工作站	30	3	4	8	15	9	1	3	5		35
市药监局电大工作站	30	5	17	4	4	22	5	17			37
市统计局电大工作站	19	2	8	4	5	3	2	1			14
贵　州	**1300**	**133**	**497**	**361**	**309**	**713**	**112**	**340**	**204**	**57**	**688**
贵州广播电视大学	266	52	80	49	85	139	41	45	17	36	110
省直分校											
贵阳市分校	41	4	15	5	17	19	4	5		10	41
遵义地区分校	28	3	9	2	14	8	2	6			105
安顺地区分校	20	2	4	10	4	12	2	2	8		40
黔南州分校	26		9	3	14	8		7	1		68
黔东南州分校	32	2	9	18	3	21	2	8	11		17

4.1 全国电大教职工职称情况（续表 15）

单位：人

	教职工数										聘请校外教师
	计	专业技术职称									
		高级	中级	初级	无职称	其中专任教师					
						计	高级	中级	初级	无职称	
黔西南州分校	53	3	24	17	9	25	2	10	7	6	35
毕节地区分校	14		2	11	1	9		2	7		88
六盘水市分校	29	2	7	9	11	14	2	6	6		33
铜仁分校	27	2	7	6	12	14	2	7	5		12
贵州建设广播电视大学	13	2	6	3	2	7	1	5	1		58
贵州水晶集团电大工作站	25	3	16		6	15	3	12			
贵阳铁路分局分校	46	1	14	22	9	20	1	9	10		10
贵航集团分校	68	12	33	14	9	49	12	32	5		27
水城钢铁公司分校	29	2	10	16	1	18	2	10	6		6
省检察院分校	27	2	14	11		16	2	14			12
省监管局分校	151	12	35	60	44	89	11	32	45	1	
航天管理局工作站	38	13	21	4		24	9	15			
黎阳机械公司工作站	22	1	13	5	3	18		12	5	1	15
贵州省劳动和社会保障厅电大工作站	20	5	4	6	5	11	4	3	3	1	11
贵阳冶金工作站	18	2	7	5	4	13	2	5	4	2	
贵航技校电大工作站	307	8	158	85	56	164	8	93	63		
云　南	**3471**	**630**	**1213**	**862**	**766**	**1969**	**459**	**775**	**569**	**166**	**705**
云南广播电视大学	296	68	141	31	56	122	49	62	7	4	4
昆明广播电视大学	82	7	20	31	24	33	2	8	23		56
玉溪广播电视大学	72	24	36	9	3	51	20	23	8		20
思茅广播电视大学	32	2	12	8	10	19	2	9	8		
西双版纳广播电视大学	173	23	60	44	46	113	19	51	29	14	1
红河分校	49	8	20	8	13	21	3	13	5		22
文山分校	313	43	87	93	90	192	39	57	68	28	2
曲靖分校	108	48	45	13	2	51	22	22	7		
昭通分校	9	1	4	4		9	1	4	4		
东川工作站	16	9	5		2	2		2			8
楚雄广播电视大学	14	5	5	1	3	11	5	5	1		138
大理分校	960	196	315	279	170	522	149	168	174	31	
保山分校	48	11	25	12		25	8	11	6		50
临沧分校	166	22	44	64	36	122	21	37	42	22	21
德宏广播电视大学	263	38	72	69	84	156	24	52	57	23	
丽江分校	242	39	94	54	55	181	34	81	42	24	6
文山州民族干部学校	53	16	14	22	1	31	3	10	18		
怒江电大分校	176	25	66	34	51	117	25	61	26	5	
个旧分校	40	11	14	8	7	21	6	11	4		
云南省有色地质电大分校	13	3	8	1	1	13	3	8	1	1	16
煤炭分校	24	3	10	7	4	7	1	5	1		18
交通分校											
昆明陆军学院分校	42	9	20	9	4	35	8	18	8	1	6
省检察分校	23				23	5				5	20
云锡分校											
昆明市总工会分校	23	1	7	7	8	10	1	6	3		50
昆明铁路局分校											63
昆钢分校											174
烟草分校	93	9	47	24	13	33	5	25	3		
易门矿务局分校	81	8	25	11	37	34	8	15	11		1
云南省电大政法分校	60	1	17	19	23	33	1	11	13	8	29

4.1 全国电大教职工职称情况（续表 16）

单位：人

	教职工数										聘请校外教师
	计	专业技术职称									
		高级	中级	初级	无职称	其中专任教师					
						计	高级	中级	初级	无职称	
陕　西	**2412**	**494**	**820**	**545**	**553**	**1239**	**349**	**489**	**339**	**62**	**1667**
陕西省广播电视大学	243	44	54	89	56	130	29	25	68	8	287
延安分校	63	10	20	12	21	23	1	3	4	15	53
榆林地区分校	279	48	113	103	15	160	28	59	65	8	8
咸阳市分校	30	3	8	7	12	11	1	5	5		55
宝鸡市分校	37	3	10	5	19	17	3	9	4	1	41
安康分校	22		15	5	2	14		11	3		24
汉中分校	21	1	5	1	14	5	1	3	1		121
渭南分校	30	4	15	8	3	13	2	8	3		97
商洛地区分校	19	2	10	3	4	11	1	8	1	1	36
铜川市分校	15	4	4	2	5	12	4	4	2	2	49
航空工业局工作站	229	66	109	33	21	127	49	51	19	8	10
省电子工业局工作站	160	34	65	41	20	108	28	46	31	3	9
兵器工业管理局工作站	162	40	63	38	21	97	27	47	23		58
核工业局工作站	16	2	7	6	1	7		3	4		
西安铁路分校	20		10	8	2	12		9	3		12
省冶金局工作站	56	8	32	16		47	8	32	7		
民盟省委会工作站	16	2	4	7	3						8
省广播电视厅工作站	6		4		2	3		3			12
陕西省城市经济学校	88	10	20	33	25	53	10	14	20	9	
西安有色工作站	7	2		5							13
O一二基地工作站	58	17	24	13	4	41	14	17	10		
省水利厅工作站	125	45	50	25	5	30	15	15			5
省府干部学校工作站	22	1	6		15	7	1	6			10
直属分校											19
省煤碳厅工作站	8	3	5			3	3				38
省农业厅工作站	89	39	41	9		42	28	14			67
省警官职业学校工作站	38	14	11	5	8	30	14	11	5		3
高新分校	52	10	25	7	10	20	5	13	2		110
省电大直属教学部											117
新城分校	158	15	17	23	103	58	14	14	23	7	224
工运学院电大	30	8	9		13	17	8	9			50
陕西经贸培训学院	20	6	4		10	10	6	4			13
陕西省中医学校	244	38	42	31	133	111	38	42	31		
陕西电大长安工作站	10	3	5		2						65
省计生协工作站	19	4	7	4	4	4	4				16
陕西电大宝鸡农校教育中心	20	8	6	6		16	7	4	5		
陕西银行学校											15
陕西电大西安市卫校电大教学中心											22
西　安	**616**	**166**	**234**	**136**	**80**	**281**	**112**	**108**	**53**	**8**	**852**
西安市广播电视大学	89	14	40	21	14	26	7	9	7	3	85
西安电大开放教育学院	43	18	18	7		42	17	18	7		119
西安电大现代教育培训学院	28	14	11	2	1	26	14	9	2	1	
长安分校	10	3	5		2						84
临潼分校	20	1	11	8		7		5	2		48
户县分校	59	20	26	10	3	18	5	8	5		7
西电公司工作站	20	9	8	3		14	7	7			10
莲湖科技学校工作站	6		3	3							10

4.1 全国电大教职工职称情况（续表 17）

单位：人

	教职工数										聘请校外教师
	计	专业技术职称									
		高级	中级	初级	无职称	其中专任教师					
						计	高级	中级	初级	无职称	
西安交通大学卫校教学班	5	5				5	5				10
西安电大北洋教学班	11	6	5			3	3				68
利君集团工作站	2	1	1								4
翠华培训学院工作站	30	10	5	6	9	7	7				58
富士日本语专修学院工作站	11		3	6	2	6		1	3	2	9
蓝田分校	5	5				5	5				20
韩城进校工作站	43	5	15	23		25	3	12	10		12
市卫生职校工作站	5		2	3							11
涉外旅游专修学院工作站	8	2	2	2	2	2	1	1			11
西安培明进修学院教学班	25				25						10
西安教育学院工作站	4	2	1	1							10
高陵分校	30	3	13	9	5	13	1	8	4		2
大荔师范工作站	36	16	7	9	4	23	14	3	6		9
西安电大现代职校	19	4	7	4	4	4	4				16
成人教育培训学院工作站	6	1	1		4	1	1				9
中交一公院工作站	10	1	3	2	4	3		1		2	16
艺术学院											102
西安电大直属分校	19	4	8	7		19	4	8	7		61
华阴工作站	27	12	10	5		7	5	2			7
铜川矿务局教学班	6		4	2		1		1			32
宜川工作站	23	8	12	3		20	8	12			8
潼关工作站	16	2	13		1	4	1	3			4
甘　　肃	**1839**	**264**	**767**	**460**	**348**	**986**	**164**	**517**	**275**	**30**	**902**
甘肃广播电视大学	187	39	73	53	22	79	28	23	24	4	63
兰州市分校	39	3	15	3	18	25	3	15	3	4	85
天水市分校	61	7	18	12	24	25	7	9	6	3	48
白银市分校	16	3	7	2	4	12	3	7	2		11
金昌分校	18	7	9	2		13	5	8			45
嘉峪关市分校	13	2	2	9		11	2	2	7		32
庆阳地区分校	55	4	16	11	24	31	4	16	11		45
平凉地区分校	19	2	7	1	9	10	2	7	1		59
陇南地区分校	24		8	8	8	12		4	8		12
定西地区分校	29	6	7	5	11	16	5	5	5	1	48
武威地区分校	163	26	42	66	29	62	5	19	38		6
张掖市分校	19	3	6	2	8	11	3	6	2		40
酒泉地区分校	18	3	3	5	7	11	3	3	5		22
甘南分校	19	1	6	4	8	10	1	5	4		42
临夏分校	53	2	14	9	28	22	2	12	8		4
兰州铁路局分校	21	10	11			15	7	8			3
四O四厂分校	22	1	11	9	1	12		7	5		20
省检察院分校	5				5						
省农垦分校	113	20	55	38		69	9	41	19		64
亚盛集团公司分校	79		52	22	5	72		45	22	5	23
玉门石油管理局分校	62	12	25	18	7	29	5	16	8		14
滨河集团分校	77	5	57	14	1	65	3	49	12	1	7
开放教育学院	26	3	14	7	2	7	2	1	4		115
兰州铁路分局分校	143	6	79	52	6	75	2	54	19		
省农业银行工作站	21	1	10	2	8	6		4	2		2

4.1 全国电大教职工职称情况（续表 18）

单位：人

	教职工数										聘请校外教师
	计	专业技术职称									
		高级	中级	初级	无职称	其中专任教师					
						计	高级	中级	初级	无职称	
省人民银行工作站	45	15	21	9		35	8	18	9		
甘肃省乡镇企业分校	74	9	38	8	19	45	7	28	7	3	17
水电部五局工作站	48	8	20	13	7	20	2	12	4	2	
武威卫生学校电大工作站	120	25	39	21	35	76	25	33	15	3	
陇南农校直属工作站	30	4	22	4		4	2	2			14
电大兰炼工作站	21	4	13	3	1	13	2	10	1		20
武威铁路分局电大工作站	46	4	11	20	11	22	3	6	11	2	23
五零四厂电大工作站	46	13	19	9	5	23	5	15	3		3
省统计局电大工作站	24	1	3	2	18						15
省财贸学校电大工作站	83	15	34	17	17	48	9	27	10	2	
青海	**742**	**144**	**403**	**112**	**83**	**480**	**107**	**274**	**86**	**13**	**172**
青海广播电视大学											
海西州广播电视大学	114	28	72	12	2	84	24	48	12		2
海北州广播电视大学	65	13	42	10		42	4	29	9		
海南州广播电视大学	208	45	106	14	43	142	44	86	12		
玉树州广播电视大学	55	12	13	20	10	40	9	6	16	9	
果洛州广播电视大学	28	4	21	3		16	4	11	1		21
乐都广播电视大学	23	4	19			16	2	14			33
互助县广播电视大学	18	6	4	1	7	4	1	3			30
湟源县广播电视大学	23	2	15	4	2	15	2	9	2	2	14
民和县广播电视大学	60	3	31	23	3	41	2	19	20		24
大通师范电大	24	4	18	2		17	3	12	2		
湟中县广播电视大学	36	13	16	7		15	5	9	1		9
化隆县广播电视大学	24	1	10	8	5	13	1	5	5	2	13
循化县广播电视大学	22	2	11	8	1	13	1	6	6		7
海西州格尔木工作站											
省直属分校											
统计局电大	21	3	8		10	3	3				19
海东广播电视大学	21	4	17			19	2	17			
宁夏	**730**	**205**	**287**	**149**	**89**	**424**	**147**	**209**	**65**	**3**	**477**
宁夏广播电视大学	358	92	130	77	59	208	76	99	33		54
石嘴山分校	34	18	9	5	2	25	17	8			13
银川市工作站	8	1	5	2							
吴忠市分校	7	6	1			4	4				61
固原市工作站	6	2	4			3		3			12
电力系统分校	5	2	3			2	1	1			
青铜峡铝厂工作站	4	2	2			1		1			
石嘴山矿物局工作站	25	9	9	3	4	5	2	3			29
青铜峡市工作站	11	5	4	1	1	5	3	2			11
盐池县工作站	5	1	3	1							15
同心县工作站	6		6			6		6			22
中卫分校	54	18	21	11	4	48	14	20	11	3	18
永宁县工作站	22	9	3	4	6	13	7	2	4		23
贺兰县工作站	5	1	4								29
平罗电大工作站	12	6	4	1	1	9	5	3	1		31
陶乐县工作站	1	1				1	1				10
卫生系统分校	14	2	3	5	4						23
铁路分局分校	53	3	24	18	8	26	2	19	5		61

4.1 全国电大教职工职称情况（续表 19）

单位：人

	教职工数										聘请校外教师
	计	专业技术职称									
		高级	中级	初级	无职称	其中专任教师					
						计	高级	中级	初级	无职称	
惠农县电大工作站	4	2	1	1							
灵武县电大工作站	4	3	1								26
西吉电大工作站	9	2	7			9	2	7			16
隆德县电大工作站	36	9	25	2		27	6	21			15
海原县电大工作站	25	8	7	10		12	4	4	4		
农校系统电大分校	22	3	11	8		20	3	10	7		8
新　　疆	**2403**	**347**	**874**	**635**	**547**	**1196**	**226**	**560**	**370**	**40**	**867**
新疆广播电视大学	191	38	61	39	53	30	13	5	12		125
乌鲁木齐广播电视大学	155	33	55	12	55	60	21	33	6		34
哈密广播电视大学	123	15	54	37	17	33	3	24	5	1	23
昌吉广播电视大学	259	60	103	35	61	177	48	92	30	7	142
克拉玛依广播电视大学	102	21	33	23	25	53	11	20	21	1	
阿勒泰广播电视大学	70	1	22	29	18	41	1	17	22	1	23
塔城广播电视大学	82	6	22	34	20	46	1	7	20	18	
巴音郭楞蒙古自治州电大	42	8	14	10	10	32	8	13	9	2	99
阿克苏分校	42	1	10	29	2	29	1	8	20		
博尔塔拉蒙古自治州电大	224	20	71	88	45	91	12	42	37		79
奎屯市广播电视大学	12	4	4	3	1	5	2	1	2		30
克孜勒苏广播电视大学	63	2	24	25	12	51	2	24	25		18
喀什广播电视大学	167	19	74	41	33	102	12	61	29		8
和田广播电视大学	69	9	20	31	9	49	5	18	22	4	46
伊犁州广播电视大学	135	14	47	45	29	81	10	37	32	2	52
石河子广播电视大学	41	7	15	13	6	22	6	8	8		97
吐鲁番分校	29	2	14	7	6	13	2	5	5	1	
铁路广播电视大学	85	17	39	5	24	28	13	11	3	1	13
钢铁公司工作站	130	17	50	41	22	90	16	44	30		
劳改局工作站	101	15	38	33	15	30	9	13	8		30
乌石化广播电视大学	34	7	18	3	6	22	6	15	1		12
广电厅广播电视大学	68	10	19	17	22	40	8	17	13	2	36
哈煤集团广播电视大学	39	4	15	7	13	19	3	11	5		
财政厅广播电视大学	140	17	52	28	43	52	13	34	5		
新疆兵团	**662**	**157**	**242**	**175**	**88**	**316**	**83**	**140**	**77**	**16**	**309**
新疆兵团广播电视大学	87	16	28	43		35	10	6	19		40
农一师分校	41	17	14	8	2	21	7	5	7	2	12
农二师分校	27	4	12	11		20	4	10	6		
农三师分校	41	4	15	9	13	20	2	12	5	1	16
农四师分校	85	14	18	16	37	38	13	12	9	4	44
农五师分校	70	12	27	21	10	30	7	15	7	1	23
农六师分校	48	13	25	9	1	15	5	10			28
农七师分校	42	19	22	1		28	11	17			3
农八师分校	41	7	15	13	6	22	6	8	8		97
农九师分校	80	20	29	21	10	31	4	18	7	2	36
农十师分校	38	9	14	11	4	18	4	5	5	4	10
农十三师分校	25	9	9	5	2	17	7	8	1	1	
农十二师分校	37	13	14	7	3	21	3	14	3	1	

4.2 全国电大专任教师和聘请校外教师岗位分类

单位：人

	专任教师								聘请校外教师		
	合计	任课教师			非任课教师				计	公共课基础课	专业课
		计	公共课基础课	专业课	计	进修	科研	其他			
总计	**43770**	**42986**	**15419**	**27567**	**784**	**193**	**53**	**538**	**35794**	**8825**	**26969**
其中:女	20046	19705	7299	12406	341	97	16	228	12434	3244	9190
正高级	510	504	108	396	6		3	3	1698	340	1358
副高级	10238	10074	3554	6520	164	25	23	116	11246	2630	8616
中级	19206	18850	6953	11897	356	76	20	260	18222	4532	13690
初级	11177	10967	3967	7000	210	75	7	128	3439	979	2460
无职称	2639	2591	837	1754	48	17		31	1189	344	845
中央电大	**125**	**125**	**32**	**93**					**41**		**41**
其中:女	60	60	27	33					11		11
正高级	10	10	3	7					21		21
副高级	65	65	18	47					20		20
中级	40	40	10	30							
初级	10	10	1	9							
无职称											
中央电大直属部	**169**	**169**	**53**	**116**					**2147**	**811**	**1336**
其中:女	83	83	33	50					357	106	251
正高级	21	21	1	20					96	34	62
副高级	46	46	7	39					302	83	219
中级	56	56	22	34					1507	608	899
初级	27	27	16	11					226	82	144
无职称	19	19	7	12					16	4	12
北京	**635**	**635**	**193**	**442**					**1440**	**264**	**1176**
其中:女	412	412	127	285					708	135	573
正高级	14	14	1	13					135	20	115
副高级	181	181	49	132					476	89	387
中级	309	309	104	205					670	134	536
初级	114	114	31	83					124	19	105
无职称	17	17	8	9					35	2	33
天津	**1310**	**1299**	**424**	**875**	**11**	**2**	**2**	**7**	**1191**	**272**	**919**
其中:女	781	772	242	530	9	1	1	7	509	135	374
正高级	21	19	5	14	2		2		103	13	90
副高级	480	479	143	336	1			1	654	143	511
中级	580	576	215	361	4			4	394	105	289
初级	203	202	56	146	1	1			38	11	27
无职称	26	23	5	18	3	1		2	2		2
河北	**1083**	**1061**	**227**	**834**	**22**			**22**	**630**	**160**	**470**
其中:女	635	622	149	473	13			13	322	74	248
正高级	28	27	5	22	1			1	22	4	18
副高级	383	380	79	301	3			3	269	60	209
中级	385	372	83	289	13			13	269	64	205
初级	227	222	54	168	5			5	63	30	33
无职称	60	60	6	54					7	2	5
山西	**326**	**324**	**95**	**229**	**2**			**2**	**328**	**39**	**289**
其中:女	152	152	49	103					125	19	106
正高级	7	7	1	6					5		5
副高级	120	120	25	95					126	18	108
中级	143	141	45	96	2			2	158	14	144
初级	49	49	23	26					27	5	22
无职称	7	7	1	6					12	2	10

4.2 全国电大专任教师和聘请校外教师岗位分类（续表 1）

单位：人

	专任教师								聘请校外教师		
	合计	任课教师			非任课教师				计	公共课基础课	专业课
		计	公共课基础课	专业课	计	进修	科研	其他			
内蒙古	**607**	**561**	**297**	**264**	**46**	**3**		**43**	**379**	**72**	**307**
其中:女	340	320	162	158	20	3		17	173	31	142
正高级	4	4	1	3					5	2	3
副高级	203	192	103	89	11	2		9	99	19	80
中级	259	229	123	106	30			30	230	47	183
初级	126	121	62	59	5	1		4	35	4	31
无职称	15	15	8	7					10		10
辽宁	**1304**	**1289**	**421**	**868**	**15**	**7**		**8**	**625**	**198**	**427**
其中:女	755	749	236	513	6	4		2	258	91	167
正高级	11	11	5	6					10	3	7
副高级	424	421	151	270	3	1		2	248	76	172
中级	605	601	186	415	4	2		2	310	98	212
初级	218	211	71	140	7	4		3	39	11	28
无职称	46	45	8	37	1			1	18	10	8
沈阳	**359**	**322**	**107**	**215**	**37**			**37**	**155**	**28**	**127**
其中:女	214	194	68	126	20			20	79	13	66
正高级	8	8	1	7					11	3	8
副高级	119	114	41	73	5			5	93	16	77
中级	139	132	45	87	7			7	45	9	36
初级	74	64	19	45	10			10	6		6
无职称	19	4	1	3	15			15			
大连	**295**	**295**	**118**	**177**					**352**	**92**	**260**
其中:女	157	157	74	83					178	43	135
正高级	4	4	1	3					23	6	17
副高级	134	134	59	75					194	51	143
中级	111	111	41	70					98	21	77
初级	30	30	9	21					31	11	20
无职称	16	16	8	8					6	3	3
吉林	**685**	**679**	**247**	**432**	**6**	**2**	**2**	**2**	**289**	**61**	**228**
其中:女	376	376	145	231					89	22	67
正高级	5	5	1	4					14	2	12
副高级	187	185	57	128	2		2		92	29	63
中级	371	367	134	233	4	2		2	172	29	143
初级	118	118	52	66					11	1	10
无职称	4	4	3	1							
长春	**326**	**307**	**102**	**205**	**19**	**7**	**1**	**11**	**56**	**25**	**31**
其中:女	179	168	58	110	11	4	1	6	22	9	13
正高级	21	19		19	2			2	12	3	9
副高级	73	65	8	57	8		1	7	31	16	15
中级	171	169	63	106	2	1		1	13	6	7
初级	52	45	30	15	7	6		1			
无职称	9	9	1	8							
黑龙江	**1484**	**1448**	**479**	**969**	**36**	**4**	**8**	**24**	**719**	**141**	**578**
其中:女	724	711	252	459	13	1	3	9	290	50	240
正高级	9	8	1	7	1		1		54	8	46
副高级	505	497	159	338	8		2	6	314	59	255
中级	617	602	190	412	15	2	3	10	303	63	240
初级	298	288	107	181	10	2	2	6	43	11	32
无职称	55	53	22	31	2			2	5		5

4.2 全国电大专任教师和聘请校外教师岗位分类（续表 2）

单位：人

	专任教师								聘请校外教师		
	合计	任课教师			非任课教师				计	公共课基础课	专业课
		计	公共课基础课	专业课	计	进修	科研	其他			
哈尔滨	**182**	**182**	**70**	**112**					**315**	**67**	**248**
其中:女	89	89	32	57					121	23	98
正高级									12	3	9
副高级	61	61	27	34					143	34	109
中级	84	84	31	53					121	13	108
初级	34	34	12	22					29	15	14
无职称	3	3		3					10	2	8
上海	**1055**	**1042**	**399**	**643**	**13**			**13**	**1241**	**241**	**1000**
其中:女	487	482	217	265	5			5	449	82	367
正高级	28	28	9	19					35		35
副高级	203	198	75	123	5			5	344	71	273
中级	586	580	235	345	6			6	669	140	529
初级	213	211	72	139	2			2	106	26	80
无职称	25	25	8	17					87	4	83
江苏	**4541**	**4509**	**1811**	**2698**	**32**	**16**	**6**	**10**	**1087**	**301**	**786**
其中:女	2128	2116	887	1229	12	6	2	4	342	110	232
正高级	23	23	7	16					24	3	21
副高级	733	726	318	408	7	3	3	1	396	114	282
中级	1812	1798	714	1084	14	6	2	6	558	132	426
初级	1601	1593	626	967	8	4	1	3	102	52	50
无职称	372	369	146	223	3	3			7		7
南京	**456**	**448**	**203**	**245**	**8**			**8**	**679**	**247**	**432**
其中:女	198	195	87	108	3			3	236	99	137
正高级	2	2		2					36	16	20
副高级	82	79	44	35	3			3	254	92	162
中级	241	237	100	137	4			4	357	135	222
初级	116	115	54	61	1			1	28	3	25
无职称	15	15	5	10					4	1	3
浙江	**2306**	**2299**	**829**	**1470**	**7**	**2**	**1**	**4**	**1383**	**388**	**995**
其中:女	1030	1028	396	632	2			2	429	162	267
正高级	13	13	2	11					23	6	17
副高级	403	399	165	234	4	2	1	1	378	105	273
中级	1035	1033	365	668	2			2	745	187	558
初级	714	713	233	480	1			1	128	42	86
无职称	141	141	64	77					109	48	61
宁波	**366**	**364**	**119**	**245**	**2**	**2**			**430**	**78**	**352**
其中:女	200	198	65	133	2	2			135	29	106
正高级									10		10
副高级	49	49	23	26					143	27	116
中级	124	124	43	81					222	39	183
初级	175	173	47	126	2	2			38	7	31
无职称	18	18	6	12					17	5	12
安徽	**851**	**848**	**300**	**548**	**3**	**2**		**1**	**1361**	**309**	**1052**
其中:女	347	346	141	205	1	1			338	85	253
正高级									9		9
副高级	184	184	73	111					363	96	267
中级	306	304	119	185	2	1		1	688	142	546
初级	241	240	72	168	1	1			233	66	167
无职称	120	120	36	84					68	5	63

4.2 全国电大专任教师和聘请校外教师岗位分类（续表3）

单位：人

	专任教师								聘请校外教师		
	合计	任课教师			非任课教师						
		计	公共课基础课	专业课	计	进修	科研	其他	计	公共课基础课	专业课
福建	**669**	**663**	**165**	**498**	**6**	**2**		**4**	**1159**	**209**	**950**
其中:女	278	274	65	209	4	2		2	344	85	259
正高级	8	8		8					13	2	11
副高级	147	145	30	115	2			2	354	81	273
中级	285	283	87	196	2			2	689	106	583
初级	167	167	44	123					79	14	65
无职称	62	60	4	56	2	2			24	6	18
厦门	**58**	**52**	**21**	**31**	**6**	**1**		**5**	**148**	**24**	**124**
其中:女	35	33	12	21	2	1		1	61	9	52
正高级									4		4
副高级	14	14	4	10					40	5	35
中级	22	20	9	11	2	1		1	61	10	51
初级	21	18	8	10	3			3	24	5	19
无职称	1				1			1	19	4	15
江西	**840**	**827**	**349**	**478**	**13**			**13**	**1380**	**381**	**999**
其中:女	282	273	129	144	9			9	388	133	255
正高级	8	8	2	6					32	6	26
副高级	247	239	107	132	8			8	465	127	338
中级	372	369	151	218	3			3	751	217	534
初级	164	164	69	95					106	27	79
无职称	49	47	20	27	2			2	26	4	22
山东	**3375**	**3287**	**1006**	**2281**	**88**	**37**	**10**	**41**	**346**	**123**	**223**
其中:女	1479	1449	444	1005	30	20	2	8	147	60	87
正高级	65	65	15	50					8	2	6
副高级	742	726	216	510	16	7	4	5	103	43	60
中级	1296	1262	428	834	34	14	4	16	151	57	94
初级	992	961	275	686	31	9	2	20	42	16	26
无职称	280	273	72	201	7	7			42	5	37
青岛	**501**	**493**	**164**	**329**	**8**			**8**	**116**	**8**	**108**
其中:女	214	212	68	144	2			2	30	1	29
正高级	4	4	2	2					2	1	1
副高级	100	97	39	58	3			3	35	3	32
中级	157	153	55	98	4			4	66	4	62
初级	152	151	39	112	1			1	6		6
无职称	88	88	29	59					7		7
河南	**1799**	**1757**	**616**	**1141**	**42**	**12**		**30**	**508**	**113**	**395**
其中:女	789	784	286	498	5	4		1	194	40	154
正高级	10	10	3	7					30	7	23
副高级	386	375	150	225	11	1		10	95	26	69
中级	701	677	218	459	24	10		14	278	55	223
初级	510	503	204	299	7	1		6	69	24	45
无职称	192	192	41	151					36	1	35
湖北	**1921**	**1891**	**808**	**1083**	**30**	**2**		**28**	**375**	**93**	**282**
其中:女	619	603	277	326	16	1		15	143	42	101
正高级	10	10	2	8					16	6	10
副高级	422	412	165	247	10			10	96	14	82
中级	906	887	361	526	19	1		18	208	66	142
初级	438	437	212	225	1	1			55	7	48
无职称	145	145	68	77							

4.2 全国电大专任教师和聘请校外教师岗位分类（续表 4）

单位：人

	专任教师								聘请校外教师		
	合计	任课教师			非任课教师				计	公共课基础课	专业课
		计	公共课基础课	专业课	计	进修	科研	其他			
武　汉	**749**	**743**	**292**	**451**	**6**			**6**	**150**	**25**	**125**
其中:女	297	294	112	182	3			3	46	9	37
正高级	2	2	2						6		6
副高级	258	258	100	158					65	12	53
中　级	303	302	117	185	1			1	74	11	63
初　级	166	161	69	92	5			5	4	2	2
无职称	20	20	4	16					1		1
湖　南	**620**	**611**	**193**	**418**	**9**	**1**	**1**	**7**	**1253**	**331**	**922**
其中:女	274	274	92	182					525	157	368
正高级	10	10	5	5					23	6	17
副高级	147	146	47	99	1			1	246	64	182
中　级	263	255	76	179	8	1	1	6	604	155	449
初　级	146	146	40	106					307	94	213
无职称	54	54	25	29					73	12	61
广　东	**2404**	**2403**	**857**	**1546**	**1**	**1**			**2149**	**639**	**1510**
其中:女	867	867	302	565					570	233	337
正高级	10	10	1	9					44	6	38
副高级	347	347	125	222					454	125	329
中　级	1234	1233	447	786	1	1			1417	422	995
初　级	694	694	247	447					224	80	144
无职称	119	119	37	82					10	6	4
广　州	**1146**	**1135**	**408**	**727**	**11**	**4**	**3**	**4**	**1161**	**225**	**936**
其中:女	590	585	220	365	5	3		2	385	111	274
正高级	36	36	10	26					38	3	35
副高级	237	234	89	145	3		2	1	244	46	198
中　级	491	486	180	306	5	3		2	500	90	410
初　级	303	301	103	198	2	1	1		251	63	188
无职称	79	78	26	52	1			1	128	23	105
深　圳	**250**	**249**	**77**	**172**	**1**		**1**		**242**	**71**	**171**
其中:女	98	98	35	63					112	35	77
正高级	4	4	2	2					9	5	4
副高级	102	101	26	75	1		1		93	19	74
中　级	121	121	44	77					120	40	80
初　级	21	21	5	16					18	5	13
无职称	2	2		2					2	2	
广　西	**792**	**785**	**302**	**483**	**7**	**4**		**3**	**700**	**142**	**558**
其中:女	362	357	139	218	5	4		1	224	61	163
正高级									31	2	29
副高级	165	165	65	100					197	31	166
中　级	443	436	169	267	7	4		3	425	88	337
初　级	147	147	59	88					38	16	22
无职称	37	37	9	28					9	5	4
海　南	**66**	**57**	**18**	**39**	**9**	**1**	**1**	**7**	**67**	**14**	**53**
其中:女	27	24	10	14	3	1		2	15	5	10
正高级	2	2		2					2	1	1
副高级	12	12	4	8					18	2	16
中　级	26	19	10	9	7	1	1	5	44	11	33
初　级	16	14	2	12	2			2			
无职称	10	10	2	8					3		3

4.2 全国电大专任教师和聘请校外教师岗位分类（续表 5）

单位：人

	专任教师								聘请校外教师		
	合计	任课教师			非任课教师				计	公共课基础课	专业课
		计	公共课基础课	专业课	计	进修	科研	其他			
四川	**1180**	**1113**	**497**	**616**	**67**	**12**	**7**	**48**	**2630**	**698**	**1932**
其中:女	420	385	164	221	35	7	3	25	916	249	667
正高级	11	11	2	9					81	21	60
副高级	279	269	109	160	10		3	7	868	240	628
中级	566	539	236	303	27	4	4	19	1369	361	1008
初级	269	243	131	112	26	7		19	234	52	182
无职称	55	51	19	32	4	1		3	78	24	54
成都	**432**	**401**	**152**	**249**	**31**	**9**	**10**	**12**	**598**	**151**	**447**
其中:女	192	178	74	104	14	3	4	7	192	66	126
正高级	2	2	2						45	7	38
副高级	91	86	37	49	5		4	1	188	44	144
中级	188	174	77	97	14	2	5	7	293	72	221
初级	120	109	32	77	11	7	1	3	53	18	35
无职称	31	30	4	26	1			1	19	10	9
重庆	**899**	**891**	**350**	**541**	**8**			**8**	**1325**	**526**	**799**
其中:女	302	301	134	167	1			1	375	112	263
正高级	3	3		3					110	50	60
副高级	244	243	87	156	1			1	455	149	306
中级	446	441	164	277	5			5	569	179	390
初级	173	171	81	90	2			2	41	29	12
无职称	33	33	18	15					150	119	31
贵州	**713**	**711**	**272**	**439**	**2**			**2**	**688**	**102**	**586**
其中:女	342	342	129	213					258	40	218
正高级	2	2		2					77	6	71
副高级	110	109	35	74	1			1	189	30	159
中级	340	339	136	203	1			1	354	47	307
初级	204	204	91	113					53	16	37
无职称	57	57	10	47					15	3	12
云南	**1969**	**1913**	**654**	**1259**	**56**	**46**		**10**	**705**	**204**	**501**
其中:女	952	927	343	584	25	23		2	308	94	214
正高级	29	29	1	28					26	7	19
副高级	430	420	109	311	10	9		1	189	49	140
中级	775	756	314	442	19	15		4	351	99	252
初级	569	545	175	370	24	20		4	107	33	74
无职称	166	163	55	108	3	2		1	32	16	16
陕西	**1239**	**1237**	**429**	**808**	**2**	**1**		**1**	**1667**	**379**	**1288**
其中:女	534	534	194	340					647	139	508
正高级	23	23	6	17					155	34	121
副高级	326	326	92	234					617	112	505
中级	489	488	169	319	1	1			655	171	484
初级	339	338	146	192	1			1	190	52	138
无职称	62	62	16	46					50	10	40
西安	**281**	**269**	**92**	**177**	**12**			**12**	**852**	**215**	**637**
其中:女	130	126	48	78	4			4	402	104	298
正高级	24	24	6	18					155	27	128
副高级	88	87	27	60	1			1	349	90	259
中级	108	101	41	60	7			7	265	83	182
初级	53	49	15	34	4			4	77	14	63
无职称	8	8	3	5					6	1	5

4.2 全国电大专任教师和聘请校外教师岗位分类（续表6）

单位：人

	专任教师								聘请校外教师		
	合 计	任课教师			非任课教师				计	公共课基础课	专业课
		计	公共课基础课	专业课	计	进 修	科 研	其 他			
甘 肃	**986**	**975**	**322**	**653**	**11**	**3**		**8**	**902**	**131**	**771**
其中:女	386	382	120	262	4	2		2	302	55	247
正高级	2	2	1	1					14	1	13
副高级	162	160	59	101	2			2	302	38	264
中 级	517	514	177	337	3			3	476	76	400
初 级	275	269	75	194	6	3		3	66	12	54
无职称	30	30	10	20					44	4	40
青 海	**480**	**480**	**164**	**316**					**172**	**44**	**128**
其中:女	201	201	84	117					43	11	32
正高级	10	10		10					10	6	4
副高级	97	97	24	73					65	14	51
中 级	274	274	91	183					93	22	71
初 级	86	86	41	45					3	2	1
无职称	13	13	8	5					1		1
宁 夏	**424**	**421**	**207**	**214**	**3**			**3**	**477**	**87**	**390**
其中:女	170	170	93	77					184	34	150
正高级	6	6	2	4					48	6	42
副高级	141	138	81	57	3			3	207	30	177
中 级	209	209	92	117					220	50	170
初 级	65	65	29	36					1		1
无职称	3	3	3						1	1	
新 疆	**1196**	**1100**	**352**	**748**	**96**	**10**		**86**	**867**	**74**	**793**
其中:女	687	630	212	418	57	4		53	333	29	304
正高级									41		41
副高级	226	210	72	138	16			16	274	28	246
中 级	560	507	174	333	53	4		49	482	45	437
初 级	370	346	100	246	24	5		19	70	1	69
无职称	40	37	6	31	3	1		2			
新疆兵团	**316**	**316**	**126**	**190**					**309**	**22**	**287**
其中:女	172	172	66	106					119	12	107
正高级									18	2	16
副高级	83	83	31	52					99	10	89
中 级	140	140	62	78					178	9	169
初 级	77	77	28	49					14	1	13
无职称	16	16	5	11							

4.3 全国电大专任教师学科分类

单位：人

	计	学科											
		经济学	法学	教育学	文学		哲学历史学	理学	工学		农学	医学	管理学
					计	其中:外语			计	其中:计算机			
总计	**43770**	**5646**	**3173**	**3574**	**9745**	**3705**	**3242**	**5391**	**9389**	**4650**	**383**	**979**	**2248**
正高级	510	94	29	38	114	15	58	48	63	27	4	36	26
副高级	10238	1332	654	742	2202	682	901	1622	1919	719	75	277	514
中级	19206	2641	1451	1579	4185	1661	1582	2329	3886	1784	177	387	989
初级	11177	1303	833	999	2600	1072	586	1146	2802	1706	108	221	579
无职称	2639	276	206	216	644	275	115	246	719	414	19	58	140
中央电大	**125**	**12**	**9**	**6**	**32**	**12**	**6**	**24**	**13**	**9**	**7**	**4**	**12**
正高级	10	1			5	1	2	1	1	1			
副高级	65	7	3	5	13	2	3	17	5	3	4	2	6
中级	40	4	5		12	8	1	6	6	4	1	1	4
初级	10		1	1	2	1			1	1	2	1	2
无职称													
中央电大直属部	**169**	**15**	**14**	**7**	**26**	**15**	**9**	**10**	**34**	**16**		**23**	**31**
正高级	21	1							2			12	6
副高级	46	5	4		10	8	5	1	2	2		7	12
中级	56	8	4	2	11	4	2	4	16	4		4	5
初级	27	1	1	5	5	3	2	5	8	4			
无职称	19		5						6	6			8
北京	**635**	**137**	**36**	**17**	**129**	**71**	**36**	**45**	**115**	**61**	**20**	**55**	**45**
正高级	14	7	2	1	1		1		1	1			1
副高级	181	35	7	6	13	2	19	17	35	14	11	23	15
中级	309	78	14	5	72	40	13	24	50	23	8	27	18
初级	114	17	10	4	36	24	3	4	25	19	1	4	10
无职称	17		3	1	7	5			4	4		1	1
天津	**1310**	**247**	**87**	**93**	**242**	**124**	**97**	**119**	**320**	**163**	**4**	**1**	**100**
正高级	21	6	2		2	1	3	2	3	2			3
副高级	480	113	31	22	80	36	36	43	120	50	3		32
中级	580	97	44	55	112	61	44	45	134	75	1	1	47
初级	203	29	10	14	42	23	14	29	48	28			17
无职称	26	2		2	6	3			15	8			1
河北	**1083**	**149**	**84**	**63**	**228**	**90**	**66**	**168**	**254**	**116**	**4**	**31**	**36**
正高级	28	5	3		5	1	2	7	6	3			
副高级	383	66	31	15	63	19	24	72	83	38	1	13	15
中级	385	57	34	26	72	41	31	59	84	45	2	9	11
初级	227	15	12	19	66	24	8	26	69	24	1	6	5
无职称	60	6	4	3	22	5	1	4	12	6		3	5
山西	**326**	**52**	**40**	**41**	**62**	**14**	**31**	**28**	**52**	**28**	**4**	**4**	**12**
正高级	7	3		1	1		1	1					
副高级	120	15	20	9	26	4	14	12	13	10	2	1	8
中级	143	25	19	20	25	6	14	13	24	5		2	1
初级	49	9		10	8	4	2	2	12	11	2	1	3
无职称	7		1	1	2				3	2			
内蒙古	**607**	**73**	**38**	**66**	**129**	**37**	**37**	**94**	**135**	**79**	**4**	**15**	**16**
正高级	4		1		3								
副高级	203	18	9	22	53	8	17	43	26	15	1	6	8
中级	259	38	16	32	45	17	15	43	56	27	1	6	7
初级	126	15	11	10	23	9	5	6	51	35	1	3	1
无职称	15	2	1	2	5	3		2	2	2	1		
辽宁	**1304**	**171**	**61**	**89**	**217**	**112**	**70**	**199**	**481**	**166**	**6**	**1**	**9**

4.3 全国电大专任教师学科分类 (续表 1)

单位: 人

	计	学科											
		经济学	法 学	教育学	文学		哲 学 历史学	理 学	工 学		农 学	医 学	管理学
					计	其中: 外语			计	其中: 计算机			
正高级	11	1	1		4			3	2	1			
副高级	424	43	20	26	60	19	40	85	150	40			
中 级	605	91	25	37	106	68	25	81	233	85	2		5
初 级	218	26	14	24	39	21	4	23	82	32	2		4
无职称	46	10	1	2	8	4	1	7	14	8	2	1	
沈 阳	**359**	**59**	**40**	**28**	**104**	**54**	**22**	**29**	**67**	**42**	**1**		**9**
正高级	8	3			2				3				
副高级	119	18	9	10	29	15	13	14	24	8			2
中 级	139	25	17	11	50	27	3	10	19	15	1		3
初 级	74	13	12	7	14	9	6	3	15	14			4
无职称	19		2		9	3		2	6	5			
大 连	**295**	**42**	**24**	**27**	**66**	**30**	**19**	**35**	**57**	**20**			**25**
正高级	4	3						1					
副高级	134	18	9	13	27	9	12	20	20	5			15
中 级	111	19	6	13	25	15	4	12	23	7			9
初 级	30	1	5	1	10	4	2	1	9	4			1
无职称	16	1	4		4	2	1	1	5	4			
吉 林	**685**	**108**	**106**	**48**	**156**	**55**	**53**	**67**	**112**	**63**	**9**		**26**
正高级	5				5								
副高级	187	34	19	12	40	5	19	31	25	13	1		6
中 级	371	55	70	25	89	46	28	31	54	27	5		14
初 级	118	19	17	11	20	4	6	5	31	21	3		6
无职称	4				2				2	2			
长 春	**326**	**39**	**19**	**53**	**118**	**23**	**22**	**19**	**46**	**28**			**10**
正高级	21		1		18		1	1					
副高级	73	7	3	10	33	3	3	10	6	3			1
中 级	171	27	13	30	45	14	16	5	28	14			7
初 级	52	4	1	12	18	6	1	3	11	10			2
无职称	9	1	1	1	4		1		1	1			
黑龙江	**1484**	**210**	**219**	**130**	**275**	**110**	**138**	**126**	**228**	**149**	**55**	**15**	**88**
正高级	9	2	1	2			2	2					
副高级	505	76	72	36	95	35	56	49	74	55	12	2	33
中 级	617	85	97	43	107	41	55	61	98	58	29	5	37
初 级	298	40	42	37	61	29	22	11	48	31	13	8	16
无职称	55	7	7	12	12	5	3	3	8	5	1		2
哈尔滨	**182**	**38**	**13**	**10**	**68**	**13**	**12**	**12**	**23**	**17**			**6**
正高级													
副高级	61	13	4	3	21	6	5	3	8	6			4
中 级	84	15	5	5	33	4	5	9	11	7			1
初 级	34	9	4	2	12	2	2		4	4			1
无职称	3	1			2	1							
上 海	**1055**	**163**	**65**	**34**	**275**	**133**	**58**	**121**	**243**	**163**			**96**
正高级	28	6	1	2	5	4	2	1	8	5			3
副高级	203	28	9	8	47	17	16	29	43	27			23
中 级	586	97	36	16	160	79	35	70	129	88			43
初 级	213	32	16	6	55	26	5	20	57	39			22
无职称	25		3	2	8	7		1	6	4			5
江 苏	**4541**	**427**	**279**	**332**	**1132**	**505**	**255**	**682**	**1208**	**545**	**3**	**1**	**222**
正高级	23	2		1	5	1	3	6	2				4

4.3 全国电大专任教师学科分类（续表 2）

单位：人

	计	学科											
		经济学	法 学	教育学	文学		哲 学 历史学	理 学	工 学		农 学	医 学	管理学
					计	其中: 外语			计	其中: 计算机			
副高级	733	61	31	57	190	65	54	151	144	41			45
中 级	1812	193	125	132	424	188	131	280	445	179	2		80
初 级	1601	142	86	123	405	191	62	195	506	269	1	1	80
无职称	372	29	37	19	108	60	5	50	111	56			13
南 京	**456**	**69**	**24**	**26**	**113**	**53**	**36**	**56**	**109**	**66**	**2**		**21**
正高级	2	1			1								
副高级	82	2	3	8	25	11	5	16	18	9			5
中 级	241	46	15	13	48	28	28	27	52	27	1		11
初 级	116	19	6	4	34	12	2	11	34	26	1		5
无职称	15	1		1	5	2	1	2	5	4			
浙 江	**2306**	**348**	**198**	**185**	**593**	**194**	**145**	**271**	**465**	**262**	**4**	**6**	**91**
正高级	13	3	1		5		2	2					
副高级	403	68	25	26	94	25	35	75	67	29	2	1	10
中 级	1035	167	92	89	247	73	76	129	188	94			47
初 级	714	84	67	58	207	81	26	60	177	113	1	5	29
无职称	141	26	13	12	40	15	6	5	33	26	1		5
宁 波	**366**	**61**	**26**	**32**	**108**	**67**	**12**	**30**	**69**	**59**			**28**
正高级													
副高级	49	4	1	4	18	6	1	9	11	6			1
中 级	124	25	5	15	34	18	8	11	14	11			12
初 级	175	29	17	12	51	39	3	9	40	38			14
无职称	18	3	3	1	5	4		1	4	4			1
安 徽	**851**	**104**	**74**	**54**	**185**	**72**	**35**	**136**	**226**	**108**	**3**	**1**	**33**
正高级													
副高级	184	18	6	12	35	12	12	49	52	9			
中 级	306	33	25	25	69	27	10	51	83	40	1	1	8
初 级	241	31	30	12	57	17	8	28	62	42	1		12
无职称	120	22	13	5	24	16	5	8	29	17	1		13
福 建	**669**	**84**	**53**	**64**	**176**	**65**	**54**	**60**	**131**	**75**	**8**		**39**
正高级	8	2		1			2	2			1		
副高级	147	25	11	13	30	8	10	20	29	8			9
中 级	285	38	24	28	78	35	32	21	48	25	5		11
初 级	167	14	12	14	51	17	9	13	41	35	1		12
无职称	62	5	6	8	17	5	1	4	13	7	1		7
厦 门	**58**	**13**	**6**	**3**	**17**	**9**	**1**	**9**	**8**	**5**			**1**
正高级													
副高级	14	4	1		3	1		3	3	1			
中 级	22	6	2	1	9	4	1	2					1
初 级	21	3	3	2	5	4		4	4	3			
无职称	1								1	1			
江 西	**840**	**140**	**47**	**80**	**138**	**75**	**63**	**102**	**180**	**114**	**3**	**47**	**40**
正高级	8	2		2					1	1		3	
副高级	247	32	12	23	34	18	32	50	39	20		12	13
中 级	372	64	10	38	69	40	25	38	85	47	1	24	18
初 级	164	36	19	10	24	12	6	12	40	34	1	8	8
无职称	49	6	6	7	11	5		2	15	12	1		1
山 东	**3375**	**358**	**169**	**263**	**653**	**289**	**275**	**434**	**852**	**349**	**57**	**127**	**187**
正高级	65	6	3	6	15	2	13	5	9	2	1	6	1
副高级	742	58	30	51	154	56	61	122	192	55	12	37	25

4.3 全国电大专任教师学科分类（续表3）

单位：人

	计	学科											
		经济学	法学	教育学	文学		哲学历史学	理学	工学		农学	医学	管理学
					计	其中:外语			计	其中:计算机			
中级	1296	140	69	95	226	112	125	134	337	116	24	52	94
初级	992	125	54	93	196	92	69	148	228	139	15	16	48
无职称	280	29	13	18	62	27	7	25	86	37	5	16	19
青岛	**501**	**39**	**22**	**38**	**133**	**55**	**57**	**86**	**103**	**60**	**2**	**2**	**19**
正高级	4	2			1		1						
副高级	100	5	3	2	40	13	15	24	6	4	1		4
中级	157	11	7	12	41	20	21	31	24	10	1	1	8
初级	152	17	9	8	35	13	12	26	39	33		1	5
无职称	88	4	3	16	16	9	8	5	34	13			2
河南	**1799**	**210**	**159**	**224**	**316**	**98**	**181**	**214**	**297**	**153**	**6**	**107**	**85**
正高级	10	1		2	2			2	1			2	
副高级	386	31	38	27	78	25	52	67	54	18	1	25	13
中级	701	107	58	96	123	36	78	78	90	44	1	28	42
初级	510	62	46	80	83	29	30	40	115	69	4	33	17
无职称	192	9	17	19	30	8	21	27	37	22		19	13
湖北	**1921**	**279**	**113**	**144**	**346**	**125**	**230**	**366**	**273**	**126**	**48**	**35**	**87**
正高级	10	3		3	2		1						1
副高级	422	61	22	28	85	31	47	91	60	16	4	3	21
中级	906	154	63	53	155	60	111	153	123	56	32	18	44
初级	438	53	22	51	83	30	55	72	62	39	12	12	16
无职称	145	8	6	9	21	4	16	50	28	15		2	5
武汉	**749**	**72**	**21**	**53**	**134**	**43**	**45**	**60**	**313**	**91**	**4**	**1**	**46**
正高级	2				1		1						
副高级	258	20	5	21	39	13	16	34	107	25	2		14
中级	303	35	10	25	58	16	20	23	120	30			12
初级	166	14	6	4	33	12	8	3	76	31	2	1	19
无职称	20	3		3	3	2			10	5			1
湖南	**620**	**82**	**80**	**47**	**126**	**48**	**43**	**32**	**193**	**106**		**2**	**15**
正高级	10	3		3	1				2	1			1
副高级	147	12	13	9	42	13	11	14	41	11		1	4
中级	263	39	29	18	46	18	26	14	85	46			6
初级	146	23	27	15	20	10	5	4	47	32		1	4
无职称	54	5	11	2	17	7	1		18	16			
广东	**2404**	**359**	**160**	**194**	**639**	**227**	**135**	**247**	**473**	**277**	**23**	**24**	**150**
正高级	10			1				3	5	2			1
副高级	347	41	11	19	97	30	24	67	60	21	1	9	18
中级	1234	193	86	112	312	115	80	130	220	122	12	8	81
初级	694	111	59	51	194	70	29	41	155	113	8	6	40
无职称	119	14	4	11	36	12	2	6	33	19	2	1	10
广州	**1146**	**204**	**84**	**79**	**299**	**133**	**55**	**82**	**274**	**165**		**3**	**66**
正高级	36	14	1	2	8	1	4	1	4	3			2
副高级	237	46	25	22	47	14	15	22	42	14		3	15
中级	491	84	35	30	144	70	28	39	103	63			28
初级	303	42	20	20	81	37	7	20	94	64			19
无职称	79	18	3	5	19	11	1		31	21			2
深圳	**250**	**60**	**20**	**4**	**39**	**23**	**24**	**17**	**43**	**29**			**43**
正高级	4				1		1	1	1	1			
副高级	102	31	8	2	17	9	9	6	12	8			17
中级	121	26	11	2	19	14	13	10	21	12			19

4.3 全国电大专任教师学科分类（续表 4）

单位：人

	计	学科											
		经济学	法学	教育学	文学		哲学历史学	理学	工学		农学	医学	管理学
					计	其中:外语			计	其中:计算机			
初级	21	3	1		2		1		9	8			5
无职称	2												2
广西	**792**	**87**	**38**	**63**	**191**	**64**	**60**	**168**	**172**	**93**			**13**
正高级													
副高级	165	20	7	8	52	13	19	26	30	10			3
中级	443	49	17	39	97	31	36	101	96	49			8
初级	147	16	8	13	31	12	5	37	35	24			2
无职称	37	2	6	3	11	8		4	11	10			
海南	**66**	**10**	**3**	**3**	**14**	**9**	**10**	**11**	**9**	**9**			**6**
正高级	2				1	1		1					
副高级	12	3	1		3	2	3	2					
中级	26		1		7	6	6	5	5	5			2
初级	16	2	1	3	3		1	2	3	3			1
无职称	10	5						1	1	1			3
四川	**1180**	**186**	**158**	**113**	**255**	**53**	**103**	**124**	**177**	**62**	**3**	**9**	**52**
正高级	11	2	3	1	2		2						1
副高级	279	54	37	30	57	21	25	30	30	13	1	2	13
中级	566	79	69	54	127	22	50	66	93	29	1	2	25
初级	269	39	47	26	58	9	21	25	37	14	1	5	10
无职称	55	12	2	2	11	1	5	3	17	6			3
成都	**432**	**58**	**26**	**74**	**73**	**24**	**24**	**53**	**67**	**45**	**2**	**8**	**47**
正高级	2	2											
副高级	91	16	6	16	12	4	9	10	6	1	1	1	14
中级	188	16	13	31	39	10	11	24	26	17	1	1	26
初级	120	15	7	20	22	10	4	15	26	21		4	7
无职称	31	9		7				4	9	6		2	
重庆	**899**	**118**	**53**	**88**	**222**	**54**	**85**	**64**	**202**	**84**	**4**	**20**	**43**
正高级	3	1			1		1						
副高级	244	35	13	27	68	12	27	16	41	9		5	12
中级	446	56	34	43	112	26	44	30	87	41	3	14	23
初级	173	25	5	16	38	15	12	16	52	30	1	1	7
无职称	33	1	1	2	3	1	1	2	22	4			1
贵州	**713**	**58**	**48**	**41**	**107**	**39**	**54**	**154**	**196**	**60**	**4**	**4**	**47**
正高级	2						1		1	1			
副高级	110	9	4	4	23	7	9	22	29	12	1	1	8
中级	340	23	32	9	38	15	27	98	84	22	1	3	25
初级	204	15	5	22	36	15	16	32	71	17	2		5
无职称	57	11	7	6	10	2	1	2	11	8			9
云南	**1969**	**121**	**109**	**242**	**579**	**200**	**183**	**258**	**226**	**127**	**39**	**121**	**91**
正高级	29	2	4	4	2	1	7	3	2	1		5	
副高级	430	38	19	51	100	32	41	80	41	19	3	38	19
中级	775	52	42	91	238	74	88	101	79	38	13	38	33
初级	569	29	36	75	172	69	28	56	83	54	20	33	37
无职称	166		8	21	67	24	19	18	21	15	3	7	2
陕西	**1239**	**156**	**76**	**95**	**151**	**58**	**78**	**116**	**309**	**119**	**19**	**160**	**79**
正高级	23	4	4	2			2	1	4	2	2	2	2
副高级	326	47	22	18	21	8	15	32	87	38	7	53	24
中级	489	67	30	34	60	26	35	44	122	36	8	61	28
初级	339	33	15	34	56	20	22	35	75	34	1	44	24

4.3 全国电大专任教师学科分类（续表 5）

单位：人

	计	经济学	法学	教育学	文学 计	文学 其中:外语	哲学 历史学	理学	工学 计	工学 其中:计算机	农学	医学	管理学
无职称	62	5	5	7	14	4	4	4	21	9	1		1
西安	**281**	**24**	**21**	**38**	**104**	**19**	**13**	**29**	**19**	**12**		**19**	**14**
正高级	24	3	1	3	7	2	2	2				6	
副高级	88	7	12	13	33	3	3	6	4	3		6	4
中级	108	10	4	16	41	8	8	10	9	6		6	4
初级	53	2	3	5	20	4		11	6	3		1	5
无职称	8	2	1	1	3	2							1
甘肃	**986**	**137**	**61**	**80**	**193**	**59**	**77**	**121**	**167**	**83**	**23**	**68**	**59**
正高级	2			1					1				
副高级	162	29	4	15	26	7	14	29	18	4	3	17	7
中级	517	76	41	47	98	28	54	54	73	30	14	30	30
初级	275	28	16	17	62	21	9	37	61	40	6	18	21
无职称	30	4			7	3		1	14	9		3	1
青海	**480**	**34**	**38**	**53**	**138**	**29**	**32**	**80**	**45**	**33**	**1**	**46**	**13**
正高级	10	3			7								
副高级	97	3	2	8	49	6	2	23	4	3		6	
中级	274	17	29	35	59	18	23	45	27	22		33	6
初级	86	11	7	8	19	5	7	11	14	8	1	4	4
无职称	13			2	4			1				3	3
宁夏	**424**	**37**	**15**	**27**	**97**	**32**	**33**	**61**	**129**	**52**	**1**	**1**	**23**
正高级	6				1		1		4				
副高级	141	10	8	5	40	13	11	38	24	11		1	4
中级	209	21	5	18	41	12	16	21	71	26	1		15
初级	65	6	2	3	15	7	5	1	29	14			4
无职称	3			1				1	1	1			
新疆	**1196**	**142**	**104**	**92**	**287**	**74**	**122**	**156**	**227**	**125**	**7**	**16**	**43**
正高级													
副高级	226	31	17	14	61	11	24	39	30	9	1	2	7
中级	560	67	48	47	131	33	60	76	98	47	2	11	20
初级	370	32	33	29	87	26	35	41	90	63	4	3	16
无职称	40	12	6	2	8	4	3		9	6			
新疆兵团	**316**	**54**	**33**	**31**	**60**	**17**	**46**	**16**	**47**	**36**	**3**	**2**	**24**
正高级													
副高级	83	15	7	12	19	5	18	3	4	3			5
中级	140	26	15	11	31	7	20	10	13	10	3	1	10
初级	77	12	8	8	9	4	7	3	20	16		1	9
无职称	16	1	3		1	1	1		10	7			

4.4 全国电大专任教师学历与年龄

单位：人

	计	学历				年龄								
		博士	硕士	本科	专科及以下	30及以下	31–35	36–40	41–45	46–50	51–55	56–60	61–65	66及以上
总计	**43770**	**91**	**2808**	**36312**	**4559**	**11902**	**8860**	**9295**	**5842**	**3853**	**2380**	**1511**	**109**	**18**
正高级	510	29	139	324	18	1	6	31	85	137	115	90	34	11
副高级	10238	47	1015	8705	471	46	434	2676	2703	1991	1351	967	64	6
中级	19206	14	1152	15937	2103	1925	5993	5744	2764	1537	811	420	11	1
初级	11177		329	9229	1619	7602	2275	763	260	164	87	26		
无职称	2639	1	173	2117	348	2328	152	81	30	24	16	8		
中央电大	**125**	**3**	**49**	**73**		**8**	**12**	**24**	**30**	**27**	**14**	**10**		
正高级	10	2	5	3					2	3	3	2		
副高级	65	1	21	43				11	20	20	8	6		
中级	40		13	27			11	12	8	4	3	2		
初级	10		10			8	1	1						
无职称														
中央电大直属部	**169**	**8**	**48**	**97**	**16**	**36**	**29**	**38**	**39**	**15**	**2**	**7**	**3**	
正高级	21	6	10	5					4	9	1	4	3	
副高级	46	2	17	27				15	25	4		2		
中级	56		17	37	2		22	20	10	2	1	1		
初级	27		4	20	3	17	7	3						
无职称	19			8	11	19								
北京	**635**	**4**	**114**	**507**	**10**	**130**	**152**	**120**	**76**	**79**	**53**	**25**		
正高级	14	1	9	4		1		2	4		5	2		
副高级	181		35	145	1	4	10	38	37	44	29	19		
中级	309	3	54	245	7	43	109	70	32	34	17	4		
初级	114		10	102	2	68	30	10	3	1	2			
无职称	17		6	11		14	3							
天津	**1310**	**4**	**97**	**1090**	**119**	**218**	**293**	**323**	**199**	**134**	**93**	**48**	**2**	
正高级	21	1	5	15				3	4	4	5	4	1	
副高级	480	3	51	420	6	2	42	118	113	97	71	36	1	
中级	580		33	487	60	55	208	182	79	33	15	8		
初级	203		8	149	46	142	40	18	3					
无职称	26			19	7	19	3	2			2			
河北	**1083**		**221**	**844**	**18**	**233**	**329**	**276**	**115**	**65**	**27**	**37**	**1**	
正高级	28		8	20			4	5	3	9	3	3	1	
副高级	383		79	299	5		102	154	63	29	15	20		
中级	385		108	270	7	78	151	89	38	10	6	13		
初级	227		20	201	6	108	61	27	11	16	3	1		
无职称	60		6	54		47	11	1		1				
山西	**326**		**39**	**255**	**32**	**44**	**74**	**86**	**72**	**29**	**9**	**9**	**3**	
正高级	7		2	4	1				2	2	1		2	
副高级	120		22	96	2		2	40	49	14	5	9	1	
中级	143		11	121	11	3	59	44	21	13	3			
初级	49		4	31	14	34	13	2						
无职称	7			3	4	7								
内蒙古	**607**		**13**	**508**	**86**	**89**	**141**	**155**	**143**	**49**	**17**	**12**	**1**	
正高级	4			4							2	1	1	
副高级	203		4	189	10		3	60	86	38	7	9		
中级	259		7	213	39	12	87	85	54	11	8	2		
初级	126			92	34	64	49	10	3					
无职称	15		2	10	3	13	2							
辽宁	**1304**	**3**	**41**	**1171**	**89**	**226**	**265**	**283**	**285**	**146**	**54**	**45**		
正高级	11		2	9					1	4	2	4		

4.4 全国电大专任教师学历与年龄（续表 1）

单位：人

	计	学历				年龄								
		博士	硕士	本科	专科及以下	30及以下	31–35	36–40	41–45	46–50	51–55	56–60	61–65	66及以上
副高级	424	2	24	390	8	1	8	110	149	83	39	34		
中级	605	1	11	545	48	40	218	150	120	57	13	7		
初级	218		2	185	31	141	37	23	15	2				
无职称	46		2	42	2	44	2							
沈阳	**359**	**3**	**24**	**306**	**26**	**103**	**112**	**61**	**26**	**22**	**20**	**15**		
正高级	8	1	1	6					1	3	1	3		
副高级	119		12	107			12	39	24	16	18	10		
中级	139	2	9	122	6	29	83	22	1	2		2		
初级	74		2	53	19	55	17			1	1			
无职称	19			18	1	19								
大连	**295**		**48**	**219**	**28**	**36**	**54**	**73**	**46**	**39**	**31**	**16**		
正高级	4		3	1					1	3				
副高级	134		33	98	3		5	40	29	25	25	10		
中级	111		10	86	15	7	39	32	16	9	4	4		
初级	30		1	21	8	14	9	1		2	2	2		
无职称	16		1	13	2	15	1							
吉林	**685**	**1**	**7**	**565**	**112**	**84**	**153**	**181**	**124**	**79**	**46**	**18**		
正高级	5			3	2				2	2	1			
副高级	187	1	4	175	7		17	46	45	35	31	13		
中级	371		3	299	69	24	94	119	74	42	13	5		
初级	118			85	33	57	42	16	2		1			
无职称	4			3	1	3			1					
长春	**326**		**21**	**270**	**35**	**61**	**96**	**77**	**19**	**38**	**26**	**5**	**4**	
正高级	21			18	3					6	9	4	2	
副高级	73		7	54	12	2	6	26	7	17	12	1	2	
中级	171		12	145	14	8	83	48	12	15	5			
初级	52		2	46	4	43	7	2						
无职称	9			7	2	8		1						
黑龙江	**1484**	**1**	**69**	**1123**	**291**	**276**	**333**	**359**	**244**	**135**	**100**	**37**		
正高级	9		4	5					1	2	4	2		
副高级	505	1	32	438	34		12	140	158	82	86	27		
中级	617		27	440	150	83	210	193	68	47	8	8		
初级	298		6	192	100	149	103	24	17	4	1			
无职称	55			48	7	44	8	2			1			
哈尔滨	**182**		**5**	**150**	**27**	**31**	**30**	**31**	**46**	**26**	**14**	**4**		
正高级														
副高级	61		2	56	3			14	20	16	9	2		
中级	84		3	64	17	10	21	13	23	10	5	2		
初级	34			27	7	18	9	4	3					
无职称	3			3		3								
上海	**1055**	**9**	**156**	**835**	**55**	**243**	**128**	**137**	**144**	**119**	**123**	**144**	**14**	**3**
正高级	28	2	10	16					3	5	4	9	4	3
副高级	203	4	41	157	1		6	32	33	31	37	56	8	
中级	586	2	56	489	39	61	99	100	99	77	74	74	2	
初级	213		35	164	14	161	22	5	6	6	8	5		
无职称	25	1	14	9	1	21	1		3					
江苏	**4541**	**5**	**148**	**3986**	**402**	**1853**	**967**	**726**	**434**	**246**	**187**	**121**	**7**	
正高级	23	3	5	14	1			1	4	5	4	3	6	
副高级	733	2	36	651	44		38	174	209	127	100	84	1	
中级	1812		73	1569	170	218	680	484	214	104	79	33		

4.4 全国电大专任教师学历与年龄（续表 2）

单位：人

	计	学历				年龄								
		博士	硕士	本科	专科及以下	30及以下	31–35	36–40	41–45	46–50	51–55	56–60	61–65	66及以上
初级	1601		26	1424	151	1278	235	66	7	10	4	1		
无职称	372		8	328	36	357	14	1						
南京	**456**		**22**	**375**	**59**	**121**	**94**	**99**	**59**	**28**	**34**	**21**		
正高级	2		1	1					1		1			
副高级	82			78	4	1		18	21	15	18	9		
中级	241		15	192	34	22	73	75	32	12	15	12		
初级	116		3	96	17	83	21	6	5	1				
无职称	15		3	8	4	15								
浙江	**2306**	**2**	**109**	**2051**	**144**	**838**	**424**	**410**	**288**	**161**	**101**	**83**		**1**
正高级	13		3	10						3	4	6		
副高级	403	2	25	359	17		13	100	115	71	47	56		1
中级	1035		53	905	77	143	312	283	153	81	44	19		
初级	714		14	657	43	560	95	26	19	6	6	2		
无职称	141		14	120	7	135	4	1	1					
宁波	**366**		**15**	**326**	**25**	**181**	**52**	**37**	**40**	**30**	**11**	**15**		
正高级														
副高级	49		3	46			2	10	11	13	6	7		
中级	124		5	104	15	15	28	26	27	16	5	7		
初级	175		6	160	9	149	21	1	2	1		1		
无职称	18		1	16	1	17	1							
安徽	**851**	**2**	**53**	**718**	**78**	**293**	**138**	**162**	**93**	**66**	**38**	**55**	**6**	
正高级														
副高级	184	2	14	166	2		3	37	43	39	16	41	5	
中级	306		24	252	30	27	92	89	45	22	19	11	1	
初级	241		11	193	37	156	36	36	4	5	3	1		
无职称	120		4	107	9	110	7		1			2		
福建	**669**	**1**	**35**	**524**	**109**	**157**	**108**	**143**	**119**	**62**	**35**	**36**	**2**	**7**
正高级	8	1		5	2							2	1	5
副高级	147		10	120	17		2	34	44	30	18	16	1	2
中级	285		7	236	42	15	58	84	67	29	15	17		
初级	167		4	123	40	89	43	24	7	2	1	1		
无职称	62		14	40	8	53	5	1	1	1	1			
厦门	**58**		**15**	**37**	**6**	**22**	**4**	**13**	**8**	**6**	**3**	**2**		
正高级														
副高级	14		5	9				6	3	4		1		
中级	22		7	11	4	5	3	6	4	1	2	1		
初级	21		3	16	2	16	1	1	1	1	1			
无职称	1			1		1								
江西	**840**	**1**	**20**	**709**	**110**	**175**	**153**	**222**	**126**	**79**	**53**	**28**	**4**	
正高级	8	1	1	6			1	1	1	1	1	1	2	
副高级	247		11	223	13	2	10	70	65	43	31	24	2	
中级	372		7	312	53	27	100	140	56	29	17	3		
初级	164		1	132	31	109	35	9	3	5	3			
无职称	49			36	13	37	7	2	1	1	1			
山东	**3375**	**4**	**119**	**2916**	**336**	**1178**	**722**	**677**	**337**	**231**	**168**	**62**		
正高级	65		14	48	3			1	17	25	15	7		
副高级	742	2	42	663	35	11	16	243	194	126	107	45		
中级	1296	2	53	1111	130	119	548	389	113	72	45	10		
初级	992		7	853	132	792	144	38	11	6	1			
无职称	280		3	241	36	256	14	6	2	2				

4.4 全国电大专任教师学历与年龄（续表 3）

单位：人

	计	学历				年龄								
		博士	硕士	本科	专科及以下	30及以下	31–35	36–40	41–45	46–50	51–55	56–60	61–65	66及以上
青岛	**501**		**20**	**442**	**39**	**187**	**97**	**87**	**44**	**38**	**36**	**12**		
正高级	4		1	3					1	2	1			
副高级	100		2	85	13		1	31	20	17	20	11		
中级	157		5	140	12	6	45	51	22	18	14	1		
初级	152		3	137	12	95	49	5	1	1	1			
无职称	88		9	77	2	86	2							
河南	**1799**	**1**	**93**	**1644**	**61**	**615**	**328**	**374**	**193**	**171**	**73**	**43**	**2**	
正高级	10		5	5					2	6	1	1		
副高级	386	1	38	331	16		8	78	115	102	48	33	2	
中级	701		43	646	12	64	214	263	72	58	22	8		
初级	510		5	489	16	374	101	29	2	3		1		
无职称	192		2	173	17	177	5	4	2	2	2			
湖北	**1921**		**215**	**1477**	**229**	**467**	**326**	**468**	**241**	**238**	**135**	**46**		
正高级	10		1	9				1		2	4	3		
副高级	422		59	322	41		4	79	99	124	89	27		
中级	906		86	711	109	92	224	297	133	108	42	10		
初级	438		31	346	61	281	93	50	6	3		5		
无职称	145		38	89	18	94	5	41	3	1		1		
武汉	**749**	**1**	**54**	**556**	**138**	**145**	**116**	**157**	**109**	**109**	**67**	**45**	**1**	
正高级	2			2				1				1		
副高级	258	1	34	190	33		5	60	52	61	47	32	1	
中级	303		16	208	79	33	62	85	48	44	20	11		
初级	166		3	137	26	93	48	11	9	4		1		
无职称	20		1	19		19	1							
湖南	**620**		**31**	**519**	**70**	**193**	**105**	**141**	**81**	**62**	**29**	**9**		
正高级	10		2	8				1	1	3	4	1		
副高级	147		12	132	3		6	48	37	37	15	4		
中级	263		15	210	38	44	70	81	40	14	10	4		
初级	146		1	126	19	106	28	11		1				
无职称	54		1	43	10	43	1		3	7				
广东	**2404**	**6**	**195**	**1859**	**344**	**542**	**517**	**525**	**322**	**218**	**162**	**107**	**11**	
正高级	10	1	5	4					1	3	3	2	1	
副高级	347	3	52	279	13		3	53	85	84	53	60	9	
中级	1234	2	87	1019	126	69	314	400	204	118	83	45	1	
初级	694		33	492	169	369	194	68	32	11	20			
无职称	119		18	65	36	104	6	4		2	3			
广州	**1146**	**10**	**103**	**961**	**72**	**368**	**230**	**207**	**112**	**87**	**67**	**47**	**24**	**4**
正高级	36	3	7	26				4	9	6	6	4	7	
副高级	237	5	25	201	6	6	14	54	48	40	30	31	11	3
中级	491	2	48	414	27	92	151	127	44	33	26	11	6	1
初级	303		15	265	23	219	43	20	9	7	4	1		
无职称	79		8	55	16	51	22	2	2	1	1			
深圳	**250**	**7**	**57**	**181**	**5**	**46**	**36**	**54**	**48**	**32**	**17**	**17**		
正高级	4	2	1		1				1		1	2		
副高级	102	5	18	79			8	16	28	24	14	12		
中级	121		38	81	2	27	26	36	19	8	2	3		
初级	21			19	2	17	2	2						
无职称	2			2		2								
广西	**792**		**47**	**708**	**37**	**136**	**127**	**221**	**117**	**90**	**56**	**43**	**2**	
正高级														

4.4 全国电大专任教师学历与年龄（续表 4）

单位：人

	计	学历				年龄								
		博 士	硕 士	本 科	专科及以下	30及以下	31–35	36–40	41–45	46–50	51–55	56–60	61–65	66及以上
副高级	165		20	142	3		3	34	36	46	17	27	2	
中 级	443		19	403	21	22	91	172	74	38	31	15		
初 级	147		4	134	9	81	30	14	7	6	8	1		
无职称	37		4	29	4	33	3	1						
海 南	**66**		**2**	**54**	**10**	**9**	**13**	**12**	**9**	**8**	**5**	**10**		
正高级	2			1	1					1		1		
副高级	12		1	8	3			2	4	4	1	1		
中 级	26		1	23	2	1	6	6	4	2	4	3		
初 级	16			15	1	8	4	3	1					
无职称	10			7	3		3	1		1		5		
四 川	**1180**		**57**	**909**	**214**	**277**	**225**	**235**	**186**	**116**	**85**	**52**	**4**	
正高级	11		5	6					1	6	1	2	1	
副高级	279		27	233	19	8	8	65	73	51	38	34	2	
中 级	566		16	451	99	69	136	143	106	52	43	16	1	
初 级	269		9	176	84	165	77	23	1	3				
无职称	55			43	12	35	4	4	5	4	3			
成 都	**432**		**21**	**361**	**50**	**120**	**92**	**78**	**62**	**33**	**30**	**17**		
正高级	2		1	1							2			
副高级	91		7	77	7		1	15	33	16	16	10		
中 级	188		5	158	25	8	55	62	28	16	12	7		
初 级	120		8	101	11	81	36	1	1	1				
无职称	31			24	7	31								
重 庆	**899**		**50**	**731**	**118**	**179**	**171**	**198**	**151**	**108**	**67**	**25**		
正高级	3			2	1					1	2			
副高级	244		11	227	6		2	46	63	64	46	23		
中 级	446		20	375	51	39	119	140	86	43	17	2		
初 级	173		19	103	51	109	49	12	2		1			
无职称	33			24	9	31	1				1			
贵 州	**713**	**1**	**46**	**552**	**114**	**134**	**136**	**135**	**118**	**111**	**46**	**31**	**2**	
正高级	2		2							1		1		
副高级	110	1	7	98	4		3	19	28	22	22	14	2	
中 级	340		34	258	48	28	80	83	70	48	17	14		
初 级	204			145	59	53	50	33	20	39	7	2		
无职称	57		3	51	3	53	3			1				
云 南	**1969**	**7**	**135**	**1725**	**102**	**714**	**364**	**454**	**237**	**119**	**41**	**37**	**2**	**1**
正高级	29	3	8	18				2	9	6	3	6	2	1
副高级	430	4	67	343	16	1	13	178	124	62	27	25		
中 级	775		44	688	43	82	286	249	95	49	8	6		
初 级	569		12	518	39	478	62	19	6	2	2			
无职称	166		4	158	4	153	3	6	3		1			
陕 西	**1239**	**1**	**37**	**1075**	**126**	**317**	**243**	**235**	**184**	**133**	**81**	**39**	**7**	
正高级	23		4	19				1	2	6	10	4		
副高级	326	1	17	287	21	2	12	49	92	80	53	31	7	
中 级	489		9	425	55	40	146	161	79	43	16	4		
初 级	339		2	301	36	218	80	24	11	4	2			
无职称	62		5	43	14	57	5							
西 安	**281**	**6**	**50**	**201**	**24**	**55**	**53**	**72**	**55**	**24**	**11**	**9**		**2**
正高级	24	2	7	12	3		1	4	7	3	6	1		2
副高级	88	4	27	55	2	4	9	37	22	8	5	3		
中 级	108		16	83	9	12	30	29	21	11		5		

4.4 全国电大专任教师学历与年龄（续表5）

单位：人

	计	学历				年龄								
		博士	硕士	本科	专科及以下	30及以下	31–35	36–40	41–45	46–50	51–55	56–60	61–65	66及以上
初级	53			45	8	31	13	2	5	2				
无职称	8			6	2	8								
甘肃	**986**		**30**	**744**	**212**	**242**	**204**	**293**	**136**	**69**	**24**	**16**	**2**	
正高级	2		1	1						1	1			
副高级	162		19	129	14		2	61	38	31	14	14	2	
中级	517		7	392	118	42	137	201	91	35	9	2		
初级	275		3	201	71	174	63	31	5	2				
无职称	30			21	9	26	2		2					
青海	**480**		**14**	**338**	**128**	**118**	**151**	**133**	**38**	**26**	**12**	**1**	**1**	
正高级	10		5	5				4		4	2			
副高级	97		3	83	11	1	11	52	13	11	7	1	1	
中级	274		5	195	74	53	118	66	23	11	3			
初级	86		1	51	34	51	22	11	2					
无职称	13			4	9	13								
宁夏	**424**		**29**	**327**	**68**	**46**	**74**	**139**	**83**	**44**	**23**	**15**		
正高级	6		1	5							2	4		
副高级	141		22	109	10		4	42	46	27	14	8		
中级	209		6	172	31	15	50	87	35	16	4	2		
初级	65			38	27	28	20	10	2	1	3	1		
无职称	3			3		3								
新疆	**1196**		**21**	**1020**	**155**	**293**	**320**	**289**	**153**	**80**	**36**	**21**	**4**	
正高级														
副高级	226		9	211	6	1	7	68	62	42	24	18	4	
中级	560		12	479	69	35	201	197	81	33	10	3		
初级	370			300	70	220	109	24	10	5	2			
无职称	40			30	10	37	3							
新疆兵团	**316**		**13**	**273**	**30**	**63**	**69**	**75**	**51**	**26**	**18**	**14**		
正高级														
副高级	83		8	75			1	14	22	19	16	11		
中级	140		2	124	14	8	44	53	23	7	2	3		
初级	77		1	68	8	40	24	7	6					
无职称	16		2	6	8	15		1						

4.5 全国电大教职工其他情况

单位：人

	教职工中						专任教师中					
	党员	团员	民主党派	华侨	港粤台	少数民族	党员	团员	民主党派	华侨	港粤台	少数民族
总计	**34831**	**10172**	**1909**	**107**	**76**	**4435**	**17820**	**6673**	**1208**	**67**	**51**	**2508**
中央电大	153	10	5			12	54	2	3			3
中央电大直属部	238	37	12			7	65	18	12			2
北京	708	124	29			58	254	57	19			23
天津	942	219	64	2	1	58	419	134	46	1	1	22
河北	929	453	28		2	86	409	372	19		2	44
山西	335	75	8				161	23	8			
内蒙古	540	95	10			282	248	48	8			148
辽宁	1348	210	129	27	7	221	624	161	94	13	2	138
沈阳	437	71	11			52	201	48	8			32
大连	212	29	10			13	122	28	6			7
吉林	614	135	12			45	275	60	3			28
长春	241	47	9			16	104	30	7			8
黑龙江	1471	313	58	4		100	733	124	27	1		55
哈尔滨	209	9	7			8	84	2	6			6
上海	738	133	106	1		14	407	80	70	1		7
江苏	2737	1330	281		1	50	1466	1036	212		1	26
南京	275	155	6			12	146	73	1			7
浙江	1491	586	83			15	985	416	62			10
宁波	224	109	13			1	137	106	8			1
安徽	658	203	22			19	330	145	15			11
福建	593	183	61			9	322	64	30			5
厦门	54	16	3	1			24	10	1	1		
江西	806	182	31	14	14	19	417	89	20	10	10	15
山东	2669	1139	80			67	1174	855	45			32
青岛	324	166	5				185	119	5			
河南	1347	385	45			68	772	239	35			25
湖北	1050	533	45	14	15	123	628	356	30	14	15	65
武汉	552	70	26			10	300	58	23			5
湖南	1211	309	48	24	24	105	285	106	35	12	12	48
广东	1885	460	92	1		21	1151	290	73	1		15
广州	816	368	46	15	12	18	500	238	32	10	8	10
深圳	204	39	2			7	129	8	1			3
广西	694	77	24			387	331	51	17			186
海南	51	1	3	2		8	38	1	2	2		4
四川	813	233	57			28	462	154	27			19
成都	326	89	13			7	203	66	9			6
重庆	658	89	39			212	401	51	21			175
贵州	547	146	27			108	303	97	23			66
云南	1557	367	266	2		1003	812	250	83	1		571
陕西	1189	289	14			7	624	172	8			4
西安	311	48	35			3	97	23	18			1
甘肃	757	236	16			60	397	152	13			34
青海	354	84	6			327	210	51	4			210
宁夏	361	10	21			75	196	10	19			28
新疆	842	278	1			672	426	173				394
新疆兵团	360	32				22	209	27				9

V 资产及校舍

FIXED ASSETS AND CAMPUS

本章反映全国广播电视大学办学条件的基本情况。

主要内容包括：

学校产权和非学校产权的固定资产总值，其中包括图书、资料、现代教学设备、教学资源等情况。学校占地面积、教学及辅助用房、行政办公用房及生活用房等情况。

指标解释

• 固定资产总值：指物品耐用时间在一年以上、单价在规定起点以上、以货币表现的固定资产原值总量。

• 图书、资料：指学校图书馆以及院系（所）资料（情报）室拥有的正式出版的书籍和电子出版物。电子出版物的载体是光盘。

• 非学校产权：指由社会力量投资提供的办学资源。包括独立使用、共同使用两类。

• 独立使用是指学校独立享用社会力量提供的办学资源。

• 共同使用是指本校与其他学校共享社会力量提供的办学资源。

• 学校产权建筑面积：指学校拥有产权，已交付使用的建筑面积。不包括尚未竣工的在建工程和临时搭用的棚舍的建筑面积。

• 被外单位借用：指被外单位借用、占用一年以上的建筑面积。

• 教工住宅：指学校拥有全部产权或部分产权的教职工住宅。

• 非学校产权建筑面积：指由社会力量投资建设提供给学校使用的建筑面积（包括学校租借用一年以上的建筑面积）。

简要说明

1．全国各省级广播电视大学的统计数据均包括下属分校和工作站的数据。

2．学校资产和校舍分为学校产权和非学校产权两部分，非学校产权的资产和校舍又分为独立使用和共同使用两部分。

3．几年来全国各级广播电视大学固定资产总值增长的幅度较大，其原因一方面是部分电大自身发展较快、自筹和争取的资金较多，另一方面是一些地区整合教育机构，对部分高校进行充实和调整，实现教育资源共享，举行联合办学。全国部分广播电视大学在兼并或与其他学校合并后，学校的固定资产总值和校舍等均有较大幅度增长。

4．2004 年全国广播电视大学固定资产较 2003 年有新的增加。2004 年全国电大学校产权资产总值 154.35 亿元，非学校产权资产总值 33.71 亿元，共计达 188.06 亿元。

5．2004 年全国广播电视大学学校建筑面积较 2003 年有较大幅度的增加。2004 年全国电大学校产权建筑面积 1654.01 万平方米，非学校产权建筑面积 358.13 万平方米，共计达 2012.14 万平方米。

5.1 全国电大学校产权资产情况

	固定资产总值(万元)			图书、资料				拥有教学用计算机(台)	语音实验室座位数(个)	多媒体教室座位数(个)	网上教学课程数(种)
	计	其中:教学、科研仪器设备资产		一般图书(万册)		电子图书(万册)					
		计	当年新增	计	当年新增	计	当年新增				
总　计	**1543461.62**	**409136.83**	**56601.41**	**4294.99**	**339.67**	**6125.77**	**860.30**	**207353**	**62549**	**297083**	**36307**
中央电大	**2921.00**	**182.00**	**0.30**	**7.16**	**0.60**	**4.43**	**3.50**	**445**			
中央电大直属部	6921.00	2370.00	617.00	24.77	13.52	16.52	2.52	981	227	2498	28
中央电大西藏学院	160.00	150.00						51			
中央电大八一学院	600.00	600.00						40	35	20	
中央电大太原学习中心	1349.00	540.00	540.00	15.90	12.40			358	42	120	
中央电大南海学习中心	4639.00	956.00	67.00	4.75		16.50	2.50	380	120	2000	
中央电大 TCL 学习中心	30.00	22.00	2.00	0.50	0.50	0.02	0.02	34	30	30	28
中央电大东北财大学习中心	73.00	62.00	8.00	3.62	0.62			78		288	
中央电大中国政法大学教学点	70.00	40.00						40		40	
北　京	**39131.52**	**10479.96**	**1679.61**	**66.37**	**2.86**	**32.82**	**11.15**	**4541**	**1397**	**7997**	**324**
北京广播电视大学	4796.00	2451.00	81.00	5.00	0.10	8.00	8.00	660	72	700	3
东城分校											2
西城分校	28.00	28.00						330	84	220	
崇文分校	292.00	220.00	82.00	0.50	0.45			106	42	81	
宣武分校	400.00	130.00	10.00	1.50		0.10		70	80	500	5
朝阳分校											1
海淀区工作站	1719.11	820.06	35.00	7.00	0.10			302	198	726	60
丰台区分校	35.00	20.00		3.00				30	70	70	
平谷分校	400.00	328.00		0.12		0.08		240	49	520	
怀柔县分校	988.00	410.00	100.00	0.57				277	42	550	2
密云分校	97.00	81.00	16.00					104		104	2
延庆分校	781.00	331.00	36.00	0.30		0.50	0.50	138		120	
顺义分校	352.00	275.00	20.00					225		550	
门头沟分校	644.00	155.87	26.37	1.28	0.37	0.06		182	48	244	
航天部三院工作站	620.00	259.00	22.00	1.50				150	40	80	3
统计局工作站	359.00	359.00	67.00	0.60		0.01		98		500	
金融分校	301.00	130.00		1.00				168	34	480	4
房山区燕山工作站	615.00	305.00		1.00				160	44	80	22
文化局工作站	124.52	113.52		5.00		1.00		42	88	88	12
水利局工作站	3171.00	614.00	300.00	8.60	0.10	0.60	0.55	290	48	900	45
北京市财政局工作站	6187.00	453.00	62.00					116	48	30	
北京市园林局工作站	17.21	17.21									
医药集团工作站	2574.00	630.00	370.00	4.20				150	50	350	5
首钢矿山职工学校	788.00	436.00	5.24	0.90	0.02	0.01		105	40	280	4
国家统计局办学点	1950.00	920.00	150.00	9.50	1.50	22.00	2.00	140	50	60	11
人民银行电化教育中心	3500.00	320.00	168.00	4.20	0.20	0.34	0.02	230	75	200	23
北京卫生学校	20.00	20.00	9.00								
崇文卫校工作站	129.10	78.30	20.00	0.60		0.07	0.05	73	45	200	20
联大商务学院办学点	30.00	25.00									
电子科技电大工作站	200.00	150.00	50.00			0.04	0.02	90	150	300	
北京电大国培中心办学点	8013.58	400.00	50.00	10.00	0.02	0.01	0.01	65		64	100
天　津	**46138.67**	**15105.42**	**1036.32**	**203.42**	**36.68**	**8.32**	**1.95**	**8225**	**2056**	**8637**	**270**
天津广播电视大学	4313.59	2157.06	255.26	11.16	0.43	1.17	1.02	720	262	636	
新华分校	510.00	150.00	10.00	10.60	0.05	0.56	0.01	800	140	334	
南开分校	420.00	187.07	48.23	2.77	0.18			247	48	466	36
河东区工作站	204.00	155.00	49.00	4.60	0.60	0.31		288	144	100	
河西区工作站	1425.63	111.13	111.13	13.41	0.20	0.02	0.02	350	150	1500	87

5.1 全国电大学校产权资产情况（续表1）

	固定资产总值(万元)			图书、资料				拥有教学用计算机(台)	语音实验室座位数(个)	多媒体教室座位数(个)	网上教学课程数(种)
	计	其中:教学、科研仪器设备资产		一般图书(万册)		电子图书(万册)					
		计	当年新增	计	当年新增	计	当年新增				
河北区工作站	31.50	31.50		2.40	0.20			60	30	40	
塘沽分校	7.05										
汉沽分校	260.00	180.00	20.00	1.00				210		160	22
大港分校	2551.00	571.00	26.00	2.86	1.12	1.68	0.40	334	80	160	
东丽分校	1100.00	268.00	29.00	16.00	1.00	1.10	0.10	188	100	120	
津南区分校	1980.00	806.00	4.00	2.10	0.12			200			
西青区工作站	314.00	112.00	4.00	1.52	1.00	0.03	0.01	147	36	180	
北辰分校	790.00			15.00	3.00	0.07	0.02	300	50	300	40
武清分校	500.00	200.00	40.00	0.09	0.01	0.06		150	45	135	
宝坻分校	954.00	301.00	55.00	1.80		0.06		241	50	80	17
宁河县工作站	220.00	150.00	30.00	1.00		0.11	0.10	90	26	30	8
纺织局工作站	298.00	64.00		1.20				70	35	2	
渤海化工集团公司工作站	3070.00	340.00		4.50	0.50			140	78	180	
大港石油管理局工作站	70.00	50.00	20.00	5.00	2.00						
天津铁厂工作站				5.01	0.50	0.05	0.05	112	50	80	
计委工作站	150.00			4.50				45		40	
工商银行工作站	4096.00	702.40	2.40	2.60				62		260	
房管局工作站	417.90	289.60	43.30	4.00				183	36		
铁路分局工作站	561.50	308.00	18.00	2.00	0.10	0.58		118	40	240	16
天港务局工作站	1217.00	1217.00		8.00	0.50	0.30		240	84	80	2
财贸管理干部学院工作站	175.00	59.00	21.00	8.00	5.00	0.30	0.20	300	60	800	42
政法管理干部学院工作站	4883.30	2850.30	50.00	6.50	0.50			100	90	90	
台盟工作站	1.60	1.60									
蓟县分校	2734.00	100.00	100.00	3.50	0.50	0.05		800	64	604	
开发区工作站	3160.00	680.00		19.80	14.80			785	182	1140	
旅游分校	5826.10	984.26		5.10		0.22		198	80	240	
天津铁路工程分校	1947.50	1847.50	100.00	24.40	1.00	1.65	0.02	400	48	400	
市政分校	848.00	168.00		10.00	2.00			300		150	
河北校区	1102.00	64.00		3.00	1.37			47	48	90	
河　北	**39051.00**	**10188.55**	**2222.80**	**138.28**	**48.19**	**514.12**	**493.10**	**4552**	**2577**	**5364**	**1014**
河北广播电视大学	2648.00	1772.00	105.00	4.26	0.20			150	120	500	134
石家庄广播电视大学	22901.00	5323.00	1888.00	83.00	45.00	22.00	22.00	1400	1660	2360	
唐山广播电视大学	1150.00	480.00	30.00	6.30	0.80	0.12	0.10	260	99	418	479
秦皇岛广播电视大学	1503.00	19.30		5.79	0.69			230	90	200	
邯郸广播电视大学	533.00							303	44	200	2
承德广播电视大学	960.00	280.00		8.50	0.40			240	48	200	50
邢台广播电视大学	779.00	103.00		2.13				180	40	60	120
保定广播电视大学	665.00	290.00	90.00	3.00		4.00	4.00	160	52	252	
张家口广播电视大学	425.00	63.25		3.90				710	50	50	53
沧州广播电视大学	510.00	216.00	8.00	4.00		8.00		160	82	300	
廊坊广播电视大学	1000.00	240.00	60.00	0.80	0.10	140.00	140.00	288	48	60	
衡水广播电视大学	1375.00	542.00	1.80	1.50		340.00	327.00	245	56	170	158
省直分校	28.00	12.00		1.10				56	60	56	18
电力分校	4534.00	808.00		13.00				160	128	538	
检察分校	40.00	40.00	40.00	1.00	1.00			10			
山　西	**9175.55**	**3955.45**	**1253.57**	**35.80**	**14.51**	**7.96**	**0.01**	**1989**	**395**	**1546**	**613**
山西广播电视大学	3824.00	1396.00	326.00	4.20	0.60	5.00		330	80	700	68
太原广播电视大学	1349.00	843.00	540.00	15.90	12.40	0.02	0.01	358	42	120	

5.1 全国电大学校产权资产情况（续表 2）

	固定资产总值(万元)			图书、资料				拥有教学用计算机(台)	语音实验室座位数(个)	多媒体教室座位数(个)	网上教学课程数(种)
	计	其中:教学、科研仪器设备资产		一般图书(万册)		电子图书(万册)					
		计	当年新增	计	当年新增	计	当年新增				
大同分校	480.00	280.00	82.00	4.00	0.40			82		82	
阳泉分校	486.56	226.76	76.85	1.50		0.09		188	30	80	51
长治分校	426.40	221.00	35.00	1.40		2.60		160	36	33	85
晋城分校	1105.00	158.00	2.00	1.00	0.10	0.01		175	48	200	
吕梁分校	261.63	215.27	80.00	0.50				100	32	40	181
临汾分校	92.00	12.20		0.20				60	25	30	
运城分校	152.20	89.70	3.60	1.60		0.22		106		136	98
朔州分校	255.00	150.00	50.00	1.00				100	20	90	10
中条山有色分校	272.86	81.52	53.12	1.90	0.01	0.02		200	30	30	24
长北铁路分校	218.90	200.00		0.10				30			
公路系统分校	252.00	82.00	5.00	2.50	1.00			100	52	5	96
内 蒙 古	**16968.89**	**4362.49**	**503.13**	**81.62**	**2.95**	**3.22**	**1.56**	**2547**	**812**	**1831**	**975**
内蒙古广播电视大学	4830.00	1373.00	215.00	10.00		0.90		400	40	260	84
呼和浩特市分校	160.40	147.40	35.00	2.00				103	20	50	30
包头分校	456.00	227.00	1.70	4.00		0.30		68	48	278	2
赤峰市分校	164.60			3.00				18	42	22	3
呼伦贝尔盟分校	590.00	163.00		5.00	0.20			99	40	70	2
兴安盟分校	498.00	123.18	46.00	3.00	0.75	0.01		130	112	14	
哲里木盟分校	800.00	300.00		1.20		0.01		95	36	48	
锡林郭勒盟分校	3950.00	456.00		10.90				280	132	50	2
乌兰察布盟分校	340.00	220.00	20.00	2.11	0.50	0.03	0.01	103	36	72	2
鄂尔多斯市分校	394.00	75.00		10.00				160	40	40	10
巴盟广播电视大学	443.40	129.80	20.57	1.78				84	36	94	74
乌海市分校	872.00	174.00	5.00	3.20	0.20	1.50	1.50	196	40	270	430
内蒙古阿拉善盟广播电视大学	523.99	179.51	93.26	6.85		0.11	0.05	110	36	73	184
大兴安岭林业广播电视大学	1610.00	459.60	56.60	7.10	0.10	0.03		420	36	210	83
呼和浩特铁路局分校	80.00	80.00		1.05		0.33		71	30	60	60
哲盟霍林河矿区电大	545.00	130.00	10.00	2.80				50		180	
扎矿电大	150.00	125.00		3.80	1.20			40	48		
大雁电大分校	561.50			3.83				120	40	40	9
辽　　宁	**37175.07**	**11380.18**	**1243.10**	**136.42**	**3.04**	**11.14**	**7.92**	**3771**	**1579**	**4715**	**1618**
辽宁广播电视大学	2748.00	1042.00	302.00	10.65	0.65	4.45	4.45	364	357	1454	429
鞍山广播电视大学	552.00			12.30	0.10			290	42	230	90
抚顺广播电视大学	7199.53	1192.11	191.11	18.90		4.09	2.87	876	180	914	618
本溪广播电视大学	1700.01	617.56	6.89	8.00				374	28	523	126
锦州分校	617.00	293.00		3.00		0.01		199	68	171	62
丹东分校	405.00	392.00	125.00	0.25				200	80	80	20
营口分校	2468.00	610.00	40.00	12.00	0.60	1.09	0.50	200	400	500	5
辽阳分校	7155.08	2150.00	318.00	23.60	0.09			260	40	10	138
朝阳广播电视大学	222.89	99.00		3.00				140		70	
阜新分校	1121.00	340.00		4.00				80	64	135	
铁岭广播电视大学	476.56	148.51	30.10	3.22				121	30	40	20
盘锦分校	8739.00	900.00	150.00	13.50	0.50	1.20		350	144		
辽河石油勘探局广播电视大学	3335.00	3285.00	50.00	12.00	0.10	0.30	0.10	120	42	84	60
沈阳铁路局电大	280.00	175.00	10.00	12.00	1.00			160	48	48	50
葫芦岛市电大分校	156.00	136.00	20.00					37	56	456	
沈　　阳	**13920.32**	**2505.00**	**144.20**	**41.23**	**2.19**	**6.80**	**3.48**	**2045**	**521**	**2542**	**507**
沈阳广播电视大学	6270.00	1509.00	57.00	20.29	0.69	2.75	2.50	780	154	1308	332

5.1 全国电大学校产权资产情况（续表 3）

	固定资产总值(万元)			图书、资料				拥有教学用计算机(台)	语音实验室座位数(个)	多媒体教室座位数(个)	网上教学课程数(种)
	计	其中:教学、科研仪器设备资产		一般图书(万册)		电子图书(万册)					
		计	当年新增	计	当年新增	计	当年新增				
新城子分校	669.00	139.00		1.54				120	56	80	
康平分校	262.00	58.00	1.50	1.80				130	40	126	
法库分校	404.00	140.00	40.00	1.60				80	40	100	50
苏家屯分校	2650.00	70.00		4.80	0.50	3.00		307	60	500	90
东陵分校	1035.72	267.00		6.00	1.00	1.00	0.98	320	48	48	8
新民分校	1830.10	98.10	3.20	2.50		0.05		150	45	160	12
于洪分校	537.00	152.40	40.00	1.60				90	30	160	
辽中分校	262.50	71.50	2.50	1.10				68	48	60	15
大　连	**9371.20**	**3332.00**	**790.80**	**27.07**	**1.42**	**0.51**	**0.12**	**2285**	**674**	**4963**	**657**
大连广播电视大学	1587.00	1322.00	252.00	8.60	0.20	0.20		720	119	2967	256
庄河分校	198.00	43.00	2.00					80	42	140	
普兰店分校	300.00	90.00	20.00	5.00				160	41	90	
瓦房店分校	2789.00	500.00	100.00	5.00	1.00	0.05	0.01	400	160	350	260
金州分校	1088.00	450.00	100.00	3.56	0.11			210	56	384	89
旅顺分校	467.00	455.00	165.00	0.20	0.10	0.05		126		250	2
长海分校	760.00	95.80	71.60	0.60				131		120	
甘井子分校	1202.20	256.20	0.20	0.11	0.01	0.01	0.01	148	56	522	
大连开发区分校	980.00	120.00	80.00	4.00		0.20	0.10	310	200	140	50
吉　林	**10872.42**	**3783.32**	**143.90**	**48.93**	**1.80**	**83.80**	**1.50**	**2033**	**795**	**1435**	**139**
吉林广播电视大学	2109.00	544.00		6.00		5.50	0.50	410	90	152	35
中国科学院长春分校电大工作站	14.00	6.00		0.20		30.00		40	1	40	
法律分校	140.00	100.00		2.00							
吉林市分校	1343.00	539.00		6.33		0.21		321	175	276	18
四平分校	425.00	115.00	3.00	2.00		30.00		108	49	58	10
延边分校	1486.00	745.00	68.00	8.00		1.79		392	176	566	10
通化分校	541.00	341.00		4.00	1.00	10.00		90	42	50	10
辽源分校	963.00	105.00	50.00	3.50				90	60	30	30
白山分校	511.00	147.00	2.80	0.50		1.00	1.00	133	42	35	18
白城分校	320.00	220[illegible]	10.00	2.40	0.80	0.50		65	48	60	
松原分校	769.00	450[illegible]		3.30		4.80		116	64	8	
艺术分校	251.42	241.32	10.10								
农行电大	2000.00	230.00		10.70				268	48	160	8
长　春	**6254.49**	**3640.49**	**693.69**	**48.58**	**2.52**			**1081**	**154**	**740**	**319**
长春市广播电视大学	3696.00	2582.00	611.00	6.53	0.02			430	46	350	227
榆树市分校	30.00			0.10				80		40	
九台市分校	206.00	80.00		1.65				130	28	100	37
德惠市工作站	12.00							15			
农安县工作站	100.00	50.00		1.00				50	30	40	13
双阳区工作站	770.00	120.00		1.20	0.20			80		40	32
长春市人才中心电大站	10.00	10.00	0.50	1.20	0.50			50	50	30	10
长春电大特教部	550.00	550.00	80.00	3.90	0.80			94		140	
长影影视艺术学校	158.00	156.00	2.00	31.00	1.00			22			
长春电大交通学校工作站	700.00	70.00		2.00				80			
长春电大民进分校	22.49	22.49	0.19					50			
黑龙江	**26933.12**	**7128.03**	**268.00**	**104.56**	**0.20**	**15.70**		**3636**	**1078**	**3379**	**107**
黑龙江广播电视大学	3129.00	1513.00	112.00	10.36		10.00		533	92	520	31
齐齐哈尔市广播电视大学	1006.77	378.00	30.00	2.20	0.20	3.00		250	42	150	8
牡丹江市广播电视大学	5139.00	1239.00		19.50		1.70		547	80	1007	

5.1 全国电大学校产权资产情况（续表4）

	固定资产总值(万元)			图书、资料				拥有教学用计算机(台)	语音实验室座位数(个)	多媒体教室座位数(个)	网上教学课程数(种)
	计	其中:教学、科研仪器设备资产		一般图书(万册)		电子图书(万册)					
		计	当年新增	计	当年新增	计	当年新增				
佳木斯广播电视大学	683.00	165.00	8.00	3.50				268	30	22	10
绥化地区广播电视大学	2145.90	616.10		15.50				350	205	200	3
黑河市广播电视大学	471.30	131.00		3.20				85	90	274	5
大兴安岭广播电视大学	468.40	95.00	30.00	6.00				72	25	30	10
伊春市广播电视大学	415.00	228.00	39.00	2.10				130	36	336	
大庆广播电视大学	6000.00	1120.70		5.90		1.00		631	226	280	26
鸡西广播电视大学	2350.00	220.00		8.10				180	60	110	3
鹤岗广播电视大学	414.00	188.60	10.00	2.00				74	30	44	
双鸭山市广播电视大学	125.00	77.00	15.00	4.50				85		30	2
七台河广播电视大学	706.29	101.70	24.00	2.20				144	20	80	3
牡丹江林区广播电视大学	1923.00	293.00		3.00				78	36	78	
松花江林区广播电视大学	410.63	320.63		2.50				119	42	148	6
省工商银行分校	1395.00	385.00		7.60				50	28	28	
铁力市分校	150.83	56.30		6.40				40	36	42	
哈尔滨	**9191.17**	**2193.94**	**427.30**	**23.53**	**0.04**	**5.06**		**1381**	**376**	**1598**	**322**
哈尔滨广播电视大学	4668.44	1533.14	427.30	8.04	0.04	5.00		855	80	1152	174
阿城电大分校	77.00	59.00		1.00				45	36	96	
呼兰分校	100.00	21.00		0.05				19			34
宾县分校	153.00	20.50		1.50				45	42	40	
方正分校	34.70	20.00		1.86							
依兰分校	75.72	30.00		0.10				22		30	10
市轻工分校	45.00	25.00		1.50				20			
哈尔滨文艺干校电大站	116.31	10.30		0.81							
哈工大工会电视大学	10.00	1.00									
双城分校	1320.00	160.00		1.00				82	42	40	48
通河分校	21.00	19.00									
木兰分校	130.00	80.00		0.25				42	50	30	10
延寿分校	10.00	8.00		0.02				20			
巴彦分校	450.00	50.00		5.00		0.03		70	40	40	
五常分校	480.00	120.00		0.70		0.02		35	36	120	5
尚志分校	1500.00	37.00		1.70		0.01		126	50	50	41
上海	**50990.67**	**19097.70**	**4016.71**	**102.08**	**6.85**	**33.78**	**0.93**	**8776**	**2048**	**18544**	**1875**
上海电视大学	8118.00	5473.26	1744.68	8.15	0.04	0.03	0.01	1263	362	2033	430
虹口区分校	1211.00	716.00	116.00	5.69				385	56	654	72
闵行二分校	567.00	189.00	20.00	0.53				201	104	124	32
宝山分校	4975.50	615.00		8.00				300	48	650	12
浦东新区分校	1838.00	519.00	95.00					566	48	3000	104
闵行一分校	763.10	345.00	48.99	2.80	0.50	0.01		710	140	900	25
金山分校	513.64	278.81	83.38	1.38	0.03			195	40	120	15
松江分校	878.00	519.00	373.00	0.42				313	112	336	25
南汇分校	696.00	350.00	117.00	1.50	0.40			400	48	900	218
奉贤分校	873.00	334.00	48.30	0.75				235	48	940	36
青浦分校	1996.50	622.50	200.00	3.60	1.60	0.02		300	45	150	30
崇明分校	1899.70	371.10	72.00	2.10	0.64			244	42	546	83
嘉定分校	14716.44	2010.92	511.44	15.96	2.40	32.00		986	240	2534	162
黄浦区经贸委分校	174.00	148.60	15.00	0.60	0.10	0.15	0.01	108		170	72
长宁区分校	1066.50	786.67	100.00	14.70	0.20			450	200	1400	35
黄浦分校	702.00	229.00	60.00	6.00		0.23	0.06	500	60	750	260

5.1 全国电大学校产权资产情况（续表5）

	固定资产总值(万元)			图书、资料				拥有教学用计算机(台)	语音实验室座位数(个)	多媒体教室座位数(个)	网上教学课程数(种)
	计	其中:教学、科研仪器设备资产		一般图书(万册)		电子图书(万册)					
		计	当年新增	计	当年新增	计	当年新增				
静安区分校	3852.40	1678.74	70.74	7.30		0.04	0.01	400	54	1080	120
西区分部	1307.00	436.00	83.00	13.20	0.14	1.23	0.80	326	154	798	40
工程大中山分校	4519.89	3285.10	243.18	7.40	0.80	0.07	0.04	746	74	528	23
徐汇财贸分校	323.00	190.00	15.00	2.00				148	173	931	81
江　苏	**173565.45**	**36537.97**	**4212.27**	**311.49**	**24.16**	**3777.87**	**69.07**	**18403**	**4685**	**22387**	**949**
江苏广播电视大学	15068.08	6324.27	301.30	17.50	2.20	32.20	27.00	1514	557	1950	75
镇江市广播电视大学	11205.15	3013.40	1000.00	39.63	1.70	30.00	12.00	1359	202	418	42
常州市广播电视大学	10687.41	1883.12	89.78	21.29	0.07	2.00	2.00	1309	184	3700	48
无锡市广播电视大学	6901.50	1623.09	175.61	11.50	1.50	0.50		1284	110	529	60
苏州市广播电视大学	40001.90	5407.43	974.20	42.00	4.84	49.15	12.55	2988	416	6224	325
南通市广播电视大学	19240.00	4025.00	459.00	34.00	3.00	120.00	10.00	2247	980	3734	170
扬州市广播电视大学	9876.00	2000.00	45.00	29.00	1.80	2.00	0.50	1500	470	900	114
徐州市广播电视大学	2028.90	2028.90	130.00	6.00	0.90			550	281	750	
淮安市广播电视大学	3230.00	890.00	120.00	9.60	0.30	3.00	3.00	700	250	340	15
盐城市广播电视大学	10547.87	2485.64	250.00	25.00	2.00	82.00	2.00	150	160	120	13
连云港广播电视大学	4003.78	951.92	90.00	11.13	0.50			1070	150	420	
泰州市广播电视大学	13023.00	1824.00	92.00	31.48	4.58	456.00		1064	398	752	45
宿迁市广播电视大学	1945.60	19.60	19.60	2.22	0.06	0.02	0.02	327	118	120	12
农垦分校	1713.00	157.00		6.60							
化工分校	976.00	238.20	30.00	6.40	0.40	3000.00		260	104	650	
江苏电大武进学院	5328.00	807.00	37.00	3.69	0.21			603	65	780	
江苏电大宜兴学院	14500.00	2200.00	100.00	9.00		1.00		968	120	600	30
江苏电大张家港学院	3289.26	659.40	298.78	5.45	0.10			510	120	400	
南　京	**12938.34**	**3737.63**	**767.61**	**26.26**	**2.68**	**28.21**	**9.01**	**3273**	**577**	**3531**	**145**
南京市广播电视大学	4780.00	1834.00	406.00	6.10	0.20	28.00	9.00	1200	40	1550	119
江宁区分校	1709.00	100.00	100.00	1.60				260		252	4
江浦县分校	210.70	57.40	19.00	2.00	0.50			150	55	55	
六合县分校	609.39	223.39	36.93	2.70				207	48	48	2
溧水县分校	540.00	18.00	6.00	2.10	1.50			280	50	85	
金陵石化公司电大	1074.00	455.00		3.80	0.30			60	50	50	
大厂分校	437.20	121.40	24.40	1.30				175	56		
浦口分校	1126.20	125.00	6.00	0.46	0.02			98		50	
玄武区分校	146.00	146.00		0.12				120		250	
白下区分校	63.00	28.00	3.00	0.40				53	60	80	20
秦淮区分校	334.60	153.60	23.60	0.60				100		200	
建邺区分校	200.00	96.00	30.00	0.70	0.06			90	64	250	
鼓楼区分校	114.18	71.39	62.68	0.07				60	50	195	
下关区分校	273.30	116.00	40.00	0.50				225		200	
雨花台区分校	540.00	140.00	10.00	2.40	0.10	0.21	0.01	100	56	108	
栖霞区分校	780.77	52.45		1.41				95	48	158	
浙　江	**94197.56**	**28708.87**	**2878.91**	**279.13**	**6.93**	**7.68**	**3.07**	**14100**	**3268**	**39094**	**3759**
浙江广播电视大学	10322.00	2301.00	88.00	9.70	1.10	0.60	0.20	455	236	2956	44
杭州广播电视大学	25117.00	6696.80	1392.30	54.86	1.14	0.75	0.11	3304	652	11256	2822
嘉兴广播电视大学	15400.00	6600.00	100.00	13.00		0.05		1624	381	2292	26
湖州广播电视大学	2366.00	1500.00	70.00	20.10	1.50	0.06	0.05	750	170	1066	31
绍兴分校	2652.20	600.70		15.50		0.10		568	48	760	90
舟山广播电视大学	1423.00	356.00	40.00	5.00				209	49	550	12
金华广播电视大学	10935.68	2172.29	126.19	25.04	0.28	0.53	0.12	1831	354	3018	3

5.1 全国电大学校产权资产情况（续表 6）

	固定资产总值(万元)			图书、资料				拥有教学用计算机(台)	语音实验室座位数(个)	多媒体教室座位数(个)	网上教学课程数(种)
	计	其中:教学、科研仪器设备资产		一般图书(万册)		电子图书(万册)					
		计	当年新增	计	当年新增	计	当年新增				
衢州广播电视大学	1749.00	703.00		4.40				370	120	810	162
台州广播电视大学	8412.92	2063.14	384.18	8.43	0.48	1.09	0.53	1492	286	5863	216
丽水广播电视大学	1270.80	785.30	13.00	80.60	0.20	1.30	1.30	510	70	680	70
温州广播电视大学	7363.00	3172.00	372.30	17.60	0.73	1.95	0.61	2048	738	7289	203
检察分校	80.00	50.00		1.80	0.30	0.30					
衢化公司直属分校	100.00	78.00	22.00	6.00	1.00	0.15	0.10	100		190	
浙江电大经贸分校	569.00	569.00	14.10	2.00				100		800	15
警察分校	1800.00	124.00	124.00	6.50		0.15	0.05	200	54	240	
浙江电大工商学院	2824.03	493.00	54.50	7.50		0.65		340	110	1080	65
浙江电大特殊教育学院	1812.93	444.64	78.34	1.10	0.20			199		244	
宁　波	**26250.16**	**9046.14**	**858.01**	**21.83**	**0.89**	**4.65**	**2.52**	**3285**	**868**	**6597**	**2364**
宁波广播电视大学	5199.94	1324.11	298.11	6.80	0.30	2.55	2.50	1037	224	1872	1727
鄞县分校	2646.00	269.20	40.00					388	100	999	8
余姚学院	9388.00	5368.00	50.00	2.00	0.20			342	130	161	
慈溪学院	732.41	400.95	175.49	0.10				250	64	628	56
宁海学院	703.20	247.77	37.20	0.37				155	48	420	22
象山分校	1826.40	265.60	40.00	1.17	0.17			116		357	230
奉化分校	532.97	162.51	6.21	1.17				145	48	290	270
镇海工作站	4000.00	500.00	100.00	6.10		1.00		332	50	750	
镇海炼油化工公司工作站	330.00	220.00	30.00	2.22	0.02	0.10	0.02	118	56	310	5
江北工作站	490.00	123.00	45.00	1.00		1.00		78	60	300	10
北仑工作站	286.00	130.00	24.00	0.70	0.10			204	48	446	36
宁波东钱湖旅游度假区电大工作站	115.24	35.00	12.00	0.20	0.10			120	40	64	
安　徽	**30204.88**	**7209.04**	**599.49**	**88.24**	**7.14**	**19.61**	**2.05**	**4705**	**1298**	**7293**	**1182**
安徽广播电视大学	1897.00	648.00	52.00	5.70	0.10	3.00		410	82	1200	427
合肥分校	4874.78	829.38	63.10	6.40	0.20			220	40	124	60
蚌埠分校	1039.00	239.00		6.50	2.50			231	80	280	170
芜湖市分校	512.00	259.00	26.00	1.83	0.01	0.30		190	42	610	5
淮南分校	4085.00	732.59	51.59	17.84	0.69			361	46	342	
淮北分校	240.00	200.00	40.00	1.70	0.05			100	48	240	
马鞍山分校	5054.00	499.00	112.00	2.70	0.30	0.27	0.05	612	136	1734	266
铜陵分校	582.00			0.90	0.10	2.00	1.00	166	40	370	16
黄山市分校	340.00	115.00	30.00	0.53	0.03			140	42	120	17
安庆市分校	580.00	330.00	30.00	1.80	0.10	0.40		380	160	150	30
六安分校	770.00	160.00	21.00	1.50		9.00		150	56	303	8
阜阳分校	1040.00	232.00		5.50	0.50			180			
宣城分校	1800.00	250.00	50.00	3.00	0.50			200	100	150	
巢湖分校	980.00	330.00	40.00	4.50	0.20	1.12		200	42	160	38
滁州市分校	533.00	226.00	24.30	1.15	0.46	2.00	1.00	143	50	50	
池州分校	667.65	177.77	20.00	3.00	0.20	0.50		106	36	168	76
宿州分校	844.05	333.30	20.50	2.39		0.09		276	36	602	
省直分校	557.40	40.00	10.00	2.30	0.20			160	36	90	42
纺织分校	2859.00	810.00		17.80	0.80			360	196	200	
亳州分校	950.00	798.00	9.00	1.20	0.20	0.93		120	30	400	27
福　建	**34182.19**	**7974.28**	**2481.05**	**64.70**	**17.00**	**9.55**	**8.69**	**4924**	**1091**	**5674**	**551**
福建广播电视大学	4468.00	1269.80	98.80	7.10		1.00	0.59	260	104	720	320
福州分校	17848.34	2393.16	1986.26	16.11	12.88	0.22	0.19	1164	262	1243	25
三明分校	447.00	280.72	50.00	3.20		4.30	4.26	200	48	10	15

5.1 全国电大学校产权资产情况（续表7）

	固定资产总值(万元)			图书、资料				拥有教学用计算机(台)	语音实验室座位数(个)	多媒体教室座位数(个)	网上教学课程数(种)
	计	其中:教学、科研仪器设备资产		一般图书(万册)		电子图书(万册)					
		计	当年新增	计	当年新增	计	当年新增				
宁德分校	2312.18	588.56	30.00	4.02	0.10	0.29	0.04	500	80	600	22
南平分校	1236.59	919.70	50.70	5.92	3.22			460	97	629	81
漳州分校	1602.40	534.30	116.30	6.76		3.57	3.50	607	88	758	24
泉州分校	1300.00	660.00	50.00	4.70	0.50			780	96	400	35
龙岩分校	1472.95	534.56	28.30	6.76				416	130	818	
莆田分校	286.00	34.00						115	48	90	
农业银行分校	1916.41	267.17	29.69	2.23		0.02	0.01	100		60	
永安分校	311.00	107.00	12.00	3.00				68	50	50	20
邵武分校	415.00	228.00	7.00	2.30	0.20	0.15	0.10	107	48	96	
漳浦分校	566.32	157.31	22.00	2.60	0.10			147	40	200	9
厦　门	**2572.47**	**1027.60**	**176.00**	**7.30**	**0.45**	**0.08**	**0.01**	**606**	**160**	**702**	**18**
厦门市广播电视大学	1196.00	639.00	59.00	5.10	0.30	0.08	0.01	270	112	380	
厦门电大同安区工作站	88.60	61.60	11.00	0.45	0.05			111		120	
厦门市杏林区电大工作站	274.00	99.00	6.00	0.45				60	48	200	18
厦门市湖里区电大工作站	200.00	180.00	100.00	0.50	0.10			45		2	
厦门市思明区电大工作站	813.87	48.00		0.80				120			
江　西	**15845.99**	**4267.80**	**631.58**	**58.54**	**14.57**	**7.67**	**1.58**	**2824**	**1031**	**3698**	**1248**
江西广播电视大学	2878.29	746.00	120.78	5.45	0.17	3.31	0.27	500	160	660	114
南昌市分校	643.00	247.00	103.00	0.75		0.55		235	54	600	158
景德镇市分校	335.80	122.80	9.80	2.34	0.50			130	60	60	20
九江市分校	647.90	188.00	35.00	3.20	0.30	0.50	0.10	280	36	56	100
萍乡市分校	868.00	170.00	12.00	1.05	0.03			215	108	320	10
新余市分校	637.00	12.00	12.00	1.00		0.05		263	60	300	
鹰潭市分校	573.00	136.00	60.00	1.50	0.50			150	40	70	
赣州广播电视大学	1610.00	138.00	30.00	0.96	0.01	0.31	0.01	160	80	50	12
宜春广播电视大学	528.00	201.00	64.00	3.30				160	60	200	20
吉安地区分校	300.00	40.00	26.00	15.00	12.50	1.00	1.00	120	100		
上饶地区分校	490.00	190.00	25.00	3.25				152	40	120	490
抚州地区分校	985.00	124.00	4.00	3.26	0.06	0.65	0.05	105	108	48	298
九江船舶工业公司分校	750.00	92.00	30.00	1.80	0.30	0.60	0.10	55	60	88	
省科学院工作站	130.00	32.00		5.60		0.05		35		80	3
省人事厅工作站	142.00	10.00		0.08				2			
财税分校	2158.00	256.00		2.00	0.20	0.35	0.05	142	64	856	
南昌铁路工作站	2170.00	1563.00	100.00	8.00		0.30		120	1	120	23
南昌消防电大工作站										70	
山　东	**102801.38**	**22719.01**	**2750.64**	**265.94**	**12.06**	**314.68**	**3.62**	**11206**	**3065**	**14031**	**515**
山东广播电视大学	4081.20	2296.54	593.60	2.68	0.08			320		80	
济南广播电视大学	5128.20	1799.65		8.30	0.99	0.02		1283	346	1539	310
烟台广播电视大学	13035.30	2051.00	58.00	53.00	1.00			555	156	1008	
潍坊广播电视大学	5858.88	2310.72	50.00	13.92		1.60	0.10	1350	180	210	70
威海市广播电视大学	930.70	110.40	15.00	3.04				510	238	75	1
临沂广播电视大学	3785.60	675.96	52.10	28.22				786	380	290	
德州广播电视大学	579.26	459.00	9.00	2.70				280	90	90	
菏泽广播电视大学	324.58	177.00		7.59		0.18		175	80	120	20
聊城广播电视大学	19146.76	1824.97	266.17	13.00	6.20	302.00	2.90	1827	523	4121	
泰安广播电视大学	990.00	280.00	15.00	4.50	0.40			100	50	100	6
枣庄广播电视大学	3171.00	471.00	21.00	6.00	1.00	0.07	0.02	150	80	300	16
济宁广播电视大学	10600.00	1789.00		16.00		5.00		1146	270	1820	78

5.1 全国电大学校产权资产情况（续表 8）

	固定资产总值(万元)			图书、资料				拥有教学用计算机(台)	语音实验室座位数(个)	多媒体教室座位数(个)	网上教学课程数(种)
	计	其中:教学、科研仪器设备资产		一般图书(万册)		电子图书(万册)					
		计	当年新增	计	当年新增	计	当年新增				
东营广播电视大学	18000.00	2688.77	588.77	23.00	1.00			500	180	1000	
胜利油田广播电视大学	3748.00	857.00	200.00	19.00	0.25	0.21		350	88	1523	8
齐鲁石化公司广播电视大学	4150.90	81.00	81.00	10.00	0.09			489	74	600	
济南铁路局广播电视大学	4945.00	3946.00	626.00	27.50	0.50	5.60	0.60	900	150	500	
莱芜钢铁总厂广播电视大学	275.00	250.00	25.00	3.49	0.05			155	60	205	
鲁中冶金矿山公司广播电视大学	51.00	51.00		20.00				40			
日照广播电视大学	4000.00	600.00	150.00	4.00	0.50			290	120	450	6
青　岛	**17402.77**	**7109.95**	**1823.70**	**27.85**	**2.19**	**2.06**	**0.52**	**2275**	**609**	**1839**	**886**
青岛广播电视大学	1166.00	514.00	8.00	2.50	0.10	0.04	0.01	170	100	360	607
莱西分校	723.00	213.00	36.00	1.30	0.22			262	48	40	60
平度分校	3000.75	2851.30	1000.00	8.51	1.00			200	50	380	
胶州分校	1193.00	103.00	9.40	0.60	0.10			140		100	2
胶南分校	1347.00	131.00	18.00	3.00	0.50			250	50	150	30
即墨分校	2328.47	2328.47	600.00	2.10	0.10	0.51		260	45	150	
黄岛分校	2486.40	287.50	1.10	1.80	0.05	0.01	0.01	100	44	63	124
崂山分校	2017.00	417.00	100.00	1.40	0.10			464	168	328	
城阳分校	2728.00	202.00	50.40	5.40		1.00		320	104	208	63
李沧区分校	413.15	62.68	0.80	1.24	0.02	0.50	0.50	109		60	
河　南	**84995.96**	**16441.30**	**5583.50**	**216.10**	**24.29**	**37.54**	**10.18**	**9030**	**6638**	**11822**	**1278**
河南广播电视大学	6742.00	1744.00	475.00	5.06	0.46			720	180	1800	175
郑州广播电视大学	3063.00	625.00	40.00	3.10	0.07	15.00	5.00	611	100	290	50
开封市广播电视大学	620.00	160.00						140	48	150	
洛阳市广播电视大学	1431.00	446.00	31.00	1.75	0.64	2.10	1.00	116	48	80	
新乡广播电视大学	2228.00	515.00		6.50	0.30	2.20	1.80	352	160	660	633
焦作广播电视大学	1099.00	262.00	28.00	42.30	3.00	15.00	2.00	747	312	1190	73
安阳广播电视大学	507.00	87.00		0.10	0.04	0.06	0.01	200	10	38	42
濮阳广播电视大学	718.60	690.70		2.60		0.50		118	40	80	50
鹤壁广播电视大学	10068.00	1919.00	530.00	32.00	12.70			800	228	1500	28
商丘广播电视大学	974.11	229.00	50.00	9.30	1.00	0.11	0.10	470	180	1864	39
三门峡广播电视大学	17536.39	743.10	37.00	18.92	0.30			298	128	330	
平顶山广播电视大学	13000.00	3600.00	2400.00	18.50	2.90	0.03	0.03	400	120	320	10
驻马店广播电视大学	1000.00	350.00	50.00	4.50	0.40	0.60	0.10	260	60	100	20
许昌广播电视大学	190.00	138.00	40.00	2.60	1.00	0.06	0.01	170	40	200	15
信阳广播电视大学	940.50	200.50	20.50	5.08	0.08			90	50	100	58
南阳广播电视大学	1700.00	500.00	100.00	14.00	0.10	0.05	0.03	320	64	1000	50
周口广播电视大学	2100.00	100.00		6.00		0.80		200	50	30	13
漯河广播电视大学	12281.36	2497.00	1148.00	12.59		0.13		1983	4500	840	
郑州铁路局广播电视大学	3570.00	176.00	176.00	7.30	0.20	0.30		325	168	350	
中原油田广播电视大学	640.00	365.00	6.00	2.80				220	40	140	
济源广播电视大学	870.00	190.00	10.00	6.00	1.00	0.20	0.05	140	48	80	16
河南省工商行政管理分校	3717.00	904.00	442.00	15.10	0.10	0.40	0.05	350	64	680	6
湖　北	**48715.57**	**12062.40**	**660.60**	**217.78**	**6.36**	**18.64**	**7.68**	**5421**	**2171**	**6465**	**1093**
湖北广播电视大学	8354.00	852.00	171.00	50.00	0.50			511	204	514	105
黄冈广播电视大学	5463.30	664.00	119.50	32.60				820	344	798	100
孝感市广播电视大学	2318.47	367.50		7.60	0.10			532	304	2302	52
咸宁地区广播电视大学	1500.00			18.98				503	232	438	115
荆州地区广播电视大学	1967.00	7.00	7.00	1.73	0.10			290	198	125	
宜昌市广播电视大学	6200.00	6134.00	66.00	26.00	0.20	8.00	6.00	350	90	380	22

5.1 全国电大学校产权资产情况（续表9）

	固定资产总值(万元)			图书、资料				拥有教学用计算机(台)	语音实验室座位数(个)	多媒体教室座位数(个)	网上教学课程数(种)
	计	其中:教学、科研仪器设备资产		一般图书(万册)		电子图书(万册)					
		计	当年新增	计	当年新增	计	当年新增				
黄石广播电视大学	980.60	311.60	15.60	12.20				110	48	102	50
十堰市广播电视大学	2505.00	534.00	40.00	21.50	4.00	1.90	0.30	620	180	220	97
襄樊广播电视大学	2546.00							310	180	800	12
恩施自治州广播电视大学	840.00	320.00	12.00	1.19	0.10			80	54	56	216
农业银行分校				5.60		3.00			40		15
葛洲坝分校	300.00	230.00		5.00		0.06		200	31	60	105
大冶有色金属公司分校	390.00	100.00		5.12				105			
天门市广播电视大学	750.00	308.00	50.00	1.50	0.30	0.85	0.23	170	60	60	30
潜江市广播电视大学	285.20	35.30	1.50	0.61	0.06	0.35	0.20	40			
仙桃广播电视大学	783.00	174.00		3.15	0.40	0.43	0.12	240	60	240	3
江汉油田分校	3833.00	825.00	78.00	15.20	0.20	0.05	0.05	220	48	100	100
随州广播电视大学	3500.00	1200.00	100.00	3.80	0.30	0.50	0.20	200	48	110	55
老河口广播电视大学	6200.00			6.00	0.10	3.50	0.58	120	50	160	16
武　　汉	**15603.16**	**4717.12**	**712.24**	**62.68**	**1.95**	**34.49**	**3.47**	**2652**	**777**	**3769**	**485**
武汉市广播电视大学	4471.00	1067.00		7.68	0.20	3.00	3.00	500	48	700	200
江岸区分校	442.00	171.00		2.75				110		10	
武昌区分校	34.00	29.70		2.10				40	50	120	12
桥口区分校	192.77	121.11	38.81	0.55				100	48	40	4
汉阳区分校	99.10	64.60	34.50	1.80	0.20	0.36	0.12	78		60	
青山区分校	124.30	0.30		0.49	0.01	0.02		80		90	58
洪山区工作站	352.00	80.00	20.00	2.00				120	80	3	20
东西湖区分校	978.00	61.00	3.00	0.71	0.01	30.10	0.10	166	75	140	8
汉南区分校	65.00			1.50		0.05		50		48	
江夏区分校	534.74	185.00	15.74	1.52	0.02	0.02		215	48	370	20
蔡甸区分校	198.00	63.00	5.00	1.60	0.10	0.40	0.10	62	40	238	7
黄陂区分校	440.00	94.50	10.00	1.78	0.90	0.08	0.05	157	128	120	31
新洲区分校	1250.00	400.00		2.30	0.30	0.02	0.01	100	48	200	125
机械工业局分校	79.00	47.00		4.50		0.02		40	48	120	
武汉钢铁公司分校	5907.00	1954.00	568.00	27.74	0.15			679	164	1100	
3303 分校	225.00	225.00	5.00	1.25	0.05			24			
江汉区电大分校	145.25	95.00	11.00	2.30		0.07		96		90	
统计局分校	66.00	58.91	1.19	0.11	0.01	0.35	0.09	35		320	
湖　　南	**30023.20**	**9086.30**	**956.80**	**61.23**	**2.46**	**3.73**	**0.16**	**4487**	**979**	**8573**	**1011**
湖南广播电视大学	9187.00	3476.00	382.00	9.06	0.30	0.06		916	146	1380	119
长沙广播电视大学	713.00	403.00	72.00	1.50		0.30		244	56	480	134
株洲广播电视大学	541.00	195.00		1.30		1.15		113	56	96	45
湘潭广播电视大学	1280.00	707.00	80.00	5.00	0.50			250	56	664	
衡阳市广播电视大学	3625.00	403.00	2.00	2.21	0.17			425	100	760	90
邵阳广播电视大学	760.00	220.00	15.00	3.04	0.02	0.01		180	56	110	50
岳阳广播电视大学	1104.00	442.00	30.00	3.15		0.05		354	104	560	
娄底广播电视大学	691.00	253.80	75.80	1.53	0.11			180	42	207	12
零陵分校	655.00	215.00	50.00	3.00		0.60	0.10	171	40	524	205
郴州广播电视大学	687.00	260.70	7.00	4.61	0.06	1.25	0.04	261	38	612	123
益阳广播电视大学	569.00	248.00	14.00	0.93				150	45	1215	74
常德广播电视大学	1342.00	700.00	100.00	5.00	0.10	0.05		400	48	200	30
怀化广播电视大学	1060.00	694.00	23.00	2.05	0.05	0.01		177	48	310	40
湘西民族广播电视大学	981.20	303.30	50.00	5.00	0.50			160	48	650	60
张家界市广播电视大学	441.00	221.00	33.00	3.55	0.55	0.04	0.02	80		105	

5.1 全国电大学校产权资产情况（续表 10）

	固定资产总值(万元)			图书、资料				拥有教学用计算机(台)	语音实验室座位数(个)	多媒体教室座位数(个)	网上教学课程数(种)
	计	其中:教学、科研仪器设备资产		一般图书(万册)		电子图书(万册)					
		计	当年新增	计	当年新增	计	当年新增				
津市分校	852.00	130.00	23.00	3.50	0.10	0.21		230	48	260	3
岳阳石化总厂广播电视大学	875.00	172.50		5.00				140	48	440	26
省人民检察院分校	4660.00	42.00		1.80				56			
广　东	**155296.66**	**34161.88**	**3656.82**	**265.32**	**14.90**	**131.65**	**29.10**	**18098**	**5274**	**28666**	**781**
广东广播电视大学	6342.00	2813.15	246.00	7.00	1.20	18.00	1.50	562	102	1610	167
法律分校	350.00	60.00	7.00	1.10	0.05			32	32	90	3
省电力局分校				1.02							
省公路局分校	1671.90	278.40	68.00	1.70	0.07			100	48	110	
广东电大深圳拱北海关分校	350.00	260.00	30.00	2.95	0.04	0.01		140	30	20	10
珠海市广播电视大学	2589.00	133.00	133.00	5.57				576	144	1344	
汕头广播电视大学	5131.00	1466.00	130.00	10.44				930	254	584	20
韶关市广播电视大学	3887.00	1280.00	26.80	22.50	0.26	37.00	2.00	922	229	1382	3
汕尾市广播电视大学	2454.16	580.20	69.30	4.02	0.16	1.60	0.90	215	74	178	11
梅州市广播电视大学	4237.00	1462.00	223.00	10.47	1.00	0.06	0.01	967	333	1750	43
惠州市广播电视大学	3337.10	504.00	15.00	4.30	0.20	9.10	0.01	684	222	1431	153
东莞市广播电视大学	639.00	308.00	55.00	0.60	0.13	0.58	0.10	250	100	600	
中山市广播电视大学	2064.00	260.00		2.40		3.00	3.00	270	160	517	8
江门市广播电视大学	10382.00	2066.90	169.00	22.20		0.16	0.12	1344	514	2515	41
佛山广播电视大学	4654.80	1498.50	197.00	11.80	0.22			675	56	1373	18
阳江市广播电视大学	4094.00	925.00	205.00	3.60		18.00	18.00	777	148	1110	2
湛江市广播电视大学	5033.40	1477.28	232.78	15.20	1.00	0.05	0.01	1088	381	1110	3
茂名广播电视大学	8771.00	5892.00	163.00	23.00	1.10	4.80	0.20	1481	259	1388	203
肇庆广播电视大学	6574.00	1431.50	166.00	21.90	1.70	16.95		1023	468	1119	3
清远市广播电视大学	5722.80	1538.80	68.00	22.23	0.48	1.04	0.05	1115	288	1453	30
潮州广播电视大学	998.00	248.00	150.00	3.73	1.11			298	168	320	
揭阳广播电视大学	3048.82	1028.17	123.84	1.80	0.48	1.60	0.20	671	173	392	2
河源广播电视大学	5739.00	842.00	305.00	25.30	2.50	0.70	0.50	1123	329	1690	39
云浮市广播电视大学	4587.68	907.48	20.00	7.44	0.20	2.50		685	214	1290	22
南海广播电视大学	4639.00	956.00	67.00	4.75		16.50	2.50	380	120	2000	
顺德广播电视大学	58000.00	5945.50	787.10	28.30	3.00			1790	428	3290	
广　州	**58677.62**	**22534.14**	**2784.36**	**99.20**	**6.49**	**167.91**	**4.13**	**9932**	**2639**	**18648**	**695**
广州市广播电视大学	4666.00	3787.00	287.00	7.98	1.41	7.20	1.98	1009	264	4253	225
东山区分校	513.00	151.00		0.11		0.05	0.05	169	116	300	5
海珠区分校	466.00	346.00	120.00	2.56		0.03		425	52	450	
芳村区分校	52.80	14.44	1.79	0.15	0.05			66		147	
越秀区分校	431.40	195.64	17.04	3.00		1.10		156	56	110	7
天河区分校	126.64	19.08	3.86	0.42	0.12			32	100	60	380
开发区分校	398.00	170.00	30.00	0.23	0.03			162	84	340	11
纺织分校	1780.00	1118.00		10.00		150.00		500	160	430	
广州造船厂分校	497.00	84.00		2.13				120	56	50	
市轻工业局分校	3127.00	2427.00	700.00	5.00	0.24	0.31	0.26	801	60	888	13
侨光分校	4331.03	3030.00	30.00	3.00	0.80	0.03		404	122	1100	
机电局分校	2447.39	1228.50	6.30	6.75		2.60		469	120	300	
法律专业工作站	4370.12	483.02	100.13	8.94	0.45	1.43	1.42	435	120	480	2
电器分校	50.00	32.00	2.00	0.30	0.10	0.07	0.01	85		2	
市二轻局工作站				3.05	0.10	2.60	0.10				
番禺区广播电视大学	2348.00	907.00	166.00	0.46	0.04	0.16		649	216	2496	4
从化市分校	1173.00	584.00	21.00	6.20				206		498	

5.1 全国电大学校产权资产情况（续表 11）

	固定资产总值(万元)			图书、资料				拥有教学用计算机（台）	语音实验室座位数（个）	多媒体教室座位数（个）	网上教学课程数（种）
	计	其中:教学、科研仪器设备资产		一般图书（万册）		电子图书（万册）					
		计	当年新增	计	当年新增	计	当年新增				
花都区广播电视大学	3171.15	713.73		1.97	0.47			356	124	1364	4
增城市广播电视大学	1452.00	560.00	60.00	1.30	0.10	0.03	0.01	360	120	1000	
白云区分校	903.27	89.48	48.53	4.00	0.17			303	56	780	44
珠江电大	159.60	95.60	1.12	1.43	0.03			117	60	240	
市银行学校电大工作站	250.00	220.00						98	48	250	
东方教学点	500.00	400.00	250.00	0.50				300	120	1000	
广师电大	63.00	15.00						13			
广州市港务局工作站	975.22	438.26	48.50	3.00	0.20			397	90	172	
维城电大	13938.00	902.09	301.09	10.49	2.00	0.50	0.30	300	270	1000	
金融分校	4666.00	3787.00	287.00					1009			
统计工作站	190.00	81.00	10.00	0.82	0.02			90	24	250	
贸易学校工作站	2455.00	643.00	293.00	6.82	0.16			500	91	360	
理工学校工作站	3177.00	12.30		8.59		1.80		401	110	328	
深　圳	**30448.94**	**8143.12**	**535.42**	**32.54**	**3.55**	**3.28**	**1.13**	**2111**	**556**	**6387**	**1267**
深圳市广播电视大学	8984.00	6477.00	390.00	4.55	0.05	2.10	1.00	928	176	2810	25
蛇口分校	533.00	52.10	12.00	11.50	1.00	0.65	0.10	130	84	180	9
宝安分校	2953.00	339.00	30.00	4.13	0.10	0.04		220	36	1000	3
沙头角分校	190.00	128.00	24.00	0.46	0.05			83	46	256	3
南山分校	8340.00	390.00	30.00	7.00	2.00	0.10	0.03	251	50	1	1134
龙岗分校	2818.94	494.02	14.42	2.10		0.24		259	64	1880	45
罗湖分校	3830.00	78.00		2.30	0.30	0.15		120	100	100	
福田分校	2800.00	185.00	35.00	0.50	0.05			120		160	48
广　西	**57972.44**	**11241.53**	**947.62**	**181.65**	**8.65**	**22.61**	**5.59**	**5006**	**1548**	**5188**	**367**
广西广播电视大学	2691.81	1269.25	38.82	10.84		6.60		472	50	460	134
区直分校	627.00	360.00	30.00	0.88	0.01	0.01		400		517	
南宁广播电视大学	580.00	235.40		3.30		0.04		92	54	164	
柳州市广播电视大学	588.98	247.80	50.00	2.85	0.05	0.37	0.11	263	36	167	27
桂林市分校	1258.40	250.60	26.00	2.63	0.02			250	56	350	71
梧州市分校	7679.00	168.00		1.34	0.10	1.20	0.31	150		450	
柳州铁路局分校	9120.00	2670.00	120.00	35.95	4.80	10.60	5.00	530	48	600	2
南宁地区分校	2176.50	530.00	2.00	11.40	0.20	0.04		100	56	308	
柳州地区分校	124.20	47.50	36.50	0.55				64	48	92	1
梧州地区分校	84.00	43.00		0.10				7			
玉林师范学院分校	12355.00	2467.00	400.00	58.50	1.20	0.02		681	318	332	
百色民族分校	345.00	101.00		2.02		2.80		107	48	70	28
河池地区民族分校	8500.00	475.00		8.39		0.13		181	60	230	
钦州市分校	1930.00	600.00		13.00	1.00	0.15		350	56	570	
北海市分校	550.00	65.00	45.00	2.00	0.12	0.28	0.02	160	70	130	16
检察分校	104.00	25.00	12.00	0.90	0.10			60			
农业银行工作站	1070.00			0.50	0.50			60	50		
贵港市电大分校	320.00	250.00	70.00	1.50	0.30			130		100	70
防城港市工作站	18.00	18.00				0.04		40			
玉林商校工作站	3026.00	289.28	30.00	5.30				80	350	40	
广西电大工商分校	1621.00	246.00	29.00	6.50	0.25	0.30	0.15	315	60	200	14
水利工作站	162.00	103.70	58.30								4
广西银行学校电大工作站	3041.55	780.00		13.20		0.03		514	188	408	
海　南	**1428.20**	**806.11**	**32.97**	**7.83**	**0.40**			**430**	**48**	**575**	
海南广播电视大学	1308.20	796.11	22.97	6.43	0.10			300	48	500	

5.1 全国电大学校产权资产情况（续表12）

	固定资产总值(万元)			图书、资料				拥有教学用计算机(台)	语音实验室座位数(个)	多媒体教室座位数(个)	网上教学课程数(种)
	计	其中:教学、科研仪器设备资产		一般图书(万册)		电子图书(万册)					
		计	当年新增	计	当年新增	计	当年新增				
海南电大五指山分校	120.00	10.00	10.00	1.40	0.30			130		75	
四　　川	**27319.62**	**8292.76**	**526.74**	**81.89**	**2.60**	**15.31**	**4.57**	**5497**	**1534**	**5515**	**1813**
四川广播电视大学	6966.44	2352.92	74.89	10.00		7.40		1148	279	1582	506
省建委分校	225.00	125.00	25.00	0.60	0.60	0.10	0.10	35	30	30	4
省级机关分校	400.00	160.00	19.00	2.50		0.40	0.10	79	79	79	
成都铁路局分校	339.00	135.00		8.95	0.05			240		120	80
德阳广播电视大学	925.00	475.00	25.00	8.50	0.50	0.51	0.01	550	72	400	40
绵阳广播电视大学	841.00	352.00	65.00	1.65		4.00	4.00	285	42	520	8
广元广播电视大学	2100.00	800.00		2.95	0.10	0.39	0.02	200	48	80	450
遂宁广播电视大学	2930.00	605.00		9.00	0.30	0.02		384	110	184	36
雅安分校	380.10	284.10	196.30	0.60				66	10	76	96
乐山广播电视大学	2360.00	60.00				0.20		700	80	75	20
内江广播电视大学	756.00	302.00		3.00				133	48	134	85
自贡广播电视大学	1310.03	374.73	20.23	3.74				310	320	320	
宜宾广播电视大学	650.20	291.00		1.00				206	40	200	40
泸州广播电视大学	1707.23	541.23	52.23	7.20				207	30	70	32
南充广播电视大学	713.00	137.00		2.30				148	48	101	
达川广播电视大学	850.00	350.00		6.40		0.32	0.32	152	92	96	35
甘孜分校	113.00	30.00		1.50				34		50	14
凉山广播电视大学	200.00	45.00		1.00	1.00			30		30	168
攀枝花广播电视大学	1032.00	335.00	20.00	1.30		0.50		180	36	1000	87
巴中广播电视大学	950.00	285.00						100	40	60	12
广安广播电视大学	1000.00	110.00		0.90				130	52	130	100
资阳广播电视大学	100.00	40.00	10.00	0.40		1.40		82	30	80	
阿坝广播电视大学	471.62	102.78	19.09	8.40	0.05	0.07	0.02	98	48	98	
成　　都	**6471.07**	**2415.75**	**83.80**	**40.19**	**0.93**	**9.19**	**0.71**	**2425**	**524**	**1882**	**534**
成都广播电视大学	1307.70	654.50	0.50	2.85	0.10	6.90	0.50	556	92	374	220
龙泉分校	487.44	275.00	5.00	5.00		0.45	0.12	128	40	240	28
彭州分校	300.00	65.00		1.17		0.35		62		62	
新都分校	145.00	47.32		0.67		0.07		110	20	60	68
双流分校	333.50	60.00	2.00			0.10		118		60	107
崇州分校	451.00	215.90		3.50	0.22			103	30	220	
邛崃分校	120.00	90.00	20.00	1.10				70	25	30	5
郫县分校	360.00	65.00		0.40				162	56	100	
温江分校	364.50	57.00		1.30	0.30			56		56	
大邑分校	488.20	181.30	26.30	1.41	0.03	0.30		174	56	50	18
金堂分校	138.00	37.00	6.00	1.10	0.10			90		90	
五冶分校	198.57	13.00		3.29	0.01			39		27	2
蒲江分校	583.00	330.00	21.00	4.10	0.10	0.03	0.01	280	105	89	45
都江堰分校	95.52	7.08		1.20		0.30	0.06	30	30	30	6
电子工业分校	414.70	100.00		10.80		0.60		240		260	
青白江分校	167.94	55.65		0.70				88		45	
新津分校	136.00	57.00	3.00	0.58		0.02		79	10	49	
青羊分校	380.00	105.00		1.02	0.07	0.07	0.02	40	60	40	35
重　　庆	**30743.00**	**7581.59**	**943.58**	**109.42**	**10.15**	**25.00**	**5.00**	**4330**	**1064**	**3929**	**142**
重庆广播电视大学	12882.00	2545.00		14.80		25.00	5.00	630	134	304	110
渝中区分校	60.00	60.00	60.00	8.92				155	48	150	
重庆铁路分校	80.00	15.00	3.00	1.10	0.10			50		50	

5.1 全国电大学校产权资产情况（续表13）

	固定资产总值(万元)			图书、资料				拥有教学用计算机(台)	语音实验室座位数(个)	多媒体教室座位数(个)	网上教学课程数(种)
	计	其中:教学、科研仪器设备资产		一般图书(万册)		电子图书(万册)					
		计	当年新增	计	当年新增	计	当年新增				
重庆钢铁公司分校				1.20	0.10			60	80	200	
南岸分校	600.00	50.00	10.00	3.11	0.10			65	50	80	30
九龙坡区工作站	230.00	160.00	60.00	1.50							
江北区工作站	112.50	96.00		0.72	0.70			60			2
沙坪坝区电大分校	176.00	37.00		2.10	1.80			70		20	
永川市广播电视大学	3002.72	244.00	15.00	1.65	0.50			90	30	150	
北碚区工作站	50.00	20.00	2.00	1.50				50		100	
万盛区工作站	26.50	13.80	0.30	1.60				30		40	
荣昌县工作站	900.00	110.00	30.00	2.63	0.02			90	42	200	
綦江县工作站	25.00	12.00	10.00	2.40	0.10			169	25	120	
合川电大分校	110.00	71.00		0.30				135		70	
长寿县工作站	225.00	40.00	15.00	0.80	0.10			120			
渝北区工作站	350.00	45.00		0.90	0.05			50	50	6	
潼南县工作站	335.00	265.00		3.80	0.60			175		40	
大足县工作站	35.00	35.00		4.00	0.30			44		120	
巴南分校	208.00	100.00		6.00				55	35	185	
江津分校	680.00	280.00	100.00	5.00				80	48	135	
大渡口分校	156.00	65.90	30.00	0.75	0.20			40	40	35	
璧山县电大工作站	800.00	80.00	20.00	2.00	1.00			60		240	
万州广播电视大学	680.00	248.00		2.05				172	48	160	
涪陵广播电视大学	1713.00	317.00	1.00	3.01				202		120	
黔江广播电视大学	500.00	90.00	56.00	0.80	0.04			100	50	120	
南川分校	193.00	34.00	4.00	2.10				100	50	120	
垫江分校	2000.00	500.00	419.10	1.20				120	40	100	
丰都县电大工作站	40.00	40.00	10.00	0.50				40	22	32	
武隆电大工作站	232.00	38.16	3.08	1.10	0.30			126	48	48	
供销总社分校	338.00	192.00	56.00	1.30	0.10			345	48	96	
物资贸易工作站	20.00	20.00		5.00				100		5	
建工集团工作站	60.00	20.00	5.00	3.00	0.30			70		160	
酉阳电大工作站	60.00										
石柱电大工作站	130.00	49.00		2.50	1.00			32		98	
彭水电大工作站	70.00	45.00	9.00	3.20	0.70			200	52	280	
云阳县电大工作站	35.00	35.00	15.00					43		30	
巫山分校	309.00	154.00		1.50	0.50			81	24	100	
巫溪电大工作站	50.00	20.00						21			
城口电大工作站	132.00	56.00	6.00	2.00	1.50			40		120	
铜梁分校	1266.28	1262.00	4.10	11.68	0.04			140	100	70	
重庆电大乡企工作站	371.00	116.73		0.70				70		25	
市统计局电大工作站	1500.00			1.00				50			
贵　州	**14234.09**	**4156.71**	**1668.88**	**114.05**	**3.65**	**193.33**	**133.08**	**2419**	**741**	**4010**	**453**
贵州广播电视大学	3266.29	2373.00	1300.00	14.26	0.12	18.08	9.08	354	60	2058	316
贵阳市分校	519.50	283.00		2.00	1.00			150	108	750	
遵义地区分校	315.00			4.50				150	28	122	68
安顺地区分校	180.50	56.08	26.00	1.00	0.48	0.05		140	50	100	30
黔南州分校	388.00	90.00	10.00	1.00	0.05			88	3	3	5
黔东南州分校	623.00			0.60				114	80	80	
黔西南州分校	161.20	161.20	135.00	1.74	0.30	123.00	123.00	180	50	90	
毕节地区分校	215.00	130.00		0.25				46		120	20

5.1 全国电大学校产权资产情况（续表 14）

	固定资产总值(万元)			图书、资料				拥有教学用计算机(台)	语音实验室座位数(个)	多媒体教室座位数(个)	网上教学课程数(种)
	计	其中:教学、科研仪器设备资产		一般图书(万册)		电子图书(万册)					
		计	当年新增	计	当年新增	计	当年新增				
六盘水市分校	242.88	218.00	24.88	0.82				73	70	40	
铜仁分校	199.87	36.29		0.08					42	42	8
贵州建设广播电视大学	41.00							30	27	27	5
贵州水晶集团电大工作站	200.00	50.00		1.24		50.00		90		120	
贵阳铁路分局分校	75.00			1.70	0.20			100		40	
贵航集团分校	548.10	293.14	105.00	3.75	0.05	2.00	1.00	105	36	100	
水城钢铁公司分校	5950.00							80		50	
省监管局分校	72.00	62.00		38.04				70	51	25	1
航天管理局工作站	97.00	82.00	15.00	1.00	0.85			264	46	140	
黎阳机械公司工作站	165.00	60.00	3.00	3.00	0.50	0.20		45	30	3	
贵州省劳动和社会保障厅工作站	654.00	250.00	50.00	5.00	0.10			60	10	50	
贵阳冶金工作站	320.75	12.00		4.00				130	50	50	
贵航技校电大工作站				30.07				150			
云　南	**11377.48**	**3875.74**	**267.15**	**41.24**	**1.78**	**38.46**	**0.06**	**1724**	**603**	**1577**	**374**
云南广播电视大学	4382.32	2118.56	176.35	9.00	1.00	4.00		551	216	437	356
昆明广播电视大学	750.00	382.00		2.40	0.30			173	54	140	
思茅广播电视大学	195.00	27.00		1.20				86	48	63	
红河分校	966.00	200.00		4.10		0.06	0.06	120	56	112	11
东川工作站	63.00	37.78									
保山分校	1272.40	123.00	20.00	0.66	0.02			90		200	
文山州民族干部学校	22.00	15.00	7.00	1.25	0.12			70		40	
怒江电大分校	1676.00	385.00		8.14	0.14	4.00		240	56	50	
个旧分校	374.86	91.90		3.09				50			
云南省有色地质电大分校	50.00	20.00	0.90	0.75	0.05			35			
煤炭分校	330.90	223.00	7.90	1.85	0.05	0.40		49	55	75	5
省检察分校	135.00	22.50		2.50							
昆明市总工会分校	180.00	110.00	30.00	1.20		30.00		120	48	280	
易门矿务局分校	980.00	120.00	25.00	5.10	0.10			140	70	180	2
陕　西	**28941.21**	**7024.35**	**1493.86**	**122.77**	**8.68**	**11.62**	**4.47**	**4060**	**1242**	**2443**	**480**
陕西省广播电视大学	2978.38	1213.38	84.38	8.20	1.20	2.60	2.00	360	90	48	245
延安分校	338.50	127.70	2.60	1.23	0.02			83	36	36	1
榆林地区分校	1085.00	713.60	216.00	4.51	1.02	3.00	1.00	493	103	135	
咸阳市分校	800.00	343.00		2.15		0.17		108	48	40	
宝鸡市分校	2347.00	75.00	20.00	5.10		0.14	0.02	130	40	40	60
安康分校	337.00	122.00	60.00	0.54		0.55		51	51	65	
汉中分校	339.70	256.70	101.70	1.30	0.10	0.70	0.05	229	48	48	
渭南分校	289.00	85.00	13.00	0.60	0.20	0.01	0.01	75	48	85	
商洛地区分校	690.00	190.00	10.00	1.60		0.08	0.01	126	80	100	
铜川市分校	200.00	90.00	20.00	0.70				120	40	62	25
航空工业局工作站	733.00	106.00	106.00	11.50	0.26	0.25	0.20	167	42	30	24
省电子工业局工作站	205.00	205.00	5.00	6.15	0.05	0.50	0.40	200		180	12
兵器工业管理局工作站	730.00	390.00	70.00	24.00	1.00	0.18	0.01	250		120	20
核工业局工作站	1300.00			6.00	1.00						
西安铁路分校	182.00	50.00		0.60				47		12	30
省冶金局工作站	250.00	110.00	10.00	0.48	0.03			120			
民盟省委会工作站	100.00							53		84	
省广播电视厅工作站	30.00	30.00		0.50							
陕西省城市经济学校	1822.00	1822.00	600.00	1.80	0.20			163	48	60	

5.1 全国电大学校产权资产情况（续表 15）

	固定资产总值(万元)			图书、资料				拥有教学用计算机(台)	语音实验室座位数(个)	多媒体教室座位数(个)	网上教学课程数(种)
	计	其中:教学、科研仪器设备资产		一般图书(万册)		电子图书(万册)					
		计	当年新增	计	当年新增	计	当年新增				
西安有色工作站	1850.00	250.00	30.00	3.20	0.50			145		120	
省水利厅工作站	300.00	30.00	30.00	10.00	2.00	1.00	0.40	10	52	52	12
省农业厅工作站	320.00	96.00	34.00	2.00	0.50	0.80	0.12	94	80	80	12
高新分校	750.00	150.00		20.00				100	56	110	
省电大直属教学部								160	48	50	
新城分校	495.93	273.68	13.68	3.10	0.10	0.50	0.20	262	110	288	
工运学院电大	975.00	85.00	29.00	0.60	0.10			120	48	60	3
陕西经贸培训学院	1140.00	100.00		4.00				22	120	40	
陕西省中医学校	8000.00			1.30	0.40	1.05	0.05	279	54	450	
陕西电大长安工作站	41.90	33.49	3.50	0.31				62			36
省计生协工作站	311.80	76.80	35.00	1.30		0.09		31		48	
西　　安	**3505.43**	**1416.05**	**193.02**	**15.09**	**1.43**	**4.83**	**3.19**	**761**	**221**	**825**	**434**
西安市广播电视大学	1450.73	800.48	54.07	2.60	0.10	2.50	2.50	251	48	288	200
西安电大开放教育学院	47.66	47.66				0.05	0.01	52		50	
西安电大现代教育培训学院	45.00	34.00	4.00	0.08	0.03	0.02	0.01				48
长安分校	41.19	33.49	10.00	0.31		0.01		60	20	60	40
临潼分校	161.00	112.00	33.00	2.30	0.30	0.89	0.11	99	48	133	43
户县分校	320.00	86.60	10.00	1.20		0.10		50	48	100	
西电公司工作站	10.00	10.00	1.00								50
莲湖科技学校工作站				0.70				3			
西安电大北洋教学班	14.50	11.60	5.60	0.05		0.26	0.13	8		8	
利君集团工作站	3.40	3.40		0.80							
翠华培训学院工作站	186.00	40.00	0.30	0.90	0.20	0.47	0.11	65		90	
富士日本语专修学院工作站	11.50	6.92	1.00								
韩城进校工作站	149.00	75.00	3.00	3.40	0.10	0.02	0.01	63		15	23
市卫生职校工作站											3
涉外旅游专修学院工作站	4.15	4.10	0.05								
西安教育学院工作站	13.00	4.00	4.00								
西安电大现代职校	311.80	76.80	35.00	1.30		0.09		31		48	
成人教育培训学院工作站	3.00	1.00	1.00			0.02	0.01	2			4
华阴工作站	55.00	28.00	14.00	0.45	0.20	0.20	0.10	21	1	1	5
铜川矿务局教学班	4.00	4.00	4.00								
宜川工作站	600.00	30.00	10.00	1.00	0.50	0.20	0.20	50	56	32	15
潼关工作站	74.50	7.00	3.00					6			3
甘　　肃	**41541.54**	**7436.43**	**1570.30**	**136.44**	**4.73**	**33.45**	**14.27**	**5230**	**1363**	**5159**	**1512**
甘肃广播电视大学	3572.00	1156.00	52.00	6.86	0.03	0.52		530	55	353	50
兰州市分校	280.00	199.00	8.00	0.30	0.07	0.30		138	36	80	130
天水市分校	5456.60	273.00	273.00	1.03		1.85	1.85	249	48	400	
白银市分校	250.00	3.50	0.50	3.00	1.00	0.02	0.01	120	60	40	20
金昌分校	153.68	137.68	25.00	0.70	0.05	0.14	0.06	64	36	36	150
嘉峪关市分校	647.90	113.10	19.50	5.50				101		298	13
庆阳地区分校	391.00	133.00	2.50	1.20				102	24	245	
平凉地区分校	680.00	189.00	130.00	0.80				154	42	213	
陇南地区分校	343.90	99.10	0.80	0.55	0.02	0.02		88	50	50	92
定西地区分校	495.00	315.00	35.00	0.81		0.06	0.02	180	24	150	83
武威地区分校	2976.00	420.00	120.00	5.65	0.05	4.00		190	96	180	150
张掖市分校	250.00	10.00	5.00	0.71	0.01	0.06		79	30	150	35
酒泉地区分校	340.00	80.00	10.00	2.00				60	40	7	

5.1 全国电大学校产权资产情况（续表 16）

	固定资产总值(万元)			图书、资料				拥有教学用计算机(台)	语音实验室座位数(个)	多媒体教室座位数(个)	网上教学课程数(种)
	计	其中:教学、科研仪器设备资产		一般图书(万册)		电子图书(万册)					
		计	当年新增	计	当年新增	计	当年新增				
甘南分校	313.00	78.00	63.00	4.20				30		25	
临夏分校	652.00	52.00	27.00	0.99				90		60	11
兰州铁路局分校								40		100	
四O四厂分校	163.00	80.00	4.00	3.00	0.01	0.08	0.01	40		25	16
省检察院分校	50.00			5.00				10	10		
省农垦分校	550.00	219.00	100.00	2.10		0.05		232	84	300	167
亚盛集团公司分校	770.00	290.00	120.00	2.51	0.01	0.65	0.11	220	120	120	140
玉门石油管理局分校	769.80	30.00	30.00	12.99	0.03	0.03		130	30	90	71
滨河集团分校	635.00	15.00	8.00	1.80	0.08	0.23	0.07	90	30	75	110
开放教育学院	2500.00	61.00	25.00	0.21		0.09		262	54	256	119
兰州铁路分局分校	1365.00	382.00	20.00	3.50	0.05	0.06	0.02	240	40	240	10
省农业银行工作站	6000.00	500.00		1.00				30		30	
省人民银行工作站	2851.00	353.00	125.00	5.33	0.32	0.06	0.01	305	2	214	24
甘肃省乡镇企业分校	723.00	345.00	192.00	5.20	0.20	0.03	0.01	156	80	80	40
水电部五局工作站	510.00	316.00	20.00	8.30	0.30	2.30	0.30	300	50	120	15
武威卫生学校电大工作站	3600.00	1010.50	85.00	5.70	0.50	8.60	0.80	400	168	582	50
陇南农校直属工作站	2400.00	180.00	15.00	40.00	2.00	4.00	1.00	250	60	260	14
电大兰炼工作站	812.00	142.00	12.00	1.50		0.30		120	30	180	
省统计局电大工作站	500.00	50.00	20.00					30	10		2
省财贸学校电大工作站	541.66	204.55	23.00	4.00		10.00	10.00	200	54	200	
青　　海	**5388.00**	**1081.20**	**11.00**	**17.39**	**2.20**	**215.07**	**0.50**	**702**	**260**	**602**	**91**
海西州广播电视大学	24.00	6.00		2.00				2			
海北州广播电视大学	2215.00	341.00		2.59				75	48	40	7
玉树州广播电视大学	316.00	186.00		3.60	1.10			95	54	243	
果洛州广播电视大学	350.00			1.50		0.05		110		33	5
乐都广播电视大学	16.20	16.20		0.10				20			45
湟源县广播电视大学	326.00	116.00		0.80		0.20		55	48	55	4
民和县广播电视大学	363.00	63.00		0.70		210.00		94		38	18
化隆县广播电视大学	193.00	84.00	8.00	2.10	1.10	0.50	0.50	75		50	9
循化县广播电视大学	90.80	48.00	3.00	1.00				53	20	43	3
海东广播电视大学	1494.00	221.00		3.00		4.32		123	90	100	
宁　　夏	**12945.00**	**4977.90**	**294.80**	**48.03**	**2.72**	**7.99**	**0.37**	**2585**	**1140**	**3254**	**497**
宁夏广播电视大学	6455.10	1721.10	95.00	15.30	0.60	5.00		949	229	1020	73
石嘴山分校	131.80	131.80	11.80	2.16	0.05	0.60	0.30	95	50	82	
银川市工作站	13.00										
吴忠市分校	60.00	3.00		0.30		0.60		30	300	30	15
固原市工作站	117.00	71.00	46.00	0.10		0.10		40	80	80	
电力系统分校	100.00	30.00		0.50				150	100	80	
青铜峡铝厂工作站	300.00	100.00	30.00	0.60	0.10			50		100	
石嘴山矿物局工作站	910.00	80.00	30.00	2.20	0.20			60	120	150	80
青铜峡市工作站	100.00	100.00						40		40	20
盐池县工作站	24.00	22.00	2.00			0.26	0.04	42		40	
同心县工作站	67.00							80		50	
中卫分校	666.00	198.00	6.00	3.20	1.10	1.00		182	56	384	32
永宁县工作站	213.00	120.00	38.00	0.87	0.20			106		40	180
贺兰县工作站	15.00	2.00	2.00					4			
平罗电大工作站	69.00							40		40	
卫生系统分校	109.20	10.90							27		

5.1 全国电大学校产权资产情况（续表17）

	固定资产总值(万元) 计	其中:教学、科研仪器设备资产 计	其中:教学、科研仪器设备资产 当年新增	图书、资料 一般图书(万册) 计	一般图书(万册) 当年新增	电子图书(万册) 计	电子图书(万册) 当年新增	拥有教学用计算机(台)	语音实验室座位数(个)	多媒体教室座位数(个)	网上教学课程数(种)
铁路分局分校	705.90	141.10	29.00	8.00	0.15	0.20	0.03	83	18	313	79
惠农县电大工作站	28.00	16.00	5.00	1.20				70	56	500	
西吉电大工作站	300.00	50.00		0.10		0.20		60		60	18
隆德县电大工作站	500.00	120.00		1.30	0.30			174		60	
海原县电大工作站	80.00	80.00		2.10	0.02			40		35	
农校系统电大分校	1981.00	1981.00		10.10		0.03		290	104	150	
新　　疆	**28138.71**	**7694.16**	**981.49**	**144.36**	**3.75**	**208.73**	**1.38**	**4945**	**1410**	**4690**	**1871**
新疆广播电视大学	3337.00	1667.00	31.00	2.70		0.02		250	36	250	45
乌鲁木齐广播电视大学				0.30	0.30			953	158	1192	
哈密广播电视大学	1020.00	996.00	24.00	2.10	0.20			126	42	40	1
昌吉广播电视大学	7891.00	1253.00	197.00	15.60	1.50	0.90	0.32	987	230	678	310
克拉玛依广播电视大学	2731.00	383.00		15.00		0.01		120	48	60	36
阿勒泰广播电视大学	596.00	139.00		0.23	0.02			148	36	138	12
塔城广播电视大学	85.00	85.00		1.20				100	40	60	
巴音郭楞蒙古自治州电大	522.57	494.89	27.68	1.08				187	42	240	10
阿克苏分校	748.00	32.00	2.00	0.21	0.04	1.50	0.80	80	64	42	1180
博尔塔拉蒙古自治州电大	70.00	70.00	50.00	3.41	0.02	0.02		150	30	90	
奎屯市广播电视大学	124.70	117.00	2.70	1.00				88		45	2
克孜勒苏广播电视大学	440.00	152.95		3.70				70	36	40	
喀什广播电视大学	1376.00	240.00		7.00				120	70	230	105
和田广播电视大学	478.00	53.00	12.00	48.00		196.00		95	55	185	30
伊犁州广播电视大学	1566.83	310.99	18.23	2.55	0.70	0.25	0.25	239	168	556	
石河子广播电视大学	958.70	323.40	121.40	3.66	0.03			207		207	40
吐鲁番分校	198.00	140.00	58.00	2.30	0.25	0.03	0.01	157	59	108	58
铁路广播电视大学	370.97	111.14	25.69	8.13	0.02			118	46	92	
钢铁公司工作站	1287.00	337.60	31.60	8.00	0.50	10.00		416	50	312	
劳改局工作站	1205.00			4.00				85	80	25	
乌石化广播电视大学	764.00	463.00	301.00	6.00				100	90	70	37
广电厅广播电视大学	300.00	170.00	30.00	0.90				60			
哈煤集团广播电视大学	521.61	146.00	40.00	1.20	0.07			50	30	30	5
财政厅广播电视大学	1547.33	9.19	9.19	6.09	0.10			39			
新疆兵团	**14717.44**	**5947.47**	**476.77**	**38.69**	**2.56**	**26.70**	**3.38**	**1619**	**476**	**2469**	**744**
新疆兵团广播电视大学	1649.00	684.00	100.00	5.00	1.00	7.00	1.50	392	90	592	120
农一师分校	970.00	104.00	20.00	2.03	0.50	0.08	0.06	120	40	300	26
农二师分校	1000.00	250.00	50.00	1.65	0.05	6.00		124	30	96	50
农三师分校	770.00	80.00		2.10		0.01		102		45	102
农四师分校	532.00	112.00	12.00	2.32	0.20	1.20	1.00	80	30	234	45
农五师分校	580.00	50.00	10.00	3.50		0.05	0.04	68	30	250	91
农六师分校	5210.00	3520.00	110.00	5.75	0.25	0.06	0.06	110	40	80	20
农七师分校	1153.00	148.00		1.49	0.03	1.20		140	48	120	50
农八师分校	958.70	323.40	121.40	3.60	0.03			207		207	40
农九师分校	497.14	463.77	33.37	6.00	0.50	5.60	0.22	60	48	60	
农十师分校	615.00	100.00		2.45		4.50		103	80	145	150
农十三师分校	412.60	42.30		0.80		1.00	0.50	31		278	
农十二师分校	370.00	70.00	20.00	2.00				82	40	62	50

5.2 全国电大非学校产权资产情况

	固定资产总值(万元)	图书、资料		拥有教学用计算机(台)		语音实验室座位数(个)		多媒体教室座位数(个)		网上教学课程数(种)	
		一般图书(万册)	电子图书(万册)	独立使用	共同使用	独立使用	共同使用	独立使用	共同使用	独立使用	共同使用
总　计	**337114.33**	**2008.17**	**4503.92**	**5362**	**33371**	**1691**	**11794**	**7456**	**55162**		
中央电大直属部	**37661.00**	**192.83**	**2810.93**	**131**	**4120**	**15**	**1751**	**50**	**8444**		
中央电大西藏学院	160.00	35.00	0.50	51			104		212		
中央电大总参学院	3560.00	13.00			1889		986		2080		
中央电大北京学习中心	100.00			80		15		50			
中央电大东北财大学习中心	33841.00	144.83	2810.43		2231		661		6152		
北　京	**20295.69**	**113.23**	**3.85**	**671**	**3350**	**178**	**841**	**1768**	**8243**		
东城分校	868.00	5.80			217		48		440		
西城分校		6.00									
崇文分校		4.00									
宣武分校	400.00	1.50	0.10		70		80		500		
朝阳分校	2699.80	4.98			420		96		1577		
石景山分校	1187.20	11.27	0.01		229		40		600		
通州区分校	300.00	3.00			175		56		803		
房山分校	150.00				70				70		
昌平县工作站	82.90	1.10			200		56		200		
密云分校		2.00									
大兴分校	340.00	0.80	0.45		172		52		174		
顺义分校	450.00	2.00			212		112				
航天部二院工作站	223.59	0.50		98		40		210			
首钢工作站	567.00	21.31	0.56	247		82		868			
北京市园林局工作站	195.20	2.80			82				300		
医药集团工作站	800.00										
供销合作总社工作站	500.00	4.50		50	250		60	50	250		
人民银行电化教育中心	1600.00	2.20	0.18		100		25		120		
北京卫生学校	3944.00	9.32	0.05		200		100		500		
北京海淀卫校工作站	1910.00	3.35			120				40		
联大商务学院办学点	2900.00	6.80		210	590		36	240	1337		
市公务员培训中心工作站	589.00				123		56		260		
电子科技电大工作站		17.00									
纺织工作站	589.00	3.00	2.50	66	120	56	24	400	1072		
天　津	**25259.59**	**697.47**	**25.62**	**695**	**2654**	**160**	**738**	**530**	**3386**		
河北区工作站				180				200			
红桥区工作站	1153.19	605.00	14.00		262		52		417		
塘沽分校	17138.00	47.00			1145		392		1830		
静海分校	1780.00	3.81	0.03		288		40		40		
宁河县工作站	800.00	3.00									
天津铁厂工作站	462.00										
劳动局工作站	327.40	6.67	1.74	45	391	40	50	50	190		
建工局工作站	600.00	7.00	0.03		130		36		694		
一商集团有限公司工作站	400.00	19.60	0.22	300		56		100			
公用局工作站	62.00	0.31		170		64		180			
台盟工作站					62		30				

5.2 全国电大非学校产权资产情况（续表 1）

	固定资产总值（万元）	图书、资料		拥有教学用计算机（台）		语音实验室座位数（个）		多媒体教室座位数（个）		网上教学课程数（种）	
		一般图书（万册）	电子图书（万册）	独立使用	共同使用	独立使用	共同使用	独立使用	共同使用	独立使用	共同使用
经委直属工作站	2537.00	5.08	9.60		296		108		215		
河北校区					80		30				
河　北			**86.00**								
河北广播电视大学			80.00								
邯郸广播电视大学			6.00								
山　西	**1057.00**	**5.00**			**245**						
晋中分校	1057.00	5.00									
长北铁路分校					245						
内蒙古		**5.00**			**35**		**40**				
呼和浩特市分校		5.00			35		40				
辽　宁	**9633.00**	**53.90**	**1.07**		**734**		**420**		**928**		
辽宁广播电视大学			0.80								
鞍钢广播电视大学	6178.00	25.00			250		250		80		
葫芦岛市电大分校		15.00									
辽宁省水利厅工作站	3455.00	13.90	0.27		484		170		848		
黑龙江	**18894.20**	**102.90**		**66**	**2561**		**1790**		**4152**		
黑河市广播电视大学	345.20	1.00			735						
大庆广播电视大学	684.00			46	34		56		42		
鸡西广播电视大学	15000.00	81.00			1208		1532		3400		
省农垦广播电视大学	2865.00	20.90		20	584		202		710		
哈尔滨	**11500.00**	**6.00**			**150**		**158**		**190**		
依兰分校							50		50		
哈工大工会电视大学					100		60		100		
通河分校		1.50			50		48		40		
尚志分校	11500.00	4.50									
上　海	**25708.69**	**74.77**	**106.01**	**165**	**2647**	**120**	**668**	**360**	**3455**		
上海电视大学			31.00								
浦东新区分校			20.00								
崇明分校		0.90			100				120		
闸北区分校	21097.00	38.40	21.00	45	713		272	100	710		
卢湾区分校	901.31	5.59	33.00		445		254		790		
杨浦区工作站	1059.00	8.00			618		50		640		
黄浦分校	200.00	2.00			240						
普陀区工作站	949.38	10.40	0.10		275		56		850		
石化分校	550.00	1.34	0.90	120		120		260			
徐汇分校	952.00	8.14	0.01		256		36		345		
江　苏	**1932.00**	**3.60**	**0.15**	**130**	**253**	**45**		**100**	**155**		
常州市广播电视大学	1800.00	2.40			52				155		
无锡市广播电视大学	132.00	1.20	0.15	130		45		100			
江苏电大武进学院					201						
南　京	**6142.86**	**15.00**			**530**		**377**		**480**		
高淳县分校	3610.86	7.34			310		112		280		
南京钢铁厂分校	480.00	1.56			70		35				

5.2 全国电大非学校产权资产情况（续表 2）

	固定资产总值（万元）	图书、资料		拥有教学用计算机（台）		语音实验室座位数（个）		多媒体教室座位数（个）		网上教学课程数（种）	
		一般图书（万册）	电子图书（万册）	独立使用	共同使用	独立使用	共同使用	独立使用	共同使用	独立使用	共同使用
扬子石化公司分校	2052.00	1.90			150		80		150		
浦口分校		4.20					150		50		
浙　江	**2824.03**	**23.30**					**50**		**600**		
台州广播电视大学		23.30							500		
衢化公司直属分校							50		100		
浙江电大工商学院	2824.03										
宁　波	**13491.30**	**6.50**									
鄞县分校		6.50									
象山分校	13491.30										
安　徽	**4785.50**	**19.54**	**400.00**	**760**	**334**	**491**	**100**	**949**	**360**		
安徽广播电视大学	1754.00	11.00		510		303		382			
合肥分校	233.50	4.00			248				200		
淮南分校	2783.00	4.54	400.00	250	86	148	40	567	160		
安庆市分校	15.00					40					
宿州分校							60				
福　建	**88.90**	**2.56**		**312**	**485**	**60**	**40**	**515**	**350**		
南平分校	70.00			152				375			
漳州分校					85				50		
龙岩分校	18.90	2.56		160	140	60	40	140			
莆田分校					260				300		
厦　门	**96.00**	**0.25**			**60**				**308**		
厦门电大同安区工作站									100		
厦门市司法局电大工作站	96.00	0.25			60				208		
江　西	**439.50**	**1.80**	**0.01**	**35**	**82**						
景德镇市分校	8.00				30						
江西医药培训中心	31.50	1.00	0.01		52						
南昌消防电大工作站	400.00	0.80		35							
山　东	**14212.97**	**22.10**	**0.52**		**1286**		**490**		**3012**		
淄博广播电视大学	2997.56				260		250		200		
日照广播电视大学	2000.00										
莱芜市广播电视大学	9215.41	22.10	0.52		1026		240		2812		
青　岛					**60**		**42**				
胶州分校							42				
即墨分校					60						
河　南	**817.28**		**0.27**	**400**							
三门峡广播电视大学	17.28		0.27	400							
许昌广播电视大学	800.00										
湖　南	**2571.00**	**6.19**		**170**		**48**		**422**			
涟钢分校	2571.00	6.19		170		48		422			
广　东	**2755.00**	**27.76**	**0.02**		**545**		**158**		**700**		
省电力局分校	2755.00	14.26	0.02		205		58		580		
江门市广播电视大学		12.00			300		100		120		
云浮市广播电视大学		1.50			40						

5.2 全国电大非学校产权资产情况（续表3）

	固定资产总值（万元）	图书、资料		拥有教学用计算机（台）		语音实验室座位数（个）		多媒体教室座位数（个）		网上教学课程数（种）	
		一般图书（万册）	电子图书（万册）	独立使用	共同使用	独立使用	共同使用	独立使用	共同使用	独立使用	共同使用
广　州	**3468.53**	**50.60**	**81.10**	**214**	**1541**	**168**	**324**	**56**	**4989**		
芳村区分校	454.53	2.10			277				393		
荔湾分校	190.00	0.30	20.00		165		52		152		
天河区分校			10.00			120		50			
法律专业工作站	1670.00	11.00			269		56		2534		
东方教学点	430.00	1.20	0.80	214		48		6			
广师电大	214.00	6.00	0.30		210		96		150		
金融分校	400.00	30.00	50.00		500		120		1500		
统计工作站	110.00				120				260		
深　圳	**9633.33**	**9.96**	**0.19**	**325**	**500**	**40**	**119**	**1830**	**966**		
深圳市广播电视大学	2326.80	8.16	0.07	325	200	40		1830	884		
龙岗分校	7306.53	1.80	0.12		300		119		82		
广　西	**13200.00**	**14.39**	**0.21**	**40**	**396**		**254**		**441**		
区直分校		0.50									
梧州地区分校	2500.00	2.00			65		60		61		
河池地区民族分校	8500.00	8.39	0.13		181		60		230		
贵港市电大分校					70		70		50		
防城港市工作站	2200.00	3.50	0.08	40	80		64		100		
四　川	**2820.00**	**12.10**	**13.30**	**70**	**512**	**30**	**343**	**50**	**380**		
省建委分校	300.00	0.50			28				30		
省级机关分校					135		135		135		
泸州广播电视大学			7.40								
眉山广播电视大学	820.00	5.60			109		48		40		
资阳广播电视大学	1700.00	6.00	5.90	70	240	30	160	50	175		
成　都	**10.00**	**1.00**		**30**				**30**			
旅游分校	10.00	1.00		30				30			
重　庆	**633.00**	**32.80**	**0.06**	**230**	**376**	**90**	**70**	**103**	**961**		
重庆钢铁公司分校	180.00										
合川电大分校		3.00			80				250		
大足县工作站		2.00			45		50		1		
江津分校				40		40		48			
璧山县电大工作站	3.00	2.00			60				240		
丰都县电大工作站	50.00	0.70			50		20		50		
供销总社分校		20.00									
酉阳电大工作站		5.10	0.06	190		50		55			
市药监局电大工作站	400.00				41				20		
市统计局电大工作站					100				400		
贵　州	**485.75**	**7.00**	**0.20**	**235**		**80**		**53**			
贵州广播电视大学				60							
黎阳机械公司工作站	165.00	3.00	0.20	45		30		3			
贵阳冶金工作站	320.75	4.00		130		50		50			
云　南	**81687.80**	**300.44**	**105.20**	**60**	**4937**		**1699**	**170**	**7512**		
玉溪广播电视大学	1903.82	5.80	0.55		120		50		100		

5.2 全国电大非学校产权资产情况（续表4）

	固定资产总值（万元）	图书、资料		拥有教学用计算机（台）		语音实验室座位数（个）		多媒体教室座位数（个）		网上教学课程数（种）	
		一般图书（万册）	电子图书（万册）	独立使用	共同使用	独立使用	共同使用	独立使用	共同使用	独立使用	共同使用
西双版纳广播电视大学	2735.38	8.90			183		164		632		
文山分校	5272.00	15.17	0.12		286		112		1006		
曲靖分校	8024.00	54.40	0.32		458		200		240		
昭通分校	6590.83	37.25	0.14		449		224		684		
东川工作站		0.55			20				156		
楚雄广播电视大学	8889.83	38.60	65.00		670		251		650		
大理分校	36082.73	42.05	38.00		1075						
临沧分校	4434.00	7.02	0.40		400		100		1006		
德宏广播电视大学	2058.65	11.90			459		272		948		
丽江分校	3904.07	15.30	0.04		221		168		1240		
昆明陆军学院分校	380.00	55.00	0.56	60	296		120	50	470		
昆明市总工会分校								120			
昆钢分校	1412.49	8.50	0.07		300		38		380		
陕　西	**14234.20**	**93.18**	**6.59**	**50**	**1751**	**40**	**584**		**1622**		
陕西省广播电视大学	1800.00	1.00	0.20		400		60		1		
航空工业局工作站	637.00	5.20	0.04		169		40		128		
核工业局工作站					60		60		60		
民盟省委会工作站	2000.00	2.00		50		40			200		
O一二基地工作站	470.00	20.00			40		2		40		
省府干部学校工作站	46.00	1.00	0.03		27		10		210		
省煤碳厅工作站	686.00	19.98	1.10		200		150		300		
省警官职业学校工作站	4189.00	18.30	0.02		375		50		120		
工运学院电大	360.00										
陕西电大长安工作站							50		300		
陕西电大宝鸡农校教育中心	1535.00	10.40	5.00		200		48		8		
陕西银行学校	2471.20	5.30			220		64		205		
陕西电大西安市卫校电大教学中心	40.00	10.00	0.20		60		50		50		
西　安	**3979.37**	**34.07**	**288.30**	**90**	**1185**		**267**	**30**	**1477**		
西安电大开放教育学院	105.00				50		50		50		
西安电大现代教育培训学院		2.00	30.00		100				90		
西电公司工作站	1647.00	6.07	0.30		200		25		161		
西安交通大学卫校教学班	450.00	2.00			71						
西安电大北洋教学班	20.00	2.00			40				120		
利君集团工作站	8.40	0.50			32						
翠华培训学院工作站					140				400		
富士日本语专修学院工作站									40		
蓝田分校	212.00	0.50		60				30			
市卫生职校工作站	328.60	3.80	236.00		78		50		40		
西安培明进修学院教学班	68.00	2.00			60						
西安教育学院工作站		0.10	15.00								
高陵分校	154.00	1.10	7.00		39				60		
大荔师范工作站	126.37	2.00			100		50		150		
成人教育培训学院工作站					70				70		
中交一公院工作站	150.00	1.50			35						

5.2 全国电大非学校产权资产情况（续表 5）

	固定资产总值（万元）	图书、资料		拥有教学用计算机（台）		语音实验室座位数（个）		多媒体教室座位数（个）		网上教学课程数（种）	
		一般图书（万册）	电子图书（万册）	独立使用	共同使用	独立使用	共同使用	独立使用	共同使用	独立使用	共同使用
铜川矿务局教学班	710.00	5.50		30	90		36		40		
潼关工作站		5.00			80		56		256		
甘　　肃	**1241.57**	**36.19**	**0.32**	**232**	**280**	**30**	**130**	**210**	**440**		
酒泉地区分校		14.00									
兰州铁路局分校		18.20			200				100		
四O四厂分校							40				
兰州铁路分局分校					40		40		40		
电大兰炼工作站	812.00	1.50	0.30	120		30		180			
武威铁路分局电大工作站	60.00	0.70	0.02	30	40		50		300		
五零四厂电大工作站	369.57	1.79		82				30			
青　　海	**3636.10**	**29.44**	**474.00**	**151**	**765**	**56**	**157**	**80**	**1281**		
海西州广播电视大学	97.00	12.00			108				11		
海南州广播电视大学	1709.00	8.54	474.00		280		48		467		
玉树州广播电视大学	316.00	3.60		95	25		54		243		
乐都广播电视大学	37.10	0.50			42		15		100		
互助县广播电视大学	480.00				100		40		40		
大通师范电大	14.00	2.50			60				240		
湟中县广播电视大学	880.00	1.10			150				180		
统计局电大	103.00	1.20		56		56		80			
宁　　夏	**1300.98**	**6.10**	**100.00**		**320**		**184**		**330**		
吴忠市分校	1300.00	5.60	100.00		260		120		200		
平罗电大工作站		0.50			30		64		30		
灵武县电大工作站	0.98				30				100		
新　　疆	**618.19**	**1.20**		**100**	**677**	**40**		**150**			
塔城广播电视大学	85.00	1.20		100		40		60			
巴音郭楞蒙古自治州电大	533.19				677						
博尔塔拉蒙古自治州电大								90			

5.3 全国电大

	学校产权建筑面积												
	合计	教学辅助用房						行政办公用房	生活福利用房				
		计	教室	图书馆	实验室实习所	体育馆	会堂		计	学生宿舍	学生食堂	教工单身宿舍	教工食堂
总计	**16540133**	**7348526**	**4611329**	**657578**	**1514475**	**289222**	**275922**	**1663177**	**5132721**	**3141221**	**742305**	**232432**	**155905**
中央电大直属部	**63464**	**28162**	**17776**	**1615**	**8471**		**300**	**4556**	**15478**	**12234**	**2983**		
北京	**156534**	**79741**	**55836**	**7740**	**11750**	**260**	**4155**	**28656**	**28634**	**13588**	**4240**	**572**	**3686**
北京广播电视大学	19725	11316	3976	1900	5120		320	1470	520			140	380
东城分校													
西城分校	600	520	400		120			40	40				
崇文分校	1560	798	665		133			213	549				
宣武分校													
朝阳分校													
海淀区工作站	14308	9960	8740	453	767			2668	1680				350
丰台区分校	4850	4750	4000	100	200		450	100					
石景山分校	1762	1122	1122					400	240		240		
通州区分校													
房山分校													
昌平县工作站	1500	1300	1100	100			100	200					
平谷分校	5000	3300	2900		400			900	800			50	150
怀柔县分校	2385	1817	1280	100	108	60	269	300	268			22	186
密云分校	2334	1110	900		210			1040	184			30	16
延庆分校	4430	1980	900	120	660		300	300	2150	1050	250	250	100
大兴分校													
顺义分校													
门头沟分校	4983	4583	4523	60				400					
航天部二院工作站													
航天部三院工作站	3120	2700	2400		300			420					
统计局工作站													
首钢工作站													
金融分校	5725	2265	1665	200			400	2340	1120	120	1000		
房山区燕山工作站	3600	2642	2210	108	108		216	320	134			80	54
文化局工作站													
水利局工作站	35351	9794	3951	3247	1496		1100	1868	11109	8578	1000		1000
北京市财政局工作站	4780	680	680					2000	2100				600
北京市园林局工作站													
医药集团工作站	10200	5600	2800	400	1600		800	3200	1400		300		100
供销合作总社工作站													
首钢矿山职工学校	9541	5264	5044	112	108			4277					
国家统计局办学点	1000	800	600	100	100			200					
人民银行电化教育中心	8000	4000	2900	700	200		200	1400	2600	1000	1000		300
北京卫生学校													
崇文卫校工作站													
北京海淀卫校工作站													
联大商务学院办学点													
市公务员培训中心工作站													
电子科技电大工作站	3000	2000	2000					1000					
纺织工作站													
北京电大国培中心办学点	8780	1440	1080	40	120	200		3600	3740	2840	450		450
天津	**468780**	**254968**	**160995**	**16125**	**67680**	**948**	**9220**	**50048**	**133719**	**63349**	**13010**	**4078**	**3604**
天津广播电视大学	28786	14561	7869	2392	4143		157	2754	7840	4456	1049	186	
新华分校	26719	22452	10760	1122	9272		1298	4267					
南开分校	12000	5211	3893	172	764	382		4066	2723		179		

校舍情况

单位：平方米

生活福利及其它用房	教工住宅	正在施工面积	学校产权占地面积	非学校产权建筑面积									非学校产权占地面积
				合计	计		教学及辅助用房		行政办公用房		生活用房		
					独立使用	共同使用	独立使用	共同使用	独立使用	共同使用	独立使用	共同使用	
860858	**2395709**	**488152**	**35158314**	**3581278**	**804645**	**277663**	**373027**	**1539812**	**84386**	**239713**	**347232**	**997108**	**12857003**
261	**15268**		**62243**	**254480**	**12880**	**241600**	**1310**	**102334**	**11100**	**29860**	**470**	**109406**	**753985**
6548	**19503**	**500**	**185262**	**197306**	**36179**	**161127**	**25048**	**98526**	**6184**	**14328**	**4947**	**48273**	**339928**
	6419		18648										
				3160		3160		2355		635		170	4000
40													
549			1560	120		120		120					120
				7000	1000	6000		6000	1000				8000
				13661		13661		9947		680		3034	32257
1330			13867										
			4500										
			2600										
													25480
				11764	2360	9404	2120	6180	240	3224			10656
				9680	1065	8615	340	5180	180	940	545	2495	13320
				4800		4800		4700		100			1100
600			7225										
60			12000										
138			1500										
500			4500										
				2034		2034		1350		684			1320
				6420	4320	2100	2900	1700	1100		320	400	16668
			21134										
				3440	3440		3060		330		50		300
			3120										
				1140	1140		958		182				1140
				17963	10563	7400	9644	6400	919			1000	14146
			4045										
	504		2700										
				400	400		350		50				400
531	12580		39996										
1500			4067										
				16332	36	16296		13673	36			2623	
1000			10200	4500		4500		3000		1000		500	13200
		500		6300	4400	1900	1200	900	500		2700	1000	31000
			4800										
			1000	1000	500	500	440	500	60				1000
300			7800	5000	1600	3400	1000	3000	600			400	6000
				40741	700	40041	600	19385	100	3882		16774	63700
				3620	3620		1836		852		932		7333
				16621		16621		7692		622		8307	21946
				1035	1035		600		35		400		7228
				12575		12575		5062		1331		6182	10000
													41614
				8000		8000		1382		1230		5388	8000
			20000										
49678	**30045**		**817684**	**271168**	**21696**	**249472**	**17870**	**144924**	**2051**	**25221**	**1775**	**79327**	**728830**
2149	3631		16723										
			1455										
2544			13478										

	学校产权建筑面积												
	合计	教学辅助用房						行政办公用房	生活福利用房				
		计	教室	图书馆	实验室实习产所	体育馆	会堂		计	学生宿舍	学生食堂	教工单身宿舍	教工食堂
河东区工作站	3030	2150	1450	240	310		150	627	253				60
河西区工作站	32203	24953	17458	570	5925		1000	3211	1146	540	300		210
红桥区工作站													
塘沽分校													
汉沽分校	2858	1595	1271	54	270			767	496				
大港分校	30976	9396	4806	1253	3337			3390	18190	3495	1495		
东丽分校	8174	3715	2984	198	533			916	3543	1320	540		
津南区分校	4230	3780	2731	240	500		309	270	180			100	
西青区工作站	2551	2176	1746	150	280			240	135				55
北辰分校	4810	2962	2496	34	432			840	960	528	48		384
武清分校	5510	5020	4170	90	760			440	50				
静海分校													
宝坻分校	7706	6796	6634	162				250	660		120		60
宁河县工作站	12000	10500	8000	500	2000			1000					
纺织局工作站	6519	1995	1895	100				2397	2127	1763	364		
渤海化工集团公司工作站	19002	12602	11152	316	534		600	1750	1650	1000	100		50
大港石油管理局工作站	1290	1290	500	240	550								
天津铁厂工作站													
计委工作站	9060	684	630	54				378	7998				998
劳动局工作站													
工商银行工作站	9140	810	380	200			230	3890	4440	3300			540
物资集团公司工作站													
房管局工作站	11995	5795	2360	201	2884		350	2530	3670	1500	247		
一商集团有限公司工作站	19964	7971	6546		1425			2622	6759	3600			
铁路分局工作站	9641	4163	3791	213	159			2138	3340	2911	429		
天港务局工作站	6900	3620	1990	150	790		690	1380	1900	700		1200	
财贸管理干部学院工作站	15000	12000	9600	1200	500	500	200	100	2900	1500	500	100	500
政法管理干部学院工作站	4180	3460	1900	1000	260		300	80	640	240	300		
台盟工作站													
经委直属工作站													
蓟县分校	32696	13668	10504	188	1176		1800	4360	14668	12150	622	108	
开发区工作站	6007	2514	793	333	1089	66	233	166	3327	1268	350	1359	350
旅游分校	33748	19150	15730	1401	1119		900	1525	9073	5063	1351		
天津铁路工程分校	70593	25156	7231	1880	16045			2026	30050	15021	3740	1025	397
市政分校	31492	24823	9725	1472	12623		1003	1668	5001	2994	1276		
河北校区													
河北	**367674**	**148149**	**94101**	**16824**	**30772**	**1543**	**4909**	**37687**	**90544**	**58781**	**10421**	**2275**	**680**
河北广播电视大学	27111	5922	687	220	5015			2586	906	454	452		
石家庄广播电视大学	176970	90388	60986	9718	15041	1543	3100	10553	45126	29462	2869	1314	400
唐山广播电视大学	12469	5977	3973	671	1053		280	1054	5438	3665	342		
秦皇岛广播电视大学	20236	1399	1099	300				7062	3384	2281	1103		
邯郸广播电视大学	3546	1290	910		380			1662	504	504			
承德广播电视大学	12430	3080	1600	400	700		380	2500	3050	1800	500	100	200
邢台广播电视大学	4823	1472	1160	48	96		168	1050	741	320	240	96	
保定广播电视大学	10048	7388	6288	400	500		200	1000	1660	1100	250	60	
张家口广播电视大学	10036	1705	755	500	150		300	750	3253	1050	518	405	
沧州广播电视大学	9126	2226	1860	206	160			2220	1930	1000	300		
廊坊广播电视大学	17997	6997	5997	200	800			3000	8000	7000	1000		
衡水广播电视大学	11657	3849	2076	125	1167		481	2210	2309	1565	270		

校舍情况(续表 1)

单位：平方米

生活福利及其它用房	教工住宅	正在施工面积	学校产权占地面积	非学校产权建筑面积									非学校产权占地面积
				合计	计		教学及辅助用房		行政办公用房		生活用房		
					独立使用	共同使用	独立使用	共同使用	独立使用	共同使用	独立使用	共同使用	
193													11322
96	2893		48426										
				14762		14762		10081		3107		1574	20255
				140411		140411		79589		10367		50455	466900
496			2922										
13200			229737										
1683			23976										
80			11500										
80			5000										
	48		20646										
50			2079										
				19046		19046		11207		5295		2544	52862
480			13435										
	500		12000										14136
			5478										
500	3000		29000										
			5000										
				12423	7650	4773	6526	4773	974		150		17900
7000			2095										
				35300	1040	34260	520	21180	120	2880	400	10200	17286
600			17700										
				17000		17000		9000		500		7500	24000
1923			23413										
3159	2612			7708	7708		6706				1002		67932
			7690										
			6900										
300			25841										
100			40000										
				4000	360	3640	320	2640	40	1000			4000
				15580		15580		6454		2072		7054	1333
1788			54000										
			17000										
2659	4000		33000										
9867	13361		122698										
731			26492										
				4938	4938		3798		917		223		4938
18387	**91294**		**599177**	**130524**	**130524**		**57012**		**1200**		**72312**		**80247**
	17697		22611										
11081	30903		260445	123724	123724		53762				69962		73447
1431			19602										
	8391		35575										
	90		3300										
450	3800		9400										
85	1560		19058										
250			13887										
1200	4328		33300										
630	2750		8666										
			30000										
474	3289		10000										

5.3 全国电大

	学校产权建筑面积												
	合计	教学辅助用房						行政办公用房	生活福利用房				
		计	教室	图书馆	实验室实习产所	体育馆	会堂		计	学生宿舍	学生食堂	教工单身宿舍	教工食堂
省直分校													
电力分校	45425	15256	5710	3836	5710			1540	10143	5580	1777		
检察分校	5800	1200	1000	200				500	4100	3000	800	300	
山　西	**127967**	**37474**	**23457**	**2095**	**10339**	**518**	**1065**	**21702**	**28338**	**17167**	**5186**	**790**	**1534**
山西广播电视大学	41073	11213	6500	600	3880		233	4800	8730	5820	1500	490	
太原广播电视大学	14610	5378	3463	261	1654			1596	261				
大同分校	2720	571	463	108				1949	200	140	60		
阳泉分校	8229	2033	1164	170	699			2942	1001				
长治分校	5862	1885	1190		595		100	622	1864	1672	32		
晋城分校	12596	3152	2620	72	460			2050	2844	1600	660	300	164
晋中分校	20057	3864	2190	144	1530			3221	7518	4796	1502		570
吕梁分校	1640	990	72		918			650					
临汾分校	2355	635	530	45	60			400	1200	300	100		800
运城分校	5588	1429	1106	323				1406	1173	873	200		
朔州分校													
中条山有色分校	5237	2524	959	272	343	518	432	1066	1647	966	432		
长北铁路分校	4000	2400	2400						300		100		
公路系统分校	4000	1400	800	100	200		300	1000	1600	1000	600		
内蒙古	**213071**	**90770**	**50445**	**12225**	**22467**		**5633**	**31903**	**60646**	**37276**	**11036**	**2440**	**2420**
内蒙古广播电视大学	58529	18718	8831	2078	7689		120	4058	11891	7038	1128	1242	
呼和浩特市分校	1235	650	500	90	60			380	205				
包头分校	4314	2609	1512	577	420		100	1705					
赤峰市分校	4927	2228	1806	112	156		154	789	1910				1910
呼伦贝尔盟分校	6600	1480	1000	60	300		120	400	3440	3070	200	120	50
兴安盟分校	5404	3079	2400	176	232		271	1066	1259	672	353		
哲里木盟分校	11000	5400	3800	800	800			1000	3600	3200	400		
锡林郭勒盟分校	41703	17412	7831	4900	3773		908	9810	14481	11175	3306		
乌兰察布盟分校	6415	1650	700	250			700	1100	2465	803	135	40	410
鄂尔多斯市分校	9431	3937	2517	816	195		409	1363	1721	1030	175	88	
巴盟广播电视大学	8122	3479	2379	260	350		490	1981	2662	1250	390	150	50
乌海市分校	5922	2810	1980	110	620		100	750	2362	1100	346		
内蒙古阿拉善盟广播电视大学	2410	1010			1010			1400					
大兴安岭林业广播电视大学	17748	6685	2393	545	1594		2153	2917	8146	5393	2753		
呼和浩特铁路局分校	2887	899	642	107	150			530	1458	529			
哲盟霍林河矿区电大	4800	3900	2790	494	616			520	380				
扎矿电大	9174	5974	864	500	4502		108	534	2666	2016	650		
大雁电大分校	12450	8850	8500	350				1600	2000		1200	800	
辽　宁	**299000**	**168733**	**101060**	**19673**	**41103**	**3695**	**3202**	**54734**	**75533**	**48068**	**13782**	**2862**	**3113**
辽宁广播电视大学	24224	9530	6816	1630	1084			8858	5836	3805	800		
鞍山广播电视大学	10547	8093	5495	1283	1105		210	988	1466	1108	318	40	
抚顺广播电视大学	67694	37589	9362	4008	23029	1190		5663	24442	16671	3503		1970
本溪广播电视大学	12475	6748	4809	576	1085		278	4372	1355		320		
锦州分校	6834	2740	1836	314	590			1206	2888	2768	120		
丹东分校	20000	13880	12200	300	1000		380	3000	3120	2660	260		200
营口分校	29270	18076	12585	1716	2890	625	260	4183	7011	5200	1711		100
辽阳分校	5335	2885	1497	1388				558	1892	504	1388		
朝阳广播电视大学	9129	4717	3000	500	614		603	2385	2027	800	604		
阜新分校	9795	6657	3362	705	2139		451	1846	1292	700	150		
铁岭广播电视大学	4350	2715	1259	375	1081			1472	163				163

校舍情况(续表 2)

单位：平方米

生活福利及其它用房	教工住宅	正在施工面积	学校产权占地面积	非学校产权建筑面积									非学校产权占地面积
				合计	计		教学及辅助用房		行政办公用房		生活用房		
					独立使用	共同使用	独立使用	共同使用	独立使用	共同使用	独立使用	共同使用	
				6800	6800		3250		1200		2350		6800
2786	18486		83333										
			50000										
3661	**40453**		**137084**	**9670**	**2000**	**7670**	**700**	**3870**	**400**	**200**	**900**	**3600**	**76092**
920	16330		32072										
261	7375		7343										
			24000										
1001	2253		3066										
160	1491		3500										
120	4550		22600										
650	5454												64092
			564										
	120		5795										
100	1580		14662										
				2000	2000		700		400		900		9000
249			15282										
200	1300		4200	7670		7670		3870		200		3600	3000
			4000										
7474	**29752**	**10248**	**1055675**	**1120**		**1120**		**810**		**310**			**9322**
2483	23862		60560										
205			1235										
			8200										
			3000	1120		1120		810		310			
	1280		14000										
234			16112										
	1000		20000										6000
			400000										
1077	1200		11025										
428	2410		50820										
822			18751										
916			31200										
		10248	44772										
			140000										
929													3322
380			4800										
			200000										
			31200										
7708		**7579**	**511449**	**144742**	**7881**	**136861**		**76769**	**120**	**9433**	**7761**	**50659**	**438130**
1231			20666	7881	7881				120		7761		
			22004										
2298			136117										
1035			12475										
		1064	5175										
			20000										
			81000										
			21654										
623			11212										
442			17300										
			9414										

5.3 全国电大

	学校产权建筑面积												
	合计	教学辅助用房						行政办公用房	生活福利用房				
		计	教室	图书馆	实验室实习产所	体育馆	会堂		计	学生宿舍	学生食堂	教工单身宿舍	教工食堂
盘锦分校	56113	30587	23659	4267	2161		500	13258	12268	7770	3608		
辽河石油勘探局广播电视大学	24724	12980	8000	2000	800	1880	300	5000	6744	2222	800	2222	500
鞍钢广播电视大学													
沈阳铁路局电大	15764	9324	7180	611	1313		220	1411	5029	3860	200	600	180
葫芦岛市电大分校	2746	2212			2212			534					
辽宁省水利厅工作站													
沈阳	**120503**	**65198**	**28540**	**10226**	**13648**	**10650**	**2134**	**20323**	**33501**	**16657**	**4888**	**420**	**699**
沈阳广播电视大学	29074	23094	13716	6200	2213		965	4037	462				
新城子分校	14498	7883	1510	130	4711	1300	232	147	6468	3800	1300	40	
康平分校	3601	1020	560	100	240		120	1705	876	276	200		
法库分校	12050	8600	900	120	260	7200	120	1300	2150	1930	220		
苏家屯分校	23000	10656	3762	389	4118	2150	237	4637	7707	3500	812		102
东陵分校	15550	5041	3480	1261	300			4240	6269	3049	780	100	97
新民分校	7700	3340	2240	150	640		310	1800	2560	800	800	200	500
于洪分校	8947	4195	1345	1750	950		150	1050	3702	2735	260	60	
辽中分校	6083	1369	1027	126	216			1407	3307	567	516	20	
大连	**84200**	**39904**	**29901**	**1851**	**4920**	**675**	**2557**	**10986**	**31092**	**9538**	**5436**	**139**	**856**
大连广播电视大学	19501	7994	5561	510	341	675	907	2487	8802		824		642
庄河分校	6770	3084	2630	292	162			915	2771	520	360	32	
普兰店分校	6443	4712	2600	156	1129		827	608	1123	656	275	20	172
瓦房店分校	19266	8280	5540	340	2400			1998	8988	5150	1923		
金州分校	10063	7195	7195					1260	1608	1082	526		
旅顺分校	3680	2060	1755	65			240	254	1366	252	78	15	27
长海分校	4269	890	740	15	120		15	360	3019	378	950	72	15
甘井子分校	4208	2189	1880	173	68		68	604	1415				
大连开发区分校	10000	3500	2000	300	700		500	2500	2000	1500	500		
吉林	**131385**	**43655**	**29480**	**4849**	**8425**		**901**	**26170**	**33944**	**21813**	**4445**	**210**	**240**
吉林广播电视大学	27346	2822	1490	600	732			12421	1705	870	335		100
中国科学院长春分校电大工作站	1392	960	870	36	54			36	396	360	36		
法律分校	1500	100	100					150	1250	750			
吉林市分校	12599	8714	5958	314	2232		210	1480	1199	516	93		60
四平分校	6617	1108	810	54	100		144	550	1347	1047	300		
延边分校	26046	10815	8989	506	900		420	4211	11020	7882	994		80
通化分校	11407	3499	2500	499	500			1263	6645	4153	1030		
辽源分校	7235	3168	1781	343	997		47	1145	2922	875	197	70	
白山分校	3243	1129	702	47	300		80	354	1760	980	500	80	
白城分校	7000	1900	1660	120	120			950	450		450		
松原分校	16000	4330	3850	130	350			2670	300				
艺术分校	6500	2200		200	2000			800	3500	3200	300		
农行电大	4500	2910	770	2000	140			140	1450	1180	210	60	
长春	**73550**	**37956**	**29172**	**1336**	**6610**		**838**	**11116**	**23178**	**16667**	**2971**	**1060**	**410**
长春市广播电视大学	15000	9560	9020	360	180			4940	500				
榆树市分校	11190	4600	4010	90	500			1000	5590	4800	500	290	
九台市分校	8846	3266	2780	56	430			1120	4460	3140	550	90	310
德惠市工作站	968	510	420	50	40			458					
农安县工作站	1100	540	400	50	90			320	240	180	60		
双阳区工作站	11500	6900	4000	200	2600		100	2000	2600	2000	500	100	
长春市人才中心电大站	1000	580	300	80	200			80	340	240	100		
长春电大特教部	5229	2769	1800	200	769				2460	2019	441		

校舍情况(续表3)

单位：平方米

生活福利及其它用房	教工住宅	正在施工面积	学校产权占地面积	非学校产权建筑面积									非学校产权占地面积
				合计	计		教学及辅助用房		行政办公用房		生活用房		
					独立使用	共同使用	独立使用	共同使用	独立使用	共同使用	独立使用	共同使用	
890			101000	6000		6000						6000	
1000		6515	27000										
				55294		55294		38913		8803		7578	101770
189			24032										
			2400	17651		17651		7471		630		9550	150934
				57916		57916		30385				27531	185426
10837	**1481**	**7780**	**340257**	**19800**	**19800**		**6600**		**2000**		**11200**		**40000**
462	1481	6000	25961	19800	19800		6600		2000		11200		40000
1328			37000										
400			6670										
			12050										
3293		1780	53000										
2243			110000										
260			67000										
647			23276										
2204			5300										
15123	**2218**		**188510**	**2956**	**2400**	**556**	**1600**				**800**	**556**	
7336	218		7067										
1859			8499										
			9012										
1915			53003										
			17982										
994			10838										
1604			4269										
1415			7840	2956	2400	556	1600				800	556	
	2000		70000										
7236	**27616**		**252125**	**1692**	**1392**	**300**	**960**	**300**	**36**		**396**		**4558**
400	10398		139608										
				1392	1392		960		36		396		1500
500													
530	1206		14838										
	3612		7750										
2064			36439										
1462			24450										
1780			1500										
200			5100										
	3700		5800										
300	8700		16640	300		300		300					300
													2758
2070	**1300**		**124467**	**2120**	**1720**	**400**	**900**		**300**		**520**	**400**	**8600**
500			3750										
			10000										
370			11000										
			1000										
			4200										
			25600										
			1000										
			15000										

5.3 全国电大

	学校产权建筑面积												
	合计	教学辅助用房						行政办公用房	生活福利用房				
		计	教室	图书馆	实验室实习产所	体育馆	会堂		计	学生宿舍	学生食堂	教工单身宿舍	教工食堂
长影影视艺术学校	7517	3961	2142	50	1531		238	248	3308	2788	520		
长春电大交通学校工作站	11200	5270	4300	200	270		500	950	3680	1500	300	580	100
长春电大民进分校													
黑龙江	**329988**	**152841**	**110087**	**14214**	**22141**	**3030**	**3369**	**46672**	**100504**	**58223**	**18585**	**6065**	**750**
黑龙江广播电视大学	32000	11000	8200	800	1500		500	4800	5200	4000	1200		
齐齐哈尔市广播电视大学	13435	5135	3520	1065	550			2056	3194	2700	250		244
牡丹江市广播电视大学	57047	31402	26902	3000	1500			3152	22493	20173	2320		
佳木斯广播电视大学	15017	10178	7068	560	1660		890	1440	3220	1720	828		
绥化地区广播电视大学	26972	16566	13737	979	1850			4301	6105	2937	1540	203	
黑河市广播电视大学	4866	3312	1803	339		1170		1300	254		254		
大兴安岭广播电视大学	6123	1748	764	238	544		202	1563	2812	650	291		
伊春市广播电视大学	4880	3064	2784	100	180			820	996				506
大庆广播电视大学	54309	21034	9543	987	8237	1860	407	12990	14686	10420	4006	60	
鸡西广播电视大学	43154	25722	20070	2452	3200			2870	11812	5631	1440		
鹤岗广播电视大学	5155	2056	1506	236	314			1051	2048		96	52	
双鸭山市广播电视大学													
七台河广播电视大学	8200	3740	3130	235	375			2880	1580				
省农垦广播电视大学													
牡丹江林区广播电视大学	27543	8923	6502	960	1261		200	3246	15374	4294	4000	5750	
松花江林区广播电视大学	2250	1100	1000	100				300	850	700	150		
省工商银行分校	25589	5678	2512	1652	344		1170	2858	9700	4918	2110		
铁力市分校	3448	2183	1046	511	626			1045	180	80	100		
哈尔滨	**44828**	**24538**	**13503**	**1505**	**6870**	**1460**	**1200**	**7215**	**11575**	**5825**	**1200**	**130**	**305**
哈尔滨广播电视大学	14480	6720	4180	190	890	1460		1905	5855	1485	400	90	305
阿城电大分校	768	448	428	20				320					
呼兰分校	420	340	300	20	20			80					
宾县分校	1880	970	660	60	120		130	730	180	120	60		
方正分校	1260	860	600	260				400					
依兰分校	970	840	810	30				130					
市轻工分校	860	640	490	150				60	160				
哈尔滨文艺干校电大站	2300	1300	1100	200				250	750	250	200		
哈工大工会电视大学													
双城分校	8490	5030	1200	200	3000		630	180	3280	3000	200		
通河分校													
木兰分校	1300	980	590	60	190		140	160	160	120	40		
延寿分校	300	60	45	15				200	40			40	
巴彦分校	4500	2350	900	200	950		300	1500	650	500	150		
五常分校	4300	1500	1200	100	200			800	500	350	150		
尚志分校	3000	2500	1000		1500			500					
上海	**418336**	**224906**	**149083**	**17362**	**49086**	**4692**	**4683**	**50376**	**135965**	**46168**	**12068**	**1723**	**6426**
上海电视大学	75993	30954	23235	4827	2892			13847	24103	3804	3313		498
虹口区分校	26193	13079	8185	651	3214	219	810	2794	10320			92	132
闵行二分校	2130	1930	1745	94			91	92	108			100	
宝山分校	30857	15033	1924	475	12050		584	3285	12539	4300	500		1200
浦东新区分校	7177	4288	4138		50		100	1000	1889	693	362	98	
闵行一分校	6063	2853	1317	34	1502			600	2610	1000	200	200	810
金山分校	3646	2395	2095	20	280			917	334				180
松江分校	4666	3519	2269	150	1100			957	190				
南汇分校	7857	5303	5303					500	2054	1854	100		100

校舍情况(续表 4)

单位：平方米

生活福利及其它用房	教工住宅	正在施工面积	学校产权占地面积	非学校产权建筑面积 合计	计 独立使用	计 共同使用	教学及辅助用房 独立使用	教学及辅助用房 共同使用	行政办公用房 独立使用	行政办公用房 共同使用	生活用房 独立使用	生活用房 共同使用	非学校产权占地面积
			12917										3600
1200	1300		40000										
				2120	1720	400	900		300		520	400	5000
16881	**29971**		**621452**	**298542**	**42333**	**256209**	**22667**	**138412**	**5306**	**16530**	**14360**	**101267**	**1037831**
	11000		20000										3000
	3050		24079										
			90000	18000	18000		13114		826		4060		100000
672	179		47600	294		294		294					1500
1425			76531										
			6980										224020
1871			4720										
490			9800										
200	5599		97000										2000
4741	2750		13800	212770		212770		119560		10440		82770	552800
1900			5030										
				4333	4333		3353		980				10000
1580			9225										
				63145	20000	43145	6200	18558	3500	6090	10300	18497	144511
1330			102667										
			4105										
2672	7353		33544										
	40		76371										
4115	**1500**		**83415**	**4200**		**4200**		**4130**		**70**			**115000**
3575			10700										
			768	720		720		720					
			437										
			1800										
			800										
			3000										
160			2210										
300			2000										
				280		280		260		20			3000
80			5000										
				3200		3200		3150		50			12000
			4200										
			500										
			20000										
	1500		7000										
			25000										100000
69580	**7089**	**27550**	**442244**	**191420**	**13763**	**177657**	**8680**	**118789**	**4208**	**29750**	**875**	**29118**	**237719**
16488	7089		55936										
10096			21877	615	615						615		398
8			3731										
6539			29700										20000
736			8290	3507	3507		3207		100		200		2197
400			9938										
154			3646										
190			7633										
			13994										

	学校产权建筑面积												
	合计	教学辅助用房						行政办公用房	生活福利用房				
		计	教室	图书馆	实验室实习产所	体育馆	会堂		计	学生宿舍	学生食堂	教工单身宿舍	教工食堂
奉贤分校	3954	1706	1150	68	378		110	639	1609	922	487	100	100
青浦分校	15811	4505	2406	416	1337	146	200	1294	10012	2663	638		82
崇明分校	7500	5000	4300	200	500			1100	1400	650	280	220	
嘉定分校	43997	17165	7445	2676	5506	1012	526	530	26302	17746	2853	600	400
黄浦区经贸委分校	844	730	688	22	20			60	54				
长宁区分校	17915	9403	4903	441	1926	1460	673	2763	5749		51		262
闸北区分校													
卢湾区分校													
杨浦区工作站													
黄浦分校	29787	16474	11300	935	4066		173	2767	10546			88	
普陀区工作站													
静安区分校	57577	40704	26707	3869	9989	139		12025	4848			163	1038
西区分部	20201	8797	6403	484	1310	200	400	1255	10149	5271	1400	62	
工程大中山分校	55368	40348	32850	2000	2966	1516	1016	3871	11149	7265	1884		1624
石化分校													
徐汇财贸分校	800	720	720					80					
徐汇分校													
江　苏	**1713473**	**811011**	**483833**	**86619**	**196217**	**22792**	**21550**	**165527**	**610466**	**372085**	**107220**	**16801**	**42167**
江苏广播电视大学	116553	43363	32246	9170	1947			22424	29467	17743	4135	1900	413
镇江市广播电视大学	192662	91610	43353	6253	39000	3004		12004	71450	52506	7800	1385	680
常州市广播电视大学	87379	52827	34040	3061	13297	782	1647	10017	24535	11474	6810	1049	500
无锡市广播电视大学	80261	47610	20105	8643	15969		2893	3666	22674	11862	4266	1800	
苏州市广播电视大学	206337	104913	62737	11391	23030	4987	2768	14575	84549	58155	10697	1106	2446
南通市广播电视大学	169211	77065	51850	4445	13641		7129	16383	63251	38967	16778	909	2824
扬州市广播电视大学	134979	47962	35602	2542	7668		2150	19072	54732	30806	13454	1402	2835
徐州市广播电视大学	105125	54647	34328	3856	15563	500	400	9904	31974	22170	6989	1100	200
淮安市广播电视大学	58960	28000	15000	4480	8520			6800	24160	16880	5200		1000
盐城市广播电视大学	126135	41922	30320	3307	5188	1924	1183	20859	59411	21324	5899	2162	27507
连云港广播电视大学	61213	23413	10213	5092	6308	1500	300	5771	6204	3621	990	430	180
泰州市广播电视大学	122188	71247	40976	5329	17692	6650	600	5299	42302	25503	7604	344	430
宿迁市广播电视大学	22967	6708	5980	528	200			3704	10491	3809	1520	406	1236
农垦分校	29285	9747	4586	1934	2997	230		533	11269	5321	1098		398
化工分校	20701	10865	8368	328	2169			1448	8388	7119	1269		
江苏电大武进学院	60176	30229	18211	2380	7798	1840		2538	25681	16955	4711	1128	751
江苏电大宜兴学院	98633	61683	31688	13080	14340	1375	1200	3850	33100	23167	6000	1680	642
江苏电大张家港学院	20708	7200	4230	800	890		1280	6680	6828	4703	2000		125
南　京	**173498**	**94524**	**56227**	**7552**	**22440**	**7000**	**1305**	**20200**	**46725**	**26655**	**8958**	**2537**	**767**
南京市广播电视大学	12708	9779	6638	740	2401			2143	786		500	70	216
江宁区分校	13695	2910	1990	160	760			1642	4404	1799	322	390	
江浦县分校	8045	2290	1550	100	640			540	3750	1100	800	1400	100
六合县分校	10820	4570	3600	300	670			3510	2740	1600	600		
高淳县分校	29455	18675	6289	4350	8036			1637	9143	5296	2203		
溧水县分校	22835	6328	3566	160	2442		160	4329	6633	3849	836	230	126
南京钢铁厂分校													
扬子石化公司分校													
金陵石化公司电大	40550	28550	15950	900	3800	7000	900	3400	8600	5100	1700	400	200
大厂分校	7083	4335	2690	85	1495		65	920	1828	1368	410		50
浦口分校	7074	2640	2100	180	260		100	300	4134	3272	640	47	
玄武区分校	1880	1580	1280	100	200			200	100	50			50

校舍情况(续表 5)

单位：平方米

		正在施工面积	学校产权占地面积	非学校产权建筑面积									非学校产权占地面积
					计		教学及辅助用房		行政办公用房		生活用房		
生活福利及其它用房	教工住宅			合计	独立使用	共同使用	独立使用	共同使用	独立使用	共同使用	独立使用	共同使用	
			4540										
6629			20999										
250			12050	800		800		600				200	22270
4703		27550	83316										
54			860	300		300		300					
5436			21723										
				86316		86316		57122		10271		18923	70829
				16384		16384		11006		2937		2441	19620
				8089		8089		6211		980		898	7314
10458			24000	12000		12000		8000		4000			10000
				31137		31137		22017		6600		2520	40266
3647			48576	864	786	78	137		589		60	78	
3416			15267										
376			55368										
				6455	6455		3436		3019				2100
			800	2400	2400		1900		500				2400
				22553		22553		13533		4962		4058	40325
72193	**126469**	**2751**	**3413009**	**36455**	**32035**	**4420**	**8619**	**2852**		**112**	**23416**	**1456**	**68738**
5276	21299		102022	14700	14700						14700		
9079	17598		440892										
4702			138106	4420		4420		2852		112		1456	42000
4746	6311		64580										20068
12145	2300	2751	612801	12335	12335		7619				4716		
3773	12512		352229										
6235	13213		183009										
1515	8600		93506										
1080			177000										
2519	3943		268547										
983	25825		93418										
8421	3340		394750										
3520	2064		49220										
4452	7736		33802										
			57749										
2136	1728		107998										
1611			211380										
			32000	5000	5000		1000				4000		6670
7808	**12049**		**214677**	**29653**	**11383**	**18270**	**836**	**13278**	**150**	**4528**	**10397**	**464**	**162088**
			4066	19300	9300	10000		7000		3000	9300		27972
1893	4739		22840										
350	1465		10832										
540			22470										
1644													60343
1592	5545		27933										
				3060		3060		1778		818		464	1900
				1680		1680		1220		460			59886
1200			40020										
			22277	1333	1333		236				1097		3867
175			21780										
			5400										

	学校产权建筑面积												
	合计	教学辅助用房						行政办公用房	生活福利用房				
		计	教室	图书馆	实验室实习产所	体育馆	会堂		计	学生宿舍	学生食堂	教工单身宿舍	教工食堂
白下区分校													
秦淮区分校	1384	900	860	40				484					
建邺区分校	1126	956	831	50	75			145	25		25		
鼓楼区分校	993	675	540	27	108			54	264				
下关区分校	1432	832	680	80	72			150	450	300	150		
雨花台区分校	6515	4190	3750	150	210		80	100	1925	1650	100		25
栖霞区分校	7903	5314	3913	130	1271			646	1943	1271	672		
浙　江	**856515**	**428690**	**288476**	**43306**	**69186**	**15970**	**11752**	**74807**	**320721**	**200191**	**59993**	**9858**	**7131**
浙江广播电视大学	64128	21228	12968	3298	2225	1240	1497	7271	25850	14405	2848	1416	390
杭州广播电视大学	189352	93551	59007	9465	19257	4372	1450	15415	72099	44100	14194	2017	2033
嘉兴广播电视大学	83678	44830	32156	1652	10032		990	5712	33136	21885	8760	500	730
湖州广播电视大学	104049	52580	30400	3025	13820	5335		8675	42260	37000	5260		
绍兴分校	67181	30670	18176	2963	4522	3300	1709	4350	32161	14378	6749	1180	350
舟山广播电视大学	17081	10799	7052	1702	2045			1780	4502	3125	855	158	29
金华广播电视大学	79299	41081	33635	1999	2987	923	1537	7567	29767	18368	8902	1617	850
衢州广播电视大学	18567	10082	7928	611	1313		230	1611	5824	4306	219	829	201
台州广播电视大学	73275	49510	32330	10751	5659		770	10204	12621	5230	2641	400	2028
丽水广播电视大学	17218	10353	8549	544	848		412	1690	3275	2138	249		
温州广播电视大学	65100	40749	31349	3449	4316	800	835	5132	18942	13123	2922	1353	100
检察分校	1500	1000	400		400		200	500					
衢化公司直属分校	1100	600	600					500					
浙江电大经贸分校	13988	2980	1784	170			1026	350	10658	2926	2185		
警察分校	17854	5997	2856	2727	414				8686	6618	1700	168	200
浙江电大工商学院	32850	9630	6886	750	898		1096	3025	14720	9919	2259		220
浙江电大特殊教育学院	10295	3050	2400	200	450			1025	6220	2670	250	220	
宁　波	**121210**	**67024**	**40343**	**3750**	**16992**	**2660**	**3279**	**15893**	**38283**	**24225**	**4690**	**2136**	**1298**
宁波广播电视大学	21072	8957	3395	1205	3517		840	5084	7031	5564	640		200
鄞县分校	16571	6697	4170		2527			2263	7611	5938	200	796	20
余姚学院	26803	13183	4200	1030	4834	1560	1559	1914	11706	6300	1868		170
慈溪学院	5471	4886	4446	60	380			465	120			60	
宁海学院	2480	2300	1800	45	455			180					
象山分校	8933	7423	7423					1510					
奉化分校	3871	1755	1566		189			270	1846	1322	262		
镇海工作站	21000	12150	7000	1050	3000	1100		3100	5750	3500	1000	200	100
镇海炼油化工公司工作站	3200	2920	850	140	1800		130	280					
江北工作站	6646	3180	2270	70	140		700	400	3066	1266	720	1080	
北仑工作站	3663	2173	2023	50	100			387	1103	325			778
宁波东钱湖旅游度假区电大工作站	1500	1400	1200	100	50		50	40	50	10			30
安　徽	**290008**	**130197**	**89654**	**12821**	**23007**	**1120**	**3595**	**31126**	**79726**	**58521**	**8393**	**3239**	**3639**
安徽广播电视大学	17573	6804	3753	323	2728			2358	850				350
合肥分校	20704	13432	12749	403	280			1218	1997	1420	310		
蚌埠分校	13877	5007	3288	506	653		560	1129	4022	2976	576		
芜湖市分校	4749	3219	2669	350	200			1130	250	130	120		
淮南分校	57118	16181	12202	1375	2504		100	5684	24875	21600	1625		1650
淮北分校	2080	1630	1390	40	200			370	80			80	
马鞍山分校	29100	15258	8735	1582	3666	600	675	8059	5783	5321	239		223
铜陵分校	6107	4659	3259	400		400	600	625	823	500			
黄山市分校	1250	830	800	30				300	120				
安庆市分校	5240	3267	2317	100	850			800	900				

校舍情况(续表6)

单位：平方米

生活福利及其它用房	教工住宅	正在施工面积	学校产权占地面积	非学校产权建筑面积									非学校产权占地面积
				合计	计		教学及辅助用房		行政办公用房		生活用房		
					独立使用	共同使用	独立使用	共同使用	独立使用	共同使用	独立使用	共同使用	
				1780	750	1030	600	880	150	150			7000
			1083	2500		2500		2400		100			
			1500										
264													1120
			6400										
150	300		18676										
			9400										
43548	**32297**	**72647**	**1823392**	**41336**	**41336**		**16390**				**24946**		**207040**
6791	9779		48330										
9755	8287	37191	351270										
1261			188139										
	534		229127										
9504			67181										
335			19366										
30	884	14856	266523	1200	1200		1200						
269	1050		39419										
2322	940		353700	33145	33145		11590				21555		168490
888	1900		12300										
1444	277	20600	122115	6991	6991		3600				3391		33350
													2000
			1300										1200
5547			11880										2000
	3171		60000										
2322	5475		40667										
3080			12075										
5934	**10**	**600**	**295723**	**51351**		**51351**		**21746**		**800**		**28805**	**335831**
627		600	34647										
657			25266	13495		13495		5800				7695	242788
3368			119988										
60			5900										
			2785	12550		12550		8800		800		2950	17200
			37406	25306		25306		7146				18160	75843
262			6862										
950			41000										
			3200										
			10219										
			6200										
10	10		2250										
5934	**48959**	**21583**	**1130216**	**120875**	**85578**	**35297**	**59578**	**30635**	**8133**	**1400**	**17867**	**3262**	**250229**
500	7561	4200	15120	31736	31736		18685		7143		5908		93600
267	4057		23717	50500	30000	20500	29075	20500			925		63860
470	3719		25758										
	150		7182	2160	1360	800		800			1360		600
	10378		70695	29659	19082	10577	11818	6315	990	1400	6274	2862	69669
			1241										
		5783	80667										
323			3600										
120			300										
900	273		2700	3900	600	3300		2900			600	400	2500

5.3 全国电大

	学校产权建筑面积												
	合计	教学辅助用房						行政办公用房	生活福利用房				
		计	教室	图书馆	实验室实习产所	体育馆	会堂		计	学生宿舍	学生食堂	教工单身宿舍	教工食堂
六安分校	4211	1738	1698	40				566					
阜阳分校	7500	4800	4400	80		120	200	1100	1600	500	1100		
宣城分校	25000	8000	5000	1000	1000		1000	2000	6000	4000	1000	1000	
巢湖分校	33012	12320	9363	323	2634			1602	11780	7081	995	200	1416
滁州市分校	4980	4065	2945	200	500		420	750	165		165		
池州分校	8881	4108	3269	489	350			1348	1219			1219	
宿州分校	8343	2863	2478	223	162			1080	2002	840	86	60	
省直分校	1413	746	439	87	180		40	667					
纺织分校	32450	18500	6200	5200	7100				13950	11800	1900		
亳州分校	6420	2770	2700	70				340	3310	2353	277	680	
福　建	**280372**	**128942**	**82992**	**20877**	**19565**	**1196**	**4312**	**36833**	**84500**	**61547**	**13186**	**2448**	**394**
福建广播电视大学	27469	2983	965	760	709		549	4840	5703	4373	550		
福州分校	115792	57453	24074	17457	14692		1230	10651	45408	35599	8159	1650	
三明分校	8522	4316	2795	107	414	1000		249	744	365	152		
宁德分校	15374	8628	6330	558	1020		720	1640	4170	3800	370		
南平分校	12559	5922	5084	354	288	196		3210	1695	1166	208	208	36
漳州分校	20654	11045	10245	241	389		170	1410	8199	6390	150		20
泉州分校	28180	15000	14050	400	350		200	10530	2650	2200	450		
龙岩分校	18997	10677	9449	380	703		145	1043	4167	2917	615	590	
莆田分校	1062	1002	312		690			60					
高等职业技术学院													
农业银行分校	18636	3804	2856	180			768	1649	10568	3981	2192		338
永安分校	4716	2360	2060	200	50		50	390	166	116			
邵武分校	5311	3002	2382	180	260		180	811	1030	640	340		
漳浦分校	3100	2750	2390	60			300	350					
厦　门	**42770**	**27700**	**23320**	**660**	**3660**		**60**	**5800**	**8695**	**8000**		**70**	**405**
厦门市广播电视大学	33980	22000	18020	480	3500			3000	8405	8000			405
厦门市杏林区电大工作站	1690	1300	1080	60	100		60	100	290			70	
厦门市湖里区电大工作站	600	400	320	20	60			200					
厦门市司法局电大工作站													
厦门市思明区电大工作站	6500	4000	3900	100				2500					
江　西	**223799**	**87992**	**72610**	**4831**	**3578**	**1650**	**5323**	**21990**	**58185**	**38323**	**9076**	**504**	**790**
江西广播电视大学	76647	30704	27804	900			2000	5091	19852	16170	1982	100	300
南昌市分校	9424	4205	4099	53	53			368	2015				
景德镇市分校	5951	3322	2876	48	248		150	900	448				
九江市分校	7617	3280	2980	200	100			500	1137	647	190		300
萍乡市分校	8712	5560	4956	216	100		288	1102	1050	800	200		
新余市分校	6780	2500	1950	100	450			600	2600	2000	500		
鹰潭市分校	10112	5700	5183	71	221	225		500	1000	900	100		
赣州广播电视大学	12900	6300	5904	246	150			300	2820	2260	540		
宜春广播电视大学	14238	2838	1961	351	526			3109	4121	1052	1467	136	
吉安地区分校	7752	3644	2400	340	350	364	190	710	1058	720	270	68	
上饶地区分校	7579	1780	1467	222	91			2647	2432	1786	447		
抚州地区分校	10980	3600	3300	100	200			980	2800	2400	400		
九江船舶工业公司分校	6430	2100	1500	400	200			1500	880	500	380		
省科学院工作站	3200	1750	700	400	400		250	250	1200	600	250	200	150
省人事厅工作站	1200	800	300				500	400					
财税分校	26490	6992	3263	684	489	1061	1495	1581	11554	6078	1582		
南昌铁路工作站	7167	2717	1817	450			450	1352	3098	2410	688		

校舍情况(续表 7)

单位：平方米

生活福利及其它用房	教工住宅	正在施工面积	学校产权占地面积	非学校产权建筑面积 合计	计		教学及辅助用房		行政办公用房		生活用房		非学校产权占地面积
					独立使用	共同使用	独立使用	共同使用	独立使用	共同使用	独立使用	共同使用	
	1907		1619										
			6993										
	9000		60000										
2088	7310		708000										
			4056	1500	1500						1500		1500
	2206	11600	41532	1300	1300						1300		
1016	2398		5693	120		120		120					18000
			1413										500
250			54612										
			15318										
6925	**30097**	**3772**	**529424**	**27936**	**23446**	**4490**	**9588**	**4370**	**2250**	**120**	**11608**		**40164**
780	13943		7737										
	2280		295069										
227	3213		3333										
	936		38668										
77	1732		21555	1350	1350		1350						4888
1639		3772	24111	300	30	270	30	270					3360
			19800	3000	3000		2000		1000				2640
45	3110		23103	3788	2288	1500	1378	1500	790		120		10689
			167	4305	1585	2720	660	2600	180	120	745		17633
				15193	15193		4170		280		10743		
4057	2615		85571										954
50	1800		3300										
50	468		3675										
			3335										
220	**575**	**6600**	**62950**	**500**	**500**		**440**		**60**				**2212**
	575	6600	59100										
220			1690										
			600										
				500	500		440		60				1100
			1560										
9492	**55632**	**26700**	**275095**	**5100**	**1500**	**3600**		**3000**	**1500**	**100**		**500**	**5300**
1300	21000	8400	115600										
2015	2836		2264										
448	1281		3967										
	2700	16000	9405										
50	1000		8984										
100	1080		10666										
	2912		1400										
20	3480		6460										
1466	4170		9157										
	2340		10000										
199	720		8323										
	3600	2300	28380										
	1950		3996										
			6300										
			1200										
3894	6363		33384										
			15409										

	学校产权建筑面积												
	合计	教学辅助用房						行政办公用房	生活福利用房				
		计	教室	图书馆	实验室实习场所	体育馆	会堂		计	学生宿舍	学生食堂	教工单身宿舍	教工食堂
江西医药培训中心													
南昌消防电大工作站	620	200	150	50				100	120		80		40
山　东	**1574041**	**656914**	**422137**	**58602**	**145606**	**8981**	**21588**	**142404**	**534901**	**342482**	**98493**	**21663**	**4977**
山东广播电视大学	72751	12115	11665	450				18172	5374	4500			
济南广播电视大学	71226	29035	22628	1056	3662	90	1599	5268	22660	13149	4726	790	
烟台广播电视大学	199670	82643	49069	11076	20152	101	2245	22930	66692	37240	14517	3106	408
潍坊广播电视大学	180324	57573	23289	7754	18966	3680	3884	16319	59987	35317	7758	2843	1298
淄博广播电视大学	74909	24432	15912	1822	5194		1504	8703	19095	10193	3682	638	262
威海市广播电视大学	26737	5825	5163	75	137		450	6687	6898	4116	1104		
临沂广播电视大学	130516	59890	52830	2860	2920		1280	11680	37696	28850	6980	910	
德州广播电视大学	16895	2560	1658	266	636			1641	7280	3578	1500		
菏泽广播电视大学	5026	4026	2591	400	400	635		1000					
聊城广播电视大学	150949	69926	41782	6052	20970		1122	4954	75474	57738	16836	300	
泰安广播电视大学	11000	2450	1050	600	600		200	600	5050	3000	550	1000	500
枣庄广播电视大学	52000	19000	15000	600	2400	1000		3000	19665	13000	3000	1363	512
济宁广播电视大学	110640	58768	39365	3076	14327		2000	5886	34214	22665	6930		400
东营广播电视大学	214975	112202	76074	3050	28603	3475	1000	14446	82053	51935	16989	5739	100
胜利油田广播电视大学	49684	27877	9730	3824	14323			2914	18893	11706	3931	225	
齐鲁石化公司广播电视大学	64613	42471	24907	9702	6362		1500	5111	17031	11186	2695	1250	500
济南铁路局广播电视大学	104942	31307	20210	3939	4854		2304	7113	40449	22769	5445	499	997
莱芜钢铁总厂广播电视大学	13934	7184	3184	1000	500		2500	1400	5350	2000	350	3000	
鲁中冶金矿山公司广播电视大学	2050	1100	900	200				950					
日照广播电视大学	21200	6530	5130	800	600			3630	11040	9540	1500		
莱芜市广播电视大学													
青　岛	**181971**	**77415**	**51634**	**6510**	**12942**	**2965**	**3364**	**21918**	**65113**	**42876**	**10796**	**1184**	**2371**
青岛广播电视大学	6860	5820	5300	440	80			1000	40			40	
莱西分校	16419	6631	3258	608	1868	405	492	3126	6662	4896	546	200	
平度分校	21649	7818	5328	650	1468		372	1031	7065	3253	1700	324	551
胶州分校	11211	5522	1416	260	3346		500	1540	4149	1500	900	500	120
胶南分校	8730	2710	2130	140	180	60	200	1970	4050	2200	1400	120	100
即墨分校	23840	5331	5331					2797	12510	9830	1665		
黄岛分校	12612	4720	3400	620			700	3000	4892	3794	848		
崂山分校	28500	17300	9300	1500	3000	2500	1000	3000	8200	5900	1500		800
城阳分校	46048	20144	14944	2200	3000			3700	13616	10141	2000		800
李沧区分校	6102	1419	1227	92			100	754	3929	1362	237		
河　南	**930730**	**344483**	**201968**	**35199**	**88559**	**6150**	**12607**	**73992**	**315606**	**214751**	**47138**	**12727**	**9024**
河南广播电视大学	53197	13427	12607	704	116			6252	13758	10550	1122		
郑州广播电视大学	18675	6904	5195	455	865		389	2800	4905	3759	471	105	
开封市广播电视大学	8163	5352	4242	300	810			969	1476	1200	276		
洛阳市广播电视大学	21350	7300	5700	500	600		500	3550	5500	3700	1600		100
新乡广播电视大学	36618	10770	6670	600	1650		1850	4700	7793	5755	1100	78	150
焦作广播电视大学	15000	5000	2500	1000	500		1000	3000	5000	1500	1000	1600	500
安阳广播电视大学	10904	3006	2726	80	200			2779	1210	490	490		
濮阳广播电视大学	16581	3815	3511	100	204			1100	6995	2350	416	940	
鹤壁广播电视大学	136669	56430	32000	7200	15000		2230	3551	48748	40726	3302	620	260
商丘广播电视大学	63630	41640	21400	240	20000			1800	20190	16100	4090		
三门峡广播电视大学	80009	24126	15882	2286	5958			7414	33469	19884	3160	2847	1418
平顶山广播电视大学	126000	47900	21326	7246	15100	2600	1628	9930	50640	33600	4328	4200	966
驻马店广播电视大学	17802	6064	1200	950	1714	1400	800	520	10480	4450	400	100	5530

校舍情况(续表8)

单位：平方米

生活福利及其它用房	教工住宅	正在施工面积	学校产权占地面积	非学校产权建筑面积 合计	计 独立使用	计 共同使用	教学及辅助用房 独立使用	教学及辅助用房 共同使用	行政办公用房 独立使用	行政办公用房 共同使用	生活用房 独立使用	生活用房 共同使用	非学校产权占地面积
				3600		3600		3000		100		500	3800
	200		200	1500	1500				1500				1500
67286	**239822**	**6700**	**4502554**	**100344**	**18400**	**81944**	**6700**	**40435**		**2880**	**11700**	**38629**	**537745**
874	37090		72751										
3995	14263		178865										
11421	27405		605300	1400	1400		700				700		44130
12771	46445		262130										
4320	22679												176835
1678	7327		30789										
956	21250		139800										
2202	5414		46952										
			36685										
600	595		506253	3500		3500		3500					
	2900		48000	8200	5000	3200	2000	1400		600	3000	1200	30000
1790	10335		70000										
4219	11772		211038										
7290	6274		1780830										
3031			65475										
1400			200466										
10739	26073	6700	164000										
			29500										
			440										
			53280	12000	12000		4000				8000		46620
				75244		75244		35535		2280		37429	240160
7886	**17525**		**470420**										**1680**
			2476										
1020			20020										
1237	5735		87180										
1129			66670										
230			29900										1680
1015	3202		63365										
250			34129										
			55328										
675	8588		103896										
2330			7456										
31966	**196649**	**71801**	**1894360**	**14616**	**14616**		**4290**		**1946**		**8380**		**10784**
2086	19760		18676										
570	4066		5469										
	366		3000										
100	5000		36018										
710	13355		33975										
400	2000		32000										
230	3909		10050										
3289	4671		27972										
3840	27940	58801	386280										
			218678										
6160	15000		182200										
7546	17530		333335										
	738		17342										

5.3 全国电大

	学校产权建筑面积												
	合计	教学辅助用房						行政办公用房	生活福利用房				
		计	教室	图书馆	实验室实习产所	体育馆	会堂		计	学生宿舍	学生食堂	教工单身宿舍	教工食堂
许昌广播电视大学													
信阳广播电视大学	12570	2280	1960	100	220			1475	3827	3110	200	417	
南阳广播电视大学	34688	13380	10065	482	683	2150		2800	9308	6673	2150		
周口广播电视大学	24430	2140	1200	300	240		400	1100	4570	3400	350	600	100
漯河广播电视大学	182941	69461	38356	6836	22419		1850	10530	62534	45044	12893	620	
郑州铁路局广播电视大学	9170	4468	2768	1500	100		100	1912	2790	390	2400		
中原油田广播电视大学	7870	4000	3000	200	400		400	2000	1870	1000	300	300	
济源广播电视大学	21540	9040	4860	2920	1200		60	2110	10300	4070	5590	100	
河南省工商行政管理分校	32923	7980	4800	1200	580		1400	3700	10243	7000	1500	200	
湖　北	**797561**	**277910**	**168779**	**23201**	**50724**	**20346**	**14860**	**75468**	**230455**	**142966**	**30630**	**17616**	**3986**
湖北广播电视大学	79958	21007	14258	2701	2100		1948	9328	26908	13810	4648	2000	500
黄冈广播电视大学	107646	30148	16125	4273	7099	1716	935	9543	36954	25678	4881	1143	336
孝感市广播电视大学	39022	12637	10377	797	1023		440	8016	12611	8416	1533	2044	
咸宁地区广播电视大学	32951	10602	7836	547	1868		351	2408	8740	4890	1082	408	
荆州地区广播电视大学	39476	11637	8509	1094	1064		970	4709	9198	6217	1290	981	50
宜昌市广播电视大学	145565	58075	24970	4100	11530	15975	1500	10870	33720	17550	4600	3600	670
黄石广播电视大学	33056	11130	9280	730	1120			2258	6032	4336	1026	540	130
十堰市广播电视大学	42711	18125	11272	1290	2460	1069	2034	3929	11697	8900	1292	543	143
襄樊广播电视大学	70116	22164	15140	1607	2328		3089	5126	24498	13112	1787	4600	200
恩施自治州广播电视大学	16437	6961	4420	300	1661		580	1796	3800	2500	762	200	
农业银行分校	25000	7300	6000	800			500	1000	4700	2200	1500		1000
葛洲坝分校	23327	5802	1454	782	3254		312	6549	4204			317	652
大冶有色金属公司分校	12516	4220	1550	314	1896		460	839	2537	1598	91		
天门市广播电视大学	14810	4428	3870	50	380		128	300	6662	5862	300	280	
潜江市广播电视大学	7650	4880	4780	100				240	880	520	360		
仙桃广播电视大学	14650	5320	4900	150	200		70	2000	3630	1570	500	60	200
江汉油田分校	60629	33300	17498	2177	10496	1586	1543	4269	23060	18814	3788		
随州广播电视大学	18386	3974	2740	289	945			1008	6904	4977	350	700	105
老河口广播电视大学	13655	6200	3800	1100	1300			1280	3720	2016	840	200	
武　汉	**207519**	**107742**	**45103**	**10277**	**26767**	**21524**	**4071**	**21266**	**62912**	**32566**	**8043**	**2047**	**1527**
武汉市广播电视大学	26495	9228	4279	1784	3000		165	6953	2601	796			240
江岸区分校													
武昌区分校	5057	2157	1796	120	241			270	2630	2330	300		
桥口区分校	2711	1154	1092	62				249					
汉阳区分校	13000	9000	7000	300	680	400	620	2000	2000	500	200	200	300
青山区分校	2558	1928	1836	92				180	450	350			
洪山区工作站	5295	2206	2063	40	103			908	2181	633		1548	
东西湖区分校	1800	1382	1042	80	50		210	108	310	190	80		40
汉南区分校	1800	1100	600	100	400			200	500	300	100	100	
江夏区分校	9705	5242	3321	86	1835			400	4063	2377	1686		
蔡甸区分校	2736	997	923	20	54			126	1613	1253	40		
黄陂区分校	7577	1610	1305	65	80		160	377	3250	2150	800		300
新洲区分校	10542	3656	2015	300	621		720	1012	3492	2641	221		
机械工业局分校	7355	2712	1300	416	856		140	496	3291	1188	625		
武汉钢铁公司分校	100990	61067	14696	6372	17579	20524	1896	7001	32922	16858	2991		447
3303 分校	6798	2233	875	80	638	600	40	366	3199	1000	1000	199	200
江汉区电大分校	3100	2070	960	360	630		120	620	410				
统计局分校													
湖　南	**328985**	**121445**	**66555**	**7289**	**22010**	**17737**	**7854**	**40452**	**100388**	**65217**	**16341**	**1164**	**4685**

校舍情况(续表 9)

单位：平方米

生活福利及其它用房	教工住宅	正在施工面积	学校产权占地面积	非学校产权建筑面积 合计	计 独立使用	计 共同使用	教学及辅助用房 独立使用	教学及辅助用房 共同使用	行政办公用房 独立使用	行政办公用房 共同使用	生活用房 独立使用	生活用房 共同使用	非学校产权占地面积
				10502	10502		3575		1227		5700		6670
100	4988		13000										
485	9200		40678										
120	16620		66700										
3977	40416	13000	338836										
			17200										
270			26668										
540	90		53360										
1543	11000		32923	4114	4114		715		719		2680		4114
35257	**213728**		**1465506**	**310**		**310**		**270**		**40**			**10100**
5950	22715		114781										
4916	31001		17628										
618	5758		77195										
2360	11201		77856										
660	13932		28412										
7300	42900		385000										5000
	13636		32351	310		310		270		40			
819	8960		56911										
4799	18328		107741										
338	3880		21423										
	12000		3713										
3235	6772		30100										
848	4920		12000										5000
220	3420		23675										
	1650		9314										100
1300	3700		25720										
458			318315										
772	6500		70035										
664	2455		53336										
18729	**15599**	**3000**	**256579**	**4302**	**4302**		**2600**		**820**		**882**		**13919**
1565	7713		10442										
				3122	3122		1500		740		882		2097
			9600										
	1308		2279										
800													11322
100			6667										
			2065										
			7992										
			5000	300	300		300						
			6090										
320			3333										
	2340		6900										
630	2382		10490										
1478	856		9855										
12626		3000	166668										
800	1000		6798										
410			2400										
				880	880		800		80				500
12981	**66700**	**5400**	**549881**	**33752**	**33752**		**18962**		**3277**		**11513**		**54263**

5.3 全国电大

	学校产权建筑面积												
	合计	教学辅助用房						行政办公用房	生活福利用房				
		计	教室	图书馆	实验室实习产所	体育馆	会堂		计	学生宿舍	学生食堂	教工单身宿舍	教工食堂
湖南广播电视大学	93828	34221	16550	1829	4691	10147	1004	18935	24746	16955	4386		1462
长沙广播电视大学	5000	2700	1740	120	720		120	960	1340				1340
株洲广播电视大学	3782	2172	2021	116	35			838	62				
湘潭广播电视大学	17027	5602	2520	880	2202			1357	8122	5008	1768	508	838
衡阳市广播电视大学	27449	11037	8751	186			2100	3470	8432	5832	2600		
邵阳广播电视大学	10888	3151	2661	180	310			1163	3882	3015	380		
岳阳广播电视大学	18924	6938	5632	208	518		580	2000	5518	4468	1050		
娄底广播电视大学	9086	1778	1150	160	300		168	750	3126	1000	444		
零陵分校	9410	3220	1840	120	460		800	381	3409	1794	800	120	20
郴州广播电视大学	13606	3876	1566	654	376	980	300	1644	3354	2851	94		
益阳广播电视大学	11129	3209	2561	162	486			788	1778	1458	212		
常德广播电视大学	21164	6284	4514	340	1430			1207	10768	9030	1738		
怀化广播电视大学	15837	6741	2326	791	3134		490	753	4468	3216	196	206	
湘西民族广播电视大学	13860	5070	3215	250	605	1000		540	4050	3200	750		
张家界市广播电视大学	3760	2900	1900		1000			360	500	400	100		
津市分校	9453	3549	1860	218	759		712	280	3254	1587	775		301
岳阳石化总厂广播电视大学	23211	12082	2168	420	3884	5610		1439	4390	1029	100		
省人民检察院分校	21571	6915	3580	655	1100		1580	3587	9189	4374	948	330	724
省司法厅法律分校													
卫生分校													
涟钢分校													
广　东	**1194403**	**626094**	**406585**	**51175**	**123867**	**23493**	**20974**	**110556**	**326535**	**226163**	**40540**	**27446**	**3266**
广东广播电视大学	22534	6839	2638	1138	1338	1000	725	14261	874	504	130	140	100
法律分校	700	600	570	30				100					
省电力局分校													
省公路局分校	11771	4050	3000	400	300		350	600	4430	3800	250	80	125
广东电大深圳拱北海关分校	3426	1774	1364	410				1002	170			70	
珠海市广播电视大学	18867	10123	8017	611	1265		230	1611	6083	4156	718	829	201
汕头广播电视大学	54650	33647	21956	2210	7321	840	1320	7177	10154	3473	2276	300	
韶关市广播电视大学	59510	29943	20820	2069	5609	20	1425	4542	13225	7654	2468	538	
汕尾市广播电视大学	26147	15571	13207	484	1008		872	1406	7446	2390	140	3492	900
梅州市广播电视大学	63399	49306	44936	605	2439	126	1200	6736	7357	4746	550	1000	261
惠州市广播电视大学	31591	14352	10256	614	2249	59	1174	2835	10001	5328	1134	762	
东莞市广播电视大学	5164	3702	3642	60				582	880	650	230		
中山市广播电视大学	11868	8703	7303	500	300		600	1054	2111	1836			
江门市广播电视大学	71013	40785	23039	2983	10456	1604	2703	5887	19898	8543	2862	5319	819
佛山广播电视大学	30155	21200	9067	898	10322	180	733	5611	1604	470	180	904	50
阳江市广播电视大学	27163	19209	13536	326	4397		950	1909	6045	3820	460	510	
湛江市广播电视大学	65753	26622	20522	1118	2994	200	1788	4189	9995	7370	1878	584	105
茂名广播电视大学	115549	43601	21492	3456	14043	3000	1610	12731	22159	18030	1510	1559	
肇庆广播电视大学	66848	30929	23457	2213	4243	216	800	4220	26409	19258	2218	1162	35
清远市广播电视大学	77745	36600	19555	2821	10364	2062	1798	4083	24035	13811	3917	4210	190
潮州广播电视大学	18460	16165	13535	350	2200		80	675	1620	1200	420		
揭阳广播电视大学	22969	13993	11163	740	1490		600	2382	6594	2012	500	2075	130
河源广播电视大学	60635	28017	19211	1364	5806		1636	2237	26665	18936	3270	2112	350
云浮市广播电视大学	34572	19249	14965	1847	1957	100	380	4350	10205	6595	1544	1030	
南海广播电视大学	46376	20796	12773	1206	6817			2470	15217	12234	2983		
顺德广播电视大学	247538	130318	66561	22722	26949	14086		17906	93358	79347	10902	770	
广　州	**652502**	**367186**	**181626**	**21352**	**97076**	**54469**	**12663**	**46576**	**199643**	**125387**	**21887**	**7909**	**1417**

校舍情况(续表 10)

单位：平方米

生活福利及其它用房	教工住宅	正在施工面积	学校产权占地面积	非学校产权建筑面积									非学校产权占地面积
				合计	计		教学及辅助用房		行政办公用房		生活用房		
					独立使用	共同使用	独立使用	共同使用	独立使用	共同使用	独立使用	共同使用	
1943	15926		113220										
			3000										
62	710		3782										
	1946		99900										
	4510		40694										
487	2692		64655										
	4468		18927										
1682	3432		5589										
675	2400		27922										
409	4732		9237										
108	5354		10763										11263
	2905		33300										
850	3875		6700										
100	4200	5400	20227										
			7260										
591	2370		28005										
3261	5300		16700										
2813	1880		40000										
				1547	1547		750		590		207		
				14830	14830		8470		280		6080		
				17375	17375		9742		2407		5226		43000
29120	**131218**	**19188**	**3093765**	**27994**	**11694**	**16300**	**5320**	**8900**	**3112**	**800**	**3262**	**6600**	**129344**
	560		13172										
			700										
				8820		8820		4920		800		3100	37600
175	2691		17316										
100	480		4130										
179	1050		38240										
4105	3672		62172										
2565	11800		140519										
524	1724		37046										
800			192366										
2777	4403		27470										
			2695										
275			13000										
2355	4443		206754	7480		7480		3980				3500	80000
	1740		36788										
1255			56007										
58	24947	4920	56173										
1060	37058	8403	160322	10594	10594		4320		3062		3212		10594
3736	5290		199826										
1907	13027		169063										
			24820										
1877			25722	1100	1100		1000		50		50		1150
1997	3716	5865	144469										
1036	768		125289										
	7893		53700										
2339	5956		1286006										
43043	**39097**	**100319**	**873016**	**129154**	**62410**	**66744**	**25195**	**41803**	**4126**	**10689**	**33089**	**14252**	**161134**

	学校产权建筑面积												
	合计	教学辅助用房						行政办公用房	生活福利用房				
		计	教室	图书馆	实验室实习产所	体育馆	会堂		计	学生宿舍	学生食堂	教工单身宿舍	教工食堂
广州市广播电视大学	52800	27000	20000	2000	5000			4000	21800	15200	1500		300
东山区分校	6300	5587	5534	53				470	243	198	45		
海珠区分校	6828	4291	3662	200	429			455	2082	1916	166		
芳村区分校	1748	550	400	50	100			183	1015				20
荔湾分校													
越秀区分校	6300	5401	2327	120	454	2500		385	514		52		
天河区分校	3226	2420	1700	90	370	150	110	240	566	360			50
开发区分校	2262	1904	1168	112	225		399	318	40				
纺织分校	60144	37189	12511	1600	7100	13608	2370	3000	19128	8500	1238		
广州造船厂分校	13001	6490	3800	350	2340			595	5916	4752	500		
市轻工业局分校	133571	82666	14828	4181	29576	30965	3116	4936	45969	22521	3116	4386	
侨光分校	14692	7900	4500	2000	1400			2000	4792	3992	800		
机电局分校	44137	21666	12730	1129	5185	1974	648	9861	12610	11238	1372		
法律专业工作站	36161	10775	4116	1462	3102	1729	366	2354	10898	8419	1372		417
电器分校													
市二轻局工作站	31324	13910	9230	567	3613	500		1428	11227	8649	1000		
番禺区广播电视大学	11112	5985	3840	240	1800		105	595	1000			750	250
从化市分校	9927	4283	3691	150	442			481	2180	1010	234	75	
花都区广播电视大学	37238	21338	17938	720	1800		880	2200	8900	6600	2300		
增城市广播电视大学	35100	25650	24180	120	1000		350	4000	3150	2100	550	500	
白云区分校	29831	19429	4334	918	13864		313	1450	8952	5762	960	350	150
珠江电大													
市银行学校电大工作站	1357	918	543	86	289			439					
东方教学点													
广师电大													
广州市港务局工作站	13825	8201	4787	339	3075			1346	4278	2624	1256	398	
维城电大	41837	23064	9800	3352	5872	2020	2020	2138	15957	9920	2020	1050	
金融分校													
统计工作站	3380	2780	2700	40			40	600					
贸易学校工作站	31166	13824	5107	823	6311	1023	560	2622	11136	6126	2086	200	80
理工学校工作站	25235	13965	8200	650	3729		1386	480	7290	5500	1320	200	150
深圳	**113995**	**57476**	**32093**	**3617**	**15679**	**3450**	**2637**	**16894**	**31594**	**16149**	**2691**	**702**	**722**
深圳市广播电视大学	19986	11279	8003	376	2900			2677	592			472	
蛇口分校	8450	5790	3640	1500	450		200	2660					
宝安分校	25346	13550	6479	272	6342		457	4095	5108	1553	425		425
沙头角分校	1495	1280	900	60	140		180	170	45			30	15
南山分校	17397	2973	1860	237			876	2806	11618	3900	596		
龙岗分校	9025	6484	3437	489	2358		200	2341	200			200	
罗湖分校	23634	10486	6313	583	3166		424	1683	11465	9212	1670		
福田分校	8662	5634	1461	100	323	3450	300	462	2566	1484			282
广西	**723795**	**286266**	**147759**	**43133**	**76108**	**8405**	**10861**	**31514**	**218045**	**154338**	**25548**	**7618**	**2270**
广西广播电视大学	34632	8148	3623	1377	3148			2139	7547	4952	690		
区直分校	6386	2023	385	100	195	1343		620	843	593	100		
南宁广播电视大学	10804	3492	2756	192	544			1294	2522	2364	78		
柳州市广播电视大学	14436	7912	5402	820	1450		240	1156	240		240		
桂林市分校	17149	10088	6870	700	1518	400	600	800	2670	984	110		
梧州市分校	11282	5170	3890	510	510		260	1230	1396	1136	260		
柳州铁路局分校	116747	46097	16742	5439	22216		1700	5166	42567	27269	4276	1392	1277
南宁地区分校	37809	13588	7819	2919	1850	1000		1302	11802	8112	2635	200	

校舍情况(续表 11)

单位：平方米

		正在施工面积	学校产权占地面积	非学校产权建筑面积									非学校产权占地面积
				合计	计		教学及辅助用房		行政办公用房		生活用房		
生活福利及其它用房	教工住宅				独立使用	共同使用	独立使用	共同使用	独立使用	共同使用	独立使用	共同使用	
4800			17969	14750	14750		4130		1560		9060		9800
			148										
			59700										
995			1748	8544		8544		5718		1377		1449	16010
				8300		8300		8024		276			7880
462			3314										
156			5600	9940	970	8970	970	6970		800		1200	970
40			3584										
9390	827		72137										
664			9000										
15946		100319	82825	5651	5651		5651						10564
			3193	3000	2300	700		700	100		2200		3000
			75333	1490	1490		1220		270				1490
690	12134		41908	24124		24124		9375		6508		8241	24124
				6100	6000	100	4350	100	200		1450		8000
1578	4759												
	3532		10097										
861	2983		6195										
	4800		16650										
	2300		33300										
1730			29975										
				14043	14043		4354		851		8838		33966
			233										
				10520	9520	1000	4520	400	1000		4000	600	40000
				5585	145	5440		5440	145				1080
			23000	335	335						335		
2967	678		333335										
				15922	7206	8716		4226		1728	7206	2762	3400
			1412	850		850		850					850
2644	3584		10000										
120	3500		32360										
11330	**8031**		**76986**	**79084**	**19540**	**59544**	**13435**	**50452**	**3308**	**5652**	**2797**	**3440**	**57530**
120	5438		6492	63514	14619	48895	10174	45363	1858	2032	2587	1500	43460
			6400	1500		1500						1500	
2705	2593		22448										
			2000										
7122			13497										
			9025	14070	4921	9149	3261	5089	1450	3620	210	440	14070
583			7124										
800			10000										
28271	**187970**	**16682**	**2011661**	**22710**	**9340**	**13370**	**4550**	**9870**	**660**	**1000**	**4130**	**2500**	**266766**
1905	16798	16682	23250										
150	2900		4400	11850	5180	6670	2140	6670	160		2880		50020
80	3496		7747										
	5128		1100	1200		1200						1200	
1576	3591		14188										
	3486		4662										
8353	22917		183209										
855	11117		38108										

	学校产权建筑面积												
	合计	教学辅助用房						行政办公用房	生活福利用房				
		计	教室	图书馆	实验室实习产所	体育馆	会堂		计	学生宿舍	学生食堂	教工单身宿舍	教工食堂
柳州地区分校	3232	1487	1159	164	164			100	680	650	30		
梧州地区分校	2030	150	150					650	130				
玉林师范学院分校	263281	113135	44488	23371	32583	5662	7031	6708	83448	61850	7482	4318	700
百色民族分校	7769	2435	2113	148	174			384	2704	2279	275		
河池地区民族分校	51476	20850	13110	850	6890			3850	12776	9680	1500		
钦州市分校	49231	24256	21746	1076	1434			1450	9289	7036	2139		
北海市分校	3814	2146	1993	153				535	233	153	80		
检察分校	2650	470	440	30				190	1990	720	60	1210	
农业银行工作站	20153	4220	2423	979	818			720	7597	5235	2088		
贵港市电大分校													
防城港市工作站													
玉林商校工作站	8163	1717	1196	205	316			183	3361	2731	630		
广西电大工商分校	22762	6322	4356	450	486		1030	826	10254	6700	1029	498	77
水利工作站	258							258					
广西银行学校电大工作站	39731	12560	7098	3650	1812			1953	15996	11894	1846		216
海南	**22659**	**5978**	**3288**	**1000**	**1220**		**470**	**1500**	**4590**	**3870**	**400**		
海南广播电视大学	16579	3218	1188	750	810		470	1000	2820	2520	180		
海南电大五指山分校	6080	2760	2100	250	410			500	1770	1350	220		
四川	**506816**	**181820**	**126184**	**11688**	**28337**	**9192**	**6419**	**49915**	**153919**	**93719**	**20643**	**13779**	**4435**
四川广播电视大学	64684	23310	10684	2950	9676			7466	19504	12566	1443	1147	
省建委分校	2940	2440	2030	150	200		60	300	200				
省级机关分校	4943	3128	2822	150	36		120	670					
成都铁路局分校	32105	7869	4600	200	3069			2200	22036	6673	1863	8900	
德阳广播电视大学	23046	16356	16356					5226	1464				
绵阳广播电视大学	22801	11407	5810	235	300	4662	400	2744	4750	3650	580		
广元广播电视大学	32775	12094	9074	829	1522		669	3588	9778	7270	1761	580	
遂宁广播电视大学	30565	10335	6940	850	1745		800	5434	6296	4561	430		105
雅安分校	8118	3479	3359	120				1231	2798	2698	100		
乐山广播电视大学	40796	18490	10989	2423	1639	2620	819	3701	15486	5676	6832	262	2650
内江广播电视大学	16751	3809	2789	500	520			815	4633	4037	596		
自贡广播电视大学	15273	5840	4822	251	267	300	200	1572	5061	797	420		450
宜宾广播电视大学	7641	2525	1600	300	225		400	1300	1876	1476	400		
泸州广播电视大学	59183	12391	9275	990	2126			4660	19594	11493	2612	2450	730
南充广播电视大学	14930	3610	2610	300	110	110	480	660	3726	1900	480	140	
达川广播电视大学	24000	14766	10300		4466			2234					
甘孜分校	364	228	228					136					
凉山广播电视大学	2900	800	600		140		60	700					
攀枝花广播电视大学	8167	4860	4860					907	2400	2400			
巴中广播电视大学	6250	4500	4500					1250	500		500		
广安广播电视大学	9078	2978	2222	300	456			300	3300	2200	300	300	
眉山广播电视大学	68800	13840	7920	1100	1320	1500	2000	960	27500	25000	2000		500
资阳广播电视大学	1800	1600	1200		400			200					
阿坝广播电视大学	8906	1165	594	40	120		411	1661	3017	1322	326		
成都	**130991**	**60470**	**43548**	**2346**	**11982**	**1482**	**1112**	**13240**	**28371**	**13814**	**1883**	**1612**	**2370**
成都广播电视大学	19845	10334	9679	205	100		350	1655	813			813	
龙泉分校	10963	2765	2334	69			362	1258	6940	1927	226		
彭州分校	4096	1017	977	40				401	383	383			
新都分校	4203	1177	1177					282	490	450			
双流分校	3850	2410	2270		140			140	320	320			

校舍情况(续表 12)

单位：平方米

生活福利及其它用房	教工住宅	正在施工面积	学校产权占地面积	非学校产权建筑面积 合计	计 独立使用	计 共同使用	教学及辅助用房 独立使用	教学及辅助用房 共同使用	行政办公用房 独立使用	行政办公用房 共同使用	生活用房 独立使用	生活用房 共同使用	非学校产权占地面积
	965		9920										
130	1100		600	1800		1800		800		700		300	5000
9098	59990		660003										
150	2246		12239										
1596	14000		158746										158746
114	14236		666670										
	900		8400										
			600										
274	7616		89340										
				4860	3260	1600	1710	1600	300		1250		18000
				3000	900	2100	700	800	200	300		1000	35000
	2902		18000										
1950	5360		38019										
2040	9222		72460										
320	**10591**		**91820**										
120	9541		8820										
200	1050		83000										
21343	**121162**	**21416**	**1050015**	**6786**		**6786**		**6086**		**100**		**600**	**149999**
4348	14404		51333										58557
200			900	1600		1600		900		100		600	1600
	1145		6800										1000
4600			31905										
1464			31700										
520	3900		13320										
167	7315		184885										
1200	8500		19000										
	610		2790										
66	3119		95227										5000
	7494		6000										
3394	2800		18901										
	1940		14652										
2309	22538		50801										
1206	6934		12768										
	7000	12000	448157										
			364	5186		5186		5186					5186
	1400		3400										
		6200	14667										
			15901										
500	2500	3216	16000										
	26500												22644
													56012
1369	3063		10544										
8692	**28910**		**157284**										**6802**
	7043		7877										
4787			13464										
	2295		3042										
40	2254		2743										
	980		2666										

	学校产权建筑面积												
	合计	教学辅助用房						行政办公用房	生活福利用房				
		计	教室	图书馆	实验室实习产所	体育馆	会堂		计	学生宿舍	学生食堂	教工单身宿舍	教工食堂
崇州分校	5900	2300	1740	140	420			600					
邛崃分校	5000	2000	1600	100	200		100	500	1000	200	300	200	
郫县分校	5119	3081	2281	50	750			654	56		37		
温江分校	4863	3495	2915	80	200	300		168	200				
大邑分校	9337	4647	3257	370	1020			869	3821	2950	371	290	
金堂分校	9081	5120	880	120	4000	120		387	1310	640	80	90	
五冶分校	4826	3927	2650	200	120	877	80	605	294		224	70	
蒲江分校	14102	6438	4380	120	1938			2000	5664	3000	380		2284
都江堰分校	4666	567	200	90	92	85	100	150	1425	925	65	149	86
电子工业分校	12370	6156	3256	402	2378		120	2380	2874	1730	100		
青白江分校	6370	911	712	135	64			416	1281	889			
新津分校	2700	1525	1300	25	100	100		275	900	100			
青羊分校	2400	1900	1340	100	460			300	200				
旅游分校	1300	700	600	100				200	400	300	100		
重　　庆	**429381**	**161926**	**125728**	**12816**	**10879**		**12503**	**43476**	**103655**	**73936**	**15067**	**1680**	**1246**
重庆广播电视大学	125124	38278	30439	7489			350	15885	37011	30011	7000		
渝中区分校	3720	3120	2920	40	160			200	400	300	40	60	
重庆铁路分校	9876	730	320	100			310	100	4846	350	415		
重庆钢铁公司分校													
南岸分校	6090	5730	4600	200	530		400	200	160				80
九龙坡区工作站													
江北区工作站	1015	912	872		40			90	13				
沙坪坝区电大分校	8340	5381	4467	246	248		420	1400	272	272			
永川市广播电视大学	22755	10500	7000	200	900		2400	4100	6247	4000	800	350	50
北碚区工作站	1500	400	320	80				200	700	700			
万盛区工作站	816	696	576	80	40			120					
荣昌县工作站	17075	4000	2600	320	600		480	340	2735	1910	625		
綦江县工作站	23503	5465	3115	350	200		1800	3080	2500	1300	900		300
合川电大分校	1110	860	860					100	150		150		
长寿县工作站	3878	2884	2884					864	130		130		
渝北区工作站	1900	550	410	20	70		50	250	1100			550	
潼南县工作站	2418	1020	600	150	220		50	150	300		300		
大足县工作站	760	520	350	50	120			240					
巴南分校	44176	28676	25200	1000	2476			2720	12780	12520	260		
江津分校	29148	11690	10190	300	400		800	1100	4520	4520			
大渡口分校	1288	806	806					161	321			200	121
璧山县电大工作站	11334	3300	2400	100	500		300	1200	1000	400	200	300	
万州广播电视大学	11701	1681	1345	110	78		148	292	2485	1620	204	30	
涪陵广播电视大学	16307	4450	2500	250	500		1200	2462	2895	1320	375		
黔江广播电视大学	8364	2614	2614					790	3430	1430	1200		
南川分校	3019	2099	1529	180	120		270	920					
垫江分校	16000	3890	1560	300	1030		1000	2200	6710	5210	600		300
丰都县电大工作站	1400	1200	940	100	60		100	160	40			40	
武隆电大工作站	19472	5018	2744	87	1337		850	580	2380	1380	600		
供销总社分校	10771	4027	3477	50	230		270	830	2966	2673	193		
物资贸易工作站	1200	640	400	75	50		115	100	200	120	80		
建工集团工作站													
酉阳电大工作站	400							400					
石柱电大工作站	3800	3100	2500		150		450	300	400				

校舍情况(续表 13)

单位：平方米

生活福利及其它用房	教工住宅	正在施工面积	学校产权占地面积	非学校产权建筑面积									非学校产权占地面积
				合计	计		教学及辅助用房		行政办公用房		生活用房		
					独立使用	共同使用	独立使用	共同使用	独立使用	共同使用	独立使用	共同使用	
	3000		4230										
300	1500		2000										2000
19	1328		5779										
200	1000		4113										
210			39908										
500	2264		6696										
			6336										
			23400										
200	2524		4669										
1044	960		21400										
392	3762		1361										802
800			2700										
200			4900										
													4000
11726	**120324**	**13594**	**554067**	**69442**	**11047**	**58395**	**5807**	**24976**	**50**	**9201**	**5190**	**24218**	**169434**
	33950		153341										
			7250										
4081	4200		7267										
				500	500		500						15038
80			41000										1000
				4993		4993		3420		220		1353	6670
13			2092	1617	1617		937		50		630		
	1287		1250										2000
1047	1908		31208										
	200		800										300
			2016										
200	10000		18600										
	12458		21000										
			460										6660
			4062										
550			1900										
	948		6600										
			2200	1420		1420		500		920			2000
			11880										34258
	11838	4996	6000										
			1288										
100	5834	1100	10060	480	180	300		300			180		1000
631	7243		89573										
1200	6500		13986										
800	1530		8364										
			3800										
600	3200		28600										
			500										7000
400	11494	7498	22318										
100	2948		7475	8750	8750		4370				4380		4500
	260		1100										
				6431		6431		4000		1700		731	6571
			400	25621		25621		10846		3511		11264	63307
400			1700										

	学校产权建筑面积												
	合计	教学辅助用房						行政办公用房	生活福利用房				
		计	教室	图书馆	实验室实习产所	体育馆	会堂		计	学生宿舍	学生食堂	教工单身宿舍	教工食堂
彭水电大工作站	5300	1470	1000	240	80		150	180	1610	1000	110	150	350
云阳县电大工作站	1334	600	400		200			300	100				
巫山分校	5720	1472	1289	23	80		80	334	2109	650	325		
巫溪电大工作站	588	300	225		75			118	170				
城口电大工作站	1000	350	270	42			38	230	420	150	150		
铜梁分校	6949	3327	1836	634	385		472	720	2555	2100	410		45
重庆电大乡企工作站													
市药监局电大工作站													
市统计局电大工作站	230	170	170					60					
贵州	**236743**	**111069**	**78280**	**9374**	**9797**	**9165**	**4453**	**21156**	**75608**	**38643**	**9751**	**15099**	**1213**
贵州广播电视大学	39288	23693	15800	2488	4605	250	550	5000	10595	6159	2450		86
贵阳市分校	6596	5107	4689	96			322	1047	442	442			
遵义地区分校	1000	900	700	200				100					
安顺地区分校	3296	1457	1175	70	212			304	1535	500	150		
黔南州分校	2886	1050	520	50	120	200	160	258	798	600		18	
黔东南州分校	6723	2559	1802	113	144	500		1216	2948	1558	283		89
黔西南州分校	11961	4438	3980	138	320			543	4580	2408	400	800	
毕节地区分校	1135	925	820	30	75			210					
六盘水市分校	3157	2400	2400					600	157	157			
铜仁分校	4379	1106	1106						1710	1611			
贵州建设广播电视大学	6040	4036	4000		36			450	1554	554	500		
贵州水晶集团电大工作站	14094	10364	10000	100	120		144	1000	2730	1500	450		600
贵阳铁路分局分校	5547	2293	1790	250	168		85	2054	1200	1000	200		
贵航集团分校	15010	2545	1600	225	400		320	2553	3997	3342	655		
水城钢铁公司分校	6625	2235	1720	250			265	760	990	640	50		
省监管局分校	40965	10697	8046	413	833	800	605	2191	19465	12126	1757	1616	238
航天管理局工作站	6430	1850	1300	200	350			380	1200	1000	200		
黎阳机械公司工作站	3890	2540	840	100	1500		100	50	1300	800	400		100
贵州省劳动和社会保障厅电大工作站	9378	4300	1800	50	150	800	1500	800	1278	1100	178		
贵阳冶金工作站	6379	2398	1948	115	235		100	466	2515	1575	450	250	100
贵航技校电大工作站	41964	24176	12244	4486	529	6615	302	1174	16614	1571	1628	12415	
云南	**208480**	**86446**	**45198**	**8659**	**24163**	**3779**	**4647**	**14923**	**63193**	**41148**	**7760**	**3085**	**1717**
云南广播电视大学	49459	17283	7206	2778	6997		302	5561	11528	6113	900	568	900
昆明广播电视大学	12519	6021	3679	570	1142		630	1658	4840	2820	1300		
玉溪广播电视大学	28327	12702	7694	2200	2808			2083	7997	4830	1372		
思茅广播电视大学	4998	1080	961	119				178	2515	1426	221	671	
西双版纳广播电视大学													
红河分校	17473	3782	2521	1261				935	4666	2884	817		
文山分校													
曲靖分校													
昭通分校													
东川工作站	770	660	420	60	180			110					
楚雄广播电视大学													
大理分校													
保山分校	12698	5004	2550	108	86	1988	272	612	5210	4394	229		
临沧分校													
德宏广播电视大学													
丽江分校													
文山州民族干部学校	9435	2422	1220	90	130		982	720	4133	2120	250	1575	120

校舍情况(续表 14)

单位：平方米

生活福利及其它用房	教工住宅	正在施工面积	学校产权占地面积	非学校产权建筑面积 合计	计 独立使用	计 共同使用	教学及辅助用房 独立使用	教学及辅助用房 共同使用	行政办公用房 独立使用	行政办公用房 共同使用	生活用房 独立使用	生活用房 共同使用	非学校产权占地面积
	2040		17849										
100	334		1344										
1134	1805		5936										
170			118										
120			6500										4800
	347		14000										
				12160		12160		2330		2500		7330	10000
				6640		6640		2750		350		3540	3500
			230	830		830		830					830
10902	**28910**		**508304**	**1445**	**700**	**745**	**476**	**610**	**224**	**135**			**73960**
1900			24812										
			3976	700	700		476		224				
			2000										
885			446										
180	780		2664										
1018													15173
972	2400		7243										
			136	745		745		610		135			
													4500
99	1563		2667										
500													
180			1580										
			5396										
	5915		23619										
300	2640		5250										
3728	8612		187132										
	3000		6667										
			40000										40000
	3000		9378										
140	1000		12787										12787
1000			172551										1500
9483	**43918**	**15049**	**306463**	**750194**	**36458**	**713736**	**11529**	**390756**	**971**	**43961**	**23958**	**279019**	**2720263**
3047	15087	15049	27814	31608	31608		9569		581		21458		50877
720			19134										
1795	5545												28327
197	1225		18009										
				28503		28503		14252		2164		12087	105322
965	8090		10973										
				94340		94340		49659		1719		42962	272454
				75900		75900		49000		900		26000	178090
				78290		78290		37475		4148		36667	171445
													6667
				88360		88360		31922		3233		53205	423333
				185426		185426		127651		22872		34903	374008
587	1872		9641										
				37506		37506		12143		3141		22222	79067
				44693		44693		19445		3110		22138	174177
				45362		45362		18040		1918		25404	98616
68	2160		11900										

	学校产权建筑面积												
	合计	教学辅助用房						行政办公用房	生活福利用房				
		计	教室	图书馆	实验室实习产所	体育馆	会堂		计	学生宿舍	学生食堂	教单身宿舍	教工食堂
怒江电大分校	25904	16749	5719	471	8947	312	1300	1153	6008	4891	120		
个旧分校	6770	3586	2214	100	100	1172		258	2926	1949			
云南省有色地质电大分校	3091	811	788	23				252	1628	1335	230		
煤炭分校	6779	2858	2471	131	256			216	3705	2000	1008		697
昆明陆军学院分校													
省检察分校	2662	1284	1000	284				310	868	370	398	100	
昆明市总工会分校	4732	2400	1950	150	300			450	760	760			
昆钢分校													
易门矿务局分校	22863	9804	4805	314	3217	307	1161	427	6409	5256	915	171	
陕西	**404172**	**152578**	**102321**	**13869**	**26758**	**3585**	**6045**	**39640**	**143183**	**54219**	**9926**	**8907**	**22080**
陕西省广播电视大学	23185	7533	3201	534	3563		235	4399	2653	771	104	201	263
延安分校	5127	845	500	108	237			644	2229	577	248		
榆林地区分校	15831	7380	5016	828	1536			1361	7090	4068	867		
咸阳市分校	4595	2833	2617	64	32		120	882	880	480	160	240	
宝鸡市分校	6500	4240	3920	80	80		160	1350	910	820			
安康分校	4695	1360	832	75	453			821	1543	1543			
汉中分校	3730	1450	1080	110	160		100	520	420	300			
渭南分校	8655	800	500	60	240			570	925	865	60		
商洛地区分校	7060	4100	3000	100	1000			1000	1960	1000		800	
铜川市分校	1800	1600	1378	60	162			200					
航空工业局工作站	40752	17583	11107	779	5257	80	360	7919	11150	6290	380	200	3600
省电子工业局工作站	11270	5000	4000	400	400		200	4000	2270	1000	500	340	430
兵器工业管理局工作站	42749	23718	15559	994	2795	2600	1770	3025	6256	1825	1930		
核工业局工作站													
西安铁路分校	2245	1365	1200	165				280	600	600			
省冶金局工作站	13900	13000	12000	200	600	200		500	400	400			
民盟省委会工作站													
省广播电视厅工作站	1580	1580	1200	380									
陕西省城市经济学校	15717	4715	3671	282	762			3006	4820	3990	830		
西安有色工作站	23750	4450	2750	500			1200	1500	8800	4100	1200		
O一二基地工作站													
省水利厅工作站	18400	3500	1500	500	1000		500	1500	4700	2000	300	1500	200
省府干部学校工作站													
省煤碳厅工作站													
省农业厅工作站	6300	4600	3900	160	280		260	1700					
省警官职业学校工作站													
高新分校	7221	1200	720	160	320			939	3682	2100	500	400	
省电大直属教学部													
新城分校	4560	3850	3350	100	300		100	420	290				20
工运学院电大	16489	3811	2530	450	441		390	450	6265	4817	570	100	
陕西经贸培训学院	25000	6200	3700	1300	550		650	1200	11200	6000	1500	1200	700
陕西省中医学校	87278	23135	11000	5400	6030	705		861	61680	8986	500	3686	16867
陕西电大长安工作站	380	260	240	20				120					
省计生协工作站	5403	2470	1850	60	560			473	2460	1687	277	240	
陕西广播电视大学宝鸡农校教育中心													
陕西银行学校													
陕西电大西安市卫校电大教学中心													
西安	**41577**	**19928**	**13123**	**1030**	**4036**		**1739**	**5382**	**15502**	**7991**	**1873**	**2996**	**410**
西安市广播电视大学	6675	2824	2270	80	420		54	1906	1945	1649	296		

校舍情况(续表 15)

单位：平方米

生活福利及其它用房	教工住宅	正在施工面积	学校产权占地面积	非学校产权建筑面积									非学校产权占地面积
				合计	计		教学及辅助用房		行政办公用房		生活用房		
					独立使用	共同使用	独立使用	共同使用	独立使用	共同使用	独立使用	共同使用	
997	1994		115391										
977			7463										
63	400		2000										
			21345										
				11230	3250	7980	1000	7480	250		2000	500	6800
	200		3583										
	1122		3600	1600	1600		960		140		500		5000
				27376		27376		23689		756		2931	746080
67	6223		55610										
48051	**68771**	**13793**	**481762**	**280643**	**36872**	**243771**	**10428**	**115891**	**4222**	**19352**	**22222**	**108528**	**2943292**
1314	8600		15334	17888	14878	3010	4248	1710	342		10288	1300	54000
1404	1409		1465										
2155			17846										
			9133										
90			15600	280	280				280				2200
	971	1143	5022										
120	1340		2000										
	6360	3900	28650										
160			6000										
			750										
680	4100	8250	56315	10134	1634	8500		8500			1634		30536
			5400										
2501	9750		34695										
			152	5980	1340	4640	640	2940	200		500	1700	8600
			5006										
			5200										
				9200	300	8900	200	5000	100	500		3400	45000
			329	1251		1251		1251					1251
	3176		23335										
3500	9000		35000										
				20990		20990		15490		2250		3250	5600
700	8700	500	70000	3000	3000				3000				70000
				1160		1160		760		400			300000
				52434		52434		22329		2913		27192	2211980
			6300										
				69431		69431		22195		7392		39844	52391
682	1400		8470										
				12020	12020		3720				8300		9500
270			6900	23000		23000		12390		2613		7997	35000
778	5963		21000	2700	2700		1100		100		1500		3000
1800	6400		18600										
31641	1602		76260										
				1400	200	1200	100	1200	100				2200
256			7000										
				32286	520	31766	420	13500	100	1600		16666	71777
				16889		16889		8126		1584		7179	39857
				600		600		500		100			400
2232	**765**		**43464**	**84004**	**23812**	**60192**	**13407**	**31829**	**3783**	**6207**	**6622**	**22156**	**104284**
			8200	10591		10591		3271		520		6800	

	学校产权建筑面积												
	合计	教学辅助用房						行政办公用房	生活福利用房				
		计	教室	图书馆	实验室实习产所	体育馆	会堂		计	学生宿舍	学生食堂	教工单身宿舍	教工食堂
西安电大开放教育学院													
西安电大现代教育培训学院													
长安分校	380	260	240	20				120					
临潼分校	1152	470	315	63	50		42	390	252			150	102
户县分校	8925	3330	2948	172	210			560	5035	2055	500	2480	
西电公司工作站	2660	2580	1680	360	240		300	80					
莲湖科技学校工作站	100	60	60					40					
西安交通大学卫校教学班	4763	3026	300	155	1771		800	637	1100	300	800		
西安电大北洋教学班													
利君集团工作站	185	145	130		15			40					
翠华培训学院工作站	700	660	200		460			40					
富士日本语专修学院工作站													
蓝田分校													
韩城进校工作站	3700	1400	850	50	100		400	100	2200	800			
市卫生职校工作站													
涉外旅游专修学院工作站													
西安培明进修学院教学班													
西安教育学院工作站													
高陵分校													
大荔师范工作站													
西安电大现代职校	5403	2470	1850	60	560			473	2460	1687	277	240	
成人教育培训学院工作站													
中交一公院工作站													
华阴工作站	2066	811	738				73	310	220				68
铜川矿务局教学班													
宜川工作站	3532	1392	1042	70	210		70	400	1740	1500			240
潼关工作站	1336	500	500					286	550			126	
甘　肃	**482898**	**179419**	**120881**	**7585**	**29917**	**11034**	**10002**	**41988**	**148455**	**86711**	**16109**	**10926**	**3430**
甘肃广播电视大学	39187	8306	5309	460	2137		400	4289	19992	3514	400	474	2107
兰州市分校	2227	1677	1417	130	130			385	165			165	
天水市分校	13049	3534	2666	160	145	200	363	800	4547	2400	220		
白银市分校	1306	396	270	36	90			180	30				
金昌分校	4956	1952	1140	71	566		175	350	1326				
嘉峪关市分校	17432	4296	3796	80	420			575	12561	5283	2241		
庆阳地区分校	14681	1972	1470	73	74		355	1407	4593	2109	150	515	
平凉地区分校	5637	2113	1422	131	199		361	1422	791	711	80		
陇南地区分校	4580	1482	1442	40				126	1309	180		830	
定西地区分校	5750	2030	1200	300	500		30	250	870	740	130		
武威地区分校	49332	21810	11306	294	7630		2580	1566	16760	13813	1650	342	
张掖市分校	4010	1320	992	20	128	60	120	220	320	160		60	
酒泉地区分校	11500	6700	5600	200	600		300	510	2490	1140	500		
甘南分校	5610	3348	2424		924			192	52				
临夏分校	7705	5655	5655					1630	420				
兰州铁路局分校	4222	1200	420	480		300		147	2875	859	226	1790	
四O四厂分校	2950	1388	728	140	420		100	252	1310	150			
省农垦分校	41000	10240	8630	240	570		800	4580	12560	11000	960	600	
亚盛集团公司分校	14758	9366	1626	60	80	7500	100	543	3301	2588	260	68	35
玉门石油管理局分校	29700	15950	12750	300	1550	900	450	1200	4610	1836	1012	450	962
滨河集团分校	14310	5510	3680	100	1248	482		1586	4266	2112	1460	512	

校舍情况(续表 16)

单位：平方米

生活福利及其它用房	教工住宅	正在施工面积	学校产权占地面积	非学校产权建筑面积									非学校产权占地面积
				合计	计		教学及辅助用房		行政办公用房		生活用房		
					独立使用	共同使用	独立使用	共同使用	独立使用	共同使用	独立使用	共同使用	
				3640	3640		2640		1000				8530
				5500	600	4900	600	2900		1500		500	16000
			530	1400	200	1200	100	1200	100				
	40		2334										
			13565										
				16484		16484		9484		1440		5560	30875
			100										
				4763	600	4163	300	2726		637	300	800	10138
				350	350		275		75				400
				180	180		180						1200
				300		300		270		30			650
				3143	3143		2471		168		504		6340
1400			4629										
				7210	7210		3460		1600		2150		6330
				400	400		210		100		90		460
				2700	800	1900	760	1840	40	60			3000
				535	535		295		60		180		600
				3419		3419		2023		800		596	4154
				3221	3221		1036		243		1942		2040
256			7000										
				220	20	200		180	20	20			400
				3848	2913	935	1080	935	377		1456		1067
152	725		1319										
				16100		16100		7000		1200		7900	9500
			1220										
424			4567										2600
31279	**113036**	**12500**	**1457569**	**48434**	**20795**	**27639**	**5930**	**9808**	**11760**	**2806**	**3105**	**15025**	**72293**
13497	6600		9005	3600	3600		1200				2400		550
			3702										
1927	4168		27108										
30	700		1000										
1326	1328		3200										
5037			19746										
1819	6709		19418										
	1311												
299	1663		2268										
	2600		8800										4000
955	9196	12500	161998										
100	2150		3700										
850	1800		9700										
52	2018		4200										
420			16675										
			32000	4222		4222		1200		147		2875	800
1160			7200										
	13620		299700										
350	1548		39568										
350	7940		68000										
182	2948		50000										

5.3 全国电大

	学校产权建筑面积												
	合计	教学辅助用房						行政办公用房	生活福利用房				
		计	教室	图书馆	实验室实习产所	体育馆	会堂		计	学生宿舍	学生食堂	教工单身宿舍	教工食堂
开放教育学院	6999	2950	2570	60	320			2710	1339	940	399		
兰州铁路分局分校													
省农业银行工作站	14000	4000	1000	500	500	1000	1000	3000	3000	2000	1000		
省人民银行工作站	18740	3680	2300	230	650	300	200	2000	5060	2950	830	1000	80
甘肃省乡镇企业分校	22626	5998	4071	1089	649		189	2502	6283	4909	1265	109	
水电部五局工作站	35617	18140	15600	160	2100		280	1900	13253	7800	650	2947	186
武威卫生学校电大工作站	45972	17456	11000	1431	3770	200	1055	6000	9604	7194	1055	300	
陇南农校直属工作站	17240	4400	3000	80	920		400	80	6660	5600	400	600	60
电大兰炼工作站													
武威铁路分局电大工作站													
五零四厂电大工作站													
省统计局电大工作站	3101	1506	1376		130			200	1395	1000	395		
省财贸学校电大工作站	24701	11044	6021	720	3467	92	744	1386	6713	5723	826	164	
青　海	**77632**	**29347**	**18638**	**1481**	**3906**	**1250**	**4072**	**4634**	**27538**	**12870**	**4104**	**4588**	**1319**
海西州广播电视大学	340							340					
海北州广播电视大学	26960	11100	7100	240	1560	1100	1100	400	10060	3100	1200	2000	880
海南州广播电视大学													
玉树州广播电视大学	5550	1908	1260	205	131		312	452	1465	407	249	471	174
果洛州广播电视大学	3828	809	586	48	135		40	285	800	273	80	277	40
乐都广播电视大学	288	250	216		34			38					
互助县广播电视大学													
湟源县广播电视大学	4080	2522	1682	100	640		100	850	708	408			
民和县广播电视大学	6216	2916	1758	548	610			303	1616	1456	160		
大通师范电大	459	432	432					27					
湟中县广播电视大学	5179	2879	2189	120	120	150	300	440	1860	1500	180		180
化隆县广播电视大学	3079	1242	878	66	298			271	1566	450	49	896	45
循化县广播电视大学	1900	1122	680	54	278		110	390	388	150	56	80	
统计局电大													
海东广播电视大学	19753	4167	1857	100	100		2110	838	9075	5126	2130	864	
宁　夏	**157934**	**68052**	**39381**	**5158**	**19660**	**626**	**3227**	**13431**	**54579**	**30908**	**6691**	**660**	**240**
宁夏广播电视大学	65996	27000	14398	3299	8428		875	5610	20786	9838	2990	440	240
石嘴山分校	1580	1150	862		288			430					
银川市工作站	600	320	320					280					
吴忠市分校	1002	930	768		162			72					
固原市工作站	580	290	290					210	80				
电力系统分校	2735	1735	1150	240	345			300	700	550	150		
青铜峡铝厂工作站	5000	1850	1730	70			50	1200	1122	600	154	120	
石嘴山矿物局工作站	6824	6824	4053	100	1995	576	100						
青铜峡市工作站	460	400	300	40	60			60					
盐池县工作站													
中卫分校	6517	4925	4355	45	405		120	315	1277	852	425		
永宁县工作站	4820	4000	1120	70	1300		1510	400	120	100	20		
平罗电大工作站	300	60			60			240					
卫生系统分校	1970	532	220				312	441	997	685	312		
铁路分局分校	3839	1419	1100	57	162		100	420	2000	1200	500		
惠农县电大工作站													
灵武县电大工作站													
西吉电大工作站	568	505	463	42				63					
隆德县电大工作站	11947	3776	3171	62	543			452	7719	7344	375		

校舍情况(续表 17)

单位：平方米

生活福利及其它用房	教工住宅	正在施工面积	学校产权占地面积	非学校产权建筑面积									非学校产权占地面积
				合计	计		教学及辅助用房		行政办公用房		生活用房		
					独立使用	共同使用	独立使用	共同使用	独立使用	共同使用	独立使用	共同使用	
			1000	5660		5660		1150		110		4400	5000
				11137		11137		6066		1421		3650	32400
	4000		21000										
200	8000		48000										
	7843		1220										
1670	2324		69050										
1055	12912		67773										
	6100		430000										
				13980	13980		2680		11000		300		10000
				6620		6620		1392		1128		4100	2300
				3215	3215		2050		760		405		15743
			5000										
	5558		27538										
4657	**16113**		**300969**	**54250**	**4505**	**49745**	**2368**	**31436**	**672**	**1803**	**1465**	**16506**	**302637**
			340	20998		20998		20000				998	20998
2880	5400		153410										
				23717		23717		7656		1803		14258	130000
164	1725		5500	3825	3825		1908		452		1465		5550
130	1934		54000										
													11288
				5030		5030		3780				1250	32666
300			8713										
	1381		38000										
													58000
													43335
126			14667										
102			4995										
				680	680		460		220				800
955	5673		21344										
16080	**21872**		**599473**	**18082**		**18082**		**7960**		**1580**		**8542**	**69900**
7278	12600		84575										
			5400										
			75										
			2600	16282		16282		6260		1480		8542	66600
80			13580										
			3000										
248	828		500										
			220000										
			620										
				500		500		500					500
			8000										
	300		24000										
				900		900		840		60			
			480										
300			5250										
				140		140		140					2540
				260		260		220		40			260
			1300										
			33333										

	学校产权建筑面积												
	合计	教学辅助用房						行政办公用房	生活福利用房				
		计	教室	图书馆	实验室实习产所	体育馆	会堂		计	学生宿舍	学生食堂	教工单身宿舍	教工食堂
海原县电大工作站	1140	700	400	40	50	50	160	120	200		60	100	
农校系统电大分校	42056	11636	4681	1093	5862			2818	19578	9739	1705		
新　疆	**390885**	**152636**	**104845**	**11719**	**23255**	**1125**	**11692**	**49080**	**125466**	**69382**	**18963**	**5067**	**1280**
新疆广播电视大学	9187	1141	723	111			307	7754	292				
乌鲁木齐广播电视大学	50395	16340	11605	1138	2230		1367	2372	15189	7124	3402		
哈密广播电视大学	14865	2787	1580	165	308		734	5087	1141	973	168		
昌吉广播电视大学	67002	30954	26112	792	1800	450	1800	7716	15052	8462	2331	719	260
克拉玛依广播电视大学	34998	15861	10807	2954	2100			7609	11528	5360	2249		
阿勒泰广播电视大学	5960	2314	1570	178	334		232	1200	751	451	300		
塔城广播电视大学	9650	3150	2160	220	370		400	1200	2900	1700	400	700	
巴音郭楞蒙古自治州电大	5238	2310	1850	140	320			1310	1618	1248	200		
阿克苏分校	6638	1990	1326	70	280		314	1032	1854	1526	62	150	
博尔塔拉蒙古自治州电大	8562	2756	2466	145			145	1800	1976	1490	266		
奎屯市广播电视大学	1300	1000	720		180		100	150	150				
克孜勒苏广播电视大学	7049	2054	1514	50			490	364	2259	1301	490		
喀什广播电视大学	23580	6130	2900	300	2730		200	1100	7236	3271	667		
和田广播电视大学	6860	1621	1456	45			120	705	2888	1830	185	168	
伊犁州广播电视大学	15027	9185	6850	370	870	675	420	810	5032	4040	788	204	
石河子广播电视大学	11830	7273	6591	116			566	418	4139	3730	409		
吐鲁番分校	2842	1732	1352	120	260			200	910	760	150		
铁路广播电视大学	17148	5844	2863	400	2131		450	1375	9929	3534	754		
钢铁公司工作站	17299	6816	3200	750	2866			1398	9085	4970	1769		120
劳改局工作站	22871	3736	3736					2482	9593	7067	1000		500
乌石化广播电视大学	20950	14600	6600	600	6000		1400	1750	4600	1150	800		
广电厅广播电视大学													
哈煤集团广播电视大学	13400	3536	2145	178	205		1008	1248	8616	2832	608	3126	400
财政厅广播电视大学	18234	9506	4719	2877	271		1639		8728	6563	1965		
新疆兵团	**143538**	**42851**	**34784**	**2442**	**2300**	**605**	**2720**	**9452**	**53518**	**36214**	**5261**	**3600**	**606**
新疆兵团广播电视大学	9590	2343	1000	366	438	75	464	728	4631	3781	643		86
农一师分校	14247	2994	2316	120	150		408	1456	7137	5882	580	140	130
农二师分校	9860	1583	1476	107				687	4790	2734	330	200	
农三师分校	9600	4204	3618	106	280		200	500	3496	500	250	100	200
农四师分校	16945	2690	2145	165	380			600	4180	3800	230	150	
农五师分校	9100	1575	1003	332			240	801	2780	1558	516	140	
农六师分校	13889	2456	898	428	500	400	230	198	5275	2354	171	2750	
农七师分校	18668	5250	4900	150	200			2450	6150	4800	850	120	120
农八师分校	11830	7273	6591	116			566	418	4139	3730	409		
农九师分校	11601	1931	1611	190		130		794	4104	3093	497		
农十师分校	7441	4149	3259	190	280		420	340	2952	1702	180		
农十三师分校	4140	1616	1280	72	72		192	240	2284	1080	205		70
农十二师分校	6627	4787	4687	100				240	1600	1200	400		

校舍情况(续表18)

单位：平方米

		正在施工面积	学校产权占地面积	非学校产权建筑面积									非学校产权占地面积
				合计	计		教学及辅助用房		行政办公用房		生活用房		
生活福利及其它用房	教工住宅				独立使用	共同使用	独立使用	共同使用	独立使用	共同使用	独立使用	共同使用	
40	120		10000										
8134	8024		186760										
30774	**63703**	**400**	**928618**	**12786**	**8056**	**4730**	**3232**	**3985**	**457**	**745**	**4367**		**59030**
292			2293										
4663	16494		27548										
	5850		22423										
3280	13280		235856										
3919			168000										
	1695	400	13320										
100	2400		5000										5000
170			6034	4630		4630		3885		745			4630
116	1762		5527										
220	2030		35700										35700
150			1300	100		100		100					100
468	2372		27050										
3298	9114		24209										
705	1646		19714										
			39036										
			27836										
			2842										
5641			35005										
2226			60325										
1026	7060		66000										
2650			30000										
				8056	8056		3232		457		4367		13600
1650			51600										
200			22000										
7837	**37717**		**318248**										
121	1888		12178										
405	2660		14000										
1526	2800		6670										
2446	1400		7260										
	9475		30350										
566	3944		49417										
	5960		30001										
260	4818		78400										
			27836										
514	4772		17682										
1070			23331										
929			4140										
			16983										

VI 发展情况与比较

DEVELOPMENT AND COMPARISON

本章从分析统计数据的角度，对全国广播电视大学的历史发展和现状与全国普通高等学校和其他成人高等学校的相关统计数据进行比较。通过图和表的形式，展示全国广播电视大学、全国普通高等学校和其他成人高等学校的发展状况。

主要内容包括：

1. 1979 年至 2004 年全国高等院校学生和教职工发展情况比较
2. 全国高等院校本、专科网络教育的学生情况
3. 全国省级电大高等学历教育学生数比较
4. 全国省级电大非学历教育结业生数比较
5. 全国省级电大教职工数比较
6. 2004 年各地区电大高等学历教育学生数占当地人口数的比例

指标解释

· 普通高校：指按国家规定的设置标准和审批程序批准举办的，通过全国普通高等教育统一招生考试，招收高中毕业生为主要培养对象，实施高等学历教育的全日制大学、独立设置的学院和高等专科学校、高等职业学校及其他机构（独立学院和分校、大专班）。

· 成人高校：指按国家规定的设置标准和审批程序批准举办的，通过全国成人高等教育统一招生考试，招收具有高中毕业或同等学历的人员为主要培养对象，利用函授、业余、脱产等多种形式对其实施高等学历教育的学校。包括：职工高等学校、农民高等学校、管理干部学院、教育学院、独立函授学院、广播电视大学、其他机构（承担国家成人招生计划任务不计校数的机构）。

· 普高举办的成人高校：指普通高等学校举办的成人高等教育。

· 其他成人高校：指广播电视大学以外的全国成人高等教育学校。

简要说明

1. 本章 2004 年度教育统计数据除全国广播电视大学数据外，其他有关普通高校、成人高校和高等教育网络教育院校的有关数据来自教育部发展规划司印发的《中国教育事业发展统计简况 2004》和教育部教育管理信息中心的有关统计。

2. 受 2003 年"非典"疫情的影响，教育部安排 2003 年度的成人高考招生任务于 2004 年度执行。由于《中国广播电视大学教育统计年鉴 2003》在 2004 年春季编辑时，恰逢推迟的 2003 全国成人高等教育学生情况统计，教育部安排在 2004 年 3 月 1 日至 3 日上报汇总。我们根据全国电大上报的成人高考招生数和相应的毕业生、在校生数，经审核、汇总后编入《中国广播电视大学教育统计年鉴 2003》。

根据教育部"教发函（2004）158 号"文件，"教育部关于填报 2004 年教育事业统计年报的通知"中第四条，按照教育部"教学厅（2004）2 号"文件的要求，"今后，全国成人高等学校统一招生的学生均以入学年份为入学年级，毕业年届按学制时间相应类推。使用 2003 年招生计划的 2004 年春季入学的学生为 2004 级。所以在填报 2004/2005 年初的成人高等教育报表时，计入当年招生数。"按照此规定，我们将第二次上报的全国电大成人高考学生数据，编入《中国广播电视大学教育统计年鉴 2004》。

故此，读者在查阅和参考《中国广播电视大学教育统计年鉴 2003》的"成招专科"和"成招专升本"的学生数据时请注意，2003 年的"招生数"应该为"0"，"在校生数"要减去"招生数"。

3. 由于"2003 年度的全国成人高考招生任务"的学生统计数据，是分别两次上报的，故有一定的差异，我们采用了第二次较新的统计数据。

6.1.1 全国普通高校、成人高校、广播电视大学毕业生、

年	毕业生数						招生数					
	合计	普通高校	成人高校				合计	普通高校	成人高校			
			小计	普高举办的成人高校	其他成人高校	电大			小计	普高举办的成人高校	其他成人高校	电大
1979	8.51	8.51	/	–	–	–	/	27.5	/	/	/	9.77
1980	25.07	14.66	10.41	1.30	9.11	–	48.47	28.1	20.37	7.23	5.20	7.94
1981	23.38	13.96	9.42	0.70	8.72	–	/	27.9	/	5.61	3.85	–
1982	68.41	45.72	22.69	3.19	10.30	9.20	58.92	31.5	27.42	3.91	5.01	18.50
1983	47.15	33.53	13.62	1.68	5.15	6.79	80.78	39.1	41.68	8.87	9.25	23.56
1984	45.09	28.70	16.39	5.33	9.36	1.70	94.86	47.5	47.36	12.25	14.52	20.59
1985	66.33	31.63	34.70	6.27	11.91	16.52	140.68	61.9	78.78	23.53	27.94	27.31
1986	84.29	39.28	45.01	7.11	13.02	24.88	113.64	57.2	56.44	15.13	19.79	21.52
1987	101.32	53.19	48.13	10.61	19.63	17.89	111.53	61.7	49.83	16.90	19.93	13.00
1988	130.74	55.35	75.39	20.06	27.83	27.50	136.80	66.97	69.83	24.76	25.88	19.19
1989	107.55	57.62	49.93	15.81	21.00	13.12	117.55	59.71	57.84	25.28	20.11	12.45
1990	110.24	61.36	48.88	16.87	19.96	12.05	110.13	60.89	49.24	20.76	17.26	11.22
1991	123.47	61.43	62.04	26.12	19.63	16.29	108.54	61.99	46.55	20.42	15.78	10.35
1992	112.20	60.42	51.78	26.24	13.44	12.10	134.59	75.42	59.17	21.38	23.43	14.36
1993	101.19	57.07	44.12	13.66	20.66	9.80	179.17	92.90	86.27	25.30	39.11	21.86
1994	109.26	63.74	45.52	17.82	17.65	10.05	168.48	89.98	78.50	50.13	5.15	23.22
1995	144.15	80.54	63.61	25.44	22.39	15.78	183.97	92.59	91.38	46.74	24.58	20.06
1996	161.01	83.86	77.15	34.40	23.74	19.01	191.10	96.58	94.52	48.12	25.79	20.61
1997	172.38	82.91	89.47	45.35	25.41	18.71	200.40	100.04	100.36	52.46	27.87	20.03
1998	182.64	82.98	99.66	42.88	39.69	17.09	227.42	108.36	119.06	54.39	45.75	18.92
1999	173.56	84.76	88.80	47.65	24.03	17.12	271.45	154.86	116.59	66.74	29.57	20.28
2000	192.14	94.98	97.16	55.16	23.00	19.00	400.40	220.61	179.79	104.88	35.35	39.56
2001	207.53	103.63	103.90	61.42	20.72	21.76	497.28	268.28	229.00	143.55	35.89	49.56
2002	265.16	133.73	131.43	80.35	23.18	27.90	587.85	320.50	267.35	171.75	36.21	59.39
2003	371.90	187.75	184.15	117.00	27.07	40.08	658.21	382.17	276.04	180.10	34.33	61.61
2004	466.39	239.12	227.28	147.28	28.89	51.11	732.75	447.34	285.41	178.27	30.06	76.07
累计	3601.07	1860.43	1740.64	829.70	485.49	425.45	/	3081.59	/	/	/	564.86

注：本表2003年电大“招生数”和“在校生数”中已减去“成招专科”和“成招专升本”的招生数。

招生、在校生、教职工数的比较表（1979—2004）

单位：万人

在校生数						教职工数							
合计	普通高校	成人高校				合计	其中:专任教师	普通高校		其他成人高校		电大	
		小计	普高举办的成人高校	其他成人高校	电大			计	其中:专任教师	计	其中:专任教师	计	其中:专任教师
/	102.0	/	/	/	9.75	63.32	27.01	57.4	23.66	5.00	2.96	0.92	0.39
269.80	114.4	155.40	18.78	119.82	16.80	69.65	28.01	63.2	24.69	5.21	2.77	1.24	0.55
262.50	127.9	134.60	22.65	94.91	17.04	73.12	28.27	66.6	24.99	5.03	2.63	1.49	0.65
232.70	115.4	117.30	19.73	71.72	25.85	81.70	33.48	73.0	28.70	6.44	3.69	2.06	1.09
233.50	120.7	112.80	26.45	44.94	41.41	86.52	35.77	76.3	30.29	7.94	4.33	2.28	1.15
268.89	139.6	129.29	31.91	37.47	59.91	91.85	38.33	80.4	31.50	9.09	5.66	2.36	1.17
342.80	170.3	172.50	49.30	55.84	67.36	101.44	41.35	87.1	34.43	11.86	5.80	2.48	1.12
373.57	188.0	185.57	56.31	68.82	60.44	111.12	45.78	93.1	37.24	14.95	7.23	3.07	1.31
381.70	195.9	185.80	61.28	67.93	56.59	115.71	46.97	96.9	38.54	16.46	7.52	2.35	0.91
379.36	206.6	172.76	63.51	63.87	45.38	118.85	47.71	99.4	39.32	17.03	7.42	2.42	0.97
382.31	208.2	174.11	70.95	61.42	41.74	120.09	48.49	100.4	39.74	17.12	7.72	2.57	1.03
372.94	206.3	166.64	72.53	53.34	40.77	120.66	48.26	100.5	39.46	16.55	7.68	3.61	1.12
351.71	204.4	147.31	72.37	41.47	33.47	121.35	48.00	100.9	39.08	16.61	7.39	3.84	1.53
366.31	218.44	147.87	56.21	58.62	33.04	121.95	47.65	101.36	38.76	16.56	7.26	4.03	1.63
439.84	253.55	186.29	58.13	84.30	43.86	122.59	47.73	102.12	38.78	16.17	7.15	4.30	1.80
515.03	279.86	235.17	112.77	67.61	54.79	125.03	49.13	104.03	39.64	16.25	7.40	4.75	2.09
547.65	290.64	257.01	133.87	68.61	54.53	125.92	49.89	104.06	40.07	16.84	7.55	5.02	2.27
567.68	302.11	265.57	142.91	69.04	53.62	125.00	50.11	103.58	40.25	16.00	7.35	5.42	2.51
589.89	317.44	272.45	148.95	71.57	51.93	125.18	50.75	103.15	40.45	16.49	7.67	5.54	2.63
672.85	340.87	331.98	161.41	120.81	49.76	106.58	50.69	85.57	40.73	15.43	7.29	5.58	2.67
714.80	408.59	306.21	182.84	73.66	49.71	108.55	51.14	88.11	42.57	14.69	5.75	5.75	2.82
948.49	556.09	392.40	241.87	77.07	73.46	130.52	55.92	111.28	46.28	13.03	6.51	6.21	3.13
1238.92	719.07	519.85	333.38	82.57	103.90	139.54	62.40	121.44	53.19	11.55	5.85	6.55	3.36
1574.97	903.36	671.61	432.98	87.67	150.96	147.65	70.99	130.36	61.84	10.35	5.46	6.94	3.69
1859.95	1108.56	751.39	492.51	87.45	171.43	162.46	81.78	145.26	72.47	9.40	5.06	7.80	4.25
1932.65	1333.50	599.15	345.69	52.71	200.75	177.56	95.04	161.07	85.84	8.55	4.82	7.95	4.38
/	/	/	/	/	/	/	/	/	/	/	/	/	/

6.1.2 全国普通高校、成人高校与电大毕业生发展情况比较图
（1985－2004年）

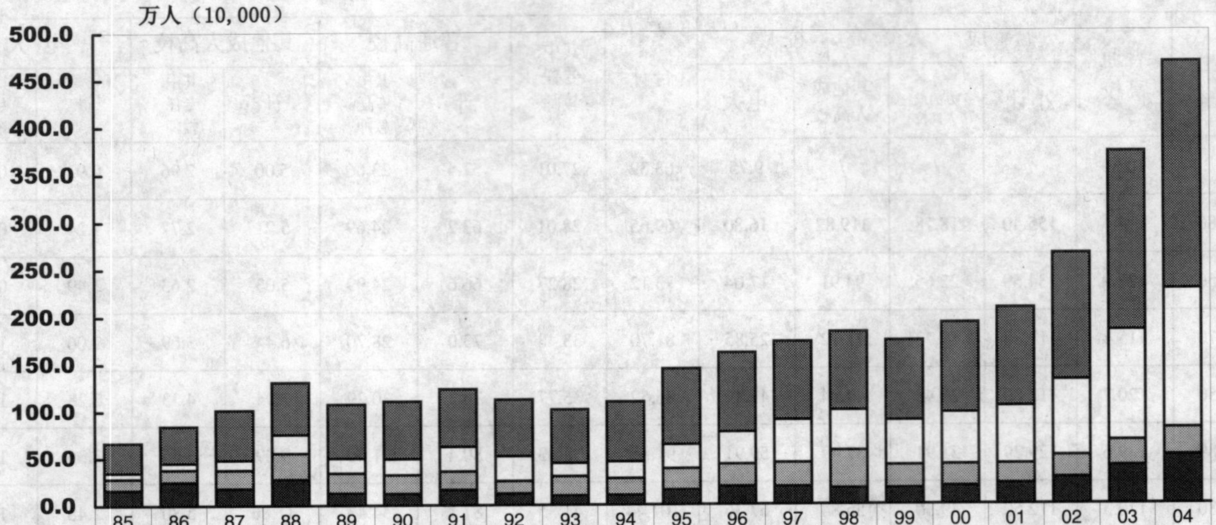

	85	86	87	88	89	90	91	92	93	94	95	96	97	98	99	00	01	02	03	04
普通高校	31.6	39.3	53.2	55.4	57.6	61.4	61.4	60.4	57.1	63.7	80.5	83.9	82.9	83	84.8	94.98	103.9	133.7	187.8	239.1
普高成人高校	6.3	7.1	10.6	20.1	15.8	16.9	26.1	26.2	13.7	17.8	25.4	34.4	45.4	42.9	47.7	55.16	61.42	80.35	117.0	147.3
其他成人高校	11.9	13	19.6	27.8	21	20	19.6	13.4	20.7	17.7	22.4	23.7	25.4	39.7	24	23	20.72	23.18	27.07	28.89
广播电视大学	16.5	24.9	17.9	27.5	13.1	12.1	16.3	12.1	9.8	10.1	15.8	19	18.7	17.1	17.1	19	21.76	27.90	40.08	51.11

6.1.3 电大毕业生在全国普通高校、成人高校毕业生中所占比例
（1985－2004年）

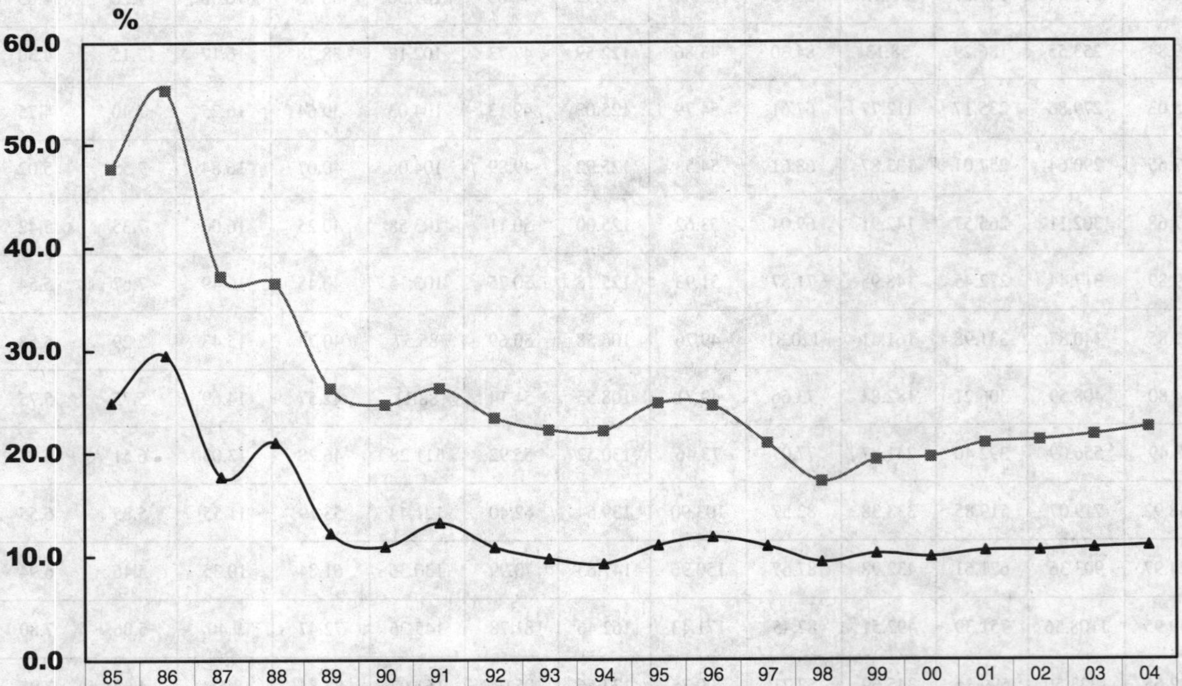

	85	86	87	88	89	90	91	92	93	94	95	96	97	98	99	00	01	02	03	04
在成人高校中	47.6	55.3	37.2	36.5	26.3	24.7	26.3	23.4	22.2	22.1	24.8	24.6	20.9	17.2	19.3	19.56	20.94	21.23	21.76	22.49
在全国高校中	24.9	29.5	17.7	21	12.2	10.9	13.2	10.8	9.7	9.2	11	11.8	10.9	9.4	10.2	9.9	10.49	10.52	10.78	10.96

6.1.4 全国普通高校、成人高校与电大招生发展情况比较图
（1985－2004年）

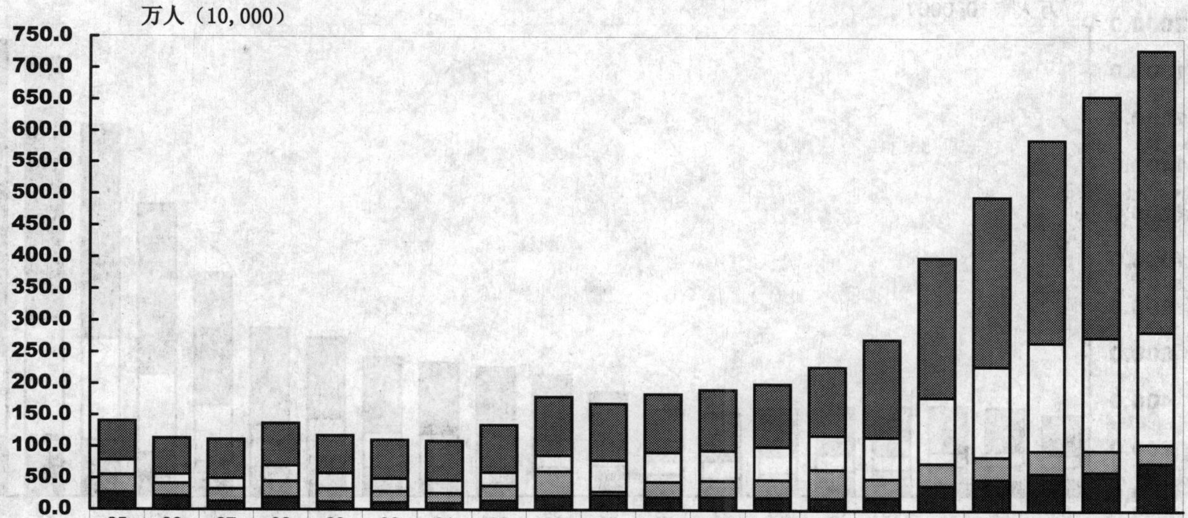

	85	86	87	88	89	90	91	92	93	94	95	96	97	98	99	00	01	02	03	04
■普通高校	61.9	57.2	61.7	67	59.7	60.9	62	75.4	92.9	90	92.6	96.6	100	108.4	154.9	220.6	268.3	320.5	382.2	447.3
□普高成人高校	23.5	15.1	16.9	24.8	25.3	20.8	20.4	21.4	25.3	50.1	46.7	48.1	52.5	54.4	66.7	104.9	143.6	171.8	180.1	178.3
■其他成人高校	27.9	19.8	19.9	25.9	20.1	17.3	15.8	23.4	39.1	5.2	24.6	25.8	27.9	45.8	29.6	35.35	35.89	36.21	34.33	30.06
■广播电视大学	27.3	21.5	13	19.2	12.5	11.2	10.4	14.4	21.9	23.2	20.1	20.6	20	18.9	20.3	39.56	49.56	59.39	61.61	76.07

6.1.5 电大招生在全国普通高校、成人高校招生中所占比例
（1985－2004年）

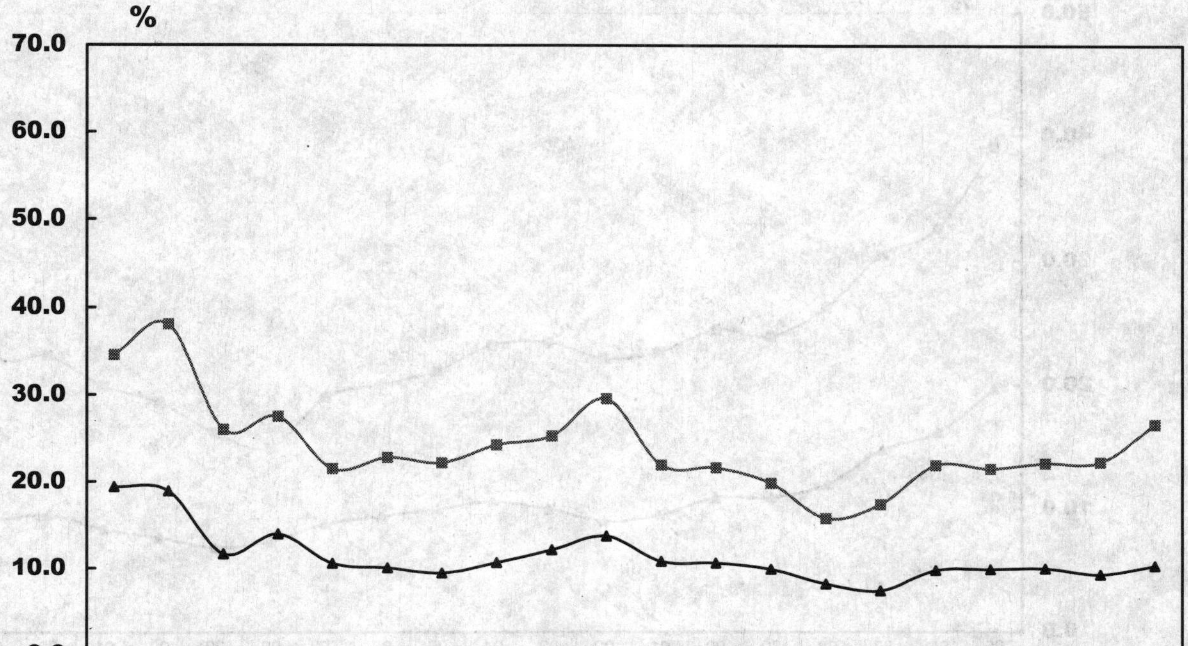

	85	86	87	88	89	90	91	92	93	94	95	96	97	98	99	00	01	02	03	04
在成人高校中	34.6	38.1	26	27.5	21.5	22.8	22.2	24.3	25.3	29.6	22	21.7	19.9	15.9	17.5	22	21.6	22.21	22.32	26.65
在全国高校中	19.4	18.9	11.7	14	10.6	10.1	9.5	10.7	12.2	13.8	10.9	10.7	10	8.3	7.5	9.9	10	10.10	9.36	10.38

6.1.6 全国普通高校、成人高校与电大在校生发展情况比较图
（1985－2004年）

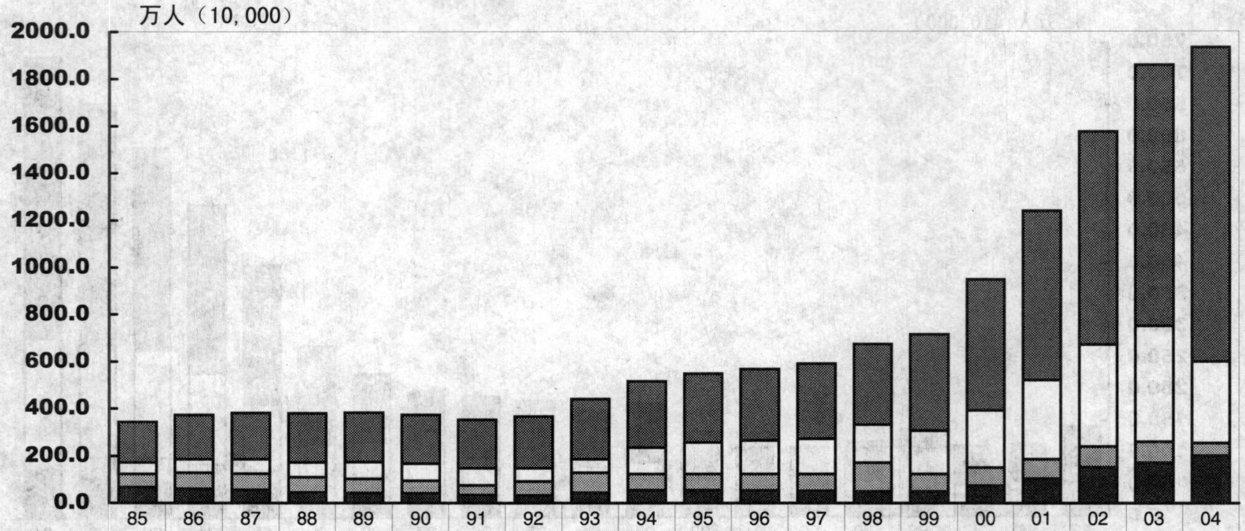

	85	86	87	88	89	90	91	92	93	94	95	96	97	98	99	00	01	02	03	04
普 通 高 校	170.3	188	195.9	206.6	208.2	206.3	204.4	218.4	253.6	279.9	290.6	302.1	317.4	340.9	408.6	556.1	719.1	903.4	1109	1334
普高成人高校	49.3	56.3	61.3	63.5	71	72.5	72.4	56.2	58.1	112.8	133.9	142.9	149	161.4	182.8	241.9	333.4	433	492.5	345.7
其他成人高校	55.8	68.6	67.9	63.9	61.4	53.3	41.5	58.6	84.3	67.6	68.6	69	71.6	120.8	73.3	77.07	82.57	87.67	87.45	52.71
广播电视大学	67.4	60.4	56.6	45.4	41.7	40.8	33.5	33	43.9	54.8	54.5	53.6	51.9	49.8	49.7	73.46	103.9	151	171.4	200.8

6.1.7 电大在校生在全国普通高校、成人高校在校生中所占比例
（1985－2004年）

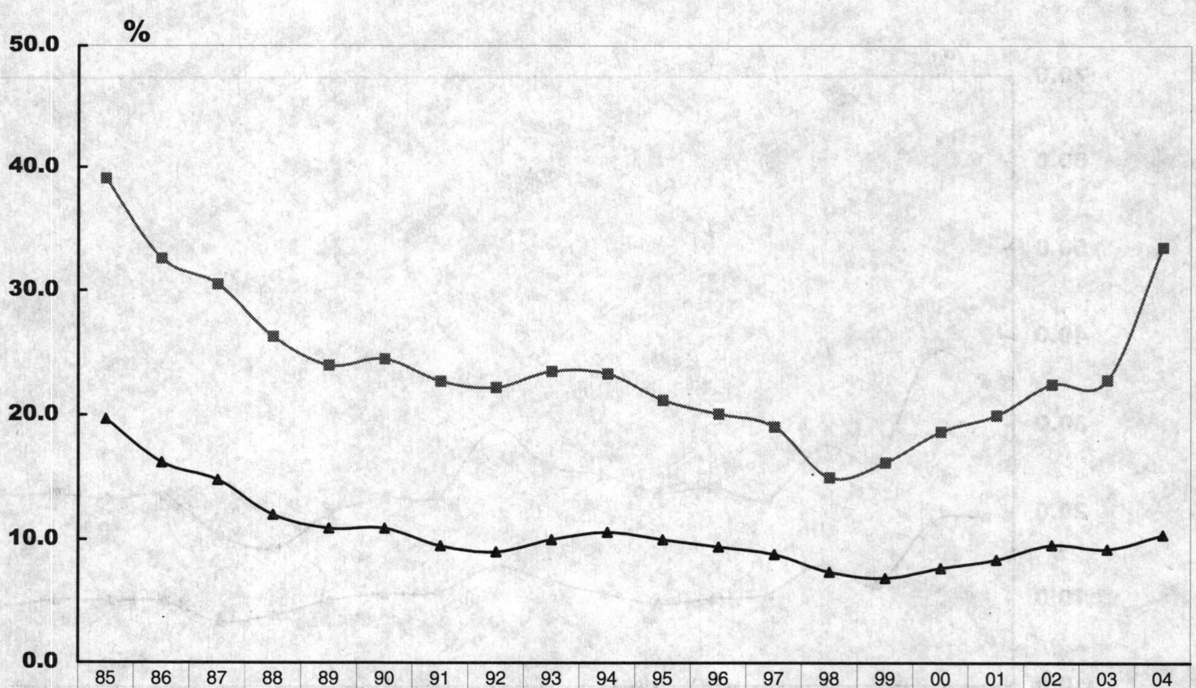

	85	86	87	88	89	90	91	92	93	94	95	96	97	98	99	00	01	02	03	04
在成人高校中	39.1	32.6	30.5	26.3	24	24.5	22.7	22.2	23.5	23.3	21.2	20.1	19.1	15	16.2	18.7	20	22.48	22.82	33.51
在全国高校中	19.7	16.2	14.8	12	10.9	10.9	9.5	9	10	10.6	10	9.4	8.8	7.4	6.9	7.7	8.4	9.58	9.22	10.39

6.1.8 全国普通高校、成人高校与电大教职工发展情况比较图
（1985－2004年）

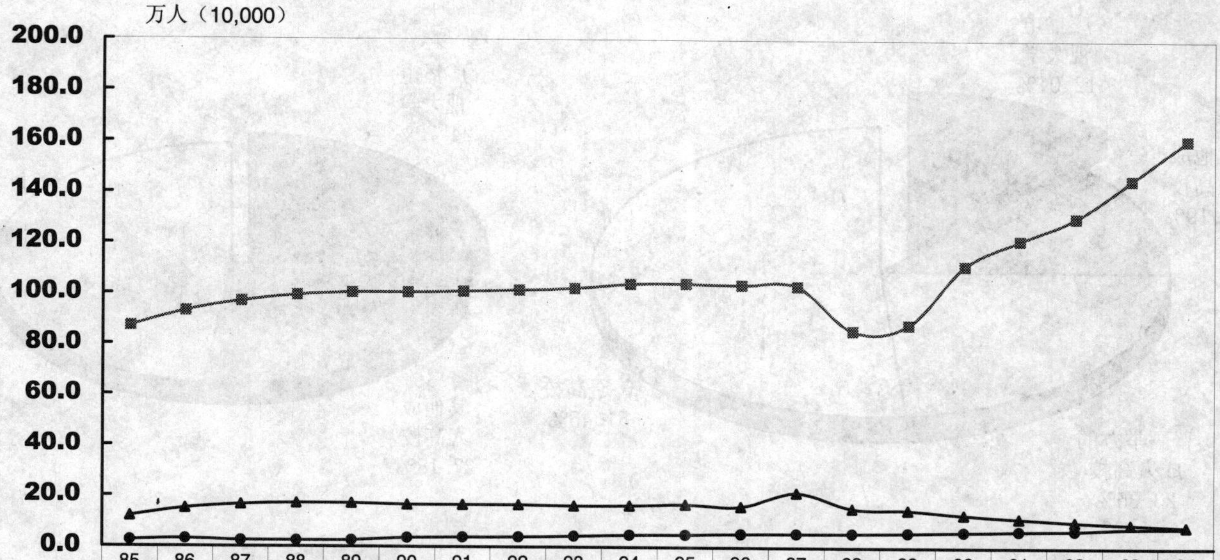

	85	86	87	88	89	90	91	92	93	94	95	96	97	98	99	00	01	02	03	04
普通高校	87.1	93.1	96.9	99.4	100.4	100.5	100.9	101.4	102.1	104	104.1	103.6	103.2	85.6	88.1	111.3	121.4	130.4	145.3	161.1
其他成人高校	11.9	15	16.5	17	17.1	16.6	16.6	16.6	16.2	16.3	16.8	16	21.5	15.4	14.7	13	11.6	10.35	9.40	8.55
广播电视大学	2.5	3.1	2.4	2.4	2.6	3.6	3.8	4	4.3	4.8	5	5.4	5.5	5.6	5.8	6.2	6.6	6.90	7.80	7.95

6.1.9 全国普通高校、成人高校与电大专任教师发展情况比较图
（1985－2004年）

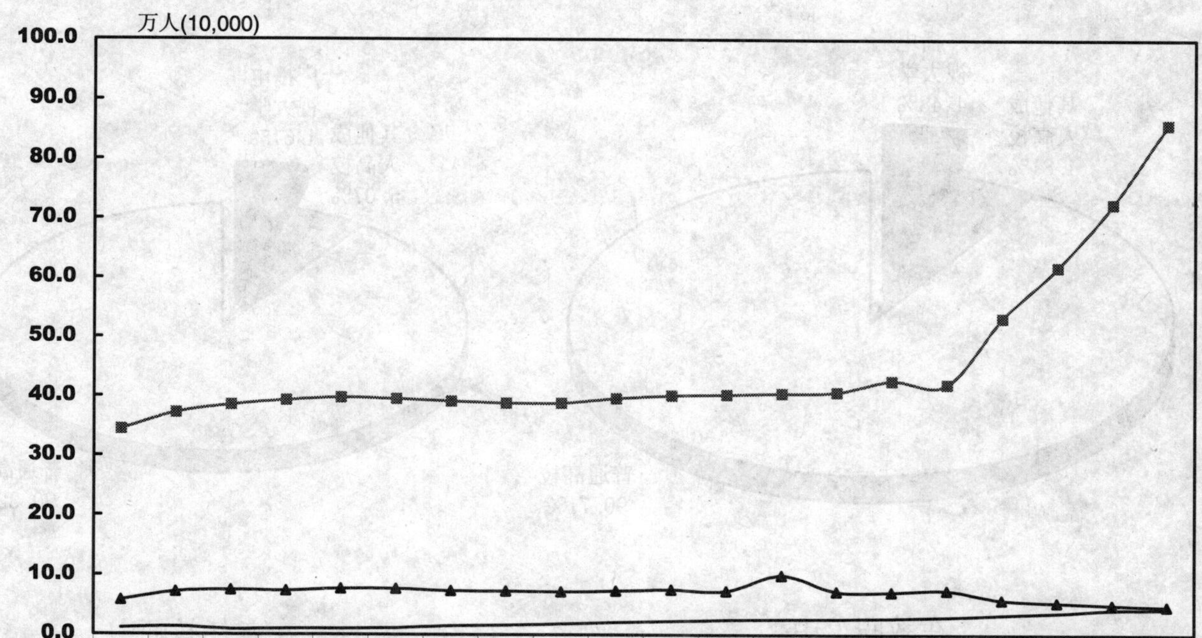

	85	86	87	88	89	90	91	92	93	94	95	96	97	98	99	00	01	02	03	04
普通高校	34.4	37.2	38.5	39.3	39.7	39.5	39.1	38.8	38.8	39.6	40.1	40.3	40.5	40.7	42.6	42	53.2	61.84	72.47	85.84
其他成人高校	5.8	7.2	7.5	7.4	7.7	7.7	7.4	7.3	7.2	7.4	7.6	7.4	10	7.3	7.2	7.5	5.9	5.46	5.06	4.82
广播电视大学	1.1	1.3	0.9	1	1	1.1	1.5	1.6	1.8	2.1	2.3	2.5	2.6	2.7	2.8	3	3.4	3.70	4.25	4.38

6.1.10 电大毕业生在同期全国高校毕业生中所占比例
（1982－2004 年）

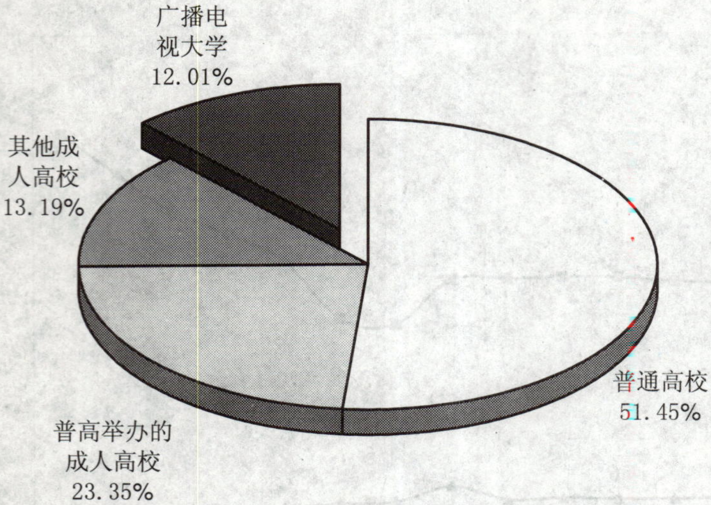

在全国高校中
（万人10,000）

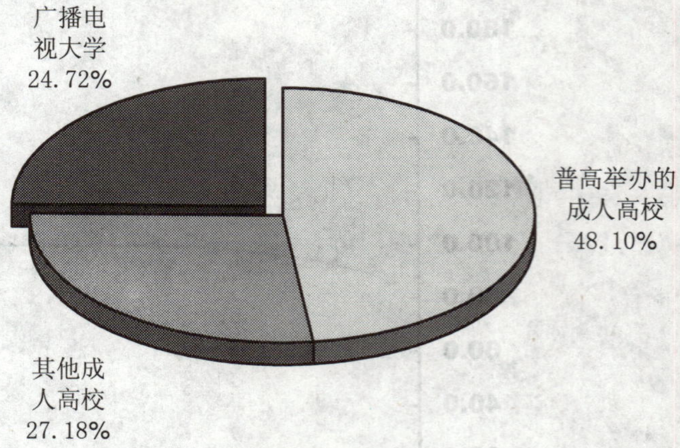

在成人高校中
（万人10,000）

6.1.11 电大教职工和专任教师在全国普通高校、成人高校中所占比例
（2004 年）

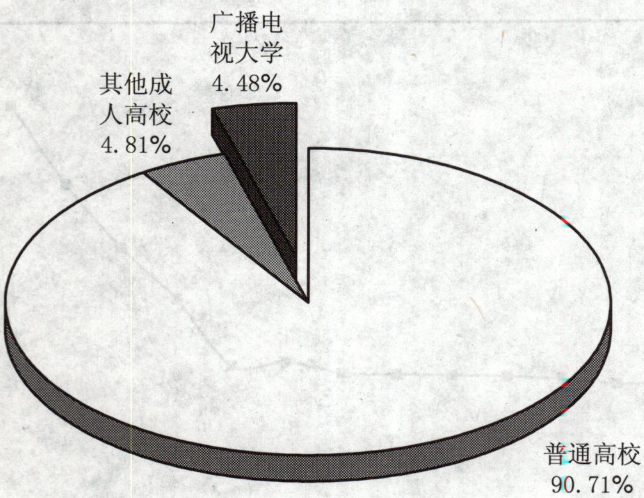

在教职工中
（万人10,000）

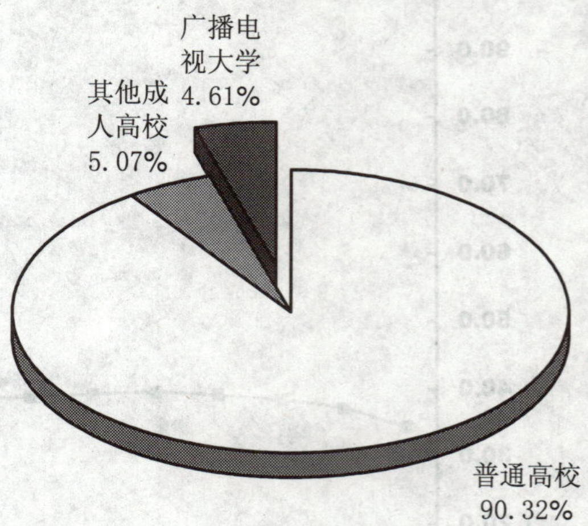

在专任教师中
（万人10,000）

6.2 2004年全国省级电大教职工数比较

单位：人

序号	学校	教职工人数	教职工%	其中：高级职称	其中：中级职称	其中：初级职称	其中：专任教师数
	总计	**78657**	**100**	**14819**	**29420**	**18479**	**15939**
1	江苏	7310	9.29	1039	2613	2256	1402
2	山东	6237	7.93	1255	2095	1548	1339
3	广东	3979	5.06	435	1562	1054	928
4	浙江	3736	4.75	532	1411	1057	736
5	云南	3471	4.41	630	1213	862	766
6	湖北	3100	3.94	565	1349	735	451
7	黑龙江	2861	3.64	764	1005	513	579
8	河南	2842	3.61	475	1036	734	597
9	天津	2686	3.41	767	1069	425	425
10	辽宁	2485	3.16	606	1041	426	412
11	陕西	2412	3.07	494	820	545	553
12	新疆	2403	3.06	347	874	635	547
13	河北	2142	2.72	645	747	403	347
14	四川	2060	2.62	371	783	407	499
15	广州	2040	2.59	326	687	580	447
16	上海	1967	2.50	281	849	410	427
17	甘肃	1839	2.34	264	767	460	348
18	江西	1651	2.10	333	518	332	468
19	北京	1624	2.06	284	619	350	371
20	重庆	1570	2.00	348	616	290	316
21	广西	1566	1.99	237	688	321	320
22	安徽	1495	1.90	217	485	369	424
23	湖南	1401	1.78	262	507	286	346
24	吉林	1312	1.67	289	616	264	143
25	福建	1309	1.66	198	436	381	294
26	内蒙古	1308	1.66	298	483	250	277
27	贵州	1300	1.65	133	497	361	309
28	武汉	1282	1.63	335	461	270	216
29	青岛	792	1.01	140	223	243	186
30	山西	771	0.98	156	281	121	213
31	南京	755	0.96	127	351	178	99
32	青海	742	0.94	144	403	112	83
33	宁夏	730	0.93	205	287	149	89
34	成都	722	0.92	140	290	186	106
35	沈阳	666	0.85	177	225	110	154
36	新疆兵团	662	0.84	157	242	175	88
37	西安	616	0.78	166	234	136	80
38	长春	580	0.74	137	251	81	111
39	深圳	570	0.72	128	182	55	205
40	大连	518	0.66	193	181	66	78
41	宁波	508	0.65	71	183	204	50
42	哈尔滨	400	0.51	115	162	83	40
43	厦门	129	0.16	19	48	36	26
44	海南	108	0.14	14	30	20	44

注：(1)按教职工数排序；(2)本表不含中央电大和中央电大直属教学部数据。

6.3 2004年全国高等学历本、专科网络教育学生情况

单位：人

序号	学校名称	专业数	毕业生		招生		在校生	
			人数	%	人数	%	人数	%
	总计	**775**	**393715**	**100**	**839325**	**100**	**2365908**	**100**
1	中央广播电视大学	26	262909	66.78	604241	71.99	1603671	67.78
2	湖南大学	9	23523	5.97	0	0.00	60986	2.58
3	西南师范大学	14	8614	2.19	4966	0.59	36404	1.54
4	中国人民大学	9	1413	0.36	10669	1.27	34244	1.45
5	四川大学	19	3286	0.83	8720	1.04	29964	1.27
6	福建师范大学	19	6878	1.75	7046	0.84	28174	1.19
7	北京大学	15	14302	3.63	5809	0.69	25438	1.08
8	西南交通大学	21	831	0.21	8666	1.03	24483	1.03
9	华中师范大学	11	1491	0.38	11688	1.39	24402	1.03
10	中国地质大学	14	2798	0.71	8601	1.02	23684	1.00
11	北京交通大学	25	4088	1.04	7952	0.95	23362	0.99
12	华南师范大学	12	1759	0.45	9480	1.13	21903	0.93
13	北京师范大学	30	2136	0.54	8700	1.04	19858	0.84
14	武汉理工大学	22	1495	0.38	7533	0.90	19476	0.82
15	中国农业大学	9	903	0.23	8832	1.05	19175	0.81
16	石油大学	16	3588	0.91	8812	1.05	18030	0.76
17	陕西师范大学	10	0	0.00	5884	0.70	16724	0.71
18	浙江大学	10	4435	1.13	6277	0.75	16682	0.71
19	东北大学	11	1301	0.33	2863	0.34	16372	0.69
20	对外经济贸易大学	7	604	0.15	14071	1.68	16290	0.69
21	中南大学	10	6379	1.62	3874	0.46	13977	0.59
22	山东大学	23	12117	3.08	1499	0.18	13225	0.56
23	兰州大学	9	352	0.09	1770	0.21	12738	0.54
24	西南财经大学	7	1980	0.50	3691	0.44	11404	0.48
25	华东师范大学	16	690	0.18	4490	0.53	11072	0.47
26	湖南科技大学	8	493	0.13	3401	0.41	10473	0.44
27	重庆大学	11	0	0.00	6653	0.79	10144	0.43
28	江南大学	8	0	0.00	561	0.07	10100	0.43

6.3 2004年全国高等学历本、专科网络教育学生情况（续表 1）

单位：人

序号	学校名称	专业数	毕业生		招生		在校生	
			人数	%	人数	%	人数	%
29	清华大学	5	1494	0.38	342	0.04	9907	0.42
30	华南理工大学	7	1566	0.40	3685	0.44	9583	0.41
31	东北农业大学	19	7621	1.94	6900	0.82	9486	0.40
32	北京邮电大学	4	814	0.21	1825	0.22	9361	0.40
33	上海交通大学	10	605	0.15	2431	0.29	8755	0.37
34	北京外国语大学	1	461	0.12	1636	0.19	8456	0.36
35	北京航空航天大学	10	37	0.01	1691	0.20	7638	0.32
36	北京理工大学	5	867	0.22	1393	0.17	7304	0.31
37	中国传媒大学	10	1041	0.26	2052	0.24	7146	0.30
38	复旦大学	13	1348	0.34	2673	0.32	6967	0.29
39	华东理工大学	10	165	0.04	5119	0.61	6946	0.29
40	吉林大学	10	623	0.16	1966	0.23	6717	0.28
41	南开大学	9	0	0.00	1838	0.22	6223	0.26
42	厦门大学	8	171	0.04	1878	0.22	6216	0.26
43	北京中医药大学	4	709	0.18	0	0.00	6031	0.25
44	西北工业大学	13	0	0.00	2229	0.27	5887	0.25
45	同济大学	8	630	0.16	1430	0.17	5490	0.23
46	天津大学	12	818	0.21	1674	0.20	5114	0.22
47	电子科技大学	15	434	0.11	1726	0.21	5059	0.21
48	上海第二医科大学	3	0	0.00	1920	0.23	5040	0.21
49	郑州大学	15	306	0.08	1860	0.22	4542	0.19
50	中国医科大学	8	0	0.00	1330	0.16	4504	0.19
51	哈尔滨工业大学	7	195	0.05	1865	0.22	4483	0.19
52	华中科技大学	16	1282	0.33	0	0.00	4229	0.18
53	大连理工大学	14	0	0.00	1597	0.19	3653	0.15
54	四川农业大学	32	1548	0.39	1736	0.21	3491	0.15
55	北京科技大学	8	0	0.00	692	0.08	3209	0.14
56	西安电子科技大学	4	0	0.00	831	0.10	3024	0.13
57	西安交通大学	7	0	0.00	864	0.10	2865	0.12

6.3 2004年全国高等学历本、专科网络教育学生情况(续表 2)

单位：人

序号	学校名称	专业数	毕业生		招生		在校生	
			人数	%	人数	%	人数	%
58	中山大学	8	830	0.21	1064	0.13	2561	0.11
59	武汉大学	11	0	0.00	601	0.07	2375	0.10
60	北京语言大学	5	730	0.19	20	0.00	2226	0.09
61	东北师范大学	5	0	0.00	1892	0.23	1892	0.08
62	中央音乐学院	1	239	0.06	663	0.08	1669	0.07
63	西藏大学	5	247	0.06	840	0.10	1445	0.06
64	东华大学	9	0	0.00	308	0.04	900	0.04
65	南京大学	3	0	0.00	694	0.08	694	0.03
66	南方医科大学	5	0	0.00	163	0.02	632	0.03
67	上海外国语大学	4	84	0.02	233	0.03	591	0.02
68	中国科学技术大学	6	0	0.00	488	0.06	488	0.02
69	西南科技大学	10	205	0.05	121	0.01	348	0.01
70	西安文理学院	8	0	0.00	257	0.03	257	0.01
71	兰州交通大学	2	0	0.00	49	0.01	49	0.00
72	湖南师范大学	1	280	0.07	0	0.00	0	0.00

注：按在校生数排序。

6.4 2004年全国省级电大高等学历教育学生数比较

单位：人

序号	学校	毕业生			招生			在校生		
		计	开放教育本、专科	统招本、专科	计	开放教育本、专科	统招本、专科	计	开放教育本、专科	统招本、专科
	总　计	**500283**	**312184**	**188099**	**746174**	**590277**	**155897**	**1975378**	**1643429**	**331949**
1	广　东	15287	9909	5378	58443	52446	5997	131899	118945	12954
2	浙　江	31691	23703	7988	43175	36640	6535	106557	91390	15167
3	四　川	32855	16751	16104	38078	22525	15553	102696	81951	20745
4	福　建	15114	12319	2795	23827	21354	2473	84142	75045	9097
5	陕　西	21403	10180	11223	28494	21967	6527	80878	69514	11364
6	甘　肃	20291	15833	4458	23725	19116	4609	79841	72673	7168
7	安　徽	13572	11769	1803	27577	26595	982	76715	72277	4438
8	江　苏	14206	5954	8252	30159	21200	8959	76637	48577	28060
9	湖　南	26085	12696	13389	26461	23650	2811	72047	62001	10046
10	云　南	11194	8097	3097	22040	14647	7393	67078	52799	14279
11	山　东	16152	8360	7792	25707	15277	10430	65987	34931	31056
12	北　京	7996	6935	1061	22974	22119	855	62140	59913	2227
13	河　南	19133	14643	4490	28451	24417	4034	60309	50323	9986
14	广　州	7346	5208	2138	22837	19703	3134	58595	51438	7157
15	天　津	10978	6652	4326	23285	19482	3803	58240	48790	9450
16	江　西	17809	8411	9398	19671	16124	3547	58037	48597	9440
17	辽　宁	18141	17339	802	14776	14231	545	56385	54988	1397
18	湖　北	13589	3162	10427	20935	13567	7368	47961	35773	12188
19	黑龙江	11729	7930	3799	12978	11090	1888	45977	43183	2794
20	重　庆	12378	3568	8810	24378	13343	11035	45177	26366	18811
21	河　北	16464	6479	9985	17164	9556	7608	43993	23769	20224
22	贵　州	14724	7648	7076	18095	12299	5796	40013	30375	9638
23	新　疆	18316	12545	5771	13743	11975	1768	36791	32947	3844
24	内蒙古	10958	7927	3031	17437	15289	2148	36116	32665	3451
25	宁　夏	8266	3403	4863	9952	7646	2306	32220	26281	5939
26	宁　波	9636	8565	1071	12188	11204	984	31453	28877	2576
27	沈　阳	4616	4154	462	9058	8777	281	30678	28833	1845
28	大　连	6612	4872	1740	11307	10027	1280	26771	24186	2585
29	哈尔滨	7833	5954	1879	6756	6035	721	25006	24203	803
30	深　圳	2968	2304	664	8728	8444	284	24272	22991	1281
31	西　安	4303	2508	1795	9343	7463	1880	23951	20401	3550
32	广　西	8377	4730	3647	9422	6535	2887	22245	15531	6714
33	吉　林	7423	2702	4721	11012	5385	5627	21975	15739	6236
34	上　海	9111	8682	429	8452	8300	152	21124	20562	562
35	青　岛	1445	687	758	6759	4666	2093	20647	14778	5869
36	成　都	9388	4987	4401	8685	6067	2618	18096	14631	3465
37	山　西	5491	3622	1869	6848	5522	1326	17713	15479	2234
38	武　汉	3073	2335	738	4751	4283	468	16239	15356	883
39	南　京	2374	1275	1099	5179	3690	1489	14350	9677	4673
40	长　春	2336	1120	1216	2930	1237	1693	8254	6492	1762
41	新疆兵团	3054	2165	889	2561	2343	218	8145	7636	509
42	厦　门	1301	858	443	2982	1738	1244	7318	5151	2167
43	海　南	1592	387	1205	3470	1064	2406	5439	2696	2743
44	青　海	3673	2856	817	1381	1239	142	5271	4699	572

注: (1)本表不含中央电大直属教学部的学生数；(2)“开放教育本、专科”内含注册视听生学生数；(3)按在校生数排序。

6.5 2004年全国省级电大非学历教育结业生数比较

单位：人次

		进修及培训											
		合计	一月以内	一月至半年内	半年至一年内	一年以上	在合计中			在合计中			
							计	资格证书培训	岗位证书培训	计	外语	会计	计算机
	总计	**1015305**	**620573**	**278806**	**94163**	**21763**	**432848**	**192600**	**240248**	**234205**	**55744**	**44885**	**133576**
1	上海	304911	152104	117671	34461	675	83921	9894	74027	82110	4140	14676	63294
2	河南	138977	124269	9012	4820	876	5411	4631	780	549		93	456
3	山东	110265	79684	23281		7300	97031	56796	40235	19361	1250		18111
4	浙江	50499	23210	23793	2545	951	31769	5903	25866	10297	4463	975	4859
5	新疆	45076	26016	6397	12217	446	9895	8614	1281	9299	1831	3872	3596
6	河北	34929	23	2721	31712	473	575	150	425	31712	31712		
7	贵州	33755	14280	10475	3120	5880	4395	3509	886	3603		1975	1628
8	陕西	29330	22630	6700			26900	13500	13400				
9	甘肃	29276	9020	20231	25		18810	7443	11367	2735	109	1408	1218
10	安徽	23626	22314	1312			18691	16321	2370	4341	731		3610
11	南京	19097	11729	5659	1210	499	13014	4644	8370	7714	939	3939	2836
12	江苏	19061	6159	10919	628	1355	7223	5061	2162	11383	1079	3546	6758
13	四川	18229	17711	208	110	200	12368	10032	2336	3645	429	475	2741
14	内蒙古	16292	15030	769	239	254	13258	10037	3221	1294	10	65	1219
15	广州	14347	6178	7472	177	520	10984	2424	8560	3559	377	1280	1902
16	山西	14290	14290				4414	3493	921	1112	138	60	914
17	广东	13129	7647	5260		222	11223	2524	8699	4566	416	2544	1606
18	北京	12571	8588	2830	487	666	8410	1014	7396	7620	995	5398	1227
19	福建	10941	6449	3695	581	216	4262	1932	2330	3926	2047		1879
20	湖南	9558	7726	1641	191		5605	3153	2452	2047	506	139	1402
21	深圳	8932	8932				296	176	120	2900			2900
22	沈阳	6772	6314	438	20		6319	2992	3327	3864	1598	805	1461
23	武汉	6041	1954	4062	25		5345	2224	3121	3764		314	3450
24	宁夏	5667	5667				5667	3848	1819				
25	厦门	5380	560	3600	1200	20	4140	3600	540				
26	广西	4560	4560				4480		4480	80	80		
27	成都	4200	3111	962	127		2320	400	1920	2320	20	1700	600
28	江西	4136	2374	1762			523	259	264	2192	1779	23	390
29	宁波	3173	2123	745	97	208	1600	1190	410	1530	906	271	353
30	湖北	3034	3034				2050	480	1570	67		67	
31	兵团	2901	1521	1236		144	2901	1245	1656	1456			1456
32	辽宁	2448		1697		751	2447	800	1647	81			81
33	青岛	2186	992	1194			1048	412	636	961	48	828	85
34	西安	2012		1898	67	47	120	60	60	1243	111		1132
35	长春	1967	1967				1967	1720	247	1720			1720
36	重庆	1410	900	450		60	1410	930	480	30	30		
37	黑龙江	1236	1021	215			1080	213	867	436			436
38	海南	352		352			352	352		352		352	
39	青海	256	256				256	256		256			256
40	吉林	230	230				115	115					
41	哈尔滨	173		69	104		173	173					
42	大连	80		80			80	80		80		80	
43	天津												
44	云南												

6.6 2004年各地区电大高等学历教育学生数占当地人口数的比例

序号	行政区划	人口数		毕业生数		招生数		在校生数	
		万人	%	人	1/10,000	人	1/10,000	人	1/10,000
		1	2	3	4=3/1	5	6=5/1	7	8=7/1
	总　计	**129988**	**100.00**	**510681**	**3.93**	**759529**	**5.84**	**2006710**	**15.44**
1	北　京	1493	1.15	8079	5.41	23486	15.73	63219	42.34
2	天　津	1024	0.79	10978	10.72	23285	22.74	58240	56.88
3	河　北	6809	5.24	16464	2.42	17164	2.52	43993	6.46
4	山　西	3335	2.57	5491	1.65	7128	2.14	18914	5.67
5	内蒙古	2384	1.83	10958	4.60	17437	7.31	36116	15.15
6	辽　宁	4217	3.24	29844	7.08	35324	8.38	114974	27.26
7	吉　林	2709	2.08	9759	3.60	13942	5.15	30229	11.16
8	黑龙江	3817	2.94	19562	5.12	19734	5.17	70983	18.60
9	上　海	1742	1.34	9111	5.23	8452	4.85	21124	12.13
10	江　苏	7433	5.72	16580	2.23	35338	4.75	90987	12.24
11	浙　江	4720	3.63	41327	8.76	55363	11.73	138010	29.24
12	安　徽	6461	4.97	13572	2.10	27577	4.27	76715	11.87
13	福　建	3511	2.70	16415	4.68	26809	7.64	91460	26.05
14	江　西	4284	3.30	17809	4.16	19671	4.59	58037	13.55
15	山　东	9180	7.06	17597	1.92	32466	3.54	86634	9.44
16	河　南	9717	7.48	19133	1.97	28451	2.93	60309	6.21
17	湖　北	6016	4.63	16662	2.77	25387	4.22	64200	10.67
18	湖　南	6698	5.15	26085	3.89	26461	3.95	72047	10.76
19	广　东	8304	6.39	25682	3.09	90787	10.93	216959	26.13
20	广　西	4889	3.76	8377	1.71	9422	1.93	22245	4.55
21	海　南	818	0.63	1592	1.95	3470	4.24	5439	6.65
22	四　川	8725	6.71	42243	4.84	46763	5.36	120792	13.84
23	重　庆	3122	2.40	12378	3.96	24068	7.71	45177	14.47
24	贵　州	3904	3.00	14724	3.77	18095	4.63	40013	10.25
25	云　南	4415	3.40	11194	2.54	22040	4.99	67078	15.19
26	西　藏	274	0.21	247	0.90	570	2.08	1320	4.82
27	陕　西	3705	2.85	25706	6.94	37837	10.21	104829	28.29
28	甘　肃	2619	2.01	20291	7.75	23725	9.06	79841	30.49
29	青　海	539	0.41	3673	6.81	1381	2.56	5271	9.78
30	宁　夏	588	0.45	8266	14.06	9952	16.93	32220	54.80
31	新　疆	1963	1.51	21370	10.89	16304	8.31	44936	22.89

注：1.人口数中，全国总计包括中国人民解放军现役军人数，但不包括香港、澳门特别行政区和台湾省数据，分省数据中未包括中国人民解放军现役军人数。表中人口数据摘自国家统计局的《中国统计摘要 2005》。

2.电大高等学历教育学生数为①开放教育本科（专科起点）、专科②电大普通专科班（普招）③成招专科(含专升本)④电大注册视听生四类办学形式的学生数之和。

3.全国电大学生数总计中包括中央电大八一学院和总参学院的开放教育学生数，分省数据中未包括八一学院和总参学院的学生数；同时把中央电大直属部和各省级电大学生数按行政区域分别填列。

4.表中，如“4=3/1”表示编号为 4 的列中值等于编号为 3 的列中数字除以编号为 1 的列中数字，其它相同。第 4、6、8 列的数字表示每万人口中电大相应的学生数。

VII 附　录

APPENDIX

本章由广播电视大学信息代码和全国广播电视大学通讯名录两部分组成。

1．广播电视大学信息代码（2005 版）包括：

（1）全国广播电视大学学校名称代码

（2）全国广播电视大学专业分类目录代码

全国广播电视大学学校名称代码（2005 版），在原“全国广播电视大学、分校（工作站）名称代码”（2004 版）的基础上进行了较大范围的改编，将分校（工作站）的原两位码扩展为三位；首次设立县级广播电视大学学校名称代码，便于县级广播电视大学的教育统计填报。另外对全国广播电视大学学校名称代码的全码，在实用和易识别上进行了改编和码位调整。

全国广播电视大学专业分类目录代码（2005 版），是根据教育部 2004 年颁布的“高等学校本科专业目录（统计用）”改编而成。

2．全国广播电视大学通讯名录由两部分组成：

（1）全国省级以上广播电视大学学校通讯录

（2）全国省级以上广播电视大学校级领导和校办、教务处负责人

说　明

1．随着全国广播电视大学的发展，电大的专业设置在进行适应性的改变，省级广播电视大学及其下属分校、工作站的机构也在不断调整和变化。为体现这些新的调整和变化，《全国广播电视大学信息代码》亦在不断更新和完善。本次更新后的版本称为 2005 版，和以前的版本相区别。新版本的信息代码仍与教育部教育管理信息中心、发展规划司统计处的信息代码兼容，并适用于全国电大系统内部的数据共享。各省（市）电大自行编制的有关代码，仍可在本省（市）电大内部继续使用，但在向中央广播电视大学上报报表和数据盘时，必须使用或转换成中央广播电视大学发布的统一代码。

2．全国广播电视大学学校名称代码为“一校一码，新校新码”，不得随意改动。

3．新建立的学校由上一级广播电视大学根据已有学校的代码顺序，给予新的“学校名称代码”。“学校名称代码”一经给出将永远保留，不得调换或挪用。新建立的广播电视大学的学校名称，按当地教育行政部门批文和学校公章为准，学校的级别也按批文的规定填报。

4．“全国广播电视大学学校名称代码”中，在学校名称前标有“*”的学校，表示该校在上学年度或若干年前停止上报《高等教育基层统计报表》。其学校名称及代码仍将保留。

7.1.1 全国广播电视大学学校名称代码

全国广播电视大学学校名称代码根据教育部现行的学校代码加工编制而成，由全码和简码两部分组成。简码在全国电大系统内部使用，适用于全国各级电大填报电大版《高等教育基层统计报表》，按学校名称简码向上级电大上报时使用。全码在省级电大汇总电大版《高等教育基层统计报表》后，填报教育部《高等教育基层统计报表》时使用。

简码和全码的定义如下:

1、学校名称简码以八位数字表示。其中第一、二位表示电大所在的省、自治区、直辖市，第三位不为“0”表示所在省的计划单列市，后五位数字为“0”的，表示为省、自治区、直辖市、计划单列市和独立设置的省级广播电视大学。第四、五、六位不为“0”，第七、八位为“0”的，表示省级电大下属的分校和直接管理的电大工作站。第七、八位不为“0”代表县级广播电视大学。

简码第一、二、三位为省级电大编码位。第四、五、六位为电大分校和省校直接管理的工作站的顺序编码位。第七、八位为县级电大顺序编码位。

2、学校名称全码以十八位数字表示。由填报教育部《高等教育基层统计报表》用到的十位数字编码和上述全国电大内部使用的八位学校名称简码组成。

全码前五位是全国成人高校代码。其中第一位数字表示学校类别，如普通高校、中等专业学校、成人高等学校、成人中等专业学校、军事院校等，广播电视大学属成人高等学校，第一位数字为“5”。第二至第五位为该类别内学校名称的数字代码。

第六、七位表示办学类型码。如大学、专门学院、高等专科学校、大专班、广播电视大学、独立设置的短期职业大学等，广播电视大学的代码为“46”。

第八、九、十位表示学校举办者码。如教育部代码为“360”，北京市教委代码为“911”。

第十一至十八位的数字所代表的意义同简码的第一至八位。

简　码	学 校 名 称	全　码
01000000	**中央广播电视大学**	**511614636001000000**
01100000	**中央电大直属教学部**	**511614636001100000**
01100100	中央电大西藏学院	511614636001100100
01100200	中央电大八一学院	511614636001100200
01100300	中央电大总参学院	511614636001100300
01100400	中央电大北京学习中心	511614636001100400
01100500	中央电大太原学习中心	511614636001100500
01100600	中央电大南海学习中心	511614636001100600
01100700	中央电大 TCL 学习中心	511614636001100700
01100800	中央电大东北财大学习中心	511614636001100800
01100900	中央电大北大医学部教学点	511614636001100900
01101000	中央电大中国政法大学教学点	511614636001101000
11000000	**北京广播电视大学**	**511604691111000000**
11000100	东城分校	511604691111000100
11000200	西城分校	511604691111000200
11000300	崇文分校	511604691111000300
11000400	宣武分校	511604691111000400
11000500	朝阳分校	511604691111000500
11000600	海淀区工作站	511604691111000600
11000700	丰台区分校	511604691111000700
11000800	石景山分校	511604691111000800
11000900	通州区分校	511604691111000900
11001000	房山分校	511604691111001000
11001100	昌平县工作站	511604691111001100
11001200	平谷分校	511604691111001200
11001300	怀柔县分校	511604691111001300
11001400	密云分校	511604691111001400
11001500	延庆分校	511604691111001500
11001600	大兴分校	511604691111001600
11001700	顺义分校	511604691111001700
11001800	门头沟分校	511604691111001800
11001900	*铁道部机关工作站	511604691111001900
11002000	*交通部机关工作站	511604691111002000
11002100	*广电部工作站	511604691111002100
11002200	*航天部一院工作站	511604691111002200
11002300	航天部二院工作站	511604691111002300
11002400	航天部三院工作站	511604691111002400
11002500	*市委机关工作站	511604691111002500
11002600	*电力分校	511604691111002600
11002700	*建材工业总公司工作站	511604691111002700
11002800	*邮政局工作站	511604691111002800
11002900	*一轻局工作站	511604691111002900
11003000	*二轻工业总公司工作站	511604691111003000
11003100	*邮局工作站	511604691111003100
11003200	统计局工作站	511604691111003200
11003300	*审计局工作站	511604691111003300
11003400	*档案局工作站	511604691111003400
11003500	*汽车工业联合总公司工作站	511604691111003500

简码	学校名称	全码
11003600	*市劳动服务公司工作站	51160469111 1003600
11003700	首钢工作站	51160469111 1003700
11003800	金融分校	51160469111 1003800
11003900	*石油部工作站	51160469111 1003900
11004000	*机电部工作站	51160469111 1004000
11004100	房山区燕山工作站	51160469111 1004100
11004200	*一商局工作站	51160469111 1004200
11004300	文化局工作站	51160469111 1004300
11004400	*市政工程局工作站	51160469111 1004400
11004500	*化工工业总公司工作站	51160469111 1004500
11004600	*石化总公司工作站	51160469111 1004600
11004700	*燕山石化总公司工作站	51160469111 1004700
11004800	*市总社工作站	51160469111 1004800
11004900	*中国科学院工作站	51160469111 1004900
11005000	*二七厂工作站	51160469111 1005000
11005100	*公用局工作站	51160469111 1005100
11005200	*新华社工作站	51160469111 1005200
11005300	*电子工业部工作站	51160469111 1005300
11005400	水利局工作站	51160469111 1005400
11005500	北京市财政局工作站	51160469111 1005500
11005600	北京市园林局工作站	51160469111 1005600
11005700	医药集团工作站	51160469111 1005700
11005800	供销合作总社工作站	51160469111 1005800
11005900	首钢矿山职工学校	51160469111 1005900
11006000	国家统计局办学点	51160469111 1006000
11006100	人民银行电化教育中心	51160469111 1006100
11006200	北京卫生学校	51160469111 1006200
11006300	崇文卫校工作站	51160469111 1006300
11006400	*北京市地税局办学点	51160469111 1006400
11006500	北京海淀卫校工作站	51160469111 1006500
11006600	联大商务学院办学点	51160469111 1006600
11006700	市公务员培训中心工作站	51160469111 1006700
11006800	电子科技电大工作站	51160469111 1006800
11006900	纺织工作站	51160469111 1006900
11007000	北京电大国培中心办学点	51160469111 1007000
11009800	*机关学习中心	51160469111 1009800
12000000	**天津广播电视大学**	**51171469121 2000000**
12000100	直属学院	51171469121 2000100
12000200	新华分校	51171469121 2000200
12000300	南开分校	51171469121 2000300
12000400	河东区工作站	51171469121 2000400
12000500	河西区工作站	51171469121 2000500
12000600	河北区工作站	51171469121 2000600
12000700	红桥区工作站	51171469121 2000700
12000800	塘沽分校	51171469121 2000800
12000900	汉沽分校	51171469121 2000900
12001000	*汉沽科协工作站	51171469121 2001000
12001100	大港分校	51171469121 2001100

简 码	学校名称	全 码
12001200	东丽分校	511714691212001200
12001300	津南区分校	511714691212001300
12001400	西青区工作站	511714691212001400
12001500	北辰分校	511714691212001500
12001600	武清分校	511714691212001600
12001700	静海分校	511714691212001700
12001800	宝坻分校	511714691212001800
12001900	宁河县工作站	511714691212001900
12002000	*一轻局工作站	511714691212002000
12002100	*二轻局工作站	511714691212002100
12002200	*冶金局工作站	511714691212002200
12002300	化工局工作站	511714691212002300
12002400	纺织局工作站	511714691212002400
12002500	*医药管理局工作站	511714691212002500
12002600	*电子仪表局工作站	511714691212002600
12002700	机械工业局工作站	511714691212002700
12002800	渤海化工集团公司工作站	511714691212002800
12002900	大港石油管理局工作站	511714691212002900
12003000	*飞鸽集团公司工作站	511714691212003000
12003100	*石化公司工作站	511714691212003100
12003200	天津铁厂工作站	511714691212003200
12003300	计委工作站	511714691212003300
12003400	财政局工作站	511714691212003400
12003500	劳动局工作站	511714691212003500
12003600	工商银行工作站	511714691212003600
12003700	物资集团公司工作站	511714691212003700
12003800	房管局工作站	511714691212003800
12003900	建工局工作站	511714691212003900
12004000	一商集团有限公司工作站	511714691212004000
12004100	公用局工作站	511714691212004100
12004200	铁路分局工作站	511714691212004200
12004300	天港务局工作站	511714691212004300
12004400	财贸管理干部学院工作站	511714691212004400
12004500	政法管理干部学院工作站	511714691212004500
12004600	公安局工作站	511714691212004600
12004700	*民革中山工作站	511714691212004700
12004800	台盟工作站	511714691212004800
12004900	*铁道物资工作站	511714691212004900
12005000	经委直属工作站	511714691212005000
12005100	蓟县分校	511714691212005100
12005200	*出版局工作站	511714691212005200
12005400	开发区工作站	511714691212005400
12005700	旅游分校	511714691212005700
12005800	天津铁路工程分校	511714691212005800
12005900	市政分校	511714691212005900
12006000	河北校区	511714691212006000
13000000	**河北广播电视大学**	**511774691313000000**
13000100	石家庄广播电视大学	511774691313000100

简码	学校名称	全码
13000200	唐山广播电视大学	511774691313000200
13000300	秦皇岛广播电视大学	511774691313000300
13000400	*石家庄地区分校	511774691313000400
13000500	邯郸广播电视大学	511774691313000500
13000600	*邯郸地区分校	511774691313000600
13000700	承德广播电视大学	511774691313000700
13000800	*承德地区分校	511774691313000800
13000900	邢台广播电视大学	511774691313000900
13001000	*邢台地区分校	511774691313001000
13001100	保定广播电视大学	511774691313001100
13001200	*保定地区分校	511774691313001200
13001300	张家口广播电视大学	511774691313001300
13001400	*张家口地区分校	511774691313001400
13001500	沧州广播电视大学	511774691313001500
13001600	*沧州地区分校	511774691313001600
13001700	廊坊广播电视大学	511774691313001700
13001800	衡水广播电视大学	511774691313001800
13001900	*华北石油分校	511774691313001900
13002000	省直分校	511774691313002000
13002100	电力分校	511774691313002100
13002200	检察分校	511774691313002200
14000000	**山西广播电视大学**	**511874691414000000**
14000100	太原广播电视大学	511874691414000100
14000200	大同分校	511874691414000200
14000300	阳泉分校	511874691414000300
14000400	长治分校	511874691414000400
14000500	晋城分校	511874691414000500
14000600	*雁北分校	511874691414000600
14000700	忻州分校	511874691414000700
14000800	晋中分校	511874691414000800
14000900	吕梁分校	511874691414000900
14001000	临汾分校	511874691414001000
14001100	运城分校	511874691414001100
14001200	朔州分校	511874691414001200
14001300	中条山有色分校	511874691414001300
14001400	长北铁路分校	511874691414001400
14001500	*省档案系统分校	511874691414001500
14001600	*农村金融系统分校	511874691414001600
14001800	公路系统分校	511874691414001800
15000000	**内蒙古广播电视大学**	**511924691515000000**
15000100	呼和浩特市分校	511924691515000100
15000200	包头分校	511924691515000200
15000300	赤峰市分校	511924691515000300
15000400	呼伦贝尔盟分校	511924691515000400
15000500	兴安盟分校	511924691515000500
15000600	哲里木盟分校	511924691515000600
15000700	锡林郭勒盟分校	511924691515000700
15000800	乌兰察布盟分校	511924691515000800

简码	学校名称	全码
15000900	鄂尔多斯市分校	51192469151515000900
15001000	巴盟广播电视大学	51192469151515001000
15001100	乌海市分校	51192469151515001100
15001200	内蒙古阿拉善盟广播电视大学	51192469151515001200
15001300	大兴安岭林业广播电视大学	51192469151515001300
15001400	呼和浩特铁路局分校	51192469151515001400
15001500	哲盟霍林河矿区电大	51192469151515001500
15001600	扎矿电大	51192469151515001600
15001700	大雁电大分校	51192469151515001700
21000000	**辽宁广播电视大学**	**51196469212121000000**
21000100	鞍山广播电视大学	51196469212121000100
21000200	抚顺广播电视大学	51196469212121000200
21000300	本溪广播电视大学	51196469212121000300
21000400	锦州分校	51196469212121000400
21000500	丹东分校	51196469212121000500
21000600	营口分校	51196469212121000600
21000700	辽阳分校	51196469212121000700
21000800	朝阳广播电视大学	51196469212121000800
21000900	阜新分校	51196469212121000900
21001000	铁岭广播电视大学	51196469212121001000
21001100	盘锦分校	51196469212121001100
21001200	辽河石油勘探局广播电视大学	51196469212121001200
21001300	鞍钢广播电视大学	51196469212121001300
21001400	沈阳铁路局电大	51196469212121001400
21001500	*省工商银行分校	51196469212121001500
21001600	*省人事厅工作站	51196469212121001600
21001700	*省劳动局工作站	51196469212121001700
21001800	*省直工作站	51196469212121001800
21001900	*省财政厅工作站	51196469212121001900
21002000	*省档案局工作站	51196469212121002000
21002100	葫芦岛市电大分校	51196469212121002100
21002200	辽宁省水利厅工作站	51196469212121002200
21100000	**沈阳广播电视大学**	**51848469212121100000**
21100100	新城子分校	51848469212121100100
21100200	康平分校	51848469212121100200
21100300	法库分校	51848469212121100300
21100400	苏家屯分校	51848469212121100400
21100500	东陵分校	51848469212121100500
21100600	新民分校	51848469212121100600
21100700	于洪分校	51848469212121100700
21100800	辽中分校	51848469212121100800
21200000	**大连广播电视大学**	**51849469212121200000**
21200100	庄河分校	51849469212121200100
21200200	普兰店分校	51849469212121200200
21200300	瓦房店分校	51849469212121200300
21200400	金州分校	51849469212121200400
21200500	旅顺分校	51849469212121200500

简码	学校名称	全码
21200600	长海分校	518494692121200600
21200700	甘井子分校	518494692121200700
21200800	大连开发区分校	518494692121200800
22000000	**吉林广播电视大学**	**512304692222000000**
22000100	*第一汽车制造厂工作站	512304692222000100
22000200	*省工商银行工作站	512304692222000200
22000300	*七九三厂工作站	512304692222000300
22000400	*省工商银行工作站	512304692222000400
22000500	*省物资局工作站	512304692222000500
22000600	*省电力局工作站	512304692222000600
22000700	中国科学院长春分校电大工作站	512304692222000700
22000800	法律分校	512304692222000800
22000900	*吉林广播电视大学	512304692222000900
22001000	*省林业厅工作站	512304692222001000
22001100	吉林市分校	512304692222001100
22001200	四平分校	512304692222001200
22001300	延边分校	512304692222001300
22001400	通化分校	512304692222001400
22001500	辽源分校	512304692222001500
22001600	白山分校	512304692222001600
22001700	白城分校	512304692222001700
22001800	松原分校	512304692222001800
22001900	艺术分校	512304692222001900
22002000	农行电大	512304692222002000
22100000	**长春广播电视大学**	**518874692222100000**
22100200	榆树市分校	518874692222100200
22100300	九台市分校	518874692222100300
22100400	德惠市工作站	518874692222100400
22100500	农安县工作站	518874692222100500
22100600	*农行长春管理干部学院工作站	518874692222100600
22100700	*宽城区工作站	518874692222100700
22100800	*朝阳区工作站	518874692222100800
22100900	双阳区工作站	518874692222100900
22101000	*双阳区工交干校	518874692222101000
22101100	*客车厂工作站	518874692222101100
22101200	*长春市轻工业学校	518874692222101200
22101300	长春市人才中心电大站	518874692222101300
22101400	长春电大特教部	518874692222101400
22101500	长影影视艺术学校	518874692222101500
22101600	*长春电大艺术设计分校	518874692222101600
22101700	长春电大交通学校工作站	518874692222101700
22101900	长春电大民进分校	518874692222101900
23000000	**黑龙江广播电视大学**	**512444692323000000**
23000100	齐齐哈尔市广播电视大学	512444692323000100
23000200	牡丹江市广播电视大学	512444692323000200
23000300	佳木斯广播电视大学	512444692323000300
23000400	*松花江地区电大工作站	512444692323000400

简码	学校名称	全码
23000500	绥化地区广播电视大学	51244469232300050 0
23000600	黑河市广播电视大学	512444692323000600
23000700	大兴安岭广播电视大学	512444692323000700
23000800	伊春市广播电视大学	512444692323000800
23000900	大庆广播电视大学	512444692323000900
23001000	鸡西广播电视大学	512444692323001000
23001100	鹤岗广播电视大学	512444692323001100
23001200	双鸭山市广播电视大学	512444692323001200
23001300	七台河广播电视大学	512444692323001300
23001400	省农垦广播电视大学	512444692323001400
23001500	牡丹江林区广播电视大学	512444692323001500
23001600	松花江林区广播电视大学	512444692323001600
23001700	省工商银行分校	512444692323001700
23001800	*省司法厅分校	512444692323001800
23001900	*富锦分校	512444692323001900
23002000	铁力市分校	512444692323002000
23002200	*直属分校	512444692323002200
23100000	**哈尔滨广播电视大学**	**518764692323100000**
23100100	阿城电大分校	518764692323100100
23100200	呼兰分校	518764692323100200
23100300	宾县分校	518764692323100300
23100400	方正分校	518764692323100400
23100500	依兰分校	518764692323100500
23100600	*阿城继电器厂电大分校	518764692323100600
23100700	市轻工分校	518764692323100700
23100800	*哈铁分局工作站	518764692323100800
23100900	哈尔滨文艺干校电大站	518764692323100900
23101000	*市物资局干校电大工作站	518764692323101000
23101100	*市税务干校电大工作站	518764692323101100
23101200	*市工商银行教育中心	518764692323101200
23101300	*东安工学院电大站	518764692323101300
23101400	*哈飞工学院电大工作站	518764692323101400
23101500	哈工大工会电视大学	518764692323101500
23101600	*东北林大电大工作站	518764692323101600
23101700	*热电厂电大工作站	518764692323101700
23101800	*哈量工学院电大工作站	518764692323101800
23101900	*滨江电器电大工作站	518764692323101900
23102000	*道里区电大工作站	518764692323102000
23102100	*哈电子仪器厂电大工作站	518764692323102100
23102200	*铁路成人中等机械学校	518764692323102200
23102300	*气化厂分校	518764692323102300
23102400	*黑龙江涤纶厂职工学校	518764692323102400
23105100	双城分校	518764692323105100
23105200	通河分校	518764692323105200
23105300	木兰分校	518764692323105300
23105400	延寿分校	518764692323105400
23105500	巴彦分校	518764692323105500
23105600	五常分校	518764692323105600

简码	学校名称	全码
23105700	尚志分校	518764692323105700
31000000	**上海电视大学**	**512524693131000000**
31000100	虹口区分校	512524693131000100
31000200	闵行二分校	512524693131000200
31000300	宝山分校	512524693131000300
31000400	浦东新区分校	512524693131000400
31000500	闵行一分校	512524693131000500
31000600	金山分校	512524693131000600
31000700	松江分校	512524693131000700
31000800	南汇分校	512524693131000800
31000900	奉贤分校	512524693131000900
31001000	青浦分校	512524693131001000
31001100	崇明分校	512524693131001100
31001200	嘉定分校	512524693131001200
31001300	*水产分校	512524693131001300
31001400	*公用局分校	512524693131001400
31001500	*区县工业管理局分校	512524693131001500
31001600	*农场管理局分校	512524693131001600
31001700	*建筑工程局分校	512524693131001700
31001800	*建材工业管理局分校	512524693131001800
31001900	*审计局分校	512524693131001900
31002000	*物资局分校	512524693131002000
31002100	*环卫局分校	512524693131002100
31002200	*房地产局分校	512524693131002200
31002300	*商业分校	512524693131002300
31002400	*宝冶分校	512524693131002400
31002500	黄浦区经贸委分校	512524693131002500
31002600	长宁区分校	512524693131002600
31002700	闸北区分校	512524693131002700
31002800	*徐汇区工作站	512524693131002800
31002900	卢湾区分校	512524693131002900
31003000	杨浦区工作站	512524693131003000
31003100	黄浦分校	512524693131003100
31003200	普陀区工作站	512524693131003200
31003300	静安区分校	512524693131003300
31003400	*南市区工作站	512524693131003400
31003500	*外经贸委工作站	512524693131003500
31003600	*二轻局工作站	512524693131003600
31003700	*交通部三航局工作站	512524693131003700
31003800	*化工局工作站	512524693131003800
31003900	*仪表局工作站	512524693131003900
31004000	*民航华东局工作站	512524693131004000
31004100	*机电工业管理局工作站	512524693131004100
31004200	*医药局工作站	512524693131004200
31004300	西区分部	512524693131004300
31004400	*冶金局工作站	512524693131004400
31004500	工程大中山分校	512524693131004500
31004700	*航天局工作站	512524693131004700

简码	学校名称	全码
31004800	*航道局工作站	512524693131004800
31004900	*港务局工作站	512524693131004900
31005000	*宝钢二十冶工作站	512524693131005000
31005100	*计算机公司工作站	512524693131005100
31005200	*船舶公司工作站	512524693131005200
31005300	*卫生局工作站	512524693131005300
31005400	*文化局工作站	512524693131005400
31005500	*粮食局工作站	512524693131005500
31005600	*出版局工作站	512524693131005600
31005700	*交运局工作站	512524693131005700
31005800	*外贸局工作站	512524693131005800
31005900	*第一商业局工作站	512524693131005900
31006000	*市政工程管理局工作站	512524693131006000
31006100	*市机关事务管理局工作站	512524693131006100
31006200	*上海铁路局工作站	512524693131006200
31006300	*海运局工作站	512524693131006300
31006400	*市供销合作社工作站	512524693131006400
31006500	*市住宅建设总公司工作站	512524693131006500
31006600	石化分校	512524693131006600
31006700	*高桥石化公司工作站	512524693131006700
31006800	*长江轮船公司工作站	512524693131006800
31006900	*邮电局工作站	512524693131006900
31007000	*华东电力局工作站	512524693131007000
31007100	*检察院工作站	512524693131007100
31007200	*工商局工作站	512524693131007200
31007300	*沪东科技进修学院工作站	512524693131007300
31007400	*农工民主党市委工作站	512524693131007400
31007500	*市社联工作站	512524693131007500
31007600	*市民建工商联工作站	512524693131007600
31007700	*市退休教育者协会工作站	512524693131007700
31007800	*工会工作站	512524693131007800
31007900	*九三学社市委工作站	512524693131007900
31008000	*民盟法商进修学院工作站	512524693131008000
31008100	*扬浦集体事业管理局工作站	512524693131008100
31008200	*虹口集体事业管理局工作站	512524693131008200
31008300	*南汇集体事业管理局工作站	512524693131008300
31008400	*黄浦区管理局工作站	512524693131008400
31008500	*黄浦区教育学院工作站	512524693131008500
31008600	*人房工作站	512524693131008600
31008700	*中科院分院工作站	512524693131008700
31008800	徐汇财贸分校	512524693131008800
31008900	*建设分校	512524693131008900
31009000	*浦东新区分部	512524693131009000
31009100	徐汇分校	512524693131009100
32000000	**江苏广播电视大学**	**512554693232000000**
32000100	镇江市广播电视大学	512554693232000100
32000200	常州市广播电视大学	512554693232000200
32000300	无锡市广播电视大学	512554693232000300

简　码	学 校 名 称	全　码
32000400	苏州市广播电视大学	512554693232000400
32000500	南通市广播电视大学	512554693232000500
32000600	扬州市广播电视大学	512554693232000600
32000700	徐州市广播电视大学	512554693232000700
32000800	淮安市广播电视大学	512554693232000800
32000900	盐城市广播电视大学	512554693232000900
32001000	连云港广播电视大学	512554693232001000
32001100	泰州市广播电视大学	512554693232001100
32001200	宿迁市广播电视大学	512554693232001200
32001300	农垦分校	512554693232001300
32001400	化工分校	512554693232001400
32001500	江苏电大武进学院	512554693232001500
32001600	江苏电大宜兴学院	512554693232001600
32001700	江苏电大张家港学院	512554693232001700
32100000	**南京市广播电视大学**	**513964693232100000**
32100100	江宁区分校	513964693232100100
32100200	江浦县分校	513964693232100200
32100300	六合县分校	513964693232100300
32100400	高淳县分校	513964693232100400
32100500	溧水县分校	513964693232100500
32100600	*南京化学集团公司分校	513964693232100600
32100700	南京钢铁厂分校	513964693232100700
32100800	扬子石化公司分校	513964693232100800
32100900	金陵石化公司电大	513964693232100900
32101000	*金融分校	513964693232101000
32101100	大厂分校	513964693232101100
32101200	浦口分校	513964693232101200
32101300	玄武区分校	513964693232101300
32101400	白下区分校	513964693232101400
32101500	秦淮区分校	513964693232101500
32101600	建邺区分校	513964693232101600
32101700	鼓楼区分校	513964693232101700
32101800	下关区分校	513964693232101800
32101900	雨花台区分校	513964693232101900
32102000	栖霞区分校	513964693232102000
32102100	*晨光机器厂工作站	513964693232102100
32102200	*青龙山林场教学点	513964693232102200
32102300	*七二0厂工作站	513964693232102300
32102400	*七一四厂工作站	513964693232102400
32102500	*农业银行培训中心工作站	513964693232102500
33000000	**浙江广播电视大学**	**512584693333000000**
33000100	杭州广播电视大学	512584693333000100
33000200	嘉兴广播电视大学	512584693333000200
33000300	湖州广播电视大学	512584693333000300
33000400	绍兴分校	512584693333000400
33000500	舟山广播电视大学	512584693333000500
33000600	金华广播电视大学	512584693333000600
33000700	衢州广播电视大学	512584693333000700

简码	学校名称	全码
33000800	台州广播电视大学	512584693333000800
33000900	丽水广播电视大学	512584693333000900
33001000	温州广播电视大学	512584693333001000
33001100	检察分校	512584693333001100
33001200	衢化公司直属分校	512584693333001200
33001300	*省商业厅分校	512584693333001300
33001400	*电视艺术分校	512584693333001400
33001500	浙江电大经贸分校	512584693333001500
33001600	警察分校	512584693333001600
33001700	*财税分校	512584693333001700
33001800	浙江电大工商学院	512584693333001800
33001900	浙江电大特殊教育学院	512584693333001900
33100000	**宁波广播电视大学**	**518854693333100000**
33100100	鄞县分校	518854693333100100
33100200	余姚学院	518854693333100200
33100300	慈溪学院	518854693333100300
33100400	宁海学院	518854693333100400
33100500	象山分校	518854693333100500
33100600	奉化分校	518854693333100600
33100700	镇海工作站	518854693333100700
33100800	镇海炼油化工公司工作站	518854693333100800
33100900	江北工作站	518854693333100900
33101000	北仑工作站	518854693333101000
33101100	宁波东钱湖旅游度假区电大工作站	518854693333101100
34000000	**安徽广播电视大学**	**513884693434000000**
34000100	合肥分校	513884693434000100
34000200	蚌埠分校	513884693434000200
34000300	芜湖市分校	513884693434000300
34000400	淮南分校	513884693434000400
34000500	淮北分校	513884693434000500
34000600	马鞍山分校	513884693434000600
34000700	铜陵分校	513884693434000700
34000800	黄山市分校	513884693434000800
34000900	安庆市分校	513884693434000900
34001000	六安分校	513884693434001000
34001100	阜阳分校	513884693434001100
34001200	宣城分校	513884693434001200
34001300	巢湖分校	513884693434001300
34001400	滁州市分校	513884693434001400
34001500	池州分校	513884693434001500
34001600	宿州分校	513884693434001600
34001700	省直分校	513884693434001700
34001800	*省国防工办分校	513884693434001800
34001900	*省检察院分校	513884693434001900
34002000	纺织分校	513884693434002000
34002100	亳州分校	513884693434002100
35000000	**福建广播电视大学**	**512704693535000000**

简码	学校名称	全码
35000100	福州分校	51270469353500010 0
35000200	三明分校	512704693535000200
35000300	宁德分校	512704693535000300
35000400	南平分校	512704693535000400
35000500	漳州分校	512704693535000500
35000600	泉州分校	512704693535000600
35000700	龙岩分校	512704693535000700
35000800	莆田分校	512704693535000800
35000900	高等职业技术学院	512704693535000900
35001000	农业银行分校	512704693535001000
35001100	＊检察院分校	512704693535001100
35001200	永安分校	512704693535001200
35001300	邵武分校	512704693535001300
35001400	漳浦分校	512704693535001400
35001500	继续教育学院	512704693535001500
35001600	开放教育学院	512704693535001600
35100000	**厦门市广播电视大学**	**518334693535100000**
35100100	厦门电大同安区工作站	518334693535100100
35100200	＊厦门市开元区电大工作站	518334693535100200
35100300	厦门市杏林区电大工作站	518334693535100300
35100400	厦门市湖里区电大工作站	518334693535100400
35100500	厦门市司法局电大工作站	518334693535100500
35100600	厦门市思明区电大工作站	518334693535100600
36000000	**江西广播电视大学**	**512814693636000000**
36000100	南昌市分校	512814693636000100
36000200	景德镇市分校	512814693636000200
36000300	九江市分校	512814693636000300
36000400	萍乡市分校	512814693636000400
36000500	新余市分校	512814693636000500
36000600	鹰潭市分校	512814693636000600
36000700	赣州广播电视大学	512814693636000700
36000800	宜春广播电视大学	512814693636000800
36000900	吉安地区分校	512814693636000900
36001000	上饶地区分校	512814693636001000
36001100	抚州地区分校	512814693636001100
36001200	＊省人民银行分校	512814693636001200
36001300	九江船舶工业公司分校	512814693636001300
36001400	省科学院工作站	512814693636001400
36001500	＊省检察分校	512814693636001500
36001600	省人事厅工作站	512814693636001600
36001700	财税分校	512814693636001700
36001800	南昌铁路工作站	512814693636001800
36001900	＊省国税局工作站	512814693636001900
36002000	＊丰矿工作站	512814693636002000
36002100	＊江西省统计培训中心	512814693636002100
36002200	江西医药培训中心	512814693636002200
36002300	南昌消防电大工作站	512814693636002300

简码	学校名称	全码
37000000	**山东广播电视大学**	**51286469373700000**
37000100	济南广播电视大学	512864693737000100
37000200	烟台广播电视大学	512864693737000200
37000300	潍坊广播电视大学	512864693737000300
37000400	淄博广播电视大学	512864693737000400
37000500	威海市广播电视大学	512864693737000500
37000600	临沂广播电视大学	512864693737000600
37000700	德州广播电视大学	512864693737000700
37000800	滨州广播电视大学	512864693737000800
37000900	菏泽广播电视大学	512864693737000900
37001000	聊城广播电视大学	512864693737001000
37001100	泰安广播电视大学	512864693737001100
37001200	枣庄广播电视大学	512864693737001200
37001300	济宁广播电视大学	512864693737001300
37001400	东营广播电视大学	512864693737001400
37001500	胜利油田广播电视大学	512864693737001500
37001600	齐鲁石化公司广播电视大学	512864693737001600
37001700	济南铁路局广播电视大学	512864693737001700
37001800	莱芜钢铁总厂广播电视大学	512864693737001800
37001900	鲁中冶金矿山公司广播电视大学	512864693737001900
37002000	省直工作处	512864693737002000
37002100	日照广播电视大学	512864693737002100
37002200	莱芜市广播电视大学	512864693737002200
37100000	**青岛广播电视大学**	**518584693737100000**
37100100	莱西分校	518584693737100100
37100200	平度分校	518584693737100200
37100300	胶州分校	518584693737100300
37100400	胶南分校	518584693737100400
37100500	即墨分校	518584693737100500
37100600	黄岛分校	518584693737100600
37100700	崂山分校	518584693737100700
37100800	城阳分校	518584693737100800
37100900	李沧区分校	518584693737100900
41000000	**河南广播电视大学**	**512874694141000000**
41000100	省直分校	512874694141000100
41000200	郑州广播电视大学	512874694141000200
41000300	开封市广播电视大学	512874694141000300
41000400	洛阳市广播电视大学	512874694141000400
41000500	新乡广播电视大学	512874694141000500
41000600	焦作广播电视大学	512874694141000600
41000700	安阳广播电视大学	512874694141000700
41000800	濮阳广播电视大学	512874694141000800
41000900	鹤壁广播电视大学	512874694141000900
41001000	商丘广播电视大学	512874694141001000
41001100	三门峡广播电视大学	512874694141001100
41001200	平顶山广播电视大学	512874694141001200
41001300	驻马店广播电视大学	512874694141001300
41001400	许昌广播电视大学	512874694141001400

简码	学校名称	全码
41001500	信阳广播电视大学	512874694141001500
41001600	南阳广播电视大学	512874694141001600
41001700	周口广播电视大学	512874694141001700
41001800	漯河广播电视大学	512874694141001800
41001900	郑州铁路局广播电视大学	512874694141001900
41002000	中原油田广播电视大学	512874694141002000
41002100	*黄委会分校	512874694141002100
41002200	*检察系统电大分校	512874694141002200
41002300	济源广播电视大学	512874694141002300
41002400	河南省工商行政管理分校	512874694141002400
42000000	**湖北广播电视大学**	**513054694242000000**
42000100	黄冈广播电视大学	513054694242000100
42000200	孝感市广播电视大学	513054694242000200
42000300	咸宁地区广播电视大学	513054694242000300
42000400	荆州地区广播电视大学	513054694242000400
42000500	*十堰广播电视大学	513054694242000500
42000600	宜昌市广播电视大学	513054694242000600
42000700	黄石广播电视大学	513054694242000700
42000800	十堰市广播电视大学	513054694242000800
42000900	*沙市市广播电视大学	513054694242000900
42001000	襄樊广播电视大学	513054694242001000
42001100	*宜昌市广播电视大学	513054694242001100
42001200	*荆门市广播电视大学	513054694242001200
42001300	*鄂州广播电视大学	513054694242001300
42001400	恩施自治州广播电视大学	513054694242001400
42001500	*省直属机关广播电视大学	513054694242001500
42001600	*荆门石化总厂分校	513054694242001600
42001700	*工商银行湖北省分行分校	513054694242001700
42001800	*检察分校	513054694242001800
42001900	农业银行分校	513054694242001900
42002000	葛洲坝分校	513054694242002000
42002100	大冶有色金属公司分校	513054694242002100
42002200	天门市广播电视大学	513054694242002200
42002300	潜江市广播电视大学	513054694242002300
42002400	仙桃广播电视大学	513054694242002400
42002500	江汉油田分校	513054694242002500
42002600	*省总工会分校	513054694242002600
42006800	随州广播电视大学	513054694242006800
42006900	老河口广播电视大学	513054694242006900
42007000	*三峡广播电视大学	513054694242007000
42007100	*新河口电大工作站	513054694242007100
42007200	*花园教学中心	513054694242007200
42009900	*黄冈市卫生电大分校	513054694242009900
42100000	**武汉市广播电视大学**	**500464694242100000**
42100100	江岸区分校	500464694242100100
42100200	武昌区分校	500464694242100200
42100300	桥口区分校	500464694242100300
42100400	汉阳区分校	500464694242100400

简码	学校名称	全码
42100500	＊武昌区分校	500464694242100500
42100600	青山区分校	500464694242100600
42100700	洪山区工作站	500464694242100700
42100800	东西湖区分校	500464694242100800
42100900	汉南区分校	500464694242100900
42101000	江夏区分校	500464694242101000
42101100	蔡甸区分校	500464694242101100
42101200	黄陂区分校	500464694242101200
42101300	新洲区分校	500464694242101300
42101400	机械工业局分校	500464694242101400
42101500	＊电子工业局分校	500464694242101500
42101600	＊化工局分校	500464694242101600
42101700	＊医药管理局分校	500464694242101700
42101800	＊一轻工业局分校	500464694242101800
42101900	＊二轻局分校	500464694242101900
42102000	＊纺织局分校	500464694242102000
42102100	＊交通委员会分校	500464694242102100
42102200	＊武汉港务管理局分校	500464694242102200
42102300	＊长江航务管理局分校	500464694242102300
42102400	＊粮食局分校	500464694242102400
42102500	＊公用局分校	500464694242102500
42102600	＊公安局分校	500464694242102600
42102700	＊档案局分校	500464694242102700
42102800	＊冶金工业局分校	500464694242102800
42102900	＊市商业管理委员会分校	500464694242102900
42103000	＊劳动人事工作站	500464694242103000
42103100	＊仪表工业总公司工作站	500464694242103100
42103200	＊武汉汽车工业公司分校	500464694242103200
42103300	＊长江轮船总公司工作站	500464694242103300
42103400	武汉钢铁公司分校	500464694242103400
42103500	＊武汉冶金设备制造公司工作站	500464694242103500
42103600	＊江岸车辆厂分校	500464694242103600
42103700	3303 分校	500464694242103700
42103800	＊武汉汽轮发电机厂分校	500464694242103800
42103900	＊石油化工厂分校	500464694242103900
42104000	＊邮科院分校	500464694242104000
42104100	＊长航局分校	500464694242104100
42104200	＊汉阳区分校	500464694242104200
42104300	＊武钢分校	500464694242104300
42104400	＊武汉铁路分校	500464694242104400
42104500	江汉区电大分校	500464694242104500
42104600	统计局分校	500464694242104600
43000000	**湖南广播电视大学**	**513064694343000000**
43000100	直属分校	513064694343000100
43000200	长沙广播电视大学	513064694343000200
43000300	株洲广播电视大学	513064694343000300
43000400	湘潭广播电视大学	513064694343000400
43000500	衡阳市广播电视大学	513064694343000500

简码	学校名称	全码
43000600	邵阳广播电视大学	51306469434300060 0
43000700	岳阳广播电视大学	5130646943430007 00
43000800	娄底广播电视大学	5130646943430008 00
43000900	零陵分校	5130646943430009 00
43001000	郴州广播电视大学	5130646943430010 00
43001100	益阳广播电视大学	5130646943430011 00
43001200	常德广播电视大学	5130646943430012 00
43001300	怀化广播电视大学	5130646943430013 00
43001400	湘西民族广播电视大学	5130646943430014 00
43001500	张家界市广播电视大学	5130646943430015 00
43001600	津市分校	5130646943430016 00
43001700	岳阳石化总厂广播电视大学	5130646943430017 00
43001800	省人民检察院分校	5130646943430018 00
43001900	省司法厅法律分校	5130646943430019 00
43002000	卫生分校	5130646943430020 00
43002100	涟钢分校	5130646943430021 00
44000000	**广东广播电视大学**	**513154694444000000**
44000100	＊省人民银行分校	513154694444000100
44000200	＊工商银行分校	513154694444000200
44000300	＊煤炭分校	513154694444000300
44000400	法律分校	513154694444000400
44000500	省电力局分校	513154694444000500
44000600	省公路局分校	513154694444000600
44000700	＊检察分校	513154694444000700
44000800	广东电大深圳拱北海关分校	513154694444000800
44000900	珠海市广播电视大学	513154694444000900
44001000	汕头广播电视大学	513154694444001000
44001100	韶关市广播电视大学	513154694444001100
44001200	汕尾市广播电视大学	513154694444001200
44001300	梅州市广播电视大学	513154694444001300
44001400	惠州市广播电视大学	513154694444001400
44001500	东莞市广播电视大学	513154694444001500
44001600	中山市广播电视大学	513154694444001600
44001700	江门市广播电视大学	513154694444001700
44001800	佛山广播电视大学	513154694444001800
44001900	阳江市广播电视大学	513154694444001900
44002000	湛江市广播电视大学	513154694444002000
44002100	茂名广播电视大学	513154694444002100
44002200	肇庆广播电视大学	513154694444002200
44002300	清远市广播电视大学	513154694444002300
44002400	潮州广播电视大学	513154694444002400
44002500	揭阳广播电视大学	513154694444002500
44002600	河源广播电视大学	513154694444002600
44002700	云浮市广播电视大学	513154694444002700
44002800	南海广播电视大学	513154694444002800
44002900	顺德广播电视大学	513154694444002900
44100000	**广州市广播电视大学**	**513934694444100000**
44100100	东山区分校	513934694444100100

简码	学校名称	全码
44100200	海珠区分校	513934694444100200
44100300	芳村区分校	513934694444100300
44100400	荔湾分校	513934694444100400
44100500	越秀区分校	513934694444100500
44100600	天河区分校	513934694444100600
44100700	开发区分校	513934694444100700
44100800	纺织分校	513934694444100800
44100900	* 邮政局电大站	513934694444100900
44101000	* 建筑分校	513934694444101000
44101100	广州造船厂分校	513934694444101100
44101200	* 化工总公司分校	513934694444101200
44101300	市轻工业局分校	513934694444101300
44101400	侨光分校	513934694444101400
44101500	机电局分校	513934694444101500
44101600	* 电信分校	513934694444101600
44101700	* 橡胶分校	513934694444101700
44101800	法律专业工作站	513934694444101800
44101900	电器分校	513934694444101900
44102000	* 锅炉工业公司教学班	513934694444102000
44102100	* 市工商银行工作站	513934694444102100
44102200	* 石化分校	513934694444102200
44102300	市二轻局工作站	513934694444102300
44102400	番禺区广播电视大学	513934694444102400
44102500	从化市分校	513934694444102500
44102600	花都区广播电视大学	513934694444102600
44102700	增城市广播电视大学	513934694444102700
44102800	* 包装工业总公司工作站	513934694444102800
44102900	* 黄埔造船分校	513934694444102900
44103100	* 珠江工作站	513934694444103100
44103900	白云区分校	513934694444103900
44104000	珠江电大	513934694444104000
44104100	市银行学校电大工作站	513934694444104100
44104200	东方教学点	513934694444104200
44104300	广师电大	513934694444104300
44104400	* 信孚电大	513934694444104400
44104500	* 华南科技学校	513934694444104500
44104600	广州市港务局工作站	513934694444104600
44104700	* 黄埔卫校	513934694444104700
44104800	* 广州卫校	513934694444104800
44104900	* 南方工商学校	513934694444104900
44105000	* 白云卫校	513934694444105000
44105100	* 市政建设学校	513934694444105100
44105200	维城电大	513934694444105200
44105300	* 黄埔区电大	513934694444105300
44105400	金融分校	513934694444105400
44105500	* 劳教电大	513934694444105500
44105600	统计工作站	513934694444105600
44105700	* 南方专修学院	513934694444105700
44105800	* 羊城分校	513934694444105800

简码	学校名称	全码
44105900	贸易学校工作站	513934694444105900
44106000	理工学校工作站	513934694444106000
44200000	**深圳广播电视大学**	**518884694444200000**
44200100	蛇口分校	518884694444200100
44200200	宝安分校	518884694444200200
44200300	沙头角分校	518884694444200300
44200400	南山分校	518884694444200400
44200500	龙岗分校	518884694444200500
44200600	罗湖分校	518884694444200600
44200700	福田分校	518884694444200700
45000000	**广西广播电视大学**	**513384694545000000**
45000100	区直分校	513384694545000100
45000200	南宁广播电视大学	513384694545000200
45000300	柳州市广播电视大学	513384694545000300
45000400	桂林市分校	513384694545000400
45000500	梧州市分校	513384694545000500
45000600	柳州铁路局分校	513384694545000600
45000700	南宁地区分校	513384694545000700
45000800	柳州地区分校	513384694545000800
45000900	*桂林地区分校	513384694545000900
45001000	梧州地区分校	513384694545001000
45001100	玉林师范学院分校	513384694545001100
45001200	百色民族分校	513384694545001200
45001300	河池地区民族分校	513384694545001300
45001400	钦州市分校	513384694545001400
45001500	北海市分校	513384694545001500
45001600	检察分校	513384694545001600
45001700	农业银行工作站	513384694545001700
45001800	*区总工会电大工作站	513384694545001800
45001900	贵港市电大分校	513384694545001900
45002000	*警官学校工作站	513384694545002000
45002100	防城港市工作站	513384694545002100
45002200	玉林商校工作站	513384694545002200
45002500	广西电大工商分校	513384694545002500
45002600	水利工作站	513384694545002600
45002700	广西银行学校电大工作站	513384694545002700
45002800	*防城港市电大分校	513384694545002800
46000000	**海南广播电视大学**	**518654694646000000**
46000100	海南电大五指山分校	518654694646000100
46000200	*文昌分校	518654694646000200
46000300	*琼山分校	518654694646000300
46000400	*儋县分校	518654694646000400
46000500	*海南农垦分校	518654694646000500
46000600	*通什农垦牙挽分校	518654694646000600
46000700	*陵水分校	518654694646000700
46000800	*海南电大兴隆分校	518654694646000800
51000000	**四川广播电视大学**	**513414695151000000**

简码	学校名称	全码
51000100	省建委分校	513414695151000100
51000200	省级机关分校	513414695151000200
51000300	成都铁路局分校	513414695151000300
51000400	德阳广播电视大学	513414695151000400
51000500	绵阳广播电视大学	513414695151000500
51000600	广元广播电视大学	513414695151000600
51000700	遂宁广播电视大学	513414695151000700
51000800	雅安分校	513414695151000800
51000900	乐山广播电视大学	513414695151000900
51001000	内江广播电视大学	513414695151001000
51001100	自贡广播电视大学	513414695151001100
51001200	宜宾广播电视大学	513414695151001200
51001300	泸州广播电视大学	513414695151001300
51001400	南充广播电视大学	513414695151001400
51001500	达川广播电视大学	513414695151001500
51001600	*万县市广播电视大学	513414695151001600
51001700	*黔江地区分校	513414695151001700
51001800	*涪陵广播电视大学	513414695151001800
51001900	*阿坝分校	513414695151001900
51002000	甘孜分校	513414695151002000
51002100	凉山广播电视大学	513414695151002100
51002200	攀枝花广播电视大学	513414695151002200
51002300	*省检察院分校	513414695151002300
51002400	巴中广播电视大学	513414695151002400
51002500	广安广播电视大学	513414695151002500
51002600	眉山广播电视大学	513414695151002600
51002800	资阳广播电视大学	513414695151002800
51003000	阿坝广播电视大学	513414695151003000
51100000	**成都广播电视大学**	**518864695151100000**
51100100	龙泉分校	518864695151100100
51100200	彭州分校	518864695151100200
51100300	新都分校	518864695151100300
51100400	双流分校	518864695151100400
51100500	崇州分校	518864695151100500
51100600	邛崃分校	518864695151100600
51100700	郫县分校	518864695151100700
51100800	温江分校	518864695151100800
51100900	大邑分校	518864695151100900
51101000	*无缝钢管厂工作站	518864695151101000
51101100	金堂分校	518864695151101100
51101200	五冶分校	518864695151101200
51101300	蒲江分校	518864695151101300
51101400	都江堰分校	518864695151101400
51101500	电子工业分校	518864695151101500
51101600	青白江分校	518864695151101600
51101700	新津分校	518864695151101700
51101800	青羊分校	518864695151101800
51101900	*财会分校	518864695151101900

简码	学校名称	全码
51102000	*特教分校	518864695151102000
51102100	旅游分校	518864695151102100
51107100	*石化公司电大工作站	518864695151107100
51200000	**重庆广播电视大学**	**518664695051200000**
51200100	渝中区分校	518664695051200100
51200200	重庆铁路分校	518664695051200200
51200300	重庆钢铁公司分校	518664695051200300
51200400	南岸分校	518664695051200400
51200500	*渝中区工作站	518664695051200500
51200600	*江津市工作站	518664695051200600
51200700	九龙坡区工作站	518664695051200700
51200800	江北区工作站	518664695051200800
51200900	沙坪坝区电大分校	518664695051200900
51201000	永川市广播电视大学	518664695051201000
51201100	北碚区工作站	518664695051201100
51201200	万盛区工作站	518664695051201200
51201300	荣昌县工作站	518664695051201300
51201400	綦江县工作站	518664695051201400
51201500	*大渡口区工作站	518664695051201500
51201600	合川电大分校	518664695051201600
51201700	长寿县工作站	518664695051201700
51201800	*铜梁县工作站	518664695051201800
51201900	渝北区工作站	518664695051201900
51202000	潼南县工作站	518664695051202000
51202100	大足县工作站	518664695051202100
51202200	巴南分校	518664695051202200
51202300	江津分校	518664695051202300
51202400	大渡口分校	518664695051202400
51202500	璧山县电大工作站	518664695051202500
51202600	万州广播电视大学	518664695051202600
51202700	涪陵广播电视大学	518664695051202700
51202800	黔江广播电视大学	518664695051202800
51202900	南川分校	518664695051202900
51203000	垫江分校	518664695051203000
51203100	丰都县电大工作站	518664695051203100
51203200	武隆电大工作站	518664695051203200
51203300	*梁平县电大工作站	518664695051203300
51203400	供销总社分校	518664695051203400
51203500	物资贸易工作站	518664695051203500
51203700	建工集团工作站	518664695051203700
51203800	酉阳电大工作站	518664695051203800
51203900	*秀山分校	518664695051203900
51204000	石柱电大工作站	518664695051204000
51204100	彭水电大工作站	518664695051204100
51204200	*奉节县电大工作站	518664695051204200
51204300	云阳县电大工作站	518664695051204300
51204400	巫山分校	518664695051204400
51204500	巫溪电大工作站	518664695051204500

简码	学校名称	全码
51204600	城口电大工作站	518664695051204600
51204700	*开县电大工作站	518664695051204700
51204800	*忠县电大工作站	518664695051204800
51204900	铜梁分校	518664695051204900
51205000	*市检察院第二分院工作站	518664695051205000
51205100	重庆电大乡企工作站	518664695051205100
51205200	市药监局电大工作站	518664695051205200
51205300	市统计局电大工作站	518664695051205300
51205800	*沙坪坝区分校	518664695051205800
51208600	*莱芜广播电视大学	518664695051208600
52000000	**贵州广播电视大学**	**513524695252000000**
52000100	省直分校	513524695252000100
52000200	贵阳市分校	513524695252000200
52000300	遵义地区分校	513524695252000300
52000400	安顺地区分校	513524695252000400
52000500	黔南州分校	513524695252000500
52000600	黔东南州分校	513524695252000600
52000700	黔西南州分校	513524695252000700
52000800	毕节地区分校	513524695252000800
52000900	六盘水市分校	513524695252000900
52001000	铜仁分校	513524695252001000
52001100	贵州建设广播电视大学	513524695252001100
52001200	贵州水晶集团电大工作站	513524695252001200
52001300	贵阳铁路分局分校	513524695252001300
52001400	贵航集团分校	513524695252001400
52001500	水城钢铁公司分校	513524695252001500
52001600	省检察院分校	513524695252001600
52001700	省监管局分校	513524695252001700
52001800	航天管理局工作站	513524695252001800
52001900	黎阳机械公司工作站	513524695252001900
52002000	*第四机械工业局工作站	513524695252002000
52002100	贵州省劳动和社会保障厅电大工作站	513524695252002100
52002200	*贵阳经济技术开发区工作站	513524695252002200
52002300	贵阳冶金工作站	513524695252002300
52002400	贵航技校电大工作站	513524695252002400
53000000	**云南广播电视大学**	**513574695353000000**
53000100	昆明广播电视大学	513574695353000100
53000200	玉溪广播电视大学	513574695353000200
53000300	思茅广播电视大学	513574695353000300
53000400	西双版纳广播电视大学	513574695353000400
53000500	红河分校	513574695353000500
53000600	文山分校	513574695353000600
53000700	曲靖分校	513574695353000700
53000800	昭通分校	513574695353000800
53000900	东川工作站	513574695353000900
53001000	楚雄广播电视大学	513574695353001000
53001100	大理分校	513574695353001100
53001200	保山分校	513574695353001200

简码	学校名称	全码
53001300	临沧分校	513574695353001300
53001400	德宏广播电视大学	513574695353001400
53001500	丽江分校	513574695353001500
53001600	*云南广播电视大学直属学院	513574695353001600
53001700	*中甸县工作站	513574695353001700
53001800	文山州民族干部学校	513574695353001800
53001900	怒江电大分校	513574695353001900
53002000	*东川矿务局工作站	513574695353002000
53002100	个旧分校	513574695353002100
53002200	云南省有色地质电大分校	513574695353002200
53002300	*省农行分校	513574695353002300
53002400	*省人行分校	513574695353002400
53002500	煤炭分校	513574695353002500
53002600	交通分校	513574695353002600
53002700	昆明陆军学院分校	513574695353002700
53002800	*省工商行分校	513574695353002800
53002900	省检察分校	513574695353002900
53003000	*电力分校	513574695353003000
53003100	云锡分校	513574695353003100
53003200	昆明市总工会分校	513574695353003200
53003300	昆明铁路局分校	513574695353003300
53003400	*省公路局分校	513574695353003400
53003500	*省农垦分校	513574695353003500
53003600	昆钢分校	513574695353003600
53003700	烟草分校	513574695353003700
53003800	*省工青妇分校	513574695353003800
53003900	易门矿务局分校	513574695353003900
53004000	*商业分校	513574695353004000
53005100	*云南大学工作站	513574695353005100
53005200	*云南工业大学工作站	513574695353005200
53005300	*昆明工学院工作站	513574695353005300
53005400	*云南电大教学点	513574695353005400
53005500	*云南财贸学院工作站	513574695353005500
53005700	*云南民族学院工作站	513574695353005700
53005800	*云南师范大学工作站	513574695353005800
53006600	*校本部	513574695353006600
53006700	云南省电大政法分校	513574695353006700
61000000	**陕西省广播电视大学**	**513704696161000000**
61000100	延安分校	513704696161000100
61000200	榆林地区分校	513704696161000200
61000300	咸阳市分校	513704696161000300
61000400	宝鸡市分校	513704696161000400
61000500	安康分校	513704696161000500
61000600	汉中分校	513704696161000600
61000700	渭南分校	513704696161000700
61000800	商洛地区分校	513704696161000800
61000900	铜川市分校	513704696161000900
61001000	航空工业局工作站	513704696161001000

简码	学校名称	全码
61001100	省电子工业局工作站	513704696161001100
61001200	兵器工业管理局工作站	513704696161001200
61001300	*航天部陕西管理局工作站	513704696161001300
61001400	核工业局工作站	513704696161001400
61001500	西安铁路分校	513704696161001500
61001600	省冶金局工作站	513704696161001600
61001700	民盟省委会工作站	513704696161001700
61001800	*民革省委会工作站	513704696161001800
61001900	*省石油化学工业局工作站	513704696161001900
61002000	*西安电子科技大学工作站	513704696161002000
61002100	*工商银行陕西分行工作站	513704696161002100
61002200	*省建材局工作站	513704696161002200
61002300	*西北电业管理局工作站	513704696161002300
61002400	*省邮电管理局工作站	513704696161002400
61002500	省广播电视厅工作站	513704696161002500
61002600	陕西省城市经济学校	513704696161002600
61002700	*省建筑工程总公司工作站	513704696161002700
61002800	*陕西省纺织公司工作站	513704696161002800
61002900	*省机械工业局工作站	513704696161002900
61003000	西安有色工作站	513704696161003000
61003100	O一二基地工作站	513704696161003100
61003200	*西安陆军学院工作站	513704696161003200
61003300	*省司法厅工作站	513704696161003300
61003400	*铁道部第一工程局工作站	513704696161003400
61003500	省水利厅工作站	513704696161003500
61003600	*省医药总公司工作站	513704696161003600
61003700	省府干部学校工作站	513704696161003700
61003800	*省保险分公司工作站	513704696161003800
61003900	*省交通厅工作站	513704696161003900
61004000	*省档案局工作站	513704696161004000
61004100	*人民银行陕西分行工作站	513704696161004100
61004200	*省文化厅工作站	513704696161004200
61004300	*省检察院工作站	513704696161004300
61004400	*省测绘局工作站	513704696161004400
61004500	*省干部培训教育中心	513704696161004500
61004600	*西安船舶工业总公司工作站	513704696161004600
61004700	直属分校	513704696161004700
61004800	省煤碳厅工作站	513704696161004800
61004900	*省财政厅工作站	513704696161004900
61005000	*国税局工作站	513704696161005000
61005200	*省卫生厅工作站	513704696161005200
61005300	*省对外经贸委工作站	513704696161005300
61005400	省农业厅工作站	513704696161005400
61005500	*陕西教育学院工作站	513704696161005500
61005600	省警官职业学校工作站	513704696161005600
61005700	高新分校	513704696161005700
61005800	*省科协电大工作站	513704696161005800
61005900	*省电大商务厅工作站	513704696161005900
61006000	*经贸委电大工作站	513704696161006000

简码	学校名称	全码
61006200	*陕西师大电大工作站	513704696161006200
61006300	省电大直属教学部	513704696161006300
61006400	*农业银行电大工作站	513704696161006400
61006500	新城分校	513704696161006500
61006600	*安康经贸管理专修学	513704696161006600
61006700	工运学院电大	513704696161006700
61006800	*青干院	513704696161006800
61006900	陕西经贸培训学院	513704696161006900
61007000	*西安艺师教育中心	513704696161007000
61007200	陕西省中医学校	513704696161007200
61007300	*服装学院电大	513704696161007300
61007800	*西安医学专修学院	513704696161007800
61008000	陕西电大长安工作站	513704696161008000
61008200	省计生协工作站	513704696161008200
61008600	陕西广播电视大学宝鸡农校教育中心	513704696161008600
61008700	陕西银行学校	513704696161008700
61008800	陕西广播电视大学西安市卫校电大教学中心	513704696161008800
61100000	**西安广播电视大学**	**518714696161100000**
61100100	西安电大开放教育学院	518714696161100100
61100200	西安电大现代教育培训学院	518714696161100200
61100300	*莲湖区工作站	518714696161100300
61100400	*灞桥区工作站	518714696161100400
61100500	*未央区工作站	518714696161100500
61100600	长安分校	518714696161100600
61100700	临潼分校	518714696161100700
61100800	*周至县工作站	518714696161100800
61100900	户县分校	518714696161100900
61101000	西电公司工作站	518714696161101000
61101100	*纺织局工作站	518714696161101100
61101200	*人事局工作站	518714696161101200
61101300	*劳动局工作站	518714696161101300
61101400	*审计局工作站	518714696161101400
61101500	*莲湖经委教学班	518714696161101500
61101600	*莲湖职校	518714696161101600
61101700	莲湖科技学校工作站	518714696161101700
61101800	*市百货公司	518714696161101800
61101900	*西华分校教学班	518714696161101900
61102000	*市公安局文化分校	518714696161102000
61102100	*纺织品公司	518714696161102100
61102200	西安交通大学卫校教学班	518714696161102200
61102300	西安电大北洋教学班	518714696161102300
61102400	*市二院教学班	518714696161102400
61102500	*标缝公司教学班	518714696161102500
61102600	*西影厂工作站	518714696161102600
61102700	*市卫生局教学班	518714696161102700
61102800	利君集团工作站	518714696161102800
61102900	*兴华业大	518714696161102900
61103000	*农械厂	518714696161103000

简码	学校名称	全码
61103100	*市检察院工作站	518714696161103100
61103200	*市机械技工学校教学班	518714696161103200
61103300	翠华培训学院工作站	518714696161103300
61103400	*市护理学会电大班	518714696161103400
61103500	*西安音乐教学班	518714696161103500
61103700	*第二炮兵工程学院教学班	518714696161103700
61103800	*咸宁教学班	518714696161103800
61103900	富士日本语专修学院工作站	518714696161103900
61104000	蓝田分校	518714696161104000
61104100	*省中医药研究院教学班	518714696161104100
61104200	韩城进校工作站	518714696161104200
61104400	市卫生职校工作站	518714696161104400
61104500	涉外旅游专修学院工作站	518714696161104500
61104600	*西京培训学院教学班	518714696161104600
61104700	*西安联大艺术系教学班	518714696161104700
61104800	*试飞院工作站	518714696161104800
61104900	西安培明进修学院教学班	518714696161104900
61105000	*振华教学班	518714696161105000
61105100	西安教育学院工作站	518714696161105100
61105400	*陕西经管院教学班	518714696161105400
61105500	高陵分校	518714696161105500
61105600	*骊山科技学院教学班	518714696161105600
61105700	大荔师范工作站	518714696161105700
61105800	*广播影视学院教学班	518714696161105800
61105900	*北方医院医科教学班	518714696161105900
61106000	*周至教育中心教学班	518714696161106000
61106100	西安电大现代职校	518714696161106100
61106200	*西铁卫校工作站	518714696161106200
61106300	成人教育培训学院工作站	518714696161106300
61106400	*商务学校教学班	518714696161106400
61106500	*邮设厂技校教学点	518714696161106500
61106600	*户县秦隆职校教学班	518714696161106600
61106700	中交一公院工作站	518714696161106700
61106800	艺术学院	518714696161106800
61106900	西安电大直属分校	518714696161106900
61107000	华阴工作站	518714696161107000
61107100	铜川矿务局教学班	518714696161107100
61107200	宜川工作站	518714696161107200
61107300	潼关工作站	518714696161107300
62000000	**甘肃广播电视大学**	**513744696262000000**
62000100	兰州市分校	513744696262000100
62000200	天水市分校	513744696262000200
62000300	白银市分校	513744696262000300
62000400	金昌分校	513744696262000400
62000500	嘉峪关市分校	513744696262000500
62000600	庆阳地区分校	513744696262000600
62000700	平凉地区分校	513744696262000700
62000800	陇南地区分校	513744696262000800

简码	学校名称	全码
62000900	定西地区分校	51374469626200900
62001000	武威地区分校	51374469626201000
62001100	张掖市分校	51374469626201100
62001200	酒泉地区分校	51374469626201200
62001300	甘南分校	51374469626201300
62001400	临夏分校	51374469626201400
62001500	兰州铁路局分校	51374469626201500
62001600	四O四厂分校	51374469626201600
62001700	省检察院分校	51374469626201700
62001800	省农垦分校	51374469626201800
62001900	亚盛集团公司分校	51374469626201900
62002000	玉门石油管理局分校	51374469626202000
62002100	滨河集团分校	51374469626202100
62002300	开放教育学院	51374469626202300
62002400	兰州铁路分局分校	51374469626202400
62002500	＊兰州钢铁集团公司工作站	51374469626202500
62002600	＊省工商银行工作站	51374469626202600
62002700	省农业银行工作站	51374469626202700
62002800	省人民银行工作站	51374469626202800
62002900	甘肃省乡镇企业分校	51374469626202900
62003000	＊天水海林轴承厂工作站	51374469626203000
62003100	水电部五局工作站	51374469626203100
62003200	武威卫生学校电大工作站	51374469626203200
62003300	陇南农校直属工作站	51374469626203300
62003400	电大兰炼工作站	51374469626203400
62003500	武威铁路分局电大工作站	51374469626203500
62003600	五零四厂电大工作站	51374469626203600
62003700	＊省交通干部学校电大工作站	51374469626203700
62003800	省统计局电大工作站	51374469626203800
62003900	省财贸学校电大工作站	51374469626203900
62004000	＊职业技术学院省经校分院	51374469626204000
63000000	**青海广播电视大学**	**51382469636300000**
63000100	＊西宁铁路分局分校	51382469636300100
63000200	＊石油管理局分校	51382469636300200
63000300	海西州广播电视大学	51382469636300300
63000400	海北州广播电视大学	51382469636300400
63000500	海南州广播电视大学	51382469636300500
63000600	＊东地区广播电视大学	51382469636300600
63000700	玉树州广播电视大学	51382469636300700
63000800	果洛州广播电视大学	51382469636300800
63000900	＊黄南州广播电视大学	51382469636300900
63001000	＊平安县广播电视大学	51382469636301000
63001100	乐都广播电视大学	51382469636301100
63001200	互助县广播电视大学	51382469636301200
63001300	湟源县广播电视大学	51382469636301300
63001400	民和县广播电视大学	51382469636301400
63001500	＊青海黎明电大	51382469636301500
63001600	＊大通农广校电大	51382469636301600

简码	学校名称	全码
63001700	大通师范电大	513824696363001700
63001800	＊交通工作站	513824696363001800
63001900	＊档案局广播电视大学	513824696363001900
63002000	＊海西德令哈职业高中电大	513824696363002000
63002100	湟中县广播电视大学	513824696363002100
63002200	化隆县广播电视大学	513824696363002200
63002300	循化县广播电视大学	513824696363002300
63002400	＊西宁职工进修学校	513824696363002400
63002500	＊平安工作站	513824696363002500
63002600	＊海西州教育局教学班	513824696363002600
63002700	＊海西州大柴旦工作站	513824696363002700
63002800	＊海西州都兰工作站	513824696363002800
63002900	＊青海省银行学校教学点	513824696363002900
63003000	＊青海省饮食服务公司教学班	513824696363003000
63003100	海西州格尔木工作站	513824696363003100
63003200	＊海西州乌兰县电大工工作站	513824696363003200
63003300	＊海西州天峻县电大工作站	513824696363003300
63003400	＊海西分校	513824696363003400
63003500	省直属分校	513824696363003500
63003600	＊海西州卫生职业中专	513824696363003600
63003700	＊循化广播电视大学	513824696363003700
63003800	＊黄南州工作站	513824696363003800
63003900	＊海北广播电视大学	513824696363003900
63004000	＊果洛电大	513824696363004000
63004100	＊湟源广播电视大学	513824696363004100
63004200	＊海南州电大	513824696363004200
63004300	＊校部	513824696363004300
63004400	＊化隆广播电视大学	513824696363004400
63004500	＊大通职校	513824696363004500
63004600	统计局电大	513824696363004600
63004700	海东广播电视大学	513824696363004700
64000000	**宁夏广播电视大学**	**513834696464000000**
64000100	石嘴山分校	513834696464000100
64000200	银川市工作站	513834696464000200
64000300	吴忠市分校	513834696464000300
64000400	固原市工作站	513834696464000400
64000500	＊检察分校	513834696464000500
64000600	电力系统分校	513834696464000600
64000700	＊劳动人事厅工作站	513834696464000700
64000800	＊自治区审计局工作站	513834696464000800
64000900	＊西北轴承厂工作站	513834696464000900
64001000	＊固原地区电大工作站	513834696464001000
64001100	青铜峡铝厂工作站	513834696464001100
64001200	石嘴山矿物局工作站	513834696464001200
64001300	＊西北煤机总厂工作站	513834696464001300
64001400	青铜峡市工作站	513834696464001400
64001500	＊中宁县工作站	513834696464001500
64001600	盐池县工作站	513834696464001600

简码	学校名称	全码
64001700	同心县工作站	51383469646400l700
64001800	中卫分校	513834696464001800
64001900	永宁县工作站	513834696464001900
64002000	贺兰县工作站	513834696464002000
64002100	＊石碳井矿物局工作站	513834696464002100
64002200	平罗电大工作站	513834696464002200
64002300	＊监狱局工作站	513834696464002300
64002400	陶乐县工作站	513834696464002400
64002500	卫生系统分校	513834696464002500
64002600	铁路分局分校	513834696464002600
64002700	惠农县电大工作站	513834696464002700
64002800	灵武县电大工作站	513834696464002800
64002900	西吉电大工作站	513834696464002900
64003000	隆德县电大工作站	513834696464003000
64003100	海原县电大工作站	513834696464003100
64003200	＊青铜峡铝厂电大工作站	513834696464003200
64003300	农校系统电大分校	513834696464003300
65000000	**新疆广播电视大学**	**513874696565000000**
65000100	乌鲁木齐广播电视大学	513874696565000100
65000200	哈密广播电视大学	513874696565000200
65000300	昌吉广播电视大学	513874696565000300
65000400	克拉玛依广播电视大学	513874696565000400
65000500	阿勒泰广播电视大学	513874696565000500
65000600	塔城广播电视大学	513874696565000600
65000700	巴音郭楞蒙古自治州电大	513874696565000700
65000800	阿克苏分校	513874696565000800
65000900	博尔塔拉蒙古自治州电大	513874696565000900
65001000	奎屯市广播电视大学	513874696565001000
65001100	克孜勒苏广播电视大学	513874696565001100
65001200	喀什广播电视大学	513874696565001200
65001300	和田广播电视大学	513874696565001300
65001400	伊犁州广播电视大学	513874696565001400
65001500	石河子广播电视大学	513874696565001500
65001700	吐鲁番分校	513874696565001700
65001800	铁路广播电视大学	513874696565001800
65001900	钢铁公司工作站	513874696565001900
65002000	＊可可托海工作站	513874696565002000
65002100	劳改局工作站	513874696565002100
65002200	＊机械电子工业厅分校	513874696565002200
65002300	＊自治区工商局广播电视大学	513874696565002300
65002400	＊交通厅教学点	513874696565002400
65002500	＊农行干校工作站	513874696565002500
65002600	＊新疆工商银行工作站	513874696565002600
65002700	乌石化广播电视大学	513874696565002700
65002800	＊乌鲁木齐铁路局工作站	513874696565002800
65002900	广电厅广播电视大学	513874696565002900
65003000	＊审计局工作站	513874696565003000
65003100	＊司法厅工作站	513874696565003100

简码	学校名称	全码
65003200	*乌拉泊工作站	513874696565003200
65003300	*社科联电大教学点	513874696565003300
65003400	*粮食学校电大教学点	513874696565003400
65003500	*检察院工作站	513874696565003500
65003600	*公安司法干部学院工作站	513874696565003600
65003700	*伊犁地区工作站	513874696565003700
65003800	哈煤集团广播电视大学	513874696565003800
65003900	*乌市干校工作站	513874696565003900
65004000	*七泉湖化工厂电大教学点	513874696565004000
65004100	财政厅广播电视大学	513874696565004100
65004900	*塔西南石油电视大学	513874696565004900
65005600	*工学院电大	513874696565005600
65100000	**新疆兵团广播电视大学**	**512104696565100000**
65100100	农一师分校	512104696565100100
65100200	农二师分校	512104696565100200
65100300	农三师分校	512104696565100300
65100400	农四师分校	512104696565100400
65100500	农五师分校	512104696565100500
65100600	农六师分校	512104696565100600
65100700	农七师分校	512104696565100700
65100800	农八师分校	512104696565100800
65100900	农九师分校	512104696565100900
65101000	农十师分校	512104696565101000
65101100	农十三师分校	512104696565101100
65101200	农十二师分校	512104696565101200
65101300	*警校工作站	512104696565101300

注：学校名称前有“*”的学校，表示该校为以往曾设置过的学校，但2004年未按独立设置的分校(工作站)填报《高等教育基层统计报表》。

7.1.2 全国广播电视大学专业分类目录代码

该代码是在教育部2004年颁布的高等学校专业分类目录代码的基础上改编而成的。教育部颁布的高等学校专业目录分哲学、经济学、法学、教育学、文学、历史学、理学、工学、农学、医学、管理学11大门类，下设二级类73个，490个专业。

专业分类目录的数字代码由八位阿拉伯数字组成，第一、二位数字表示学科门类，第三、四位数字表示二级类，第五至第八位数字表示该二级类内的专业代码。其中，第五、六位数字为“99”，表示该专业未列入教育部颁布的高等学校专业分类目录中。

现所列专业分类目录包括了中央广播电视大学的统设专业和地方电大自开专业。各校除在专业名称栏填报实设专业名称外，还须根据专业性质填写和录入相近的专业编号。若无相近专业编号，则前四位数字仍填学科门类及二级类别号，而第五至第八位填“9999”，并在键入专业编号同时，录入汉字的实设专业名称，以便加工处理。

专业代码	专业名称
01	**哲学**
0101	**哲学类**
01010100	哲学
01010200	逻辑学
01010300	宗教学
01010400	伦理学
02	**经济学**
0201	**经济学类**
02010100	经济学
02010200	国际经济与贸易
02010300	财政学
02010400	金融学
02010500	国民经济管理
02010600	贸易经济
02010700	保险
02010800	环境经济
02010900	金融工程
02011000	税务
02011100	信用管理
02011200	网络经济学
02011300	体育经济
02011400	投资学
02011500	环境资源与发展经济学
02011600	海洋经济学
02019901	世界经济学
02019902	政治经济学
02019903	物资经济
02019904	商业经济
02019905	基本建设经济
02019906	农业经济
02019907	投资经济
02019908	水运经济
02019909	市场经济
02019910	对外贸易经济
02019911	国际贸易
02019912	国际商业贸易
02019913	边境贸易
02019914	商业外贸
02019915	医药外贸
02019916	外事外贸
02019917	化工经营与外贸
02019918	工业技术与外贸
02019919	工业外贸
02019920	进出口业务
02019921	财政税收
02019922	金融
02019923	金融与证券
02019924	金融证券电算化
02019925	金融与计算机
02019926	金融与保险
02019927	国际金融
02019928	国际贸易与金融
02019929	农村金融
02019930	财政金融
02019931	证券投资
02019932	信贷
02019933	货币银行学
02019934	社会保险
02019935	国际保险
03	**法学**
0301	**法学类**
03010100	法学
03010200	知识产权法
03010300	知识产权
03012000	监狱学
03019901	法学基础理论
03019902	法律
03019903	律师
03019904	律师公证
03019905	国防军事法律
03019906	经济法
03019907	涉外经济法
03019908	国际经济法
03019909	国际法
03019910	劳改法
03019911	劳动改造学
03019912	司法
03019913	检察
0302	**马克思主义理论类**
03020100	科学社会主义与国际共产主义运动
03020200	中国革命史与中国共产党党史
03029901	马列主义理论
0303	**社会学类**
03030100	社会学
03030200	社会工作
03030300	家政学
03030400	人类学
03039901	人口学
0304	**政治学类**
03040100	政治学与行政学
03040200	国际政治
03040300	外交学
03040400	思想政治教育
03040500	国际文化交流
03040600	国际政治经济学
03040700	国际事务
03049901	政治教育

专业代码	专业名称
03049902	政治管理
0305	**公安学类**
03050100	治安学
03050200	侦查学
03050300	边防管理
03050400	火灾勘查
03050500	禁毒学
03050600	警犬技术
03050700	经济犯罪侦查
03050800	边防指挥
03050900	消防指挥
03051000	警卫学
03059901	公安
03059902	公安保卫
03059903	公安管理
03059904	公安内勤
03059905	安全管理
03059906	安全防范
03059907	安全技术学
03059908	出入境管理
03059909	武警指挥
03059910	警察管理
03059911	劳改劳教管理
04	**教育学**
0401	**教育学类**
04010100	教育学
04010200	学前教育
04010300	特殊教育
04010400	教育技术学
04010500	小学教育
04010600	艺术教育
04010700	人文教育
04010800	科学教育
04010900	言语听觉科学
04019901	教育心理学
04019902	幼儿教育
04019903	幼儿师范
04019904	小学师资(理科方向)
04019905	小学师资(文史方向)
04019906	初等教育
04019907	学校教育
04019908	中等师范
04019909	高等师范
04019910	技工师范
04019911	电视师专
04019912	电化教育
04019913	国防军事教育
04019914	劳动技术教育
04019915	卫师中文
04019916	农业师资
04019917	农业中学师资
04019918	乡镇企业师资
04019919	职业学校师资
0402	**体育学类**
04020100	体育教育
04020200	运动训练
04020300	社会体育
04020400	运动人体科学
04020500	民族传统体育
04029901	体育基础理论
04029902	举重
04029903	摔跤
04029904	体操
04029905	击剑
04029906	球类运动
04029907	田径运动
04029908	游泳运动
04029909	冰上运动
04029910	武术
04029911	警察体育
04029912	体育管理
04029913	体育生物科学
04029914	运动医学
04029915	体育保健康复
0403	**职业技术教育类**
04030100	农艺教育
04030200	园艺教育
04030300	特用作物教育
04030400	林木生产教育
04030500	特用动物教育
04030600	畜禽生产教育
04030700	水产养殖教育
04030800	应用生物教育
04030900	农业机械教育
04031000	农业建筑与环境控制教育
04031100	农产品储运与加工教育
04031200	农业经济管理教育
04031300	机械制造工艺教育
04031400	机械维修及检测技术教育
04031500	机电技术教育
04031600	电气技术教育
04031700	汽车维修工程教育
04031800	应用电子技术教育
04031900	制浆造纸工艺教育
04032000	印刷工艺教育
04032100	橡塑制品成型工艺教育
04032200	食品工艺教育
04032300	纺织工艺教育
04032400	染整工艺教育

专业代码	专业名称
04032500	化工工艺教育
04032600	化工分析与检测技术教育
04032700	建筑材料工程教育
04032800	建筑工程教育
04032900	服装设计与工艺教育
04033000	装潢设计与工艺教育
04033100	旅游管理与服务教育
04033200	食品营养与检验教育
04033300	烹饪与营养教育
04033400	财务会计教育
04033500	文秘教育
04033600	市场营销教育
04033700	职业技术教育管理
04039901	信息技术教育
05	**文学**
0501	**中国语言文学类**
05010100	汉语言文学
05010200	汉语言
05010300	对外汉语
05010400	中国少数民族语言文学
05010500	古典文献
05010600	中国语言文化
05010700	应用语言学
05019901	古典文学
05019902	中国文学
05019903	汉语言文学教育
05019904	文学创作
05019905	应用中文
05019906	中文与计算机
05019907	语言学
05019908	彝语
05019909	蒙语翻译
05019910	维语翻译
05019911	现代文员
05019912	现代文秘
05019913	文秘
05019914	文秘与公关
05019915	文秘与行政管理
05019916	涉外企业事业秘书
05019917	涉外经济管理与秘书
05019918	涉外秘书及办公自动化
05019919	企管秘书
05019920	经济管理文秘
05019921	商务秘书
05019922	中英文秘书
05019923	蒙文秘书
05019924	军事文秘
05019925	办公自动化
0502	**外国语言文学类**

专业代码	专业名称
05020100	英语
05020200	俄语
05020300	德语
05020400	法语
05020500	西班牙语
05020600	阿拉伯语
05020700	日语
05020800	波斯语
05020900	朝鲜语
05021000	菲律宾语
05021100	梵语巴利语
05021200	印度尼西亚语
05021300	印地语
05021400	柬埔寨语
05021500	老挝语
05021600	缅甸语
05021700	马来语
05021800	蒙古语
05021900	僧加罗语
05022000	泰语
05022100	乌尔都语
05022200	希伯莱语
05022300	越南语
05022400	豪萨语
05022500	斯瓦希里语
05022600	阿尔巴尼亚语
05022700	保加利亚语
05022800	波兰语
05022900	捷克语
05023000	罗马尼亚语
05023100	葡萄牙语
05023200	瑞典语
05023300	塞尔维亚—克罗地亚语
05023400	土耳其语
05023500	希腊语
05023600	匈牙利语
05023700	意大利语
05023800	捷克语—斯洛伐克语
05023900	泰米尔语
05024000	普什图语
05024100	世界语
05024200	孟加拉语
05024300	尼泊尔语
05024400	塞尔维亚语—克罗地亚语
05024500	荷兰语
05024600	芬兰语
05024700	乌克兰语
05024800	韩国语
05029901	商务英语
05029902	科技日语

专业代码	专 业 名 称
05029903	科技英语
05029904	旅游英语
05029905	外贸俄语
05029906	外贸日语
05029907	外贸英语
05029908	应用外语及外经贸
05029909	英语兼泰语
05029910	英语兼缅语
05029911	外国语言文学
05029912	英语教育
05029913	俄语教育
0503	**新闻传播学类**
05030100	新闻学
05030200	广播电视新闻学
05030300	广告学
05030400	编辑出版学
05030500	传播学
05030600	媒体创意
05039901	新闻传播学
05039902	新闻采编
05039903	国际新闻
05039904	体育新闻
05039905	网络传播
05039906	编辑采访
0504	**艺术类**
05040100	音乐学
05040200	作曲与作曲技术理论
05040300	音乐表演
05040400	绘画
05040500	雕塑
05040600	美术学
05040700	艺术设计学
05040800	艺术设计
05040900	舞蹈学
05041000	舞蹈编导
05041100	戏剧学
05041200	表演
05041300	导演
05041400	戏剧影视文学
05041500	戏剧影视美术设计
05041600	摄影
05041700	录音艺术
05041800	动画
05041900	播音与主持艺术
05042000	广播电视编导
05042100	影视教育
05042200	艺术学
05042300	影视学
05042400	广播影视编导
05049901	民族音乐

专业代码	专 业 名 称
05049902	戏曲作曲
05049903	器乐
05049904	音乐教育
05049905	壁画
05049906	连环画年画
05049907	书法
05049908	工艺绘画
05049909	工艺图案
05049910	工艺雕刻
05049911	工艺美术学
05049912	美术史
05049913	美术教育
05049914	美术
05049915	工业美术
05049916	漆器美术
05049917	商业美术
05049918	书装美术
05049919	特艺美术
05049920	造型美术
05049921	服装美术
05049922	广告艺术设计
05049923	环境艺术设计
05049924	染织艺术设计
05049925	装潢艺术设计
05049926	装饰艺术设计
05049927	电脑美术设计
05049928	服装艺术设计
05049929	服装表演及设计
05049930	丝绸美术品种设计
05049931	装潢
05049932	包装装潢
05049933	家俱设计
05049934	室内设计
05049935	织绣工艺
05049936	舞蹈史与舞蹈理论
05049937	舞蹈教育
05049938	舞蹈
05049939	中国古典舞蹈表演
05049940	中国民间舞蹈表演
05049941	中国民族舞蹈表演
05049942	戏剧表演
05049943	话剧表演
05049944	歌剧表演
05049945	京剧表演
05049946	电影表演
05049947	影视表演
05049948	电视导演
05049949	文艺编导
05049950	服装模特编排
05049951	电视编辑

专业代码	专 业 名 称
05049952	电视影片编辑
05049953	文艺编辑
05049954	编剧
05049955	电影文学
05049956	戏曲文学
05049957	广播电视文学
05049958	戏剧创作
05049959	电影评论
05049960	电影美术设计
05049961	舞台美术设计
05049962	舞台美术化妆
05049963	舞台灯光
05049964	电影摄影
05049965	电视新闻摄影
05049966	新闻摄影
05049967	艺术摄影
05049968	电影录音
05049969	节目主持
05049970	艺术教育
05049971	电视艺术
05049972	广播电视节目制作
05049973	影视艺术技术
05049974	影视美术
06	**历史学**
0601	**历史学类**
06010100	历史学
06010200	世界历史
06010300	考古学
06010400	博物馆学
06010500	民族学
06010600	文物保护技术
06019901	政史
06019902	政治历史教育
06019903	旅游史地
07	**理学**
0701	**数学类**
07010100	数学与应用数学
07010200	信息与计算科学
07010300	数理基础科学
07019901	数理逻辑学
07019902	经济数学
07019903	计算技术
07019904	计算数学及其应用软件
07019905	数学教育
0702	**物理学类**
07020100	物理学
07020200	应用物理学
07020300	声学

专业代码	专 业 名 称
07029901	磁学
07029902	固体物理
07029903	光学物理
07029904	光电子物理
07029905	电子物理
07029906	红外物理
07029907	晶体物理
07029908	理论物理
07029909	近代物理
07029910	等离子体物理
07029911	半导体物理
07029912	化学物理
07029913	激光物理
07029914	真空物理
07029915	低温物理
07029916	金属物理
07029917	压电铁电物理
07029918	气体放电物理
07029919	技术物理
07029920	加速器物理
07029921	实验核物理
07029922	原子核物理学及核技术
07029923	物理实验技术
07029924	矿山工程物理
07029925	物理师资
0703	**化学类**
07030100	化学
07030200	应用化学
07030300	化学生物学
07030400	分子科学与工程
07039901	无机化学
07039902	有机化学
07039903	分析化学
07039904	高分子化学
07039905	稀有元素化学
07039906	半导体化学
07039907	物理化学
07039908	电化学
07039909	放射化学
07039910	催化化学
07039911	半导体物理化学
07039912	环境分析化学
07039913	电厂化学
07039914	化学教育
0704	**生物科学类**
07040100	生物科学
07040200	生物技术
07040300	生物信息学
07040400	生物信息技术
07040500	生物科学与生物技术

专业代码	专业名称
07040600	动植物检疫
07040700	生物化学与分子生物学
07040800	医学信息学
07040900	植物生物技术
07041000	动物生物技术
07041100	生物资源科学
07049901	病毒学
07049902	细胞生物学
07049903	微生物学
07049904	昆虫学
07049905	寄生虫学
07049906	动物学
07049907	生理学
07049908	人体及动物生理学
07049909	动物生理学
07049910	植物生理学
07049911	植物学
07049912	植物生态学
07049913	植物遗传学
07049914	遗传学
07049915	生物物理
07049916	生物化学
07049917	实验动物学
07049918	工业微生物学
07049919	生物学教育
0705	**天文学类**
07050100	天文学
07059901	天体物理
0706	**地质学类**
07060100	地质学
07060200	地球化学
07069901	地质力学
07069902	区域地质学
07069903	古生物学及地层学
07069904	遥感地质
07069905	化学地质
07069906	数学地质
07069907	放射性地质
07069908	岩矿及地球化学
07069909	构造地质力学
07069910	大地构造地球物理
0707	**地理科学类**
07070100	地理科学
07070200	资源环境与城乡规划管理
07070300	地理信息系统
07070400	地球信息科学与技术
07079901	自然地理
07079902	经济地理
07079903	地理学教育

专业代码	专业名称
0708	**地球物理学类**
07080100	地球物理学
07080200	地球与空间科学
07080300	空间科学与技术
0709	**大气科学类**
07090100	大气科学
07090200	应用气象学
07099901	天气动力学
07099902	大气物理学与大气环境
07099903	大气探测
07099904	气象探测技术
07099905	天气预报
0710	**海洋科学类**
07100100	海洋科学
07100200	海洋技术
07100300	海洋管理
07100400	军事海洋学
07100500	海洋生物资源与环境
07109901	海洋光学
07109902	海洋化学
07109903	海洋气象学
07109904	海洋植物学
07109905	海洋动物学
07109906	海洋地质地貌
07109907	海洋地质地球物理
0711	**力学类**
07110100	理论与应用力学
07119901	理论力学
07119902	固体力学
07119903	流体力学
07119904	传热传质流体力学
07119905	爆炸力学
07119906	应用力学
07119907	数学力学
07119908	力学
07119909	一般力学
07119910	飞行器结构力学
07119911	船舶力学
07119912	船舶流体力学
07119913	船舶结构力学
07119914	水工建筑力学
0712	**电子信息科学类**
07120100	电子信息科学与技术
07120200	微电子学
07120300	光信息科学与技术
07120400	科技防卫
07120500	信息安全
07120600	信息科学技术
07120700	光电子技术科学

专业代码	专 业 名 称
07129901	电波传播与天线
07129902	无线电学
07129903	电子信息技术
07129904	电子学与信息系统
07129905	电子学
07129906	光电子学
07129907	核电子学
07129908	半导体微电子学
07129909	波谱及量子电子学
07129910	技术光学
0713	**材料科学类**
07130100	材料物理
07130200	材料化学
0714	**环境科学类**
07140100	环境科学
07140200	生态学
07140300	资源环境科学
07149901	环境保护学
07149902	环境生物学
07149903	环境保护与治理
0715	**心理学类**
07150100	心理学
07150200	应用心理学
0716	**统计学类**
07160100	统计学
07169901	计划统计
07169902	数理统计
07169903	工业统计
07169904	工商统计
07169905	商业统计
07169906	统计与计算机
0717	**系统理论类**
07170100	系统理论
07170200	系统科学与工程
08	**工学**
0801	**地矿类**
08010100	采矿工程
08010200	石油工程
08010300	矿物加工工程
08010400	勘查技术与工程
08010500	资源勘查工程
08010600	地质工程
08010700	矿物资源工程
08019901	采煤
08019902	采油
08019903	油田开发
08019904	油田化学

专业代码	专 业 名 称
08019905	选煤
08019906	煤炭综合利用
08019907	地质矿产勘查技术
08019908	放射性地球物理勘探
08019909	非金属矿产地球物理勘探
08019910	金属及非金属地球物理勘探
08019911	海洋地球物理勘探
08019912	石油地球物理勘探
08019913	石油地质与勘探
08019914	石油矿场地球物理
08019915	航空物探
08019916	探矿工程
08019917	地质
08019918	海洋地质
08019919	水文地质与工程地质
08019920	岩矿分析
08019921	岩石矿物学
08019922	地质矿产资源开发
08019923	采矿技术
08019924	选矿技术
08019925	油气藏分析技术
08019926	油田化学应用技术
0802	**材料类**
08020100	冶金工程
08020200	金属材料工程
08020300	无机非金属材料工程
08020400	高分子材料与工程
08020500	材料科学与工程
08020600	复合材料与工程
08020700	焊接技术与工程
08020800	宝石及材料工艺学
08020900	粉体材料科学与工程
08021000	再生资源科学与技术
08021100	稀土工程
08021200	高分子材料加工工程
08021300	生物功能材料
08029901	高温冶金
08029902	精密冶金
08029903	化学冶金
08029904	特种冶金
08029905	稀有金属冶金
08029906	有色金属冶金
08029907	矿冶工程
08029908	冶金分析化学
08029909	冶金炉
08029910	冶金热工热能利用
08029911	冶金物理化学
08029912	电厂金属
08029913	炼铁
08029914	炼焦化学

专业代码	专业名称
08029915	金属冶炼
08029916	金属冶炼与压力加工
08029917	金属压力加工
08029918	金属物理测试
08029919	轧钢
08029920	高分子材料
08029921	无机材料
08029922	光学材料
08029923	感光材料
08029924	耐火材料
08029925	碳素材料
08029926	陶瓷材料
08029927	技术陶瓷
08029928	建筑材料工程
08029929	水泥
08029930	材料结构与性能
08029931	硅酸盐工艺
08029932	再生资源加工工艺
08029933	黄金珠宝鉴定
0803	**机械类**
08030100	机械设计制造及其自动化
08030200	材料成型及控制工程
08030300	工业设计
08030400	过程设备与控制工程
08030500	机械工程及自动化
08030600	车辆工程
08030700	机械电子工程
08030800	汽车服务工程
08030900	制造自动化与测控技术
08031000	微机电系统工程
08031100	制造工程
08039901	机械
08039902	机械设计
08039903	机械制造
08039904	机械设备安装
08039905	机械强度及振动
08039906	机械设备和管理
08039907	轴承设计制造
08039908	模具设计与制造
08039909	模具
08039910	港口机械设计制造
08039911	港运机械
08039912	起重运输机械
08039913	地质及勘探机械
08039914	石油矿场机械
08039915	石油炼厂机械
08039916	煤矿机械
08039917	矿山机械
08039918	冶金机械
08039919	透平机械

专业代码	专业名称
08039920	轧钢机械
08039921	重型机械
08039922	动力机械
08039923	水力机械
08039924	气体动力机械
08039925	热能动力机械
08039926	热力发动机
08039927	煤矿机械化
08039928	铁道工程机械
08039929	筑路工程机械
08039930	建筑机械
08039931	农业机械
08039932	林业机械
08039933	渔业机械
08039934	化工机械
08039935	制氧工艺及设备
08039936	热加工工艺及设备
08039937	金属热处理工艺设备
08039938	塑性成形工艺及设备
08039939	焊接工艺及设备
08039940	压力容器焊接
08039941	锅炉
08039942	锅炉压力容器
08039943	锅炉与热能利用
08039944	锻压工艺及设备
08039945	铸造工艺及设备
08039946	铸造
08039947	产品造型设计
08039948	机械加工工艺设备
08039949	机制工艺及自动化
08039950	木工机械
08039951	造纸机械
08039952	丝绸机械
08039953	橡胶机械
08039954	塑料机械
08039955	陶瓷机械
08039956	粮油机械
08039957	制糖机械
08039958	制盐机械
08039959	食品机械
08039960	商业机械
08039961	钟表机械
08039962	卷烟机械
08039963	包装机械
08039964	邮电机械
08039965	流体传动及控制
08039966	流体机械及流体工程
08039967	液压技术应用
08039968	真空技术及设备
08039969	压缩机

专业代码	专 业 名 称
08039970	机车
08039971	机车柴油机
08039972	内燃机车
08039973	电力机车
08039974	铁道车辆
08039975	民航特种车辆
08039976	汽车与拖拉机
08039977	拖拉机
08039978	汽车工程
08039979	汽车运用与维修
08039980	内燃机制造与维修
08039981	机电安装
08039982	机电产品设计
08039983	机电工程
08039984	机电设备
08039985	电机与电器
08039986	电器制造
08039987	机电工艺与设备
08039988	机电一体化
08039989	矿山机电
08039990	纺织机电
08039991	农用机电
08039992	实用机电技术
08039993	市政机电管理
08039994	汽车检测与维修技术
08039995	汽车技术服务与营销
0804	**仪器仪表类**
08040100	测控技术与仪器
08040200	电子信息技术及仪器
08049901	电磁测量技术仪表
08049902	电信仪表
08049903	电子仪表仪器
08049904	工业自动化仪表
08049905	化工仪表
08049906	化工自动化及仪表
08049907	机械仪表
08049908	机械制造业量仪
08049909	计量技术与管理
08049910	计时仪器
08049911	检测技术自动仪表
08049912	摄影仪器与工程
08049913	生物医学仪器
08049914	陀螺仪及导航仪器
08049915	陀螺仪及精密仪器
08049916	医用电子仪器维修
08049917	质量工程与检测
08049918	热工仪表及自动化
08049919	热工检测与控制技术
0805	**能源动力类**
08050100	热能与动力工程
08050200	核工程与核技术
08050300	工程物理
08050400	能源与环境系统工程
08050500	能源工程及自动化
08050600	能源动力系统及自动化
08059901	工业热工
08059902	工业热工及热能利用
08059903	化工热能工程
08059904	节能
08059905	能源利用
08059906	热能转换工程
08059907	电厂热能动力工程
08059908	水电站动力设备
08059909	热电厂集控
08059910	燃气供应工程
08059911	燃气输配
08059912	制冷
08059913	制冷设备低温技术
08059914	制冷设备与维修
08059915	制冷与空调技术
08059916	反应堆工程
08059917	核化学工程
08059918	原子能
08059919	工程热物理
08059920	物理分离
0806	**电气信息类**
08060100	电气工程及其自动化
08060200	自动化
08060300	电子信息工程
08060400	通信工程
08060500	计算机科学与技术
08060600	电子科学与技术
08060700	生物医学工程
08060800	电气工程与自动化
08060900	信息工程
08061000	光源与照明
08061100	软件工程
08061200	影视艺术技术
08061300	网络工程
08061400	信息显示与光电技术
08061500	集成电路设计与集成系统
08061600	光电信息工程
08061700	广播电视工程
08061800	电气信息工程
08061900	计算机软件
08062000	电力工程与管理
08062100	微电子制造工程
08062200	假肢矫形工程
08062300	数字媒体艺术
08062400	医学信息工程

专业代码	专业名称
08062500	信息物理工程
08062600	医疗器械工程
08062700	智能科学与技术
08062800	数字媒体技术
08069901	发电厂及电力系统
08069902	电力系统
08069903	电力系统及自动化
08069904	电磁场工程
08069905	电线电缆
08069906	高电压与绝缘技术
08069907	输电线路工程
08069908	供用电技术
08069909	发配电
08069910	用电管理
08069911	电气设备维修与管理
08069912	建筑电气
08069913	水电站自动化
08069914	机床数控技术
08069915	微机控制技术
08069916	电信工程
08069917	无线电电子工程
08069918	无线电技术
08069919	无线电通信
08069920	船舶无线电技术
08069921	电视发送
08069922	铁道通讯
08069923	铁道无线通信
08069924	铁道有线通信
08069925	铁道信号
08069926	铁路通信信号管理
08069927	程控交换
08069928	实用电子技术
08069929	办公自动化设备运用与维修
08069930	声像技术
08069931	计算机辅助设计及管理
08069932	计算机应用
08069933	软件开发与应用
08069934	数字媒体设计与制作
08069935	多媒体技术
08069936	应用电子技术
08069937	计算机网络技术
08069938	网络系统管理
0807	**土建类**
08070100	建筑学
08070200	城市规划
08070300	土木工程
08070400	建筑环境与设备工程
08070500	给水排水工程
08070600	城市地下空间工程
08070700	历史建筑保护工程
08070800	景观建筑设计
08070900	水务工程
08071000	建筑设施智能技术
08072400	道路桥梁与渡河工程
08079901	建筑设计与装饰
08079902	室内外设计
08079903	城镇规划
08079904	城镇建筑
08079905	工业与民用建筑
08079906	化工、工民建
08079907	基建
08079908	城镇建设
08079909	建筑结构工程
08079910	地下建筑工程
08079911	房屋建筑工程
08079912	海洋石油建筑工程
08079913	市政工程
08079914	公路与城市道路工程
08079915	道路与桥梁
08079916	隧道与桥梁
08079917	建筑与环境
08079918	建筑施工与管理
08079919	装修
08079920	建筑装饰技术
08079921	城市燃气工程
08079922	城市热能供应工程
08079923	供热通风与空调工程
08079924	道路试验与检测
08079925	工程预算
08079926	工程监理
0808	**水利类**
08080100	水利水电工程
08080200	水文与水资源工程
08080300	港口航道与海岸工程
08080400	港口海岸与治河工程
08080500	水资源与海洋工程
08089901	水利工程
08089902	水电工程及工程管理
08089903	陆地水文
08089904	地下水开发利用
08089905	港口水工建筑
0809	**测绘类**
08090100	测绘工程
08090200	遥感科学与技术
08090300	空间信息与数字技术
08099901	航空勘测
08099902	摄影测量与遥感
08099903	地籍测量与土地管理
08099904	矿山测量

专业代码	专业名称
0810	**环境与安全类**
08100100	环境工程
08100200	安全工程
08100300	水质科学与技术
08100400	灾害防治工程
08100500	环境科学与工程
08100600	环境监察
08109901	环境监测及保护
08109902	环境设计
08109903	环境监测
08109904	电厂环境工程
08109905	环境保护
08109906	矿山安全技术
0811	**化工与制药类**
08110100	化学工程与工艺
08110200	制药工程
08110300	化工与制药
08110400	化学工程与工业生物工程
08110500	资源科学与工程
08119901	化轻工程
08119902	生物化学工程
08119903	盐业化学工程
08119904	盐化工
08119905	煤化工
08119906	燃料化工
08119907	火药化工
08119908	精细化工
08119909	基本有机化工
08119910	轻工化工
08119911	日用化工
08119912	石油加工
08119913	石油炼制
08119914	石油化工工艺
08119915	无机化工工艺
08119916	有机化工工艺
08119917	电镀工艺
08119918	化工分析
08119919	化学分析
08119920	化学清洗
08119921	化学纤维
08119922	无机化学分析
08119923	轻工有机合成
08119924	合成纤维
08119925	合成橡胶
08119926	橡胶制品
08119927	胶凝材料及制品
08119928	洗涤剂
08119929	冶金药剂
08119930	染料及中间体
08119931	塑料
08119932	玻璃
08119933	硅酸盐
08119934	电化学及化学电源
08113335	应用电化学
08119936	农药生产及应用
08119937	医药化工
08119938	生化制药工艺
0812	**交通运输类**
08120100	交通运输
08120200	交通工程
08120300	油气储运工程
08120400	飞行技术
08120500	航海技术
08120600	轮机工程
08120700	物流工程
08120800	海事管理
08120900	交通设备信息工程
08129901	铁道运输
08129902	海洋运输业务
08129903	总图运输设计
08129904	铁道工程
08129905	铁道自动化
08129906	交通管理工程
08129907	航政管理
08129908	汽车运用技术
08129909	石油储存与运输
08129910	国际货运代理
0813	**海洋工程类**
08130100	船舶与海洋工程
08139901	舰船工程
08139902	船舶工程
08139903	船舶动力装置
08139904	船舶锅炉
08139905	船舶机制工艺设备
08139906	船舶内燃机
08139907	船舶制造与维修
08139908	船舶机械制造与维修
0814	**轻工纺织食品类**
08140100	食品科学与工程
08140200	轻化工程
08140300	包装工程
08140400	印刷工程
08140500	纺织工程
08140600	服装设计与工程
08140700	食品质量与安全
08140800	酿酒工程
08140900	葡萄与葡萄酒工程
08141000	轻工生物技术
08141100	农产品质量与安全

专业代码	专业名称
08149901	食品分析
08149902	食品化学
08149903	食品加工
08149904	食品营养
08149905	食品工艺
08149906	食品检验
08149907	肉食品卫生检验
08149908	烹饪
08149909	制糖工程
08149910	粮食工程
08149911	油脂工程
08149912	发酵工程
08149913	制糖工艺
08149914	制盐工艺
08149915	乳品工艺
08149916	发酵工艺
08149917	仓储工艺
08149918	油脂加工工艺
08149919	香料香精工艺
08149920	粮油储藏
08149921	粮油储检
08149922	轻工粮食食品
08149923	粮食加工
08149924	农副产品加工
08149925	饲料加工
08149926	皮革工程
08149927	皮革工艺
08149928	皮革制品
08149929	烟草工程
08149930	烟草工艺
08149931	卷烟
08149932	制浆造纸
08149933	制浆造纸工程
08149934	制浆造纸工艺
08149935	日用玻璃
08149936	陶瓷工艺
08149937	制鞋工艺
08149938	塑料成型加工工艺
08149939	商品检验与养护
08149940	玩具设计与制造
08149941	家具设计与制造
08149942	印刷工艺
08149943	针织工程
08149944	棉纺
08149945	棉织
08149946	棉花加工与检验
08149947	毛纺
08149948	毛麻绢纺
08149949	印染工艺
08149950	染整工艺

专业代码	专业名称
08149951	纺织材料
08149952	纺织材料及纺织品设计
08149953	服装设计与制作
0815	**航空航天类**
08150100	飞行器设计与工程
08150200	飞行器动力工程
08150300	飞行器制造工程
08150400	飞行器环境与生命保障工程
08150500	航空航天工程
08150600	工程力学与航天航空工程
08159901	飞机制造工艺
08159902	飞机发动机维修
08159903	飞机电气设备维修
08159904	飞机仪表设备维修
08159905	飞机无线电维修
08159906	地面通讯设备维修
08159907	航空工程
08159908	航行管制
08159909	飞行器强度与实验技术
0816	**武器类**
08160100	武器系统与发射工程
08160200	探测制导与控制技术
08160300	弹药工程与爆炸技术
08160400	特种能源工程与烟火技术
08160500	地面武器机动工程
08160600	信息对抗技术
08160700	武器系统与工程
08169901	常规武器
08169902	军工测试技术与应用
08169903	弹药工程
08169904	引信设计与制造
0817	**工程力学类**
08170100	工程力学
08170200	工程结构分析
0818	**生物工程类**
08180100	生物工程
08189901	微生物工程
0819	**农业工程类**
08190100	农业机械化及其自动化
08190200	农业电气化与自动化
08190300	农业建筑与能源工程
08190400	农业水利工程
08190500	农业工程
08190600	生物系统工程
08199901	农业机械修理
08199902	拖拉机修理及零件制造
0820	**林业工程类**
08200100	森林工程

专业代码	专业名称
08200200	木材科学与工程
08200300	林产化工
08209901	林产加工
08209902	采伐运输机械化
08209903	林区道路工程
08209904	人造板
0821	**公安技术类**
08210100	刑事科学技术
08210200	消防工程
08210300	安全防范工程
08210400	交通管理工程
08210500	核生化消防
08219901	痕迹检验
08219902	文件鉴定
08219903	法化学
08219904	公共安全图像技术
08219905	火灾原因技术鉴定
08219906	安全工程
08219907	道路交通事故防治工程
09	**农学**
0901	**植物生产类**
09010100	农学
09010200	园艺
09010300	植物保护
09010400	茶学
09010500	烟草
09010600	植物科学与技术
09010700	种子科学与工程
09010800	应用生物科学
09010900	设施农业科学与工程
09019901	农作物栽培
09019902	果树及蔬菜
09019903	甘蔗
09019904	种植
09019905	中草药种植
09019906	作物遗传育种
09019907	植物生理生化
09019908	植物病理
09019909	热带园艺
09019910	热带植物保护
09019911	农业推广
09019912	农业化肥使用
0902	**草业科学类**
09020100	草业科学
09029901	草原
0903	**森林资源类**
09030100	林学
09030200	森林资源保护与游憩
09030300	野生动物与自然保护区管理
09039901	农林
09039902	经济林
09039903	防护林
09039904	森林病虫害防治
0904	**环境生态类**
09040100	园林
09040200	水土保持与荒漠化防治
09040300	农业资源与环境
09049901	农业生态
0905	**动物生产类**
09050100	动物科学
09050200	蚕学
09050300	蜂学
09059901	动物生产
09059902	动物遗传育种
09059903	畜牧
09059904	农牧
09059905	农畜产品加工贮藏
09059906	农业昆虫
09059907	农业生物物理
09059908	农业微生物
09059909	生物能源
09059910	经济动物饲养
09059911	特种动物养殖
09059912	野生动物繁殖利用
09059913	实验动物
09059914	家禽及禽病防治
0906	**动物医学类**
09060100	动物医学
09060200	动物药学
09069901	动物生理生化
09069902	畜牧兽医
0907	**水产类**
09070100	水产养殖学
09070200	海洋渔业科学与技术
09070300	水族科学与技术
09079901	水产加工
09079902	海洋捕捞
10	**医学**
1001	**基础医学类**
10010100	基础医学
1002	**预防医学类**
10020100	预防医学
10020200	卫生检验
10020300	妇幼保健医学
10020400	营养学

专业代码	专业名称
10029901	工业卫生技术
10029902	生理卫生
10029903	卫生管理
10029904	卫生环境化学
10029905	卫生统计
10029906	卫生学
10029907	营养
10029908	医学基础理论
10029909	妇幼卫生
1003	**临床医学与医学技术类**
10030100	临床医学
10030200	麻醉学
10030300	医学影像学
10030400	医学检验
10030500	放射医学
10030600	眼视光学
10030700	康复治疗学
10030800	精神医学
10030900	医学技术
10031000	听力学
10031100	医学实验学
10039901	儿科医学
10039902	五官医学
10039903	计划生育医学
10039904	学校医学
10039905	航海医学
10039906	精神病学与精神卫生
10039907	医学营养学
10039908	医学美容
10039909	医疗
10039910	西医
10039911	西医士
10039912	助产士
10039913	乡村医生
10039914	计划生育医士
10039915	临床检验
10039916	医学实验技术
10039917	计划生育管理
1004	**口腔医学类**
10040100	口腔医学
10040200	口腔修复工艺学
10049901	口腔修复
1005	**中医学类**
10050100	中医学
10050200	针灸推拿学
10050300	蒙医学
10050400	藏医学
10050500	中西医临床医学
10059901	药用植物学

专业代码	专业名称
10059902	中医骨伤科学
10059903	中医士
10059904	中医护理
1006	**法医学类**
10060100	法医学
1007	**护理学类**
10070100	护理学
10079901	高护
1008	**药学类**
10080100	药学
10080200	中药学
10080300	药物制剂
10080400	中草药栽培与鉴定
10080500	藏药学
10080600	中药资源与开发
10080700	应用药学
10080900	海洋药学
10081000	药事管理
10089901	药理学
10089902	临床药学
10089903	药物分析
10089904	毒理学
10089905	药检
10089906	制药
10089907	抗菌素制造
10089908	药品质量监督管理
10089909	中药商品管理
11	**管理学**
1101	**管理科学与工程类**
11010100	管理科学
11010200	信息管理与信息系统
11010300	工业工程
11010400	工程管理
11010500	工程造价
11010600	房地产经营管理
11010700	产品质量工程
11010800	项目管理
11019901	经济信息学
11019902	情报工程
11019903	科技信息
11019904	标准化
11019905	管理信息系统
11019906	计算机管理
11019907	计算机信息管理
11019908	工业企业管理
11019909	工业企业生产管理
11019910	工业管理工程
11019911	生产布局

专业代码	专业名称
11019912	质量检验与管理
11019913	交通管理
11019914	交通运输管理
11019915	运输管理
11019916	汽车运输管理
11019917	公路运输管理
11019918	运输材料技术管理
11019919	铁道运输管理
11019920	铁道物资管理工程
11019921	邮电管理工程
11019922	邮电企业管理
11019923	通讯设备管理
11019924	设备管理
11019925	市政工程预算管理
1102	**工商管理类**
11020100	工商管理
11020200	市场营销
11020300	会计学
11020400	财务管理
11020500	人力资源管理
11020600	旅游管理
11020700	商品学
11020800	审计学
11020900	电子商务
11021000	物流管理
11021100	国际商务
11021200	物业管理
11021300	特许经营管理
11029901	国际企业管理
11029902	国际工商管理
11029903	外企管理
11029904	企业管理
11029905	现代企业管理
11029906	工商企业管理
11029907	商业企业管理
11029908	乡镇企业管理
11029909	商务管理
11029910	经济管理
11029911	涉外经济管理
11029912	城乡经济管理
11029913	水利经济管理
11029914	劳动经济管理
11029915	地质经济与管理
11029916	石油工业经济管理
11029917	铁道运输经济管理
11029918	冶金工业经济管理
11029919	动力工业经济管理
11029920	采矿工业经济管理
11029921	纺织工业经济管理
11029922	电子工业经济管理
11029923	化学工业经济管理
11029924	机械工业经济管理
11029925	建筑工业经济管理
11029926	建筑经营管理
11029927	经营与管理
11029928	物资经营与外贸
11029929	房地产经营管理
11029930	经济信息管理
11029931	计量管理
11029932	科技经营管理
11029933	机电产品管理
11029934	计划与预算管理
11029935	材料管理
11029936	物资供销与计算机管理
11029937	物资供应与管理
11029938	供销
11029939	外贸营销
11029940	现管与市场营销
11029941	市场营销与广告
11029942	外贸与经营
11029943	商品检测技术与管理
11029944	价格学
11029945	工业会计与审计
11029946	财务会计与审计
11029947	财政审计
11029948	商业审计
11029949	现代会计及管理
11029950	财务会计
11029951	工业会计
11029952	商业会计
11029953	投资会计
11029954	电算会计
11029955	国际会计
11029956	涉外财务会计
11029957	基建财务会计
11029958	铁道运输会计
11029959	市场营销与会计
11029960	会计统计
11029961	会计仓储
11029962	会计电算化
11029963	会计与统计核算
11029964	财会与计算机
11029965	物资财会
11029966	交通财会
11029967	金融财会
11029968	涉外财务管理
11029969	基建财务与信用
11029970	房地产评估
11029971	资产评估
11029972	贸易经纪人

专业代码	专 业 名 称
11029973	科技经纪
11029974	饭店管理
11029975	游与酒店管理
11029976	、游
11029977	保税储运
11029978	导游
1103	**公共管理类**
11030100	行政管理
11030200	公共事业管理
11030300	劳动与社会保障
11030400	土地资源管理
11030500	公共关系学
11030600	高等教育管理
11030700	公共政策学
11030800	城市管理
11030900	公共管理
11031000	文化产业管理
11031100	会展经济与管理
11031200	国防教育与管理
11031300	航运管理
11039901	工商行政管理
11039902	教育行政
11039903	蒙行政管理
11039904	公共事业管理(卫生事业管理方向)
11039905	公共事业管理(教育管理方向)
11039906	人事管理
11039907	土地管理
11039908	文化艺术事业管理
11039909	群众文化
11039910	商业文化
11039911	企业文化
11039912	海关管理
11039913	报关与货运
1104	**农业经济管理类**
11040100	农林经济管理
11040200	农村区域发展
11049901	现代农业技术与经营
11049902	乡镇管理
11049903	渔业经济管理
1105	**图书档案学类**
11050100	图书馆学
11050200	档案学
11050300	信息资源管理
11059901	图书情报
11059902	图书出版发行学
11059903	档案管理
11059904	文秘档案
11059905	文书档案

7.2.1 全国省级以上电大学校通讯录

校 别	邮 编	通 讯 地 址	长途区号	办公室电话	总机电话	传真号
中央电大	100031	北京市西城区复兴门内大街160号	010	66419048	66490114	66419025
北 京	100081	北京市海淀区皂君庙甲4号	010	62148280	62148280	62148279
天 津	300191	天津市南开区迎水道1号	022	23679931	23679931	23679972
河 北	050071	河北省石家庄市和平西路481号	0311	7041337	7041337	7047810
山 西	030027	山西省太原市兴华街2号	0351	6622221	6622221	6622221
内蒙古	010010	呼和浩特市赛罕区机场路34号	0471	4603558	4603558	4601096
辽 宁	110034	辽宁省沈阳市皇姑区黄河北大街50号	024	86120754	86120754	86800250
沈 阳	110003	辽宁省沈阳市和平区十四纬路7号	024	23868681	23868681	23853697
大 连	116021	辽宁省大连市西岗区白云新村绕山路3-1号	0411	84337128	84337128	84315884
吉 林	130022	长春市人民大街6815号	0431	5379216	5379216	5384123
长 春	130051	吉林省长春市宽城区北京大街62号	0431	6110685	6110526	6110525
黑龙江	150080	哈尔滨市南岗区和兴路92号	0451	86301309	86301309	86301645
哈尔滨	150001	哈尔滨市南岗区一曼街259号	0451	53648718	53648718	53629941
上 海	200092	上海市杨浦区阜新路25号	021	65020900	65834279	65028212
江 苏	210036	江苏南京市江东北路399号	025	83311899	86265300	86265318
南 京	210029	江苏省南京市新街口沈举人巷7号	025	84716916	84727971	84727971
浙 江	310012	杭州市教工路42号	0571	88078549	88087063	88842657
宁 波	315016	浙江省宁波市文教路1号	0574	87510566	87510566	87200008
安 徽	230022	安徽省合肥市桐城南路375号	0551	3636792	3636792	3636792
福 建	350003	福建福州市铜盘路15号	0591	87833115	87851641	87848924
厦 门	361004	厦门市斗西路211号	0592	5909026	5909026	5909001
江 西	330046	南昌市洪都北大道86号	0791	8520539	8520539	8512930
山 东	250014	山东省济南市舜耕路10号	0531	2626612	2626612	2600740
青 岛	266012	山东省青岛市大连路16号	0532	2736328	2736328	2711442
河 南	450008	河南省郑州市黄河路124号	0371	65954188	65954188	65936344
湖 北	430074	湖北省武汉市洪山区鲁巷民院路82号	027	87809510	87809510	87805046
武 汉	430033	武汉市桥口区中山大道192号	027	83780781	83780781	83750859
湖 南	410004	湖南省长沙市青园路168号	0731	2821729	2821729	2821123
广 东	510091	广州市下塘西路1号	020	83503385	83503385	83594914
广 州	510260	广州市晓园路123号	020	84272023	84272023	84272120
深 圳	518001	深圳市解放路4006号	0755	82116807	82116807	25575453
广 西	530022	广西南宁市东宝路2号	0771	5851916	5851916	5854063
海 南	570105	海南省海口市龙华二横路15号	0898	66225540	66225540	66211471
四 川	610073	成都市一环路西三段3号	028	87778170	87778170	87769438
成 都	610051	四川成都市建设北路一段七号	028	83396590	83396590	83399944
重 庆	400052	重庆市九龙坡区九龙科技园华龙大道1号	023	68613575	68613575	68613575
贵 州	550004	贵阳市八鸽岩路138号	0851	6823537	6823537	6839464
云 南	650223	云南省昆明市学府路113号	0871	5134049	5134049	5134071
陕 西	710068	西安市含光北路32号	029	82069000	82069000	82069222
西 安	710002	陕西省西安市五味什字48号	029	87613838	87619820	87619822
甘 肃	730030	甘肃省兰州市城关区南滨河东路571号	0931	8828004	8828004	8828191
青 海	810008	青海省西宁市五四西路7号	0971	6303290	6303290	6302775
宁 夏	750002	宁夏银川市金凤区黄河东路670号	0951	5044116	5044116	5044105
新 疆	830001	乌鲁木齐市新华南路41号	0991	8531549	8531549	8530767
新疆兵团	830001	新疆乌鲁木齐市二道湾路一巷22号	0991	8826464	8826464	8827640

7.2.2 全国省级以上电大学校领导及有关部门负责人情况

校别	姓名	性别	职务	主管工作	电话	备注
中央电大	张尧学	男	校长	兼任		教育部高教司司长
	于云秀	女	党委书记、副校长	主持全面工作	(010)66490666	
	孙绿怡	女	副校长	科研、考试、评估	66490608	
	阮智勇	男	副校长、副书记、纪委书记	后勤、纪委	66490606	
	严冰	男	副校长	教务、教学	66490568	
	李林曙	男	校长助理	教学管理、直属部	66490688	
	张少刚	男	校长助理	远程教育研究	66490588	
	李彦忠	男	校办副主任		66490605	
	李林曙	男	教务处处长(兼)		66490688	
北京	赵国森	男	党委书记	党委全面工作	(010)62148285	
	闫拓时	男	校长	行政全面工作	62142532	
	高玉维	男	党委副书记	纪委、宣传、总务	62148290	
	王季音	男	副校长	教学	62148289	
	梁小瑞	女	副校长	人事、审计、工会	62148287	
	张有声	男	副校长	继教、中专	62142531	
	张纪勇	男	校长助理	教务、开放学院	62148308	
	唐荔	女	校长助理	远研、媒体、网络	62113683	
	张红	女	校办主任		62148292	
	张纪勇	男	教务处处长		62148309	
天津	史学忠	男	党委书记	党务	(022)23679971	
	冯雪飞	男	副校长	行政	23679976	
	朱连庸	女	副书记	学生、工会、继教	23679970	
	王晓明	女	副校长	教学	23679975	
	赵凤祥	男	副校长	后勤、保卫	23679977	
	张学明	男	副书记	纪检	23679969	
	张传林	男	校办主任		23679931	
	薛咏戈	男	教务处处长		23678351	
河北	曹树珍	男	党委书记	党委全面工作	(0311)7839316	
	张俊芳	女	校长、党委副书记	行政全面人事财务	7050232	
	赵文华	男	副校长	继教总务教材	7823417	
	孙志平	男	党委副书记	开放教育学院中专	7829413	
	张云霞	女	党委副书记	工会直属学院现教	7829409	
	胡晓燕	女	纪检书记	纪检审计远研中心	7834057	
	赵贵河	男	副校长	教务处教学处	7815407	
	张志刚	男	校办主任		7044982	
	高俊科	男	教务处处长		7044340	
山西	杨怀恩	男	党委副书记、校长	全面	(0351)6622202	
	钟英杰	男	党委副书记、纪检书记	党务	6622203	
	傅月晟	男	副校长	办公室、人事	6622201	
	张耀斌	男	副校长	教务、教学	6622206	
	张发海	男	副校级调研员	调研	6622200	
	郑国梁	男	副校级调研员	调研	6622205	
	周崇信	男	校办主任		6622216	
	吴斌	男	教务处副处长		6622235	
内蒙古	孟和	男	党委书记	主持党委全面工作	(0471)4605388	
	韩竞	男	副书记、校长	主持行政全面工作	4605108	
	于洋	男	副书记、纪委书记	党委行政部门工作	4605559	
	刘永生	男	副校长	继教、后勤工作	4605922	

全国省级以上电大学校领导及有关部门负责人情况(续表1)

校 别	姓 名	性别	职 务	主管工作	电 话	备 注
	张利生	男	副校长	教学、科研工作	4605098	
	焦淑敏	女	校办主任		4601394	
	薄进军	男	教务处处长		4601621	
辽 宁	李树森	男	党委书记(兼)	主持党委工作	(024)68696675	
辽 宁	张海波	男	校 长	主持全面工作	86801853	
辽 宁	李向阳	男	副校长	校办直属学院中专	86801306	
辽 宁	曲明德	男	党委副书记	党办工会团委	86120879	
辽 宁	苏 杰	女	副校长	教务教学科研网络	80801606	
辽 宁	于克谦	男	副校长	继教学生开放学院	86801877	
辽 宁	蔡 羽	男	纪委书记	总务教材保卫基建	86115020	
辽 宁	阚国平	男	校办主任		86120751	
辽 宁	邢亚俊	男	教务处处长		86120755	
沈 阳	冯双鹏	男	党委书记	党委全面	(024)23218412	
沈 阳	曾 涛	男	校长兼党委副书记	行政全面	23231388	
沈 阳	房宏宇	男	党委副书记兼纪委书记	纪委宣传学生中专	23218401	
沈 阳	谭惠苓	女	副校长兼工会主席	办公室招生办工会	23868795	
沈 阳	陈玉和	男	副校长	总务基建设备保卫	23218405	
沈 阳	关德章	男	副校长	教务基础体育现教	23850366	
沈 阳	李俊杰	男	正校级调研员	学校督学室	23218411	
沈 阳	周东辉	女	校长助理	科研图书馆教学	23261645	
沈 阳	罗大中	男	校办主任		23860965	
沈 阳	陈 靖	女	教务处处长		23218384	
大 连	靳雁涛	男	党委书记	党务工作	(0411)84314588	
大 连	杨 斌	男	校 长	行政全面工作	84337100	
大 连	于永利	男	党委副书记、纪委书记	纪委、学生处	84337061	
大 连	林春宇	男	副校长	招生、总务、继院	84325388	
大 连	高 博	男	副校长	教学、教学系	84327288	
大 连	景金祥	男	校办主任		84327088	
大 连	刘西平	男	教务处处长		84337107	
吉 林	王乃成	男	党委书记	党委	(0431)5379200	
吉 林	杨树林	男	校 长	行政	5379201	
吉 林	沈鹏云	男	党委副书记	纪检	5379202	
吉 林	李明泰	男	副校长	教学、教务	5379203	
吉 林	朱根甲	男	副校长	后勤	5379205	
吉 林	霍 健	男	校办主任		5379215	
吉 林	马 兵	男	教务处处长		5379232	
长 春	张宪琪	男	党委副书记	党务工作	(0431)6110501	
长 春	韩会民	男	副校长	主持全面工作	6110505	
长 春	赵士燕	女	副校长	教学工作	6110506	
长 春	闫继学	男	副校长	后勤与财务工作	6110507	
长 春	刘 凯	男	副书记	纪检工作	6110502	
长 春	贺 松	女	副校长	教学工作	6110508	
长 春	温 平	男	副校长	招生继教工作	6110509	
长 春	郑秀华	女	校办主任		6110526	
长 春	范 虹	女	教务处处长		6110532	
黑龙江	宋 有	男	党委书记、副校长	主持工作	(0451)86302010	
黑龙江	孙先民	男	副校长	教务教学	86301000	
黑龙江	郑吉南	男	副校长	后勤	86301000	

全国省级以上电大学校领导及有关部门负责人情况(续表2)

校别	姓名	性别	职务	主管工作	电话	备注
	姜玉田	男	校长助理	教务	86301000	
	金时穆	男	校办主任		86301309	
	姜玉田	男	教务处处长		86306474	
哈尔滨	王景春	男	党委书记、校长	党群、财务、全面	(0451)53623832	
	许振立	男	副校长	教学	53623830	
	郎益夫	男	副校长	教育技术招生后勤	53623831	
	黄岩	男	校办主任		53634970	
	刘前	男	教务处处长		53656011	
上海	张德明	男	党委书记、校长	全面	(021)65834275	
	张康庭	男	党委副书记	办公室、纪监审等	65834295	
	李惠康	男	党委副书记	组织人事、统战等	65834280	
	周文彪	男	副校长	资产设备基建后勤	65834277	
	王民	男	副校长	合作办学、产业等	65834276	
	陈信	男	副校长	学历教育、网络等	65834278	
	杨伟忠	男	校办主任		65834279	
	刘文富	男	教务处处长		65022418	
江苏	常征	男	党委书记	党委全面	(025)86265301	
	彭坤明	男	校长、党委副书记	行政全面	86265302	
	管向群	男	党委副书记	纪检、党群、学生	86265306	
	吴汉德	男	副校长	教学教务	86265303	
	马良生	男	副校长	科研、招生	86265309	
	周义成	男	副校长	保卫、后勤、基建	86265307	
	王爱国	男	校办主任		86265311	
	尤佳春	男	教务处处长		86265385	
南京	沈雅芬	女	党委书记	主持党委工作	(025)84708560	
	夏桂松	男	校长	主持行政工作	84708953	
	历光耀	男	党委副书记	党群、招生、学生	84704151	
	杨晓祥	男	副校长	教学、继续教育	84704791	
	徐祥	男	副校长	开放、技术装备	84729824	
	王红	女	校办主任		84727971	
	郑晓	男	教务处处长		84726943	
浙江	张金山	男	党委书记、校长	主持党政工作	(0571)88806793	
	毛旭峰	男	党委副书记	组织、继教、中专	88051447	
	张一军	男	党委副书记	宣传、学生思政	88806794	
	金建雄	男	副校长	科研、技术、总务	88806792	
	刘曾遂	男	副校长	教学、教务	88054853	
	陈历申	女	纪委书记	纪检、监察	88839926	
	王友宝	男	校办主任		88805047	
	陈金龙	男	教务处处长		88088102	
宁波	毕祇源	男	党委书记	党务	(0574)87200013	
	夏永富	男	党委副书记、校长	全面	87214439	
	王根富	男	副校长	行政	87229832	
	盛毅	男	副校长	教学	87228257	
	陈晓红	男	校办主任		87210566	
	丁振华	男	教务处处长		87211651	
安徽	方向明	男	书记、副校长	全面	(0551)3662912	
	吴正	男	副书记、副校长	行政、教务	3645154	
	马传新	男	副校长	教材	3636702	

全国省级以上电大学校领导及有关部门负责人情况(续表3)

校别	姓名	性别	职务	主管工作	电话	备注
	张 伟	男	副校长	教学、电教、远研	3638213	
	李向荣	男	副校长	教学管理	3635638	
	张 勇	男	校办主任		3636792	
	卜永忠	男	教务处处长		3636281	
福建	李 红	女	党委书记	党委全面	(0591)87834058	
	樊祺泉	男	校 长	行政全面	87854406	
	叶文华	男	党委副书记	党务、招生等	87857354	
	赵捷	男	纪委书记	纪检、工会等	87834553	
	刘士本	男	副校长	技术、科研等	87803034	
	高扬明	男	副校长	办公室、财务等	87854411	
	康乃美	男	副校长	教务、教学等	87847077	
	夏良玉	男	校办主任		87851641	
	王家钧	男	教务处处长		87844890	
厦门	潘世平	男	书 记	全面工作	(0592)5909009	
	胡全军	男	副书记、副校长	党务、组织、宣传	5909017	
	汤秀奎	男	副校长	培训处、教育技术	5909012	
	温国庆	男	副校长	行政后勤保卫	5909027	
	高 荣	女	副校长	教学科研、教务处	5909020	
	易 化	男	副书记、纪检书记	纪检、学生工作	5909011	
	李文刚	男	校办主任		5909026	
	王立科	男	教务处处长		5909013	
江西	王占铭	男	书 记	校党委全面工作	(0791)6222486	
	沈建华	男	校 长	校行政全面工作	8501618	
	林顺珠	女	副校长	办公室总务处	8503243	
	杨廷干	男	副校长	教务处学工处	8501454	
	方志远	男	副校长	科研处开放学院	8520547	
	杨立强	男	校办副主任		8520539	
	陈江鸿	男	教务处处长		8503246	
山东	王秀娟	女	党委书记	组织、人事、宣传	(0531)2626609	
	王卫东	男	党委副书记、校长	财务、计考办	2626618	
	刘步俊	男	党委副书记、副校长	党办、校办、总务	2626603	
	薛伟平	女	纪委书记	纪检、监察、审计	2626606	
	刘方惠	男	副校长	教务、继教、教材	2626607	
	陈 骥	男	副校长	教学、现教、中专	2626608	
	周子健	男	副校长	学生、直属、交流	2626669	
	王泺民	男	校办主任		2626610	
	战长友	男	教务处处长		2626631	
青岛	李天明	男	书记校长	全面工作	(0532)2756177	
	王继军	男	副校长	开放技术社区	2732064	
	陈心颖	男	副校长	办公室继教行政	2730425	
	常瑞娟	女	纪委书记工会主席	组织人事纪委	2732389	
	黄同华	男	副校长	教学教务学生	2724193	
	纪援朝	男	校办主任		2736328	
	历 云	女	教务处处长		2712452	
河南	温海昌	男	校长、党委副书记	全面、财务	(0371)65951612	
	李爱华	女	党委副书记、纪委书记	人事、纪检	65956550	
	温金宝	男	党委副书记	后勤、省直、继教	65945838	
	高自双	男	党委副书记	校办、宣传教育	65953503	

全国省级以上电大学校领导及有关部门负责人情况（续表4）

校　别	姓　名	性别	职　务	主管工作	电　话	备　注
	黄　东	男	副校长	文经、理工、现教	65946096	
	张庆元	男	副校长	财务、学生、教材	65934560	
	丁胡诚	男	工会主席	工会、宣教	65931865	
	朱铁年	男	校办主任		65953796	
	牛志新	男	教务处处长		65927717	
湖　北	李怀忠	男	党委书记	党委全面	(027)87809510	省高工委副书记兼
	曾繁辉	男	党委副书记、校长	行政全面	87493823	
	王化银	男	党委副书记	党务宣传校办工会	87493817	
	林志春	男	副校长	中专教材总务	87493790	
	刘建安	男	副校长	教务教学	87493825	
	唐洪钧	男	副校长	财务直属	87493822	
	张春风	男	正校级调研员	科研评估	87493791	
	施铭鸿	男	副校级调研员	校区筹建	87493787	
	胡　雄	男	校办主任		87803505	
	李鹏辉	男	教务处处长		87493789	
武　汉	陈恕恺	男	党委书记	全面	(027)83765505	
	吴克永	男	校　长	全面	83767756	
	肖华初	男	党委副书记	组织、宣传、统战	83769553	
	熊华浩	男	副校长	招生、科研	83755513	
	张道掀	男	副校长	总务、计财、人事	83768379	
	马　蜂	男	副校长	教务、教学	83762517	
	杨玉尧	男	校办主任		83765505	
	万国帮	男	教务处处长		83782920	
湖　南	张孝国	男	党委书记	全面、组织人事	(0731)2821710	
	陈最华	男	校长、党委副书记	全面、财务、督导	2821726	
	聂荣华	男	党委副书记、副校长	教务教材直属分校	2821716	
	徐崇植	男	党委副书记	宣传、统战、稳定	2821711	
	罗春晖	男	副校长	办公室、招生继教	2821728	
	杜纯梓	男	副校长	科研、开放学院	2821742	
	曹利君	女	纪委书记	纪检、审计、监察	2821740	
	陈　弘	男	副校长	电教、后勤	2821727	
	姚　辉	男	校办主任		2821729	
	彭思毛	男	教务处处长		2821976	
广　东	陈绍奇	男	党委书记、校长	全面兼人事财务	(020)83573878	
	张长荫	男	副校长	导学中专远研	83596080	
	梁　英	男	党委副书记、纪委书记	党办纪检直属学院	83596000	
	李　江	女	副校长	教务教材继教	83490609	
	陈少兵	男	副校长	网络教育技术总务	83588874	
	余嘉强	男	校办主任		83503385	
	陈显强	男	教务处处长		83504363	
广　州	吕荣泉	男	党委书记	党委全面工作	(020)84272293	
	刘国生	男	校　长	行政全面工作	84722281	
	朱　健	男	党委副书记	纪检、学生、工会	84272122	
	杨志文	男	副校长	基建、后勤、校产	84272290	
	李文斐	女	副校长	教学	84272220	
	陈贵生	男	校办主任		84272125	
	李文斐	女	教务处处长		84272220	
深　圳	曾仲培	男	校长、党委书记	全面	(0755)25597224	

全国省级以上电大学校领导及有关部门负责人情况(续表5)

校别	姓名	性别	职务	主管工作	电话	备注
	邓孟忠	男	党委副书记、纪委书记	党务、教辅部门	25595312	
	温仲端	男	副校长	教学部门	25593892	
	陈英杰	男	校办主任		82116813	
	于友文	男	教务处副处长		82116772	
广西	车芳仁	男	党委书记	党委工作	(0771)5319952	兼教育厅副厅长
	毛汉领	男	校长	全面工作	5878111	
	韦利英	女	党委副书记	党务工作	5853044	
	宋志生	男	副校长	行政等	5879000	
	韦泽红	女	副校长	教学等	5851516	
	胡泽民	男	副校长	发展规划等	5892595	
	冼俊峰	男	校办主任		5851916	
	杨雄	男	教务处处长		5845763	
海南	曾宪勇	男	党委书记	党务	(0898)66235081	
	陈洪清	男	校长	全面	66111923	
	姚定楷	男	副校长	科研、后勤	66235080	
	张伯敏	男	副校长	教学、图书馆	66226824	
	吴冠玉	男	校办主任		66225540	
	张君玉	女	教务处副处长		66234433	
四川	杜幼文	男	党委书记、常务副校长	全面	(028)87762851	
	刁纯志	男	副校长	教学科研教材	87761262	
	李毅	男	党委副书记、副校长	党务中专西校区	87761260	
	韦盛奇	男	副校长	教务直属电教继教	87761723	
	官联勋	男	纪委书记	纪检工会系统网络	87761361	
	李建川	男	校办主任		87769508	
	黄霖	男	教务处处长		87763280	
成都	黄世宪	男	党委书记	主持全面工作	(028)83396608	
	杨杰	男	党委副书记、副校长	财务、直属、科研	83396605	
	庄永辉	男	副校长	招生、教务、教学	83395622	
	张熠策	男	校办主任		83395833	
	李海霞	女	教务处处长		83314372	
重庆	刘建生	男	党委书记兼常务副校长	主持党委行政工作	(023)68600854	
	李国渝	男	党委副书记、纪委书记	党务纪检工作	68465099	
	潘茂桂	男	副校长	教务教育技术科研	68465058	
	周志钢	男	副校长	招生开放教育	68465059	
	盛大乾	男	副校长	总务继续教育保卫	68465055	
	彭学杰	男	校长助理	教学工作	68465018	
	李奇	男	校长助理	招生、系统建设	68465019	
	余善云	男	校办主任		68637883	
	吴海东	男	教务处处长		68460712	
贵州	李近华	男	党委书记	主持党委工作	(0851)6827166	
	汤会琳	男	党委副书记、校长	主持行政工作	6823206	
	刘真祥	男	副校长	网络、教学	6837828	
	吴筑星	男	副校长	科研、图书馆	6830743	
	龚辉	男	副校长	教学、教务	6826881	
	钱庆生	男	副校长	开放教育、网络	6822531	
	朱永梅	女	校长助理巡视员	工会、离退休干	6813292	
	袁亚波	男	校办主任		6823663	
	辛小林	男	教务处处长		6823893	

全国省级以上电大学校领导及有关部门负责人情况 (续表 6)

校别	姓名	性别	职务	主管工作	电话	备注
云南	和福生	男	党委书记	党委全面	(0871)5182854	
	邵　南	女	校长、党委副书记	行政全面	5156857	
	陈鲁雁	男	党委副书记	宣传、学生、团委	5165336	
	李　渝	男	副校长	教学、远教中心	5142104	
	李昭明	男	副校长	教务、教学设备	5133936	
	辉国政	男	副校长	财务、后勤、保卫	5157922	
	刘　泉	男	纪委书记	纪律监审	5199300	
	丁灿生	男	校办主任		5134700	
	张卫平	男	教务处处长		5118903	
陕西	冀鼎全	男	党委书记、校长	全面	(029)82069001	
	周庆华	女	党委副书记、副校长	组织人事教学教务	82069002	
	李　挺	男	副校长	直属办学、保卫	82069003	
	徐晓曦	男	纪委书记、校长助理	纪监审、财务等	82069005	
	杜开展	男	副校长	电教、继教、招生	82069006	
	田季生	男	副校长	后勤、基建	82069007	
	汪海运	男	校办主任		82069008	
	张理维	男	教务处处长		82069022	
西安	李慧琳	女	书　记	党委	(029)87613838	
	何绪生	男	校长副书记	全面	87619821	
	张　宁	男	副校长	教学	87619836	
	刘英兰	女	副校长	保卫继教直属办学	87622060	
	马永平	男	校办副主任		87613838	
	上官习莲	女	教务处处长		87613838	
甘肃	刘建邦	男	党委书记	组织人事、技术	(0931)8814660	
	陈炳璋	男	校　长	财务、中专	8419387	
	赵永泰	男	党委副书记	纪检、继教	8419379	
	纪　平	男	副校长	教务、教学、教材	8825244	
	熊　进	女	副校长	办公室、后勤	8724376	
	卫孺勤	男	副校长	科研、开放学院	8725018	
	庄　严	女	正地级调研员	调研	8823032	
	范月媛	女	副地级调研员	调研	8819345	
	李巍森	男	校办主任		8883498	
	艾军	女	教务处处长		8822018	
青海	陈永贵	男	党委书记兼校长	主持全面工作	(0971)6301104	
	赵志鹏	男	党委副书记	党务、校办、人事	6305445	
	刘　佑	男	副校长	导学、科研、教务	6300220	
	李宝安	男	副校长	电教、继教、直校	6303474	
	付学彬	男	校办主任		6303428	
	郑永萍	女	教务处处长		6319083	
宁夏	张怀斌	男	书　记	党委全面	(0951)5035786	
	李　伟	男	校　长	行政、教学管理	5036033	
	韩　涛	男	副校长	学生人事系统建设	5064566	
	蔡　申	男	副校长	教务、教学	5044665	
	田淑卿	女	纪检书记	纪委工作	5017920	
	吕忠卫	男	副校长	后勤、实训基地	5044995	
	傅凤英	女	正校级调研员	电大评估	5019325	
	董传毅	男	副校级调研员	中专、继续教育	5044848	
	王万林	男	校办主任		5044105	

全国省级以上电大学校领导及有关部门负责人情况 (续表 7)

校 别	姓 名	性别	职 务	主管工作	电 话	备 注
	刘大明	男	教务处处长		6084367	
新 疆	尹勇胜	男	党委书记	全面	(0991)8528909	
	沙达提·艾木都	女	校 长	行政	8525389	
	王 俊	男	党委副书记	党务教务学生	8530909	
	胡斯曼·哈斯木	男	副校长	后勤继教	8528289	
	贾帕尔·热介甫	男	纪检委书记	纪检监察	8528681	
	哈力甫·艾克木	男	副校长	远教直属信息	8526819	
	何新夏	女	校办主任		8528929	
	王晓扬	女	教务处处长		8528827	
新疆兵团	吕 雄	男	党委书记	党务、组织人事	(0991)8822004	
	任建军	男	校长兼党委副书记	财务、教学	8826543	
	张 坚	男	校办副主任		8826464	
	褚怀强	男	教务处处长		8823955	